Das Geschlechterverhältnis als Gegenstand
der Sozialwissenschaften

Für Nancy
in Freundschaft

Axeli

Hannover, Juli 1995

Die Trennung der Geschlechter prägt in grundlegender Weise Kulturen und Gesellschaften. Dabei markieren Geschlechterordnungen zwar immer soziale Differenzierung, aber nicht notwendig Herrschaft und soziale Ungleichheit. Wie kommt es zu den hierarchisierten Geschlechterverhältnissen in modernen Gesellschaften, welche Mechanismen greifen ineinander bei der Typisierung, Bewertung und sozialen Verortung nach Geschlecht? Wie hängen Geschlechterverhältnisse und Verhaltensweisen von Frauen und Männern zusammen?

In neun interdisziplinär aufeinander bezogenen Beiträgen namhafter Sozialwissenschaftlerinnen werden die Konflikte und Probleme ausgelotet, die sich aus der sozialen Deklassierung von Frauen im Privaten, im Bildungssektor, am Arbeitsmarkt und in der Politik ergeben.

Die Herausgeberinnen Regina Becker-Schmidt und Gudrun-Axeli Knapp sind Professorinnen am Psychologischen Institut der Universität Hannover.

Regina Becker-Schmidt,
Gudrun-Axeli Knapp (Hg.)

Das Geschlechterverhältnis als Gegenstand der Sozialwissenschaften

Campus Verlag
Frankfurt/New York

Die Deutsche Bibliothek – CIP-Einheitsaufnahme

*Das Geschlechterverhältnis als Gegenstand der
Sozialwissenschaften* / Regina Becker-Schmidt ; Gudrun-Axeli
Knapp (Hg.). – Frankfurt/Main ; New York : Campus Verlag,
1995
ISBN 3-593-35288-5
NE: Becker-Schmidt, Regina [Hrsg.]

Das Werk einschließlich aller seiner Teile ist urheberrechtlich geschützt. Jede
Verwertung ist ohne Zustimmung des Verlags unzulässig. Das gilt insbesondere für
Vervielfältigungen, Übersetzungen, Mikroverfilmungen und die Einspeicherung und
Verarbeitung in elektronischen Systemen.
Copyright © 1995 Campus Verlag GmbH, Frankfurt/M.
Umschlaggestaltung: Atelier Warminski, Büdingen
Satz: Fotosatz L. Huhn, Maintal-Bischofsheim
Druck und Bindung: Druckhaus Beltz, Hemsbach
Gedruckt auf säurefreiem und chlorfrei gebleichtem Papier
Printed in Germany

Inhalt

Einleitung 7

Ilse Lenz
Geschlecht, Herrschaft und internationale Ungleichheit 19

Florence Weiss
Zur Kulturspezifik der Geschlechterdifferenz und
des Geschlechterverhältnisses.
Die Iatmul in Papua-Neuguinea 47

Eva Kreisky
Der Stoff, aus dem die Staaten sind.
Zur männerbündischen Fundierung politischer Ordnung 85

Karin Gottschall
Geschlechterverhältnis und Arbeitsmarktsegregation 125

Gudrun-Axeli Knapp
Unterschiede machen: Zur Sozialpsychologie der Hierarchisierung
im Geschlechterverhältnis 163

Helga Krüger
Dominanzen im Geschlechterverhältnis: Zur Institutionalisierung
von Lebensläufen 195

Regina Becker-Schmidt
Von Jungen, die keine Mädchen und von Mädchen, die gerne Jungen
sein wollten.
Geschlechtsspezifische Umwege auf der Suche nach Identität . . . 220

Ute Gerhard
Die »langen Wellen« der Frauenbewegung – Traditionslinien und
unerledigte Anliegen 247

Anja Wolde
Geschlechterverhältnis und gesellschaftliche Transformationsprozesse 279

Einleitung

In diesem Band wollen wir in sozialwissenschaftliche Theorien und empirische Untersuchungen zum Geschlechterverhältnis einführen. Dabei verstehen wir unter dem Begriff »Geschlechterverhältnis« nicht nur die Beziehungen zwischen Frauen und Männern, sondern darüber hinaus die Art und Weise, wie diese Beziehungen in bestimmten historischen Konstellationen gesellschaftlich organisiert sind. Anders gesagt: Wir nehmen Frauen und Männer als soziale Gruppen in den Blick, die in gesellschaftlich institutionalisierter Form zueinander in Beziehung stehen.

Wir gehen davon aus, daß bestimmte geschichtlich bedingte Merkmale einer Gesellschaft Auswirkungen haben auf das Verhältnis der Geschlechter, die in dieser Gesellschaft leben. Umgekehrt gilt sicher auch, daß die Art und Weise, wie Geschlechterbeziehungen organisiert sind, wieder auf die Gesellschaft zurückwirkt und auf soziale Veränderungen Einfluß nehmen kann. Als Soziologinnen, Kulturanthropologinnen, Politikwissenschaftlerinnen und Sozialpsychologinnen fragen wir, welche Bedeutung die Strukturkategorie »Geschlecht« in den Disziplinen hat und welchen Beitrag sie zum Verständnis folgender sozialer Phänomene leisten kann: die soziale Organisation von Sexualität, Regulation von Generativität, Bevölkerungspolitik, gesellschaftliche Teilung von Arbeit, Distribution von Macht und kulturelle Ordnung.

Indem wir Geschlechterverhältnisse in verschiedenen Gesellschaftsformen zur Diskussion stellen – agrarische und industrielle, staatlich verfaßte und solche ohne politische Zentralgewalt, soll deutlich werden, wie unterschiedlich die sozialen Beziehungen zwischen den Geschlechtern gestaltet sein können: das Machtgefüge zwischen den Genus-Gruppen kann mehr oder minder ausgewogen oder strikt hierarchisiert sein, die geschlechtliche Arbeitsteilung kann sehr rigide oder vergleichsweise durchlässig sein, Gesellschaften können sehr stark vom Machtanspruch des männlichen Geschlechts geprägt sein oder Raum lassen für die Gleichwertigkeit der Geschlechter bzw. des Differenten.

Im historischen Vergleich und bei der Analyse unserer Gegenwartsgesellschaft wird deutlich: Umbrüche ökonomischer, technologischer, politischer und zivilisatorischer Art, die gemeinhin als Modernisierung diagnostiziert werden, tragen zwar zu Veränderungen im Geschlechterverhältnis bei, dies bedeutet jedoch nicht unbedingt, daß alte hierarchische Strukturen abgelöst werden, um eine gesellschaftliche Gleichrangigkeit von Frauen und Männern herzustellen.

Wir versuchen in unseren Beiträgen die verschiedenen Ebenen im Verhältnis zwischen Frauen und Männern zu berücksichtigen: Rollenzuweisungen, geschlechtsspezifische Zuschreibungen, Verhaltensnormierungen und Handlungsorientierungen innerhalb eines bestimmten kulturellen Kontextes, aber auch welcher Platz den Geschlechtern gesellschaftlich zugewiesen wird und wie dies institutionell festgeschrieben wird. Dabei legen wir den Fokus immer auf die Frage danach, wie gesellschaftliche Verhältnisse und individuelles bzw. soziales Verhalten zusammenwirken. Der sozialwissenschaftliche Horizont wird also erweitert um eine sozialpsychologische Perspektive.

Die sozialwissenschaftliche Frauenforschung hat sich bisher schwerpunktmäßig auf zwei Problemfelder konzentriert. Der eine Strang läßt sich gruppieren um die Frage nach »Geschlecht« als sozialer Konstruktion (im Englischen »Gender«). Diskutiert wird – in Abgrenzung gegenüber naturalisierenden Konzeptionen von Geschlecht – wie »Weiblichkeit« und »Männlichkeit« gesellschaftlich produziert werden und wie weit diese Produktionen dazu beitragen, den Geschlechtern einen bestimmten Ort in der Gesellschaft vorzugeben. Dazu sind eine Fülle von Untersuchungen entstanden, die sich mit Fragen der Geschlechtersozialisation und -enkulturation, mit Mechanismen der Stereotypisierung und Rollenfixierung befassen. Ausgelotet wird dabei auch, wie gesellschaftliche Interpretationen der Geschlechterdifferenz mit der Herausbildung von Hierarchien und Machtgefällen zwischen Männern und Frauen zusammenhängen. Die in diesem – von der theoretischen Herkunft her durchaus heterogenen – Spektrum vertretenen Ansätze sind handlungsorientiert und fragen in einer mikrosoziologischen Perspektive nach den Prozessen, in welchen Individuen qua Genus klassifiziert und Institutionen geschlechtlich strukturiert werden. Sie sind weniger auf die Gesellschaft als Ganze bezogen und gehen auch kaum auf innerpsychische Dynamiken in der Konstitution geschlechtlicher Subjektivität ein.

Der Horizont erweitert sich, wenn »Geschlecht« nicht nur als Phänomen sozialer Konstruktion begriffen wird, sondern auch untersucht wird, inwieweit übergreifende Zusammenhänge und Bedingungen das Verhältnis der Geschlechter beeinflussen. Ins Zentrum rücken damit die geschichtlichen Wechselprozesse von subjektiver und objektiver Realitätsentwicklung, von Verhalten und Verhältnissen, von intersubjektiven Beziehungen und ihrer gesellschaftlichen Institutionalisierung.

Die gesellschaftstheoretischen Aspekte stehen im Mittelpunkt des zweiten großen Strangs sozialwissenschaftlicher Frauenforschung. Folgende Fragestellungen sind hier von Relevanz: 1. Inwieweit entstehen Grenzziehungen innerhalb einer Gesellschaft entlang der Trennung zwischen Frauen und Männern, und welcher strukturbildende Einfluß kommt dieser Trennlinie zu im Vergleich mit anderen Kategorien sozialer Ungleichheit wie Klasse oder Ethnie? 2. Besteht eine wechselseitige Abhängigkeit zwischen der Verfaßtheit einer Gesellschaft und der institutionellen Ausgestaltung des Geschlechterverhältnisses? Andersherum gefragt: Tragen bestimmte Organisationsprinzipien im Geschlechterverhältnis über diesen Herrschaftszusammenhang hinaus zur Aufrechterhaltung gesellschaftlicher Machtstrukturen bei?

In diesem Band soll diesem Wechselverhältnis vor allem in der Analyse unserer Gegenwartsgesellschaft nachgegangen werden.

Grob sei schon hier verdeutlicht, warum wir es für wichtig halten, die Erforschung des Geschlechterverhältnisses an gesamtgesellschaftliche Analysen rückzubinden.

Moderne Industriegesellschaften sind durch die Aufteilung in voneinander klar unterschiedene Sektoren gekennzeichnet. Das gesellschaftliche Ganze reproduziert sich durch das arbeitsteilige Zusammenwirken von Funktionsbereichen, die zwar voneinander getrennt, aber doch abhängig voneinander sind: Private Lebenswelten, Bildungswesen, Produktionssphäre, Dienstleistungssektor, Staat.

Das Zusammenwirken der ausdifferenzierten Sphären vollzieht sich jedoch nicht in einem Abstimmungsprozess, der den wechselseitigen Abhängigkeiten Rechnung trüge. Denn diese gesellschaftlichen Teilbereiche stehen nicht gleichwertig nebeneinander, sie unterliegen vielmehr Hierarchien. Manche verfügen über große gesellschaftliche Gestaltungsmacht, während andere kaum Einfluß auf die Richtung der gesellschaftlichen Entwicklung nehmen können. In industriell-kapitalistischen Systemen nehmen die ökonomisch-technologischen Sektoren – auch vermittelt über staatlichen Einfluß – eine dominante Stellung ein; Interessen, die die Institution Familie oder den Bereich »Kultur« betreffen, können dagegen sehr viel schlechter durchgesetzt werden. Wirtschaft und Staat bestimmen in starkem Maße, wie sich Gesellschaft formiert, welche Gestalt etwa Geburtenregelungen, Arbeit, Technik und Wissenschaft annehmen. Die Auswirkungen haben Einfluß auf die Lebensverhältnisse der Menschen bis in die vermeintlich selbstbestimmten Bereiche hinein. Durch sie wird weitgehend der Rahmen für die Lebensäußerungen jeder und jedes einzelnen abgesteckt: für die individuelle Gewichtung von Liebe, Arbeit, Freizeit, Bildung. Gesellschaftspolitische Schwerpunktsetzungen – z.B. Technologieentwicklung und Rationalisierungsmaßnahmen – entscheiden auch über soziale Ungleichheitslagen. In Normen und Verhaltensanforderungen für bestimmte Bevölkerungsgruppen drücken sich ebenfalls soziale Dominanzen aus.

Die Hierarchisierung der gesellschaftlichen Sphären – vor allem die Dominanz des Erwerbsbereichs gegenüber der Institution Familie – spiegelt sich in der Hierarchie der Geschlechter wider. Traditionellerweise ist die Erwerbssphäre – wie andere Foren der Öffentlichkeit – eine Domäne, in der Männer im Vergleich zu Frauen privilegiert werden. Nach wie vor hat die Erwerbsarbeit im Leben eines Mannes absoluten Vorrang gegenüber der Hausarbeit. In erster Linie gilt die männliche Erwerbsarbeit als das Fundament, auf dem die Existenzsicherung der Familie beruht. Der Mann soll auf Grund seiner monetären Leistungen der Familienernährer sein. Auch heute hat sich trotz der hohen weiblichen Erwerbsbeteiligung und deren Bedeutung für den Unterhalt der Familie dieses männliche Selbstverständnis kaum verändert.[1]

Da Erwerbsarbeit höher bewertet wird als die Hausarbeit, desweiteren Männerarbeit ausschließlich Erwerbsarbeit meint, Hausarbeit dagegen als Frauensache gilt, ergeben sich Hierarchien im Geschlechterverhältnis. Der Mann dominiert sowohl in der Erwerbssphäre als auch in der Familie, weil in beiden Sphären seine berufliche Arbeit die Verhältnisse und Beziehungen zwischen den Geschlechtern mitbestimmt. Die Minderbewertung der Hausarbeit gegenüber jeder wie auch immer professionalisierten Tätigkeit setzt sich fort in der Abwertung typischer Frauenlohnarbeit – diese wird in der Regel schlechter honoriert, weniger gefördert und gewerkschaftlich weniger geschützt.

Während im Zuge der Modernisierung der Erwerbsbereich arbeitsrechtlich reguliert wurde, blieb die Familienarbeit weitgehend eine Privatsache, geprägt von patriarchalischen Autoritätsstrukturen. Hauswirtschaftliche Arbeit vollzieht sich außerhalb der sonst in der Gesellschaft herrschenden Marktgesetze. Und es sind die Frauen, die dies in erster Linie zu spüren bekommen. Sie erleben in ihrem Lebenszusammenhang Doppelbelastung und Vereinbarkeitsproblematik, da sie meist in beiden Praxisfeldern – Familie wie Beruf – tätig sind.

Frauen sind in zweifacher Hinsicht vergesellschaftet – sie sind Hauptakteurinnen der privaten Reproduktion und partizipieren an den marktvermittelten gesellschaftlichen Sphären. Dieses doppelte gesellschaftliche Engagement bringt ihnen jedoch keine Vorteile ein, sondern im Gegenteil strukturelle Benachteiligungen gegenüber Männern. Da geschlechtliche Hierarchisierungen alle sozialen Bereiche durchziehen, erfahren Frauen sowohl im privaten wie im öffentlichen Bereich Diskriminierungen – ihre Existenzmöglichkeiten sind insgesamt im Durchschnitt eingeschränkter als die der Männer. »Geschlecht« ist daher eine Strukturkategorie im Sinne eines Schichtungskriteriums, das soziale Ungleichheit anzeigt.

Frauen sind als Berufstätige und als Hauptverantwortliche im privaten Bereich doppelt, aber auch grundsätzlich anders vergesellschaftet als Männer. Ihnen wird eine andere Planung ihrer Biographien, die Verknüpfung gegenläufiger Zielvorstellungen und das Ausbalancieren widersprüchlicher Verhaltensanforderungen im Wechsel zwischen privater Lebenswelt und Berufssphäre abverlangt. Sie sind überdies Grenzgängerinnen zwischen den kulturellen Sphären, die – wenn auch in bereichsspezifisch unterschiedlichen Ausprägungen – männlich dominiert oder weiblich konnotiert sind.

Zwar sind auch Männer nicht nur in den Beruf, sondern auch in die Familie eingebunden; aber ihre gesellschaftliche Stellung in der Familie ist weitgehend abgeleitet aus ihrer faktischen bzw. normativen Ernährerrolle. Darum ist es auch nicht sinnvoll, hier im gleichen Sinne von einer »doppelten Vergesellschaftung« der männlichen Genus-Gruppe zu sprechen.

In allen Beiträgen dieses Sammelbandes ist – auf unterschiedliche Weise – versucht worden, Konstruktionen der Geschlechterdifferenz und Konstellationen von Geschlechterverhältnissen aufeinander zu beziehen.

Wir haben den Aufsatz »Geschlecht, Herrschaft und internationale Ungleichheit« von Ilse Lenz an den Anfang dieses Bandes gestellt, weil er die ganze Komplexität des Zusammenhangs zwischen weltweiten gesellschaftlichen Entwicklungen, der Ungleichzeitigkeit verschiedener Geschlechterordnungen und die Konsequenzen dieser hierarchischen Verflechtungen für Frauenbewegungen in den Blick nimmt. Ilse Lenz geht davon aus, daß die Geschlechterverhältnisse in Westeuropa und den USA von den Konflikten nicht unberührt bleiben, die das Gefälle zwischen den reichen Ländern im Norden und Westen und den zunehmend verarmenden Ländern im Süden und Osten provoziert. Ihr Beitrag verfolgt eine doppelte Fragestellung: Zum einen geht es um die Skizzierung globaler Interdependenzen zwischen Gesellschaften mit unterschiedlichen Reproduktionsniveaus. Inwieweit und über welche Vermittlungsmechanismen wirkt sich diese internationale Ungleichheit auf die Organisationsform von Geschlechterverhältnissen in nationalen Kontexten aus? Zum anderen: Inwieweit können gemeinsame Interessen von Frauen formuliert werden, wo sind dem Grenzen gesetzt? Zur Diskussion gestellt wird, inwieweit herkömmliche Analysen angesichts der weltweiten Unterschiede kategorial erweitert oder korrigiert werden müssen, um das Verhältnis der Geschlechter zu reflektieren.

Der Text von Florence Weiss »Zur Kulturspezifik der Geschlechterdifferenz und des Geschlechterverhältnisses« ist als Kontrapunkt gesetzt. Die Folgen kolonialer Expansionsbewegungen werden erst sichtbar, wenn wir einzelne Gesellschaften in den Blick nehmen, die in den Sog kapitalistischer Entwicklungen geraten sind und die versuchen, dagegen ihre kulturelle Eigenständigkeit zu bewahren. Die Auseinandersetzung mit uns fremden Gesellschaften eröffnet die Chance, gewahr zu werden, wie unterschiedlich das Verhältnis der Geschlechter sozial organisiert sein kann. Dies betrifft auch die Formen von Macht und Herrschaft, denn Geschlechterverhältnisse sind nicht per se hierarchisch strukturiert.

Am Beispiel der Iatmul in Papua-Neuguinea dokumentiert Florence Weiss, wie Frauen und Männern im wirtschaftlichen, sozialstrukturellen und religiös-rituellen Bereich verschiedene Aufgaben und Räume zugewiesen werden, ohne daß es zu Rangordnungen kommt. Unterschiede zwischen Frauen und Männern werden in Phantasien und Ritualen aufgehoben, ohne daß diese biologisch fixierte Geschlechtscharaktere zementieren. Die Situation der Iatmul in den Städten zeigt, daß Frauen durch die Einführung kapitalistischer Wirtschaft benachteiligt werden, dies aber nicht zu einer Anerkennung patriarchalischer Ideologien führen muß.

Schon im Aufsatz von Florence Weiss wird zur Diskussion gestellt, ob nicht die Existenz des Männerhauses in vorstaatlich verfaßten Gesellschaften eine Institutionalisierung und Monopolisierung politischer Macht darstellt. Bei den Iatmul wird dadurch allerdings keine Männerherrschaft etabliert, die den Ausschluß von Frauen bedingt. Bilaterale Sanktionssysteme und eine sich ergänzende Arbeitsteilung stehen der Ausbildung patriarchaler bzw. androkratischer Strukturen entgegen. Eva Kreisky fragt nun nach der Bedeutung männerbündischer Institutionen und Rituale in europäischen Gesellschaften. In ihrem Beitrag »Der Stoff, aus dem die Staaten sind. Zur männerbündischen Fundierung politischer Ordnung« geht es um den Zusammenhang von Antifeminismus, Männerbünden und modernem Staatsverständnis. Da ihr spezifisches Interesse der Ritualisierung und Institutionalisierung des Antifeminismus im Männerbund gilt, rekurriert sie auf Ansätze und Forschungsergebnisse aus Sozialanthropologie, Ethnologie sowie Ethnopsychoanalyse und erweitert so politologische Sichtweisen um eine kulturtheoretische Perspektive. Die Entstehung des modernen Nationalstaats ist nicht nur verbunden mit ethnischen und rassistischen Grenzziehungen, sondern konstitutiv verknüpft mit männlichen Abgrenzungen vom weiblichen Geschlecht. Der in der praktischen Umsetzung folgenreiche Ausschluß und die Unterdrückung von Frauen als politischen Akteurinnen gehört damit in den geschichtlichen Kernbereich des modernen Staatsverständnisses.

In den folgenden vier Beiträgen wird das Geschlechterverhältnis der Gegenwartsgesellschaft in einem interdiszplinären Zusammenspiel von Soziologie und Sozialpsychologie untersucht.

Karin Gottschalls Beitrag »Geschlechterverhältnis und Arbeitsmarktsegregation« zeichnet nach, wie sich die ungleiche gesellschaftliche Stellung von Frauen und Männern im Erwerbsleben auswirkt. Ihr Text belegt zum einen die begrenzte Erklärungskraft von Analysen zur Arbeitsmarktsegmentation, da sie den Zusammenhang von Erwerbssystem und Geschlechterverhältnis außer acht lassen. Gleichzeitig wird einsichtig, daß erst über den Weg empirischer Befunde und vergleichender Analysen genauere Einsicht in die Mechanismen der Geschlechtertrennung und -hierarchisierung gewonnen werden kann. In dieser Konkretisierung werden Bedingungszusammenhänge und Chancen zur Verbesserung der Positionierung von Frauen auf dem Arbeitsmarkt erkennbar. Deutlich werden aber auch die strukturellen Grenzen von Gleichstellungspolitik.

Während Karin Gottschalls Beitrag die geschlechtsspezifische Arbeitsmarktsegregation in einem strukturtheoretischen Zusammenhang erörtert, wirft der Beitrag von Gudrun-Axeli Knapp »Unterschiede machen: Zur Sozialpsychologie der Hierarchisierung im Geschlechterverhältnis« Licht auf die Bedeutung sozialpsychologischer Mechanismen bei der Fortschreibung von Geschlechterhierarchien und -trennungen. Ihre Übersicht über unterschiedliche theoretische Ansätze und empirischer Untersuchungen zur Konstruktion von Geschlechterdifferenz dokumentiert, daß auch für mikrosoziologische Analysen der Rekurs auf die gesellschaftliche Organisationsform des Geschlechterverhältnisses unabdingbar ist.

Auch Helga Krügers Beitrag hängt mit Fragen der geschlechtsbezogenen Arbeitsmarktsegmentation zusammen. Sie legt den Fokus aber auf eine neue Facette der Geschlechterungleichheit: die Strukturen im Bildungssystem, die Mädchen und Jungen unterschiedliche Berufe und entsprechend unterschiedliche berufliche Hierarchien zuweisen. In ihrem Aufsatz »Dominanzen im Geschlechterverhältnis: Zur Institutionalisierung von Lebensläufen« wird deutlich, wie Biographien geschlechtsspezifisch geprägt sind, welche gesellschaftlichen Einflüsse wirken und welche Rolle »Ausbildung« dabei spielt. Theoretisch und empirisch wird herausgearbeitet, welcher Zusammenhang zwischen der geschlechtlichen Arbeits- und Autoritätsverteilung in der Familie, der Benachteiligung von weiblichen Jugendlichen im Bildungssystem und den Chancen von Männern und Frauen auf dem Arbeitsmarkt bestehen. Keine der genannten Institutionen ist geschlechtsneutral – sie alle stützen die gesellschaftliche Privilegierung der männlichen Genus-Gruppe. Dabei folgt die Hierarchie zwischen den Geschlechtern der Hierarchisierung gesellschaftlicher Sphären.

Regina Becker-Schmidt knüpft an das von Helga Krüger aufgezeigte Phänomen an, daß Frauen mehrheitlich ihre Lebensplanung sowohl an der Verpflichtung, die Familienarbeit zu übernehmen, als auch am gegenläufigen Wunsch nach Erwerbstätigkeit ausrichten, während für Männer der Beruf vorrangig ist. Ihre Familienorientierung bleibt meist auf die finanzielle Versorgung der Angehörigen beschränkt. In ihrem Beitrag »Von Jungen, die keine Mädchen und von Mädchen, die gerne Jungen sein wollten. Geschlechtsspezifische Umwege auf der Suche nach Identität« lotet sie aus, wie Entwicklungen geschlechtstypisch verlaufen und unterschiedliche biographische Orientierungen zur Folge haben. In kritischer Abgrenzung gegenüber traditionellen psychoanalytischen Konzepten, die Individuationsprozesse einseitig aus der Perspektive der psychosexuellen Entwicklung betrachten, steht bei ihr das Schicksal von gleich- und gegengeschlechtlichen Identifikationen im Zentrum, die auf dem Begehren nach sozialer Anerkennung und Geltung beruhen.

Geht es in dem Aufsatz von Regina Becker-Schmidt um Konflikte in weiblichen Individuationsprozessen, auf die Frauen sowohl mit Anpassung als auch mit Widerstand reagieren können, so untersucht Ute Gerhard die kollektive Dimension des Aufbegehrens. Der Titel »Die ›langen Wellen‹ der Frauenbewegung – Traditionslinien und unerledigte Anliegen« verweist auf die Bedingungen politischer Aktivität in Frauenbewegungen. Da Forschungsergebnisse aus der ehemaligen DDR noch nicht vorlagen, wird die Beziehung zwischen neuer und alter Frauenbewegung in Deutschland aus westlicher Perspektive beleuchtet. Die Geschichte dieses Verhältnisses bildet den Fokus der Analyse. Vor diesem Hintergrund wirft Ute Gerhard die Frage auf, ob die Frauenbewegung Motor sozialen Wandels geblieben ist und ob Frauenemanzipation noch als Gradmesser demokratischer Verhältnisse gelten kann. In die Untersuchung werden die latenten Strömungen einbezogen, die zwischen den ›Hoch-Zeiten‹ der Massenmobilisierung und dem Abflauen von spektakulären feministischen Aktionen Frauennetzwerke in Bewegung halten. Im Nachvollzug der verschiedenen Phasen der Frauenbewegung kann sie nicht nur zeigen, daß sich Frauenbewegungen auch nach Perioden vermeintlichen Niedergangs revitalisieren können, sie schärft so auch den

Blick dafür, unter welchen Bedingungen welche Organisationsformen der Durchsetzung von Fraueninteressen förderlich oder hinderlich sind.

Wir schließen den Band mit einem Beitrag, der in doppelter Perspektive gelesen werden kann: einmal als Rückblick, insofern er für unseren Zusammenhang wichtige Texte feministischer Forschung unter einer gesellschaftstheoretischen Fragestellung bündelt; aber auch als Ausblick, weil er auf offengebliebene Fragen zum Geschlechterverhältnis hinweist. Anja Wolde diskutiert unter dem Titel »Geschlechterverhältnis und gesellschaftliche Transformationsprozesse« Positionen, die nach der Wechselwirkung zwischen gesellschaftlichem Wandel und Veränderungen in Geschlechterordnungen fragen. Halten sich im Zuge gesellschaftlicher Umwälzungen, im Übergang von feudalen zu bürgerlich-kapitalistischen Verhältnissen, alte Geschlechterhierarchien in modifizierter Gestalt durch, oder wird die soziale Organisation geschlechtlicher Beziehungen auf qualitativ neue Weise strukturiert? Im Mittelpunkt stehen Ursula Beers Analysen zum Zusammenhang von Klasse und Geschlecht sowie Ute Gerhards Untersuchungen zur Stellung der Frau in der modernen bürgerlichen Gesellschaft. In beiden Ansätzen spielen die Rechtsverhältnisse als Kristallisationsfelder von Geschlechterungleichheit eine zentrale Rolle. Im Rekurs auf Überlegungen von Regina Becker-Schmidt wird darüberhinaus ein weiterer Aspekt der Beziehung zwischen Gesamtgesellschaft und Geschlechterverhältnis zur Diskussion gestellt: Welche Organisationsprinzipien, nach denen sich Gesellschaften als Ganze reproduzieren, finden sich im Geschlechterverhältnis wieder und begründen zwischen beiden einen Funktionszusammenhang; und umgekehrt: wie stützen Hierarchien im Geschlechterverhältnis Herrschaft in anderen gesellschaftlichen Konstellationen? Hier wird noch einmal eine Perspektive angesprochen, der nachzugehen wäre: die weitere Ausdifferenzierung von Gesellschaftstheorie und deren Umsetzung in empirisch gehaltvolle Strukturanalysen. Sie sind in der feministischen Theoriediskussion weniger ausgearbeitet worden als handlungs-, interaktions- und diskursanalytische Ansätze.

Wir möchten die Einleitung mit einem Glossar abschließen, in dem wir noch einmal auf einer anderen Ebene – einer eher lexikalischen – die Dimensionen benennen, die im Begriff »Geschlecht« anklingen und die zum Teil auch in den Beiträgen dieses Sammelbandes auftauchen.

Wir intendieren keine Definitionen – das wäre einem so umfassenden Phänomen gegenüber nicht angemessen; wir wollen vielmehr eine Orientierungshilfe bieten, um die Frage zu klären, auf welche Problemstellungen die einzelnen Elemente des Begriffs »Geschlecht« verweisen.

Etymologisch bedeutet *Geschlecht*: »was in dieselbe Richtung schlägt, übereinstimmende Art«. Es wurde zunächst im Sinne von »Abstammung« oder »Herkunft« gebraucht, dann auch im Sinne von »Gesamtheit der gleichzeitig lebenden Menschen«. In Ausdrücken wie »Menschengeschlecht« oder »von Geschlecht zu Geschlecht« klingt dieser gattungsgeschichtliche Bedeutungshorizont noch an. In Redeweisen wie »sie/er stammt aus dem Geschlecht derer von...« wird eine genealogische Komponente nachvollziehbar, die auf Abstammungslinien (matrilineare, patrilineare) und Familiengeschichte verweist. Es gibt einen engen Zusammenhang zwischen der Durchsetzung patrilinearer Sippen- und Familientraditionen und dem Unsichtbarmachen von Frauen in der Geschichte. Diese Bedeutungsdimension ist deshalb in der feministischen Kulturanthropologie und Geschichtswissenschaft, aber auch in der Philosophie relevant. Im Deutschen gehört »Geschlecht« zu den stark verdichteten Begriffen. Neben den obengenannten Dimensionen umfaßt er Geschlechtszugehörigkeit, d.h. eine klassifikatorische Markierung, die sich auf physiologisch-morphologische Spezifika bezieht; diese binäre Geschlechterklassifikation ist ein grundlegendes und – wie die aufwendigen Verfahren des Geschlechtswechsels von Transsexuellen zeigen – gesellschaftlich hochgradig reguliertes Ordnungs- und Identifizierungsmerkmal (Geschlecht: weiblich oder männlich). Geschlecht ist mit Sexualität (Geschlechtlichkeit, Geschlechtstrieb) assoziiert, kann sich aber auch auf geschlechtsspezifische soziale Identitäten (Geschlechtscharaktere) in einer Kultur beziehen.

Im folgenden sollen die Begriffe »Geschlechterdifferenz« und »Geschlechtsidentität« differenziert werden.

Geschlechterdifferenz (psychosexuelle, psychosoziale): In einer ersten Annäherung geht es um die physiologisch begründete Unterscheidung im Rahmen eines Konzepts von Zweigeschlechtlichkeit. Eine naturalisierende Bestimmung der Geschlechterdifferenz ist in der Frauenforschung auf großen Widerstand gestoßen, da davon ausgegangen werden muß, daß Geschlechterdifferenzen, codiert als »Männlichkeit« und »Weiblichkeit«, sozio-kulturelle Konstruktionen sind. Die Kontroverse darüber, ob biologische Attribute ein Geschlecht ausmachen, oder ob wir es mit kulturellen Zuschreibungen zu tun haben, führte zu der im anglo-amerikanischen Feminismus gängigen Unterscheidung von »sex« und »gender«. Diese wird heute allerdings wieder problematisiert, weil auch die naturwissenschaftliche Bestimmung dessen, was »sex« sei, stets innerhalb spezifischer kultureller Deutungskontexte stattfindet, eine klare Trennung also nicht möglich wäre.

Geschlechtsidentität (psychosexuelle, soziale): Wenn Kinder in Gesellschaften, die als sexuierte Gruppen nur Frauen und Männer benennen, nach ihrem Geschlecht zu fragen beginnen, so versuchen sie, sich im System der

Zweigeschlechtlichkeit zu verorten. Eine wichtige Orientierung sind dabei Körpererkundungen, Körperbilder und Körpererfahrungen im Umgang mit sich selbst und nahen Bezugspersonen. Sexuelle Erfahrungen und gesellschaftliche Bewertungen von Männlichkeit und Weiblichkeit, die aus anderen Wahrnehmungsfeldern stammen, gehen in Phantasien über Vorteile oder Nachteile der Zugehörigkeit zu einem Geschlecht eine enge Verbindung ein. Sexuelle Identität und soziale Identität sind im Prozeß der Individuation nicht zu trennen, haben jedoch durchaus unterschiedliche Triebfedern: gleich- und gegengeschlechtliche libidinöse Objektwahlen und mimetische Identifikationen. Der Begriff Geschlechtsidentität kann darum bezogen sein auf sexuelle Orientierungen in der Objektwahl und im Selbstbild (homosexuell, transsexuell, heterosexuell). Die Beschäftigung mit der Vielfalt von Ausprägungen sexuellen Begehrens hat in wichtigen Strömungen des Feminismus (Sozialer Konstruktivismus, Ethnomethodologie, Poststrukturalismus) zu einer kritischen Auseinandersetzung mit der gesellschaftlichen Normierung von Sexualität und der Festlegung auf eindeutige Geschlechtsidentitäten geführt: die phallokratische Heterosexualität wurde als Zwangsheterosexualität in Frage gestellt und die Stereotypisierung von Weiblichkeit und Männlichkeit problematisiert.

Geschlechtsidentität bezieht sich über sexuelle Konnotationen hinaus auf die soziale Zuordnung von Individuen zu einem der beiden Geschlechter, denen gesellschaftlich bestimmte Kompetenzen, Verhaltensweisen und Praxisfelder zugeordnet werden. Sozialwissenschaftliche Frauenforschung fragt nach den sozialen Prozessen, in denen Geschlechtszugehörigkeit und soziale Verortung vermittelt sind.

Der Begriff *Gender*, der sich auf Geschlecht als soziale Konstruktion bezieht, zielt schwerpunktmäßig auf die kulturellen Codierungen und Normierungen von Männlichkeit und Weiblichkeit. Er eröffnet zwei Analyseperspektiven: eine, die danach fragt, welche Rolle diese Normierungen in den Interaktionen zwischen Individuen spielen, und eine andere, die sich auf die Relevanz geschlechtlicher Konnotierung sozialer Kontexte und Institutionen richtet.

Genus-Gruppe: Dieser Begriff signalisiert, daß Frauen und Männer soziale Gruppen einer Gesellschaft darstellen, die in Relation zueinander stehen. Was macht Frauen bzw. Männer zu einer sozialen Gruppe, die in sich zwar nicht homogen ist, aber die sich doch von der des jeweils anderen Geschlechts signifikant unterscheidet in Lebenslage, Lebensweise, gesellschaftlicher Bewertung? Wann und warum werden Männer und Frauen als sozial differenzierte Gruppen sichtbar?

Geschlechterbeziehungen: Frauen und Männer gehen vielfältige soziale Beziehungen ein – persönliche und sachliche, solche des Austauschs (von Arbeit, Leistungen, Bedürfnisbefriedigungen) und solche des Ausschlusses (von Räumen, Praxisfeldern, Ressourcen, Ritualen). Diese kulturellen, politischen und ökonomischen Beziehungen unterliegen gesellschaftlichen Regelungen und Machtverhältnissen. Die Form dieser Regelungen variiert je nach Kultur, geschichtlichem Zusammenhang und Gesellschaftssystem. Selbst innerhalb einer Gesellschaft können sie Unterschiede aufweisen – je nach sozialem Bereich, Altersgruppe, ethnischer Zusammensetzung der Bevölkerung.

Geschlechterverhältnisse: Dieser Begriff umfaßt zum einen das gesamte Feld solcher Regelungen in einem sozialen Gefüge. Darüberhinaus zielt er auf die Organisationsprinzipien, durch welche die beiden Genus-Gruppen gesellschaftlich zueinander ins Verhältnis gesetzt werden. Solche Organisationsprinzipien können sein: Trennung und Hierarchisierung oder solche der Egalität und Komplementarität. Zur Bestimmung des Geschlechterverhältnisses gehört die Klärung der Frage, welche Positionen die Genus-Gruppen in den gesellschaftlichen Hierarchien einnehmen und welche Legitimationsmuster es für geschlechtliche Rangordnungen gibt. Sind Geschlechterverhältnisse hierarchisch, ist »Geschlecht« ein Schichtungskriterium, das soziale Ungleichheit markiert. Die Benachteiligung von Frauen kann eine doppelte oder dreifache werden, wenn ihre Geschlechtszugehörigkeit mit anderen Schichtungskriterien wie Ethnie oder sozialer Herkunft zusammenfällt. Geschlechterverhältnisse in diesem systematischen Sinn sind Herrschafts- und Machtzusammenhänge, in denen die gesellschaftliche Stellung der Genus-Gruppen institutionell verankert und verstetigt wird. In historischer Perspektive ist zu fragen, über welche Mechanismen sich Über- und Unterordnungsverhältnisse reproduzieren und wo es Bruchstellen und Verschiebungen gibt, an denen sich Tendenzen zur Veränderung abzeichnen.

Anmerkung

1 Diese Überlegungen gehen zurück auf Theoriekonzepte und Forschungsergebnisse von Helga *Krüger* und Claudia *Born* (1993).

Ilse Lenz
Geschlecht, Herrschaft und internationale Ungleichheit

1. Einleitung

Der Nord-Süd-Konflikt stellt die Menschheit vor Probleme, die – wenn sie nicht gelöst werden – zunehmende Krisen und Katastrophen heraufbeschwören. Diese Einsicht setzt sich langsam auch bei den Privilegierten in den Ländern des »Nordens« durch. In der Mehrheit der Regionen im »Süden«, und jetzt auch verstärkt im »Osten« herrschen Lebensbedingungen, die durch Armut und Unsicherheit gekennzeichnet sind. Zwar haben einige Gesellschaften, wie Taiwan oder Südkorea, den Aufstieg zum Schwellenland oder Neuen Industrieland geschafft. Doch wurde die internationale Ungleichheit durch die Herausbildung neuer wirtschaftlicher Wachstumszentren, etwa in Ostasien, und durch das Aufkommen neuer Mächte mit politischem Führungsanspruch nicht aufgehoben; sie wurde vielstufiger und komplexer.

Auch die Ökologiefrage ist von internationaler Ungleichheit geprägt. Die kapitalistischen Industrieländer nutzen den Löwenanteil an Energie und Rohstoffen der Welt. Während das Bewußtsein über die globalen ökologischen Wechselwirkungen zunimmt, wird Verzicht zunächst von den Armen gefordert. Eine weitere globale Herausforderung stellt das Aufflammen ethnischer oder nationaler militärischer Konflikte dar, nachdem die Weltordnung der zwei Supermächte durch den Zusammenbruch der Sowjetunion zerfallen ist.

Internationale Ungleichheit manifestiert sich also in den drängenden Problemen von Massenarmut, ökologischer Krise und militärischen Konflikten. Doch sie konstituiert sich in der langen Entwicklung des kapitalistischen Weltsystems. In diesem Beitrag will ich fragen, welche Bedeutung dem Geschlechterverhältnis als Strukturzusammenhang für ein Verständnis dieses Weltsystems zukommt.

Die feministische Forschung ist hier besonders gefordert: Die vorherrschenden Theorien zu Weltsystem und Weltgesellschaft haben die

Geschlechterfrage meist vernachlässigt. Die geschlechtsblinden oder androzentrischen Ansätze nehmen also die herkömmliche Geschlechterungleichheit nicht wahr; diese Ausblendung kann dazu führen, daß Politiken, die auf soziale Veränderungen zielen, mit neuen Formen der Diskriminierung und Ausbeutung der Frauen verbunden sind[1]. Es geht also darum, die Frage nach Geschlechterverhältnissen als wichtigen Fokus der internationalen Ungleichheitsforschung durchzusetzen.

Dabei ergeben sich auch neue Chancen für die Frauenforschung: implizit oder explizit bewegt sich der Großteil der feministischen Theoriebildung im »Westen« im Horizont der jeweils »eigenen« nationalstaatlich verfaßten Gesellschaften. Selten wird darüber nachgedacht, daß die Geschlechterverhältnisse in der »eigenen« Gesellschaft nicht abgetrennt von internationalen Einflüssen und internationaler Ungleichheit zu begreifen sind. Dabei geht es nicht um polarisierte Perspektiven, so daß entweder nur eine internationale Perspektive weiterführe oder aber wir »erst einmal bei uns selbst anfangen müßten«. Eine Einschränkung auf den eigenen gesellschaftlichen Horizont erscheint angesichts der ökonomischen und politischen Prozesse der Internationalisierung nicht angemessen, doch auch eine globale Makrosicht erweist sich als unzureichend für ein Verständnis nationalstaatlicher und regionaler Zusammenhänge. Vielmehr ist zu fragen, wie internationale Ungleichheit, nationale und regionale Strukturen und die konkreten Lebensverhältnisse der Individuen in ihrer Vermittlung zu begreifen sind[2].

Bei der Untersuchung von Abhängigkeitsbeziehungen zwischen unterschiedlichen Gesellschaften wird besonders deutlich, wie unabdingbar eine nichtreduktionistische Forschungsstrategie ist: Strukturanalysen, die sozioökonomisch vorgehen, können nicht die Erforschung der kulturellen Ordnungs- und Deutungssysteme und der darin verankerten Vorstellungen von Geschlechterverhältnis bzw. Geschlechterdifferenz ersetzen (vgl. *Knapp-Wetterer* 1992). Der Spannung und den Vermittlungen zwischen beiden Dimensionen gilt es nachzugehen: So können schon im einzelgesellschaftlichen Kontext sozioökonomische Disparitäten unter Frauen parallel zu vergleichsweise einheitlichen Normierungen von »Weiblichkeit« bestehen. Schicht- und Klassenunterschiede können sich jedoch auch in unterschiedlichen Distinktionsformen auf der Ebene kultureller Symbolisierungen und Normierungen äußern. Wichtig ist der jeweilige soziale und historische Kontext. Beziehen wir darüberhinaus die internationale Dimension von soziostruktureller Ungleichheit und kulturellen Unterschieden im Geschlechterverhältnis mit ein, so werden die Zusammenhänge noch vielschichtiger. Wenn die Frauenforschung einen politisch-praktisch wirksamen Beitrag dazu leisten will, Möglichkeiten der Solidarität, aber auch Grenzen der Übereinstimmung von Frauen verschiedener Herkunft herauszufinden, dann geht es darum, die Ungleichzeitigkeiten, Widersprüche und Konvergenzen zwischen den genannten Dimensionen wahrzunehmen und zu begreifen.

Im Folgenden versuche ich, einen neuen Zugang zu diesen Zusammenhängen im Rahmen einer kritischen Theorie der Moderne und der Modernisierung zu entwickeln; dabei will ich mich auf drei ihrer Dimensionen konzentrieren und skizzenhaft umreißen, wie sie durch das Geschlechterverhältnis geprägt sind und es ihrerseits beeinflussen: Ökonomie, Ökologie und internationale Ungleichheit.

2. Neue Perspektiven jenseits der Dualismen

Gegenwärtig gibt es verschiedene Ausgangspunkte für Theorien zum Zusammenhang von Geschlecht, Herrschaft und internationaler Ungleichheit. Eine ökofeministische Richtung konzipiert die internationalen Machtverhältnisse parallel zur Geschlechterdifferenz: sie werden bezogen auf das gesellschaftliche Naturverhältnis einerseits, auf die geschlechtliche Arbeitsteilung andererseits. Gesprochen wird von einem patriarchalischen Kapitalismus, in dem Frauen wie Natur behandelt und ausgegrenzt werden und in dem die Akkumulation auf der Nutzung von unbezahlter »hausfrauisierter« Arbeit von Frauen und Lohnarbeit von Männern beruhe. Dieser Dualismus läßt sich in dem feministischen radikal-kritischen Bielefelder Ansatz feststellen, dessen zentrale These lautete: »Die Subsistenzproduktion ist weiblich«. Es steht zu überlegen, ob hier nicht die Gesellschaftsanalyse aus der Geschlechterdifferenz abgeleitet wird: Denn während die Geschlechterdifferenz als Grundlage vorausgesetzt wird, wird die »eine Hälfte der Arbeit«, die Subsistenzproduktion, den Frauen zugeordnet, die Lohnarbeit dagegen den Männern. Dementsprechend ist dieser Ansatz – trotz wichtiger Einsichten – von einem Geschlechterdualismus durchzogen, der die Wahrnehmung der Unterschiedlichkeit in den Lebensverhältnissen von Frauen, der differenten Formen ihres Denkens und Handelns behindert.

Eine zweite Richtung will eher fragen, wie Geschlecht in den Prozessen, in denen internationale Ungleichheit und Herrschaft aufrechterhalten und modifiziert werden, »geschaffen« wird: Welche neuen, vielfältigen Geschlechterverhältnisse ergeben sich und warum begründen sie immer wieder soziale Ungleichheit? So zeigte die feministische Ethnologie die unendliche Variabilität von weiblicher und männlicher Erfahrung in verschiedenen Kulturen auf (vgl. u.a. *Moore*, 1988; *Arbeitsgruppe Ethnologie Wien*, 1989). Anknüpfend an klassische Forschungen u.a. von Margaret *Mead* öffnete sie die Perspektiven für die Untersuchung der sozialen und kulturellen Herstellung von Geschlecht (*social construction of gender*). Wenn Väter in manchen Gesellschaften die Kinder erziehen, Frauen zu Pfeil und Bogen greifen können und schließlich manche Kulturen sogar in bestimmten Lebensphasen einen Geschlechtswechsel, wie institutionalisierten Transvestismus ermöglichen, werden kulturneutrale Vorstellungen vom »Frausein« brüchig.

ForscherInnen haben in den letzten Jahren versucht, den Geschlechtsdualismus in den westlichen Gesellschaften und der Sozialwissenschaft kritisch zu hinterfragen (vgl. *Knapp/Wetterer*, 1992). Es geht zunehmend darum, wie in einem Doppelprozeß »Geschlecht gemacht« wird: in gesellschaftlichen Arbeitsteilungen und Institutionen mit ihren geschlechtlichen Normen und in der Aneignung und Veränderung dieser Normen durch die einzelnen Personen in ihrer Sozialisation und im Alltagsleben.

Angelika *Wetterer* hat entscheidende Konsequenzen eines solchen dynamischen Begriffs von Geschlecht herausgearbeitet: 1) Es geht um eine Prozeßkategorie, die den Prozeß des *doing gender* auf Mikro- und Makroebene (dazu s.u.) wahrnehmbar machen/erfassen soll. 2) Diese Prozesse sind mitkonstitutierend für Herrschaftsverhältnisse und sie legitimieren Hierarchien, die sonst schwer zu begründen wären. Es ist einfacher, Frauen schlechter bezahlte Lohnarbeit mit dem Hinweis auf ihre ungeheuer wichtige Mutterrolle schmackhaft zu machen als mit der Begründung, daß sie als Frauen weniger verdienten. Diese Ebene unterscheidet sich von der ersten Frage nach dem Geschlecht als soziokulturellem System generell: Hier geht es um die Probleme von Unterordnung und Ausbeutung, die im Geschlechterverhältnis begründet werden.

Nun ist aber die Zweigeschlechtlichkeit allein durch die Kritik daran nicht aufzuheben, denn sie bildet eine wesentliche Grundlage der Geschlechterhierarchie. Das Geschlecht als zweipolige Ordnungskategorie hat einen Doppelcharakter: Auf der Ebene sozialer Ungleichheit begründet es unterschiedliche soziale Positionen und Hierarchien zwischen Personen, die als weiblich oder männlich zugeordnet werden. Auf der Ebene der symbolischen Repräsentation bildet es einen Angelpunkt der symbolischen Ordnung (vgl. *Douglas*, 1966) der meisten Kulturen (*Lenz*, 1993; *Lipp*, 1986). Der Dualismus der Geschlechter verbindet sich mit anderen Dualismen, wie denen von oben und unten, rein und unrein, drinnen und draußen und besitzt große symbolische Kraft. Deswegen entfaltet die Zweigeschlechtlichkeit »materielle Gewalt«, auch wenn sie nicht natürlich, sondern gesellschaftlich begründet ist.

Im Folgenden beschäftigen mich zwei Leitfragen:

1) Welche neuen Zugänge ergeben sich für eine Gesellschaftstheorie der internationalen ökonomischen und ökologischen Ungleichheit im Weltsystem, wenn das Geschlechterverhältnis miteinbezogen wird? Auf welchen Ebenen – Arbeitsteilungen, Institutionen und symbolischen Systemen – wird »Geschlecht gemacht«? Wie werden in solchen Prozessen Herrschaft, Ungleichheit und Unterordnung begründet?

2) Welche Bedeutung für die Geschlechterverhältnisse kommt den Trennungen der einzelnen Gesellschaften in einem hierarchischen Weltsystem, ihrer ungleichen Entwicklung und ihrer wechselseitigen Verflechtung zu? Welche Bedeutung hat dabei die zunehmende Differenzierung zwischen der internationalen wirtschaftlichen und politischen Ebene und welche Rolle spielen intermediäre Institutionen und Organisationen?

3. Universalismus und der Dualismus zwischen Tradition und Moderne

Die westliche Sozialwissenschaft erhob seit ihrer Gründung im 19. Jh. den Anspruch des Universalismus: Sie erforschte unter ihren Leitvorstellungen von der menschlichen Entwicklung (Evolutionismus) die Geschichte der Völker der Erde. Die Kritik arbeitete heraus, daß dieser vermeintliche Universalismus von einem grundlegenden Eurozentrismus getragen war, indem »westliche« Maßstäbe an die »nichtwestlichen« Gesellschaften angelegt wurden und sie deswegen als »traditionell«, »unterentwickelt« oder »rückständig« abgestuft wurden (vgl. *Said*, 1980). Besonders problematisch erscheint mir dabei die Vorstellung der »Tradition«, die zum Gegenbild einer Moderne erklärt wird, die sich den Glorienschein des Fortschritts zuspricht. Selbstverständlich wirkt die Langzeitgeschichte in ihren verschiedenen Stufen auf die Gegenwart; doch wären diese Einflüsse, z.B. vormoderner, patriarchalischer Verhältnisse, genau zu erforschen, anstatt sie pauschal mit dem Begriff »traditionell« zu belegen. Neuere entwicklungssoziologische Forschungen zeigen, daß viele als »traditionell« bezeichnete Sozialverhältnisse erst im Zusammenhang mit der Modernisierung entstanden sind, ihre andere Seite bilden. Dies gilt gerade von der Rolle der Frau als Hausfrau und Mutter, die weithin immer noch als »traditionell« bezeichnet wird; in Wirklichkeit ergab sie sich aber aus der Verwandlung z.B. der vormodernen Bäuerin und Wirtschafterin, die auf dem Feld, im Garten und im Haus arbeitet, in eine moderne Hausfrau, die sich vor allem um Familie und Hausarbeit kümmert.

Die feministische Diskussion teilt diesen Eurozentrismus, da ein Teil der »westlichen« Feministinnen ihre Maßstäbe unreflektiert an Frauen anderer Gesellschaften anlegt. So erklärten sie bestimmte Verhältnisse, wie etwa die Polygamie oder die Verschleierung kurzweg zum Zeichen der Unterdrückung und Traditionsgebundenheit der anderen Frauen, ohne die sozialen Zusammenhänge zu verstehen. Hier hat nun seit längerem eine heftige Kritik von Frauen aus der »Dritten Welt«, EthnologInnen und SoziologInnen eingesetzt. Sie fordern ein tieferes Verständnis der kulturellen Zusammenhänge und der Subjektivität der erforschten Frauen, was teilweise zu einem deutlichen Kulturrelativismus führt.

So berechtigt die Kritik am Eurozentrismus auch ist, so besteht doch die Gefahr, daß sie in einen radikalen Partikularismus und Kulturrelativismus mündet. Vorbehalte gegenüber Universalismen dürfen nicht dazu führen, faktische Homogenisierungsprozesse zu übersehen, die real zur Herstellung eines Weltzusammenhangs tendieren.

Eine erste Voraussetzung lautet, daß die ForscherInnen verschiedener Gesellschaften in der wissenschaftlichen und alltäglichen Praxis gleichberechtigt sein müssen. Es geht um Gleichstellung, sowohl in bezug auf die Positionen und Ressourcen als auch auf die Perspektiven und Forschungsfragen. Forschung auf der Basis einer solchen – einzufordernden – Gleichheit erscheint mir fruchtbarer und vielversprechender als neue selbsteinschränkende Normen, wonach nur Schwarze über Schwarze, Weiße nur über sich und nur Frauen über Frauen forschen sollen. Solche Forderungen werden damit begründet, daß die Betroffenen vorrangige Definitionsmacht haben sollten und Fremderforschung leicht intellektuelle Herrschaftsansprüche und Fremdbestimmung mit sich bringen könne. Doch sehe ich in dieser Einschränkung auch eine Begrenzung von Fragestellungen und wissenschaftlichen Diskussionen, die auf einen der wichtigsten Vorteile der Wissenschaft, nämlich die kritische Auseinandersetzung von verschiedenen Positionen her, verzichtet. Es wäre eher zu fragen, wie eine kritische Theorie wie die Frauenforschung Methoden entwickeln kann, um neue Herrschaftsansprüche gegenüber den jeweils Anderen selbstreflexiv wahrzunehmen und zu kritisieren.

Ich sehe einen Ansatz in der Möglichkeit einer *kontrastiven Selbstreflexion*. Wir sehen Fremdes mit den Augen unserer Erfahrungen und Werte, wozu ein kritischer Umgang mit der kolonialen westlichen Vergangenheit gehört. Ebenso verhält es sich mit den ForscherInnen der anderen Kultur, mit deren Schriften und Bewertungen über ihre und unsere Kultur wir uns im Zeitalter der Entkolonialisierung der Wissenschaften endlich auseinandersetzen. Beide Seiten nehmen Anderes, auch Unvorhergesehenes voneinander wahr, und sie hinterfragen ihnen Selbstverständliches. Bei der Untersuchung, der Nachzeichnung und der vergleichenden begrifflichen Erfassung der anderen Gesellschaft ist ein Hinterfragen und eine Reflexion des eigenen zugrundeliegenden Selbverständnisses unerläßlich. Die eigenen sozialen Strukturen, ihre Veränderungen und vor allem die möglichen Optionen gewinnen andere Umrisse, sie treten schärfer hervor im reflektierten Kontrast; und das Verstehen des Fernen setzt Verständnis für die eigene Geschichte und Identität frei. Diese kontrastierende Selbstreflexion wird sich auf Gemeinsamkeiten und Unterschiedlichkeiten beziehen.

4. Bestimmungsmomente patriarchalischer Entwicklungen

Vermutlich haben sich patriarchalische Verhältnisse in verschiedenen Regionen unter verschiedenen soziohistorischen Umständen unabhängig voneinander entwickelt (z.B. China, Mesopotamien, Afrika, Altamerika). Die Vorstellung eines einheitlichen Patriarchats als weltumspannender Männerherrschaft trägt also nicht. Die Historikerin Gerda *Lerner* hat die spezifische Herausbildung des »westlichen Patriarchats« im alten Mesopotamien untersucht (*Lerner*, 1991). Dabei hebt sie drei Merkmale hervor, die sich teilweise auch auf andere patriarchalische Verhältnisse übertragen lassen:

1) Männer monopolisierten als Priester und Astrologen die frühen Wissenschaften; Frauen konnten nur selten eigenständiges intellektuelles Prestige beanspruchen. Dies bedeutete, daß die Glaubens- und Wissenssysteme die Vorherrschaft der Männer legitimierten. Neben das männliche Monopol über zentrales Wissen tritt das Privileg männlicher Eliten auf Politik.

2) Die Unterwerfung der Frauen beginnt mit der Kontrolle ihrer Sexualität und Reproduktionsfähigkeit; sie werden als künftige Ehefrauen zum Objekt von Austauschbeziehungen und man versucht, ihre Fruchtbarkeit im Interessen der von alten Männern dominierten Gemeinschaft zu kontrollieren. Gerda *Lerner* sieht den Anfang der Aus-

beutung generell in der sexuellen Ausbeutung der Sklavinnen und ihrer Produktions- und Reproduktionsarbeit.

3) Der Geschlechtsunterschied erhielt neue Bedeutung: Er wurde zu einem grundlegenden herrschaftslegitimierenden Unterschied umgemünzt. Die Herrschaftslegitimation durch zugeschriebene vermeintlich grundlegende, natürliche Unterschiede ist für Gerda *Lerner* eine wichtige Erfindung des Patriarchats, die gegenüber Frauen erprobt und dann auf andere Gruppen, wie Unterschichten oder Schwarze ausgeweitet wurde (*Lerner*, 1990, 1993).

4) Frauen der neuen Oberschicht erhielten im Gegensatz zu den Sklavinnen Privilegien und Schutz. Wichtige staatliche Gesetze erlaubten z.B. nur ihnen, einen Schleier zu tragen. Diese schichtspezifische Verschleierung stellte ein Zeichen für ihr Prestige dar. Wegen solcher Klassenvorteile wie der Freisetzung von körperlicher Arbeit und erhöhtem Prestige gegenüber Sklavinnen passen sich Frauen der Oberschicht an die neuen patriarchalischen Normen an. Gruppen von Frauen, die in patriarchalischen Strukturen zwar untergeordnet, aber gegenüber anderen relativ privilegiert sind, tragen diese mit. Somit erscheint das Patriarchat nicht als reine Gewaltherrschaft, sondern es beruht auf kulturspezifischen Legitimationen und einer Kombination von untergeordnetem Einbezug und Ausgrenzung verschiedener Gruppen von Frauen.

Es ist anzunehmen, daß die Verbreitung patriarchaler Formen von Herrschaft in der Geschichte durch ungleichzeitige Prozesse verlaufen ist: Einerseits haben sich vermutlich *intern* in verschiedenen Wildbeuter- und Bauerngesellschaften bis zu den frühen Hochkulturen spezifische patriarchalische Strukturen herausgebildet. Davon zu unterscheiden ist die *externe* Verbreitung, bzw. Übernahme des Patriarchats infolge von Eroberungen oder der kulturellen Anpassung herrschender Schichten; welthistorisch hatte der europäische Kolonialismus ab dem 15. Jh. die führende Rolle bei der Verbreitung patriarchaler Verhältnisse, die er bei seinen Eroberungen und in der Verwaltung der Kolonien zugrundelegte, zum Teil erst einführte.

Die wenigen hierzu vorliegenden Fallstudien betonen die folgenden Aspekte: Männer in den unterworfenen Gruppen erhielten patriarchale Macht von den Kolonialherren übertragen aufgrund einer vorrangigen Position in 1) regionalen Handelssystemen oder 2) in der politischen, teils protopolitischen Vertretung oder Führung der Gruppen. Die Repräsentationsfunktion nach außen in Handel oder Politik ermöglichte ihnen die

Vorherrschaft gegenüber Frauen auch in nichtpatriarchalen Gesellschaften durchzusetzen. Ein weiterer wichtiger Aspekt war die Umwälzung der Glaubens- und Wissenssysteme, in denen teils vorher Frauen kreative und starke Rollen spielten, durch die christliche Mission, die mit dem Kolonialismus eng verbunden war.[3]

5. Kapitalismus und verändertes Naturverhältnis im Weltsystem

In der Moderne entsteht unter europäischer Vorherrschaft ein globaler Weltzusammenhang, während zuvor die alten Reiche nur eine regionale Herrschaft ausübten.[4] Dieser Prozeß ist vor allem als Herausbildung des kapitalistischen Weltsystems (*Wallerstein*) untersucht worden: Durch den Handelskapitalismus und Kolonialismus bildete sich eine internationale Arbeitsteilung heraus, innerhalb derer die Wirtschaft der abhängigen Kolonialländer langfristig nach den Bedürfnissen der europäischen industriekapitalistischen Länder umgeformt wurde und wird. Während die Ein- und Unterordnung der Gesellschaften Afrikas, Asiens und Lateinamerikas in das kapitalistische Weltsystem i.a. als ökonomischer Prozeß verstanden wird, wird auf seiner Rückseite das Naturverhältnis der modernen Gesellschaften grundlegend umgeformt und reorganisiert – und dies ebenfalls mit globalen Auswirkungen.

Drei voneinander relativ autonome »Triebkräfte« der Moderne mit einer männlichen Trägerschaft und einem männlich zentrierten Wertesystem bewirkten diese Veränderungen: der Kapitalismus mit dem freien Unternehmer, das Militär mit überlegener Waffentechnologie und die moderne Naturwissenschaft. Der Kaufmann, der Entdecker und Eroberer, der Unternehmer und der Wissenschaftler – diese männlichen Helden der »westlichen« Geschichte haben die Welt aufgeteilt und die Natur ihrem Herrschaftsanspruch unterworfen. Sie konnten vorgängige patriarchalische Führungsprivilegien und Wissensmonopole für sich nutzen und in die neuen Herrschaftsformen integrieren.

Hinter ihnen standen die »westlichen« Frauen. Zwar waren sie lange vollständig von der Herrschaft im modernen Weltsystem ausgeschlossen und werden von Entscheidungspositionen in den männlichen Machtzentralen in Industriekapital, Politik und Wissenschaft nach wie vor bewußt ferngehalten, doch hatten sie in der Geschichte teil an der kolonialen Ausbeutung und der Unterordnung der Natur.

Generell läßt sich festhalten, daß Frauen nicht unbeteiligte Opfer oder bloße Objekte dieser Entwicklung sind, sondern in jeweils unterschiedlich untergeordneten Formen in die gesellschaftliche Naturaneignung als Handelnde, als potentielle Subjekte eingebunden sind. Die jeweilige gesellschaftliche geschlechtliche Arbeitsteilung prägt auch das Geschlechterverhältnis in der Naturaneignung (vgl. ausführlich *Lenz*, 1994).

In der modernen gesellschaftlichen Arbeitsteilung sind Frauen einerseits in den Erwerbssektor und den Arbeitsmarkt einbezogen; sie sind also, wenngleich meist in untergeordneter Position, an der industriekapitalistischen Inwertsetzung (*Altvater*, 1987) der äußeren Natur beteiligt.

Andererseits leisten Frauen einen Großteil der Eigenarbeit außerhalb des Marktes (vgl. *Lenz*, 1992) für die Bedürfnisse der Mitglieder des Haushaltes, auch der Kinder. Ausmaß und Organisationsform dieser Tätigkeiten variieren je nach Gesellschaft. In der haushaltlichen Subsistenzproduktion in der »Dritten Welt« übernehmen vorwiegend Frauen die überlebenswichtigen Arbeiten, wie Nahrung selbst anzubauen, Wasser zu holen und Brennholz im Wald zu sammeln. Auch ihre Form der Naturaneignung ist widersprüchlich: Sie sind auf die erneuerbaren Energien und die Subsistenzprodukte angewiesen und von daher genötigt, auf den Erhalt der Umwelt zu achten; bei Knappheit der natürlichen Ressourcen können sie aber um des Überlebens willen ihr Gleichgewicht nicht mehr respektieren. Im Gegensatz zu bestimmten ökofeministischen Positionen gehe ich davon aus, daß auch weibliche Subsistenzproduktion zur Umweltzerstörung führen kann. Ohne eine genauere Bestimmung der gesellschaftsstrukturellen und kulturell-symbolischen Einbettung dieser Subsistenzproduktion kann über die damit verbundenen Erfahrungsgehalte und politischen Potentiale wenig ausgesagt werden. In einem übertragenen Sinne ist auch die Prokreation, der Zusammenhang von Schwangerschaft, Zeugung und Geburt[5], »Subsistenz«-produktion, also Lebensproduktion im Sinne des Wortes. Doch wird auch dieser Gesamtzusammenhang gesellschaftlich und kulturell unterschiedlich interpretiert und inszeniert: In manchen Gesellschaften sind auch Männer eng darin eingebunden, die etwa die Schwangerschaft unterstützen, rituell die Geburt imitieren (Couvade) und in seltenen Fällen die Kleinkinder mitversorgen. In anderen Gesellschaften sind manche Frauen z.B. als Priesterinnen oder Nonnen wiederum von der Rolle der Gebärerin freigestellt. Geschlecht ist also kein biologisches Schicksal, doch haben Frauen ein Potential und eine potentielle Nähe zur Erschaffung der Kinder, die allerdings kulturell und geschichtlich verschiedenartig realisiert und symbolisiert wird.

In der modernen Gesellschaft mit ihrer Trennung von marktvermittelter Produktion und privater Reproduktion wurden sie in gewissem Maße spezialisiert auf die »Mutterrolle«. Diese bezieht sich zentral auf die Erschaffung und Versorgung von Menschen in ihrer Körperlichkeit, als menschlicher Teil der Natur. Dadurch gewinnt diese Versorgungs- und Familienarbeit einen spezifischen sinnlichen Charakter, der auch durch sachlich-instrumentelle und planerische Dimensionen der Hausarbeit nicht vollends überlagert wird. Insbesondere stiftet der nahe Umgang mit Kindern und ihren Bedürfnissen einen Erfahrungszusammenhang, in dem Rücksichten und aufmerksame Zuwendung zur menschlichen wie zur äußeren Natur gefordert sind. Dies heißt nicht, daß es eine zwangsläufige Entsprechung zwischen diesen Anforderungen und positivierbaren weiblichen Geschlechtseigenschaften gäbe; gleichwohl sind damit objektive gesellschaftliche Aneignungskonstellationen bezeichnet, innerhalb derer bestimmte Potentiale eine spezielle Entfaltung erfahren können. Tendenziell merken Frauen eher – weil (und wenn) sie direkt damit befaßt sind –, wenn Kinder wegen Luft- oder Wasserverschmutzung krank werden.

Solche Erfahrungen und Spezialisierungen werden von vielen Frauen zu Recht als wichtige soziale und politisch relevante Kompetenz erfahren, gleichzeitig sind Frauen weitgehend von den zentralen Macht- und Entscheidungspositionen in Wirtschaft, Politik und Wissenschaft ausgeschlossen, d.h. sie haben weder die materiellen Ressourcen, noch die Definitionsmacht, um über die ökologischen Folgen des gesellschaftlichen Naturumgangs wesentlich zu bestimmen.

Die prekäre und widersprüchliche Stellung der Frauen in der gesellschaftlichen Arbeitsteilung zwischen Subsistenzproduktion und Arbeitsmarkt verbietet es einerseits, nun gerade von ihnen die Rettung des Globus aus der ökologischen Katastrophe zu erwarten. Zugleich stellt die Subsistenzproduktion der Frauen aber eine – gleichsam strukturell verankerte – Brücke zur Erfahrung des Verhältnisses von menschlichem Leben und Leiblichkeit und der ökologischen Gefährdung dar. Ihre gesellschaftlich untergeordneten Erfahrungen könnten zumindest Anknüpfungspunkte für eine andere ökologische »materielle« Rationalität und Praxis liefern, die den Erhalt natürlicher Kreisläufe und die Befriedigung menschlicher Bedürfnisse kombinieren will (vgl. *Agarwal*, 1992; *Wichterich*, 1993).

6. Die Moderne als Epoche dauernder Expansion und Innovation

Die bezeichneten Veränderungen in der Beherrschung von Natur und Gesellschaft auf globaler Ebene bilden einen Teil des »Dauer-Umbruches«, der permanenten Innovationen in der Moderne. Sie werden in neueren Definitionen der Moderne aufgenommen, an die ich mich hier anlehne (vgl. u.a. *Kößler*, 1993, S. 33-36). Moderne wird nicht mehr vor dem Hintergrund einer kontrastär vorgestellten Tradition gesehen, sondern sie erscheint als umfassender evolutionärer Umbruch, in dem Prinzipien ständiger Erneuerung und Ausweitung wirksam sind. Sie wird definiert als Spielfeld der Kräfte der industriekapitalistischen Revolution, der bürgerlichen Revolution und der wissenschaftlich-technischen Revolution, die andauernd herrschaftlich strukturierte Innovation und Expansion im Sinne von Universalismus und Ungleichheit befördern: Diese Innovation und Universalisierung bedeuten aber auch eine Steigerung von Naturbeherrschung und globaler Kontrolle, bei gleichzeitiger Irrationalität und Unberrschbarkeit des Gesamtzusammenhangs.

Durch Innovation und universale Expansion wurde ein moderner Weltzusammenhang jenseits der Nationalstaaten geschaffen, der auf sie insgesamt zurückwirkt. Bei allen internen Veränderungen des Kapitalismus ist auch gegenwärtig festzustellen, daß die führenden kapitalistischen Industrieländer international Vorherrschaft beanspruchen und zugleich als Vorbild der Entwicklung erscheinen. Der Wechsel in den Führungsmächten, also daß einige neue Staaten, wie Japan, in diesen Rang aufstiegen und andere absteigen, hat die Grundstruktur der Hierarchie nicht verändert. Wie bereits angedeutet, hat diese internationale Ungleichheit soziale und ökologische Konsequenzen.

Zu den bereits benannten universalen Kräften des Kapitalismus und der modernen Wissenschaften tritt die bürgerliche Revolution mit ihrem Versprechen von »Freiheit, Gleichheit und Brüderlichkeit«, das zunächst partikular, aber tendenziell universal war. Frauen und Kolonialvölker hatten zunächst daran nicht teil, erkämpften sich aber Partizipation (wenn auch noch ohne Gleichheit). Die Kräfte politischer und wissenschaftlicher Innovation und Expansion wirkten auf die Entstehung eines globalen Kommunikationshorizontes. So verankerte die UN-Charta der Menschenrechte 1948 die internationale Geltung der Rechte auf Freiheit und Gleichheit. Seitdem bilden sie einen übernationalen und -kulturellen Bezugsrahmen, der Menschen, auch Frauen und Männer, grundsätzlich gleichsetzt und ihnen ermöglicht, sich international darauf zu berufen. Nicht nur die Nationalstaaten, sondern auch die Ansätze zu einer »internationalen Zivilgesellschaft« knüpfen daran an (*Kößler/Melber*, 1993). Viele Frauen sind in solchen Netzwerken aktiv, wie z.B. in Nicht-Regierungsorganisationen zu Frauen-, Umwelt- oder Menschenrechtsfragen.

7. Zwischen Mikro-, Makro- und Weltebene

Wenn die Moderne auf Innovation und ungleicher Universalisierung beruht, ist die Internationalisierung von Beginn an in ihr angelegt und hat gegenwärtig nur ein neues Ausmaß erreicht. Sie ist mit dem herkömmlichen Schema von Mikro- und Makroebene in den Sozialwissenschaften nicht hinreichend zu erfassen. Ich möchte in Anlehnung an andere vorschlagen (vgl. u.a. *Treibel*, 1993), das Modell zu erweitern: Neben die Mikroebene der Gruppen und Interaktionen und der Makroebene der Einzelgesellschaft sollten die internationalen Handlungsfelder in Politik, Wirtschaft und Kommunikation, sowie die Globalebene des kapitalistischen Weltsystems treten. Alle diese Ebenen sind interdependent, also von wechselseitiger Abhängigkeit gekennzeichnet; dennoch sind ihre handelnden Akteure und ihre Institutionen voneinander zu unterscheiden.

Das kapitalistische Weltsystem bezeichnet vor allem die Wechselwirkungen von historisch ungleichen ökonomischen, sozialen, politischen und ökologischen Verhältnissen auf Globalebene. Es geht also um internationale Prozesse der Hierarchisierung struktureller Interpendenzen.

Auf der nächsten Ebene der internationalen Handlungsfelder[6] treten Akteure und Institutionen auf: Es handelt sich vor allem um supranationale Zusammenschlüsse, um Verbände oder Privatunternehmen, die in diesen Prozessen zwischen der Ebene des Globalen und der Einzelgesellschaft mitwirken. Auf dem wirtschaftlichen internationalen Feld agieren vor allem die suprastaatlichen Finanzinstitutionen, wie etwa der Internationale Währungsfonds und die Weltbank, sowie die Multinationalen Unternehmen (MNU). Das politische internationale Feld bezieht sich auf die UN als Zusammenschluß der Nationalstaaten oder die zahlreichen zwischenstaatlichen politischen Kommissionen und Verbände. Das militärische Feld bezeichnet die Militärbündnisse und Sicherheitsabkommen, sowie die internationale Militärhilfe.

Quer dazu steht das Feld internationaler Kommunikation. Die neuen Transport- und Kommunikationstechnologien (Flugzeuge, mikroelektronische Kommunikationstechnik) verbanden sich zunächst mit den Interessen der Industrieländer auf dem wirtschaftlichen Feld, haben sich aber global verbreitet. Computer, Fax und auf andere Weise das Fernsehen verbinden die Weltteile in einer vorher ungeahnten Gleichzeitigkeit. Die Massenmedien haben sich längst internationale Märkte geschaffen und aufgeteilt; zugleich haben sich ihre Bilder und Botschaften internationalisiert.

Die Ursachen der Herausbildung dieser internationalen Felder wären m.E. in einer wachsenden Internationalisierung von Wirtschaft und Politik, der formellen Unabhängigkeit der Staaten Afrikas, Asiens und Lateinamerikas, sowie in den Möglichkeiten der modernen Transport- und Kommunikationstechnologien zu suchen. Doch da sie an der Schnittstelle zwischen Weltsystem und Einzelgesellschaft angesiedelt sind, sind ihre internen Hierarchien und ihre faktische Macht schwer zu bestimmen. Einerseits werden immer mehr Entscheidungen auf diese Ebenen verlagert, andererseits erscheinen die Akteure und ihre Rationalitäten unscharf.

Sowohl auf der Ebene des kapitalistischen Weltsystems als auch der internationalen Felder bleibt die Geschlechterfrage zunächst unsichtbar, umsomehr, wenn sie allein als Frauenfrage gestellt wird. Die Strukturen von Arbeitsteilung und Abhängigkeit im kapitalistischen Weltsystem erscheinen zunächst geschlechtsneutral. Auf den internationalen Feldern treten herkömmlich Vertreter von Eliten oder Institutionen auf, die vor allem von Männern besetzt sind. Wie ist auf dieser Ebene, auf der Frauen abwesend sind, das Geschlechterverhältnis zu fassen?

Auf der Ebene des kapitalistischen Weltsystems konzentrierten sich die Untersuchungen bisher darauf, eine »besondere Betroffenheit der Frau« von der Entwicklung aufzuzeigen. Zum Teil arbeiteten sie präzise aus, inwiefern die sich wandelnden Formen der internationalen Arbeitsteilung bestimmte Geschlechterrollen voraussetzten und instrumentalisierten. Es wurde also der Zusammenhang von internationaler und geschlechtlicher Arbeitsteilung in den Strukturen der Weltwirtschaft verfolgt [7]. Frauen sind ungleich in die internationale Arbeitsteilung eingebunden: Sie haben eine höhere Arbeitsbelastung und spezifisch heteronome (fremdbestimmte) Arbeitsverhältnisse, etwa als nichtentlohnte Arbeitskräfte ihrer Männer in Kleinplantagen oder als Ehefrauen und Mütter, die von ihren in den kapitalistischen Sektor migrierenden Ehemännern, Söhnen und Töchtern allein auf dem Subsistenzhof zurückgelassen werden, nachdem sie sie versorgt haben. Ebenso treffen sie die Strukturanpassungen im Zuge der Umschuldungen und Kreditrückzahlungen oft besonders hart. Die Multinationalen Unternehmen beschäftigten in den »Freien Produktionszonen« in Asien und Lateinamerika überwiegend junge Frauen zu Niedriglöhnen (vgl. *Lenz*, 1988). Ein internationaler Frauenhandel vermarktet junge Frauen aus Asien, Afrika und Lateinamerika in die Industrieländer, wo sie in die Prostitution oder aber in Ehen verkauft werden; er zeigt, daß die internationale geschlechtliche Arbeitsteilung auch die unentlohnte Reproduktionsarbeit umfaßt (vgl. *Agisra*, 1990).

Diese Untersuchungen haben sich darauf konzentriert, die gender-Dimension und die damit verbundene sexistische Gewalt aufzuzeigen. Während sie überhaupt erst die Vergeschlechtlichung als Prozeß der Hierarchisierung verdeutlichten, bleibt weitgehend unklar, welche Mechanismen und Vermittlungsinstanzen dieser vielfachen »Verwertung der Arbeitskraft der Frau« (*Rott*, 1984) zugrundeliegen. Es wird darum gehen, internationale gesellschaftliche Prozesse mit einem nichtdualistischen Verständnis von Geschlecht als offener Fragekategorie zu »durchleuchten«. In bezug auf die Arbeitsteilung hieße dies z.B. einerseits, die Lage von Frauen *und* Männern systematisch zu vergleichen. Andererseits würde dies bedeuten, neben vergeschlechtlichenden auch nach geschlechterübergreifenden Momenten zu fragen.

In bezug auf die internationalen Handlungsfelder lassen die vorliegenden Materialien die Vermutung zu, daß vor allem Männer Führungs- und Entscheidungspositionen innehaben. Sie treffen Grundentscheidungen über Krieg und Frieden, über Wirtschaftsabkommen, ökologische Richtlinien oder über Investitionen. Die Marginalisierung von Frauen in den Führungspositionen der Industrieländer, wo sie meist unter 10 Prozent vertreten sind, scheint sich hier fortzusetzen. Doch wäre es angesichts meiner Grundthesen der sozialen Konstruktion des Geschlechts und der internationalen Unterschiede in den Geschlechterverhältnissen falsch, daraus zu schlußfolgern, daß Männer international die gleiche patriarchale Männerpolitik machen (vgl. auch *Kreisky*, 1991). Vielmehr wäre hier nach den Selektionsmechanismen zu fragen, die dazu führen, daß manche Männer in den jeweiligen internationalen Handlungsfeldern nach oben kommen und andere Gruppen von Männern nicht, dagegen Frauen aber nahezu durchgängig ausgeschlossen werden. Ebenso könnte die Frage nach der herrschenden androzentrischen Rationalität in den führenden Gruppen und Institutionen weiterführen.

8. Die dreifache Vergesellschaftung der Frau

Ich will nun auf meine Leitfragen zurückkommen: Wie wird Geschlecht in dem Weltsystem geschaffen und welche Ungleichheiten legitimiert es?

Ich möchte bei dieser Frage des sozial geschaffenen Wechselverhältnisses von Geschlecht und sozialer Ungleichheit bei den Überlegungen von Regina *Becker-Schmidt* zur doppelten Vergesellschaftung der Frau ansetzen. Sie nimmt eine widersprüchliche doppelte Vergesellschaftung der Frau als Reproduzentin in die Familie und als Arbeitskraft in das Kapitalverhältnis an (vgl. *Becker-Schmidt*, 1988).

Ich möchte diese Überlegung erweitern auf mehrfache, zueinander widersprüchliche Vergesellschaftungs- und Vergemeinschaftungsprozesse im Geschlechterverhältnis. Dabei wähle ich einen weiter gefaßten Begriff von Vergesellschaftung: Ich fasse ihn soziopolitisch für Subjekte in modernen Gesellschaften, die in Prozesse der Arbeitsteilung und der politischen Assoziation eingebunden sind, wobei die politische Ebene sich auch wesentlich auf den Zugang zu gesellschaftlichen Ressourcen auswirkt. Soziale Ungleichheit im Geschlechterverhältnis konstituiert sich auf nationaler Ebene einerseits in Prozessen einer dreifachen, ungleichzeitigen Vergesellschaftung der Genus-Gruppen. Andererseits wirken zugleich internationale Einflüsse, vor allem die Vormachts- oder Abhängigkeitsposition im kapitalistischen Weltsystem und die transnationale wirtschaftliche, politische, medienförmige und militärische Ebene, auf diese Geschlechterverhältnisse ein. Die jeweiligen Faktoren und ihre Auswirkungen in diesem Kräftefeld können nur durch soziohistorische »kontextualisierte« Untersuchungen[8] bestimmt werden. Ich nehme eine dreifache Vergesellschaftung von Frauen und Männern an:

- In die Familie/den Haushalt: In der Mehrheit moderner Gesellschaften herrscht eine geschlechtliche Arbeitsteilung, in der die Frau für die menschliche Reproduktion verantwortlich ist, ohne daß ihre Leistung gesellschaftlich entsprechend anerkannt wird[9]. Diese Abwertung der Frauenarbeit in der Hauswirtschaft ist eine Grundlage neopatriarchaler Verhältnisse; die Modernisierung des Patriarchats konnte sich meist auf vormoderne patriarchale Verhältnisse stützen. Auch Männer sind familiär eingebunden, aber sie arbeiten nicht in gleichem Maße in der Familie für sie.

- In das Kapitalverhältnis: entweder als ProduzentInnen von Gütern (z.B. Rohstoffen oder Marktfrüchten) oder auf dem kapitalistischen Arbeitsmarkt. Zunächst scheint es so, daß die Verwertung der Arbeitskraft auf dem kapitalistischen Markt formal unabhängig vom Geschlecht verläuft; es geht um die möglichst effektive Nutzung bzw. möglichst günstige Preise für Produkte selbständiger Produzenten. Insofern verhält sie sich ungleichzeitig zur patriarchalischen Arbeitsteilung im Haushalt. Doch überkreuzen sich Prozesse von Segregation, untergeordnetem Einbezug und Ausgrenzung: Aus mehreren Ursachen werden interne Arbeitsteilungen und Hierarchien auf dem Markt vergeschlechtlicht: Einerseits beeinflussen die patriarchalen Familienstrukturen Markt- und Arbeitsmarktgeschehen (s.u.). Andererseits können funktional erscheinende Hierarchien durch Bezug auf die soziale Geschlechterhierarchie legitimiert werden. Aus der kapitalistischen Vergesellschaftung ergeben sich unterschiedliche Klassenzugehörigkeiten für Frauen. Geschlecht und Klasse überkreuzen sich also in der kapitalistischen Vergesellschaftung.

– In den Nationalstaaten der Moderne[10]: Die Menschen sind in ihrer großen Mehrheit in Nationalstaaten vergesellschaftet, die letztlich in ihrem Bereich einen differentiellen Zugang zu Ressourcen regeln und über die Verteilung bestimmen. Menschen ohne Paß, ohne nationale Mitgliedschaft erleben internationale Ausgrenzung. Allerdings sind im Zuge der Internationalisierung die Entscheidungsmöglichkeiten der transnationalen Ebenen enorm gestiegen (s.o.). In dieser Vergesellschaftung überkreuzen sich Geschlecht und nationale Mitgliedschaft; bei pluralen Gesellschaften mit mehreren Ethnien oder Einwanderergesellschaften tritt die ethnische Zuschreibung als weiterer Faktor in diesem Spannungsfeld hinzu (s.u.).

Als Ergebnis langer Kämpfe der sozialen Bewegungen, auch der Frauenbewegungen, sollte der Nationalstaat der Form nach geschlechtsneutral alle Mitglieder der Nation als BürgerInnen anerkennen. Er sollte jenseits ihrer wirtschaftlichen Ungleichheit eine gewisse Gleichheit, etwa in allgemeinen Wahlen, zugestehen. Damit verhält sich diese Vergesellschaftung widersprüchlich sowohl zur patriarchalen Unterordnung im Haushalt als auch zur wirtschaftlichen Abhängigkeit der Produzenten auf dem Markt. Frauen können sich als politische Subjekte äußern und haben dies in mehreren Wellen von weltweiten Frauenbewegungen getan (vgl. *Lenz*, 1990). Dennoch wird die öffentliche staatliche Sphäre lange als männerzentrierter Raum betrachtet. Frauen werden der Privatheit zugeordnet oder mit dem Verweis auf ihren Körper oder ihre Sexualität wird ihnen die notwendige intellektuelle und moralische Reife abgesprochen. Diese Trennung zwischen politischer Öffentlichkeit und Privatheit grenzt Frauen potentiell aus, während sie zugleich formal einbezogen werden. Auch hier finden wir ein Wechselverhältnis von Segregation, untergeordnetem Einbezug und Ausgrenzung.

In dieser dreifachen Vergesellschaftung im Geschlechterverhältnis werden die komplexen wechselseitigen Verbindungen von Klasse, Ethnie und Geschlecht, von *sex*, »*race*«/*ethnicity*, *class* geschaffen. Diese drei Formen sozialer Ungleichheit haben verschiedene Ursachen und wirken unterschiedlich; Frauen sind eben weder eine eigene »Klasse« noch die »Dritte Welt bei uns«. Aber gerade deswegen ist es nicht sinnvoll, sich die genannten Kategorien sozialer Ungleichheit als analoge oder additiv zusammenfallende Unterdrückungsverhältnisse vorzustellen. In den gesellschaftlichen Arbeitsteilungen und Herrschaftsverhältnissen wirken sie vielmehr in ihren *Konfigurationen* zusammen. Eine türkische Arbeiterin, die bewußt ein Kopftuch trägt, wird von einer deutschen rassistischen Mehrheitsmeinung nicht einerseits als türkischer Arbeiter abgewertet und zusätzlich als Frau für »zurückgeblieben« gehalten. Ich nehme an, daß diese Konfigurationen sich sowohl in den Arbeitsteilungen als auch in den Formen der Wahrnehmung und der symbolischen Ordnung feststellen lassen (vgl. *Lenz*, 1993).

Die globale Ebene und die internationalen Handlungsfelder können als ein weiterer virtueller, sich herstellender Vergesellschaftungszusammenhang begriffen werden, der auf die drei anderen Vergesellschaftungsprozesse einwirkt. Die Weltgesellschaft ist in ihren Möglichkeiten präsent, aber noch nicht als Handlungszusammenhang. Der Weltzusammenhang stellt sich für die Mehrheit der Menschen, die nicht unmittelbar in die internationalen Handlungsfelder einbezogen sind, über Kommunikation, globale Normen und globale Risiken her und nicht über reale Interaktion. So besteht eine tiefe Kluft zwischen den national und regional begrenzten Handlungsräumen der Mehrheit der Menschen und der Internationalisierung in Wirtschaft, Politik und Kommunikation.

Alle Menschen sind zwar potentiell in den Weltzusammenhang einbezogen, aber seine Einflüsse sind vermittelt zur dreifachen Vergesellschaftung: So etwa beruht der internationale Frauenhandel nicht allein auf der Tatsache, daß Männer in den Industriegesellschaften reich genug sind, sich eine »Frau aus der armen Welt zu kaufen«, also auf internationalen Machtunterschieden. Daß Frauen sich auf diese Form der Migration einlassen, hängt teils mit einer Sozialisation in patriarchalischen Haushalten zusammen, wo sie lernten, daß sie für das Überleben der Familie mitverantwortlich sind. Ihre Unterordnung in gewaltvollen Beziehungen ergibt sich oft daraus, daß die Männer als Staatsbürger der Zielländer »Platzvorteile« haben und das Aufenthaltsrecht ihrer ausländischen Ehefrauen vom Fortbestand der Ehe abhängt, so daß Widerstand sehr schwer ist.

Selbstverständlich verläuft diese dreifache Vergesellschaftung in den kapitalistischen Industrieländern, den Neu Industrialisierten Ländern und in Rohstoff- und Agrarländern in Afrika, Asien und Lateinamerika sehr unterschiedlich[11]. Zudem prägt die Kultur, vor allem die Geschlechtersymboliken, ihre Verlaufsformen mit.

Ein Skizze für Entwicklungsländer mit vorherrschendem kleinbäuerlichem Agrarsektor und informellem Sektor müßte etwa folgende Aspekte berücksichtigen: Im Haushalt sind Produktion und menschliche Produktion noch integriert; die Arbeitsbereiche beider Geschlechter bewegen sich zwischen Subistenzproduktion und Kleinvermarktung, wobei vor allem Frauen neben einkommensschaffenden Tätigkeiten für die Reproduktion von Kindern und Alten zuständig sind. Aber auch Männer arbeiten neben der Marktproduktion in der Subsistenzproduktion (vgl. *Lenz*, 1992). In der geschlechtlichen Arbeitsteilung sind viele Bereiche durch Geschlechtersymboliken markiert, wobei die jeweiligen Inhalte kulturspezifisch variabel erscheinen: Der Webstuhl oder die Spindel kann weiblich oder männlich sein. Andere Bereiche überlagern sich oder sind gemeinsam.

Korporative Haushalte sind in vielen solchen Gesellschaften nach den Prinzipien von hierarchischer Aneignung bei gestaffelter Umverteilung (Redistribution) organisiert: Die Arbeit der Frauen wird meist durch die Alten (Männer und Frauen) und die Männer angeeignet; doch erhalten sie im Rahmen der asymmetrischen Redistribution des Haushalts die Garantie des Überlebens durch eigene Arbeit und soziale Sicherung. Auf einer anderen Ebene ist ihre Arbeit auch dem Kapital untergeordnet: denn sie leisten einen Teil der Versorgung der Arbeitskräfte (durch Eigenproduktion von Nahrungsmitteln usw. und Hausarbeit) ohne Entgelt. Das Kapital kann also einen Teil der Reproduktionskosten auf die häusliche Subsistenzproduktion abwälzen und die Lohnkosten (oder aber die Preise für kleinbäuerliche Produkte) entsprechend bemessen.

Die Kleinbauern sind über die Vermarktung von Produkten für den Export (Kaffee, Kakao u.a.) in das kapitalistische Weltsystem integriert und werden von dem Preisverfall für Rohstoffe und Nahrungsmittel stark betroffen. Aufgrund staatlicher Gesetze und entwicklungspolitischer Maßnahmen erhalten überwiegend Männer Land, Kredite und andere Ressourcen, während die Frauen als unbezahlte oder niedrig entlohnte Arbeitskräfte der Hauswirtschaft tätig sind. Nach Arbeitsstunden leisten sie meist den höchsten wirtschaftlichen Beitrag ohne eine entsprechende Gegenleistung. Der Arbeitsmarkt in der Industrie, noch mehr der multinationalen Unternehmen spielt eine untergeordnete Rolle.

Häufig haben sich die »Staatsapparate« nicht von vorherrschenden Kreisen in Wirtschaft, Gesellschaft und Militär differenziert. Die Herausbildung des Nationalstaats erfolgte oft als Reaktion auf den Kolonialismus, ob durch nationalrevolutionäre Unabhängigkeitsbewegungen oder durch Kooptation regionaler Eliten durch die Kolonialmacht. Dies Übergewicht externer Faktoren wird ergänzt durch die große Bedeutung von internationalen Finanz- und Entwicklungskrediten bei der Finanzierung des Staatshaushalts und spezieller Projekte. Man könnte von einem spannungsgeladenen Bündnis vor allem transnationaler wirtschaftlicher Verbände und Unternehmen aus den kapitalistischen Ländern und den neuen männlichen Machthabern vor Ort sprechen. Es begleitet und ermöglicht den Transfer von Ressourcen aus Afrika, Asien und Lateinamerika in die Zentren[12].

Die neuen Trägerschichten des Nationalstaates rekrutieren sich überwiegend aus männlichen Verbänden, etwa dem Militär oder der Bürokratie als Nachfolger der männlichen Kolonialverwaltung. In einer Reihe von Ländern zeigen sie neben dem Geschlechterbias auch ein Oberschicht- und ein ethnisches bias. Da der Zugang zu staatlicher Macht eher Männern der führenden Ethnien offensteht, können sie ihn zur Aneignung staatlich vermittelter Ressourcen (Positionen in staatlichen oder staatsnahen Betrieben, Korruption) nutzen.

In den Neu Industrialisierten Ländern (NIL) gestaltet sich das Geschlechterverhältnis zwischen Haushalt, Kapital und Staat wieder anders. Die Haushalte haben teils den Charakter einer korporativen Gruppe mit gemeinsamer Produktion und Konsumtion noch nicht verloren, während der Lohnarbeitsmarkt zunehmend wichtiger wird. Die bisherige große Autorität der Alten geht vor allem wegen der potentiell unabhängigen Existenzsicherung für die Jungen auf dem Lohnarbeitsmarkt zurück. Wegen der allmählich steigenden Müttererwerbstätigkeit stellt sich die Vereinbarungsproblematik zwischen Familie und Beruf für Frauen.

Die Staaten haben meist eine zentralisierte, effektive Bürokratie; bei den ostasiatischen NIL im »neokonfuzianischen Gürtel« können sie zudem auf kulturelle Homogenität und eine nationale patriarchale Moral setzen. Die Entwicklungsdiktaturen haben teils wegen der gestiegenen Rolle von Mittelschichten und Arbeiterschaft eine gewisse Demokratisierung eingeleitet, allerdings ihren autoriäten Charakter beibehalten.

Die politische Vergesellschaftung im Nationalstaat ist widersprüchlich, denn die MitgliederInnen werden als politische Subjekte anerkannt, während die Frauen zugleich marginalisiert werden. Angesichts der autoritären Regime und ihrer Appropriationsinteressen haben sich in verschiedenen Ländern oppositionelle und demokratische Bewegungen entwickelt (vgl. auch *Kößler/Melber*, 1993). Im Protest gegen autoritärpatriarchale Formen politischer Kultur spielen Frauen und Frauengruppen manchmal eine wichtige Rolle in ihnen und besetzen »neue Themen«, wie Menschenrechte (z.B. in Verbänden der Mütter politischer Gefangener oder Beratung durch RechtsanwältInnen) oder aber Ökologie (vgl. *Kang/Lenz*, 1991; *Jaquette*, 1989; *Wichterich*, 1992). Fraglich ist, ob auf eine Demokratisierung in der offiziellen Politik eine Demokratisierung von unten für die Frauen folgt (vgl. *Meschkat*, 1992).

9. Prozesse der Vergesellschaftung und Vergemeinschaftung im Geschlechterverhältnis

Hier möchte ich kurz auf das Wechselverhältnis zwischen Prozessen der Vergesellschaftung und der Vergemeinschaftung eingehen. Ferdinand *Tönnies*, der Begründer dieser Diskussion, und im Anschluß an ihn Max *Weber* setzten beide Begriffe in einen deutlichen Gegensatz. *Tönnies* verstand Gemeinschaft als blutsverwandte hierarchische Gruppe, die auf einer ursprünglichen Einheit menschlicher Willen beruhe und in der dem stärkeren Mann ein »natürlicher« Vorrang zukomme (*Tönnies*, 1979, S. 7). *Weber* streift die naturalisierenden hierarchischen Konnotationen ab und bestimmt Vergemeinschaftung als eine soziale Beziehung, die auf »subjektiv gefühlter (affektueller oder traditionaler) Zusammengehörigkeit der Beteiligten beruht« (*Weber*, 1980, S. 21). Im Gegensatz dazu begreift er Vergesellschaftung als eine an rationalen Interessen orientierte Beziehung. Neue soziologische Ansätze zu »Wir-Gruppen-Prozessen« (*Elwert*, 1989) haben den klassischen Dualismus zwischen Gemeinschaft und Gesellschaft überwunden. Sie sehen Gemeinschaft als eine Form der Gruppenbildung, die auf einer subjektiv angenommenen Gemeinsamkeit beruht, wozu eine Abgrenzung nach außen tritt. Diese »Wir-Gruppen« entwickeln gemeinsame Normen und eine Binnenmoral. Exklusivität nach außen und Zusammenhalt (Kohäsion) nach innen bilden in Vergemeinschaftungsprozessen zwei Seiten einer Medaille.

Gemeinschaften können innere Ungleichheiten und Hierarchien umfassen wie zwischen Mann und Frau in patriarchalischen Verhältnissen oder zwischen Patron und Gefolgsmann. Da der Mächtige den Unterstellten Schutz bietet und gelegentlich Geschenke oder andere Ressourcen zuteilt, haben beide Seiten Interesse an dieser ungleichen Beziehung. Die Gemeinschaft begründet sich also jenseits der naturalisierenden Beiklänge *als soziales Verhältnis* durch die drei bisher angesprochenen Kennzeichen der emotional begründeten »Wir-Gruppe« mit einer Binnenmoral, der Abgrenzung oder Exklusivität nach außen und der moralisch gestützten, persönlichen vertikalen Interessenbeziehung. In diesem Sinne bildet Vergemeinschaftung nicht den Gegenpart zur Vergesellschaftung, sondern erscheint eher als ein Parallelprozeß.

In diesem Sinne nehme ich an, daß das Geschlechterverhältnis zudem durch Vergemeinschaftungsprozesse geprägt wird, die parallel zu einem Teil der angesprochenen Vergesellschaftungsprozesse verlaufen. Weiterhin vermute ich, daß Vergemeinschaftungsprozesse gestützt werden von Normen und Werten einerseits, die für Frauen eine untergeordnete Integration in die Gemeinschaft vorsehen, und von alltäglichen Interaktionen zwischen Personen andererseits, die diese Hierarchien immer wieder bekräftigen. Die patriarchale Kontrolle ist also nicht nur äußerlicher Zwang, sondern ihre Strategien beziehen die Frauen als – untergeordnete – Subjekte mit ein.

- Die Vergemeinschaftung in den Haushalt/die Familie: Dieser Vergemeinschaftungsprozeß bildet die Rückseite der Medaille der haushaltlichen Vergesellschaftung von Frauen und Männern durch eine ungleiche Arbeitsteilung. Der Haushalt ist eine »klassische Wir-Gruppe«; er grenzt sich nach außen ab und hat eine Binnenmoral, die sich oft an der »Ehre der Familie« und an klaren Geschlechternormen orientiert. Das Zusammenlegen aller Einkünfte, das *pooling* der Ressourcen im Haushalt bildet das materielle Fundament für die familiale Solidarität, wobei Frauen aber oft geringeren Zugang dazu haben. Das Wechselverhältnis von Vergemeinschaftung und Vergesellschaftung in den patriarchalischen Haushalt/die Familie könnte dazu beitragen, daß er auch den Untergeordneten, den Frauen und Dienenden, legitim erscheinen kann.

- Die Vergemeinschaftung in eine Ethnie: Neuere soziologische Ansätze gehen davon aus, daß auch Ethnizität sozial konstruiert ist. D.h. sie begründet sich nicht auf vermeintlich uralte gemeinsame Abkunft oder gemeinsame »Kultur«[13]. Georg *Elwert* kennzeichnet Ethnien als große »Wir-Gruppen«, die eine wirkliche oder fiktive gemeinsame Abstammung voraussetzen. Weiterhin nehmen sie an, daß sie bestimmte Eigenschaften, wie etwa die Sprache, die Literatur oder auch nur eine Religion mit eigenen Riten für sich besitzen und sie grenzen sich auf dieser Grundlage von den anderen ab. U.a. *Anderson* zeigte, daß diese gemeinsamen Merkmale erst in der Moderne erfunden und beschworen wurden; es handelt sich um »imaginierte Gemeinschaften« (*Anderson*, 1988).

Die Funktion von Ethnizität ist widersprüchlich: Sie wirkt als Prinzip sozialer Zuordnung, das ethnische Großgruppen quer zu Schichten und Klassen etabliert und weiterhin die soziale Positionierung der Einzelnen prägt. Die Betonung von Ethnizität kann aber auch eine Sekundärreaktion auf ethnische Unterdrückung darstellen und so Widerstandspotentiale verstärken. Jedoch erkennt die ethnische Vergemeinschaftung Hierarchien bis zu einem gewissen Grade an und hat keine klaren Mechanismen ihrer demokratischen Kontrolle entwickelt; besonders in der Frauenfrage scheinen viele, auch oppositionelle Führer die Werte der

»Mehrheitsgesellschaft« mitzutragen. Dies spricht für eine Affinität (Nähe) von Ethnizität zur herrschenden Ordnung.

Geschlechternormen und -symbole sind zentral für ethnische Vergemeinschaftungen: Die Frauen stehen häufig für die »Tradition«, die in ethnischen Diskursen als Fluchtpunkt der Identität in die Vergangenheit verlängert wird. Sie verkörpern die »kulturelle Identität«. Dies gilt im wahrsten Sinne des Wortes, denn man erwartet von ihnen die Befolgung symbolischer Körpernormen, etwa des Tragens der Volkstracht, der Verschleierung, oder der Klitorisbeschneidung. Die ethnische Differenzbehauptung artikuliert sich häufig durch Betonung der Geschlechterdifferenz und Kontrolle der Frauen. Dies spitzt sich zu, wenn die »eigene Tradition« der Weiblichkeit, im Sinne einer sanften asiatischen Weiblichkeit, einer deutschen Mutterrolle usw., gegen Emanzipationsansprüche von Frauen hochgehalten wird. Diese werden dann oft trotz einer langen Tradition von Frauenbewegungen als »westlich« ausgegrenzt – oft von den FührerInnen, die selbstverständlich »westliche« Technologien benutzen. So ist zu vermuten, daß ethnische Vergemeinschaftungsprozesse, die sich auf die Geschlechterordnung stützen, die unterschiedliche Integration der Geschlechter in den modernen Nationalstaat gefühlsmäßig (affektuell) und symbolisch abstützen.

10. Differenzierungen im Geschlechterverhältnis und Solidarität zwischen Frauen

Die mehrfache widersprüchliche Vergesellschaftung im Geschlechterverhältnis begründet Unterschiede zwischen Frauen nach Klasse, Nation und Ethnie. Worauf kann sich die Solidarität von Frauen in ihrem Kampf um Gleichberechtigung und Autonomie beziehen, wenn die Auffassung einer »internationalen gemeinsamen Betroffenheit« nicht aufrechtzuerhalten ist?

Es gibt eine feministische Position, die davon ausgeht, daß Menschenrechte von Frauen auf spezifische Weise unterdrückt werden – durch politische und wirtschaftliche Unterordnung sowie sexuelle Gewalt. (*Donner-Reichle/Klemp* 1990) Sie leitet sich also von einem universalen Bild des Menschen und seiner egalitären Grundrechte ab: es darf im Menschenrecht keine Unterschiede zwischen Frauen und Männern geben.

Eine weitere Möglichkeit wäre, nicht bei den Differenzen stehenzubleiben: Zu fragen wäre nach Konvergenzen auf der Ebene des Handelns oder auch der bewußten Politik von Frauen und Männern in unterschiedlichen Verhältnissen. Wo fließen die gesellschaftliche Praxis und das alltägliche Veränderungshandeln z.B. von Mittelschichtfrauen, Arbeiterinnen, Migrantinnen zusammen?

In der langen Geschichte der modernen Frauenbewegungen können wir ein komplexes Geflecht von Konvergenzen und Abstoßungen feststellen, etwa zwischen der deutschen bürgerlichen und proletarischen Frauenbewegung oder zwischen schwarzer und weißer Frauenbewegung in den USA. Konvergenzen können zu sozialen Bündnissen zwischen Frauen in unterschiedlichen Lagen führen. Zunächst aber müssen diese Frauen eine gemeinsame Öffentlichkeit herstellen. Langfristig erfordern Bündnisse in diesem Sinne eine Enthierarchisierung und Demokratisierung auch zwischen Frauen.

Anmerkungen

1 Vgl. etwa die negativen Konsequenzen der vom IWF eingeforderten Strukturanpassungsprogramme auf Frauen oder die Auswirkungen der ökonomischen Liberalisierung im »Osten« auf die Frauenbeschäftigung.
2 Ich werde weiter unten versuchen, einen Ansatz zur Vermittlung dieser Ebenen zu entwerfen.
3 Vgl. *Anderson*, 1990; *Leacock*, 1980; *Lenz/Luig*, 1990; *Sigrist*, 1984. Auf die komplexe Rolle des Islam kann ich in diesem Rahmen nicht eingehen.
4 Vgl. u.a. *Braudel*, 1986; *Wallerstein*, 1989; *Luhmann*, 1984; eine Auseinandersetzung mit *Luhmanns* Konzept der Weltgesellschaft ist in diesem Rahmen nicht möglich.
5 Die sog. generative Reproduktion, vgl. *Lenz*, 1982.
6 Ich verwende den Begriff des Handlungsfeldes hier pragmatisch, um die Herausbildung bestimmter, nach außen offener Bereiche zu kennzeichnen, die gegeneinander nicht strikt abgegrenzt sind und die Akteuren der Globalebene und der Nationalstaaten (von »oben und unten«) zugänglich sind. Da sie keine klare Grenze aufweisen, spreche ich nicht von »Subsystemen«.
7 Die Literatur ist kaum mehr zu übersehen; vgl. u.a. *McCormack/Strathern*, 1980; *Ortner/Whitehead*, 1981; *Moore*, 1988; *Rott/Lenz*, 1984; *Rott*, 1988; *Rott*, 1992, sowie Artikel in den Zeitschriften Beiträge zur feministischen Theorie und Praxis und Peripherie.
8 Dualistische Vorannahmen, wie etwa die These einer globalen Hausfrauisierung, erweisen sich teils als unzutreffend.
9 Die Debatte über Hausarbeit in den 70er Jahren brachte das Ergebnis, daß die Familie als Vergesellschaftungs- und Vergemeinschaftungsverhältnis zu begreifen ist und die herkömmliche Einschränkung auf eine private Gemeinschaft verkürzt war.
10 Der Nationalstaat ist ein tragendes Organisationsprinzip der Moderne nach dem

Ende des Kolonialismus; auch die ehemaligen Kolonien wollten und mußten sich zunächst nationalstaatlich organisieren. Diese Staaten sind sehr unterschiedlich und ihre Exekutive und Verwaltung müssen sich keinesfalls bereits getrennt von wirtschaftlichen Interessen oder sachrational im Sinne der Theorie moderner Herrschaft entwickelt haben.

11 Vgl. zum Folgenden die Literatur in Anmerkung 7; leider konnte ich aus Platzgründen nicht auf den Kontrastfall der dreifachen Vergesellschaftung in den kapitalistischen Industrieländern eingehen.

12 Dieser Wertetransfer erfolgt einerseits weiterhin über fallende Rohstoffpreise, auch wenn die kapitalistischen Industrieländer sich hier tendenziell durch neue künstliche Rohmaterialien abkoppeln, sowie durch Schuldendienst bei den sehr hohen Krediten, wobei die Schuldentilgung in manchen Regionen die Gesamtsumme der Neuverschuldung übersteigt.

13 In letzter Zeit hat sich – evtl. auch als Folge einer oberflächlichen Antirassismus-Debatte mit entsprechenden Parolen der multikulturellen Gesellschaft – ein essentialistischer Begriff von Kultur ausgebreitet. Dieser faßt soziale Erscheinungen, wie etwa die Verschleierung, unter die Kultur als homogenes Gesamtgebilde einer ethnischen Gruppe. Dabei wird übersehen, daß z.B. Frauen je nach ihrem soziohistorischen Ort eine sehr unterschiedliche Position zum Schleier einnehmen können. Dieser Kulturbegriff eignet sich weder dafür, die inneren kulturellen Widersprüche und Mischformen, noch dafür, die Wechselwirkungen zwischen kulturellen und sozialökonomischen Prozessen zu begreifen.

Literatur

AGARWAL, Bina, The Gender and Environment Debate: Lessons from India, in: Feminist Studies, 1992, 18. Jg., 1, S. 119-158

AGISRA (Hg.), Frauenhandel und Prostitutionstourismus. Eine Bestandsaufnahme, München 1990

ALTVATER, Elmar, Sachzwang Weltmarkt. Verschuldungskrise, blockierte Industrialisierung und ökologische Gefährdung – der Fall Brasilien, Hamburg 1987

ALVAREZ, Sonia E., Engendering Democracy in Brazil: Women's Movements in Transition Politics, Princeton 1990

ANDERSON, Benedict R., Die Erfindung der Nation. Frankfurt am Main/New York 1988 (Imagined Communities, 1985)

ANDERSON, Karen L., »This Woman who Now Has Become Truly a Lamb«: Subjugating Women in 17th Century New France, London 1990

ARBEITSGRUPPE ETHNOLOGIE WIEN, Von fremden Frauen. Frausein und Geschlechterbeziehungen in Nichtindustriellen Gesellschaften, Frankfurt am Main 1989

BALG, Maria, Genau wie wir, nur ganz anders: Leben und Überleben von Frauen in einem afrikanischen Dorf; soziale Lernprozesse im gesellschaftlichen Umbruch, Frankfurt am Main 1990

BECKER-SCHMIDT, Regina, Perspektiven einer feministischen Theorie gesellschaftlicher Reproduktion, in: Sektion Frauenforschung (Hg.), Frauenforschung-Frauenpolitik. Dokumentation des Workshops der Sektion Frauenforschung, Hannover 1988

BENNHOLDT-THOMSEN, Veronika/Maria MIES/Claudia v. WERLHOF, Frauen, die letzte Kolonie, Reinbek 1983

BENNHOLDT-THOMSEN, Veronika, Die Ökologiefrage ist eine Frauenfrage. Zum Zusammenhang von Umweltzerstörung, Kapitalakkumulation und Frauenverachtung, in: Beiträge zur feministischen Theorie und Praxis, 1987, 10. Jg., 19, S. 29-42

BRAUDEL, Fernand, Die Dynamik des Kapitalismus, Stuttgart 1986

BROETZ, Gabriele, »Uns bleibt nur der Hunger«. Auswirkungen des sozialen Destabilisierungsprozesses und der Umweltzerstörung auf die Lebens- und Arbeitssituation von Frauen. Dargestellt am Beispiel der Songhay im Vallée du Niger, Dissertation, Bremen 1991

BRUCKMEIER, Karl, Strategien globaler Umweltpolitik, Münster 1994

DITTRICH, Eckhard J.,/O. RADTKE (Hg.), Ethnizität. Wissenschaft und Minderheiten, Opladen 1990

DONNER-REICHLE, Carola/Ludgera KLEMP (Hg.), Frauenwort für Menschenrechte. Beiträge zur entwicklungspolitischen Diskussion, Saarbrücken/Fort Lauderdale 1990

DOUGLAS, Mary, Purity and Danger. An Analysis of Concepts of Pollution and Taboo, London u.a.1966

ELWERT, Georg, Nationalismus, Ethnizität und Nativismus – Über Wir-Prozesse, in: Peter Waldmann/Georg Elwert (Hg.), Ethnizität im Wandel, Saarbrücken/Fort Lauderdale 1989

ETIENNE, Mona/Eleanor LEACOCK (Hg.), Women and Colonization. Anthropological Perspectives, New York 1980

EVERS, Hans-Dieter/Tilman SCHIEL, Strategische Gruppen. Vergleichende Studien zu Staat, Bürokratie und Klassenbildung in der Dritten Welt, Berlin 1988

HASENJÜRGEN, Brigitte/S. PREUSS (Hg.), Frauenarbeit, Frauenpolitik. Internationale Diskussionen, Münster 1993

HEIN, Wolfgang (Hg.), Umweltorientierte Entwicklungspolitik, 2. erw. Aufl., Hamburg 1992

JAQUETTE, Jane S., The Women's Movement in Latin America. Feminism and the Transition to Democracy, London 1989

KÖßLER, Reinhart, Despotie in der Moderne, Frankfurt am Main 1993

KÖßLER, Reinhart/Henning MELBER, Chancen internationaler Zivilgesellschaft, Frankfurt am Main 1993

KNAPP, Gudrun-Axeli/Angelika WETTERER, Traditionen Brüche, Freiburg i. Brsg. 1992

KREISKY, Eva, Bürokratisierung der Frauen – Feminisierung der Bürokratie. In: Barbara Schaeffer-Hegel/Heidi Kopp-Degethoff (Hg.), Vater Staat und seine Frauen. Studien zur politischen Kultur, Pfaffenweiler 1991, S. 194-211

LACHENMANN, Gudrun, Ökologische Krise und sozialer Wandel in afrikanischen Ländern. Handlungsrationalität der Bevölkerung und Anpassungsstrategien in der Entwicklungspolitik. Mit einer empirischen Studie über Mali, Saarbrücken/Fort Lauderdale 1990

LEACOCK, Eleanor, Montagnais Women and the Jesuit Program for Colonization, in: ETIENNE/LEACOCK 1980

LENZ, Ilse, Die Dekaden der Frauen am Fließband. Frauenarbeit und exportorientierte Industrialisierung in Ostasien. In: Peripherie 33/4, 1988, S. 171-192

LENZ, Ilse, Frauenarbeit und Frauenpolitik zwischen Subsistenzproduktion und Arbeitsmärkten. Frauen international – komplexe Beziehungen, in: Renate Rott (Hg.), Entwicklungsprozesse und Geschlechterverhältnisse, SSIP-Bulletin 63, Saarbrücken/Fort Lauderdale 1992, S. 75-91

LENZ, Ilse, Wie hängen Geschlecht und Ethnizität zusammen? In: Bernhard Schäfers (Hg.), Lebensverhältnisse und soziale Konflikte im neuen Europa. Verhandlungen des 26. Deutschen Soziologentages in Düsseldorf 1992, Frankfurt am Main/New York 1993, S. 337-345

LENZ, Ilse, Abschied von den weisen Frauen. Zum Verhältnis von internationaler geschlechtlicher Arbeitsteilung und Ökologie. In: Peripherie 53, 1994 (im Erscheinen)

LENZ, Ilse/Ute LUIG (Hg.), Frauenmacht ohne Herrschaft. Geschlechterverhältnisse in nichtpatriarchalischen Gesellschaften, Berlin 1990

LERNER, Gerda, Die Entstehung des Patriarchats, Frankfurt am Main 1991

LIPP, Wolfgang, Geschlechtsrollenwechsel. Formen und Funktionen am Beispiel ethnographischer Materialien, in: Kölner Zeitschrift für Soziologie und Sozialpsychologie, 38, 1986, S. 529-559

LUHMANN, Niklas, Soziale Systeme. Grundriß einer allgemeinen Theorie, Frankfurt am Main 1984

McCORMACK, Carol P./ Marylin STRATHERN (Hg.), Nature, Culture and Gender, Cambridge 1980

MENZEL, Ulrich, Geschichte der Entwicklungstheorie. Einführung und systematische Bibliographie. Schriften des deutschen Übersee-Instituts 12, Hamburg 1991

MENZEL, Ulrich, Das Ende der Dritten Welt und das Scheitern der großen Theorie, Frankfurt am Main 1992

MERTENS, Heide, Wunschkinder. Natur, Vernunft und Politik, Münster 1991

MESCHKAT, Klaus, Frauen und Frauenbewegungen in Demokratisierungsprozessen Lateinamerikas – das Beispiel Chile, in: Peripherie 47/8, 1992, S. 22-30

MEYERS, Reinhard, Grundbegriffe, Strukturen und theoretische Perspektiven der internationalen Beziehungen. In: Theo Stammen u.a. (Hg.), Grundwissen Politik, Frankfurt am Main/New York 1991, S. 220-316

MIES, Maria, Patriarchat und Kapital. Frauen in der internationalen Arbeitsteilung, Zürich 1988

MOORE, Henrietta, Feminism and Anthropology, Cambridge 1988

NOHLEN, Dieter/Franz NUSCHELER (Hg.), Handbuch der Dritten Welt, 3. Aufl., Bd. 1: Grundprobleme – Theorien – Strategien, Bonn 1992

ORTNER, Sherry B./Harriet WHITEHEAD (Hg.), Sexual Meanings. The Cultural Construction of Gender and Sexuality, Cambridge 1981

PATEMAN, Carole, The sexual contract, 2. Aufl. 1991, Cambridge 1989

ROTT, Renate/Ilse LENZ (Hg.), Frauenarbeit im Entwicklungsprozeß, Saarbrücken/ Fort Lauderdale 1984

ROTT, Renate, Fabrikarbeiterinnen in Brasilien. Fallstudie über Fortaleza, CE, in: Peripherie 30/31, 1988, S. 8-32

ROTT, Renate (Hg.), Entwicklungsprozesse und Geschlechterverhältnisse, Saarbrücken/Fort Lauderdale 1992
SAID, Edward, Orientalism, London 1980; dt.: Orientalismus, Frankfurt am Main 1981
SCHEICH, Elvira/Irmgard SCHULTZ, Soziale Ökologie und Feminismus, Frankfurt am Main 1989
SCHULTZ, Irmgard, (Hg.), GlobalHaushalt. Globalisierung von Stoffströmen – Feminisierung von Verantwortung, Frankfurt am Main 1993
SHIVA, Vandana, Das Geschlecht des Lebens. Frauen, Ökologie und Dritte Welt, Berlin 1990
TÖNNIES, Ferdinand, Gemeinschaft und Gesellschaft. Grundbegriffe der reinen Soziologie, Darmstadt 1979
TREIBEL, Annette, Einführung in soziologische Theorien der Gegenwart, Opladen 1993
WALLERSTEIN, Imanuel, Der historische Kapitalismus, 2. Aufl. Hamburg 1989
WEBER, Max, Wirtschaft und Gesellschaft, Tübingen 1980
WEIZSÄCKER, Ernst-Ulrich v., Erdpolitik. Ökologische Realpolitik an der Schwelle zum Jahrhundert der Umwelt, 2. Aufl. 1990, Darmstadt 1989
WICHTERICH, Christa, Paradigmenwechsel: Von der »Integration in die Entwicklung« zur »Feminisierung der Entwicklung«, in: Peripherie 25-26, 1987, S. 122-143
WICHTERICH, Christa, Die Erde bemuttern. Frauen und Ökologie nach dem Erdgipfel in Rio, Köln 1992
WICHTERICH, Christa, Die Rückkehr der weisen Frauen. Zur Konstruktion von Weiblichkeit im Diskurs über Frauen-Ökologie-Entwicklung. In: Peripherie 51/52, 1993, S. 120-136

Florence Weiss

Zur Kulturspezifik der Geschlechterdifferenz und des Geschlechterverhältnisses. Die Iatmul in Papua-Neuguinea

1. Einleitung

Das Verhältnis der Geschlechter ist ein brisantes Thema. Es vergeht kein Tag, an dem wir nicht mit der Tatsache der Zweigeschlechtlichkeit konfrontiert werden – sei es in der Öffentlichkeit, im Privaten, im eigenen Land oder in der Fremde: Frauen werden anders behandelt als Männer und auch wir stufen unsere Mitmenschen im Umgang mit ihnen unwillkürlich nach ihrem Geschlecht ein. Da bietet mir ein Herr in der Straßenbahn seinen Sitzplatz an, eine Freundin fragt mich um Rat, da sie sich von ihrem Mann trennen will, und die Männer in einem Dorf in Papua-Neuguinea wollen nicht, daß ich bei ihrem Initiationsritual dabei bin. Wir entwickeln dauernd geschlechtsspezifische Einstellungen und sind von ihnen betroffen. Ginge es nur darum, angesichts von Frauen und Männern Unterschiede im Sinne von Vielfalt zu entdecken, könnten wir uns vielleicht mit der Geschlechterdifferenz abfinden, ja der Zweigeschlechtlichkeit gar einen gewissen Charme abgewinnen. Aber so verhält es sich nicht. Formal sind Frauen den Männern in unserem demokratischen Rechtsstaat gleichgestellt, in Realität aber nehmen sie auf allen Stufen der sozialen Hierarchie noch immer die unteren Positionen ein. Frauen gelten als das zweite Geschlecht. Diese Einstellung, die ihnen wie ein Makel anhaftet, ist Grund genug, sich mit Frauendiskriminierung auseinanderzusetzen.

Der ethnologischen Frauenforschung kommt im Kampf gegen die Diskriminierung des weiblichen Geschlechts eine wichtige Funktion zu. Indem sie die Lebensbedingungen von Frauen und Männern in außereuropäischen Gesellschaften untersucht, trägt sie dazu bei, unser Wissen zu erweitern und zwingt uns, unsere eigenen Erfahrungen und Vorstellungen zu überprüfen. Dies ist wichtig, da die gegebenen sozialen Verhältnisse stets eine große Macht auf unser Vorstellungsvermögen ausüben. Unser Leben erscheint als feste Gegebenheit, und es fällt schwer, sich Alternativen vorzustellen.

Die Funktion, unsere eigene Erfahrung zu erweitern und zu relativieren, erfüllt die Ethnologie seit ihrem Bestehen als moderne Wissenschaft. Margaret *Mead* hat sich dieses Anliegen, wie keine Ethnologin zuvor, zu eigen gemacht. Mit all ihren Forschungen auf Samoa (1928)[1] und bei verschiedenen Völkern in Papua-Neuguinea (1930, 1935, 1949) verfolgte sie das Ziel, den kulturrelativistischen Ansatz mit Hilfe von Beispielen aus fremden Gesellschaften zu untermauern.[2] Die Adoleszenz, das geschlechtsspezifische Temperament, die sozialen Rollen von Frau und Mann sind keine gegebenen Größen, sondern das Resultat kultureller Einflüsse und somit nicht einfach auf biologische Faktoren zurückzuführen. Das, was wir heute als kulturelle Konstruktion (construction of gender) bezeichnen, hat *Mead* in der Ethnologie zum ersten Mal thematisiert. Dabei ging es ihr um mehr als wissenschaftliche Erkenntnisse. Sie benützte ihre Forschungen explizit gegen die Zuweisung der amerikanischen Frauen auf den zweiten Platz, gegen ihren Ausschluß von wichtigen gesellschaftlichen Positionen aufgrund ihrer ideologischen Festlegung auf Biologie, d.h. auf Mutterschaft (*Mead*, 1971, S. 242). Für ganze Generationen von Frauen erfüllte und erfüllt *Mead* noch immer die Funktion, die Setzungen der eigenen Kultur zu relativieren. Allein die Tatsache, daß es in Papua-Neuguinea einen Stamm gibt, bei dem die Frauen wie Jäger mit Speeren fischen und ihre Familien praktisch ohne Zutun der Männer ernähren, wirkt auf eine Frau, die für ihre Einkäufe auf das Geld ihres Mannes angewiesen ist, wie ein Traum, und zugleich ist es eine Bestätigung dafür, daß Frauen auch ganz anders leben können.

Mead wurde von verschiedenen Seiten angegriffen, ihre Resultate wurden in Frage gestellt.[3] Ich kann die gemachten Vorwürfe gut beurteilen, sind die Iatmul, bei denen ich seit 1972 Forschung mache, doch eine Gesellschaft, die auch Mead oft als Beispiel erwähnt.[4] Man kann Mead vieles vorwerfen: ihre Vereinfachungen, das Ausklammern von Widersprüchen, was unter anderem darauf zurückzuführen ist, daß sie stets in Polaritäten dachte, ihre Illusion, von äußerlichen, beobachtbaren Phänomenen ließe sich direkt auf das innere Erleben schließen.[5] Doch der wichtigste Kritikpunkt ist für mich ihre Auffassung des Geschlechterverhältnisses als primär kulturelle Konstruktion, die in den Köpfen der Menschen entstanden ist und so durch Überlieferung weitergegeben wird.[6] Geschlechterverhältnisse sind jedoch unter ganz bestimmten soziohistorischen Bedingungen entstanden und Ausdruck von Macht- und Herrschaftsverhältnissen. *Mead* läßt beide Gesichtspunkte außer acht (*Connell*, 1987, S. 31). So kann sie z.B. in ihrem Bestreben, die amerikanische Gesellschaft zu verbessern, die Auffassung vertreten, es ließe sich von jeder Kultur gerade das übernehmen, was uns fehlt oder zusagt. Sie läßt die soziale und historische Dimension kultureller Phänomene unberücksichtigt. Indem sie Herrschaft und Macht ausklammert, kann sie die Vorstellung aufrechterhalten, die schlechtere Stellung der Frauen (sie denkt dabei v.a. an die Frauen in den USA) sei auf einem Mißverständnis und auf Unkenntnis begründet. Eine Lücke, die gerade sie mit ihren Forschungen zu füllen gedachte. Mit ihrer Auffassung verkörperte Mead den amerikanischen Traum, alles sei möglich, gebe man sich nur Mühe.

Gleichzeitig mit *Meads* Veröffentlichung *Male and Female* (1949) erschien Simone de *Beauvoirs* Buch *Le Deuxième Sexe*. Im Gegensatz zu *Mead* analysiert *Beauvoir* das Geschlechterverhältnis unter dem Aspekt von Macht und Herrschaft. Die Frauenbewegung und die Frauenforschung in den 60er und 70er Jahren setzten hier an. Macht und Herrschaft wurden in die theoretischen Diskussionen und in die Forschungen einbezogen. Nun ging es nicht mehr nur um die kulturelle Vielfalt des Geschlechterverhältnisses, sondern um die Frage, ob Frauen immer und überall machtlos oder eben das ›zweite Geschlecht‹ waren. Dabei spielte die Frage eine große Rolle, ob nicht die bisher zur Verfügung stehenden Daten zu bezweifeln seien. Zentral war die Erkenntnis, daß vielen Untersuchungen und Theorien ein männerzentrierter Blick, ein ›male bias‹, anhaftete, d.h. daß die Interpretation der Geschlechterverhältnisse einer männlich gefärbten Sichtweise entsprach. Eine Vielzahl von ethnologischen Studien in den 70er Jahren stellten die Frau ins Zentrum. Sie basierten auf neuem empirischen Material und diskutierten den Begriff der Macht neu (z.B. *MacCormack*, 1987). Die Betonung der Stärke der Frau, ihrer ›heimlichen‹ Machtstrategien eröffnete einen differenzierteren Blick auf den Status der Frauen. Gleichzeitig setzten sich Forscherinnen mit dem Bielefelder Ansatz auseinander, der den gängigen Arbeitsbegriff und die Bedeutung der Frau in der Ökonomie neu diskutierte. Mit der Differenzierung des Begriffs ›Geschlecht‹ als biologische Gegebenheit (›sex‹) und als soziokulturelles Konstrukt im Sinn von ›gender‹ war es möglich, biologistische Definitionen von ›Frau‹ zu kritisieren. Damit wurden ›Frauenbilder‹ und ›Männerbilder‹ in Relation zueinander gesetzt (*Lamphere*, 1987, S. 18).

Es lässt sich heute in der ethnologischen Frauenforschung keine einheitliche Richtung ausmachen. Zumindest in einem Punkt scheiden sich die Auffassungen. Während die einen sich von der Machtfrage abwenden, um die ethnologischen Diskursanalysen auszudifferenzieren (z.B. *Leonardo*, 1991), verfolgen andere die Fragen von Macht und Herrschaft weiter. Innerhalb dieser Gruppe beherrschen v.a. zwei Richtungen die Diskussion. Die eine geht von einer universellen Unterordnung von Frauen unter Männer aus, d.h. von der universellen Verbreitung patriarchalischer

Gesellschaftsstrukturen. Diese Richtung wird vertreten durch *Ortner* (1974); *Rogers* (1978); *Rosaldo/Lamphere* (1974). Die andere Richtung vertritt den Ansatz von geschlechtsegalitären Gesellschaften. Dieser Ansatz geht auf die Arbeiten von *Leacock* (1981) und *Schlegel* (1977) zurück und wurde von *Lenz* und *Luig* (1990) weiter entwickelt. Meiner Meinung nach kommen wir gerade bei einer Analyse des Geschlechterverhältnisses nicht darum herum, Macht und Herrschaft in den Versuch miteinzubeziehen, diese Kontroverse zu beantworten.

2. Die Iatmul, eine patriarchalische oder geschlechtssymmetrische Gesellschaft?

Bevor wir auf die Geschlechterdifferenz und das Geschlechterverhältnis bei den Iatmul in Papua-Neuguinea eingehen, möchte ich einige allgemeine Informationen vorausschicken.

Die Iatmul waren einst autonome, weitgehend autarke Dorfgemeinschaften. Sie lebten von dem, was sie sich aus ihrer natürlichen Umwelt aneigneten und vom Tausch. Sie kannten weder Geld noch Metallwerkzeuge, noch die Schrift. Seit dem Beginn des Jahrhunderts kamen sie in Kontakt mit Weißen. Zuerst waren es die Deutschen, seit 1914 die Australier, unter deren Kolonialverwaltung sie bis zur Unabhängigkeit im Jahre 1975 standen. Das Verbot der Kriegsführung und der Kopfjagd im Jahre 1927 und die Einführung einer allgemeinen Kopfsteuer in den 30er Jahren hatten wichtige Veränderungen zur Folge. Die zweite Maßnahme führte zwangsläufig zur Abwanderung von jungen Männern auf Plantagen. Bis zum Verbot der Kriegsführung waren die einzelnen Dörfer souverän, d.h. sie verteidigten das eigene Territorium gegen feindliche Angriffe und griffen selbst feindliche Dörfer an. Krieg und Kopfjagd lagen weitgehend in den Händen der Männer. Die Frauen waren sowohl in die Vorbereitungen als auch in die Rituale nach einem erfolgreichen Kopfjagdzug involviert. Doch wurden sie weder im Handwerk des Tötens geschult, noch nahmen sie an militärischen Aktionen teil. Mit der Unterordnung der Iatmul unter das australische Recht verloren v.a. die Iatmul-Männer wichtige Positionen innerhalb der Gesellschaft. Würden wir uns nur auf die soziale Realität stützen, wie wir sie in den 70er Jahren untersuchen konnten, würden wesentliche Aspekte des Geschlechterverhältnisses verlorengehen. Wir werden deshalb die vorkoloniale Zeit in unsere Analyse miteinbeziehen.[7]

Heute lebt die Dorfbevölkerung noch immer weitgehend von Subsistenzwirtschaft: Geld spielt im Alltag eine untergeordnete Rolle. Ganz im Gegensatz zu den in die Städte abgewanderten Iatmul, die nur überleben können, wenn sie ihre Arbeitskraft verkaufen. Wir werden uns in diesem Artikel weitgehend auf die Darstellung der dörflichen Verhältnisse beschränken.[8]

Im folgenden werden wir mit einer Reihe von Fakten konfrontiert, die die Frage aufwerfen, ob das Geschlechterverhältnis bei den Iatmul patriarchalisch oder geschlechtssymmetrisch sei (vgl. *Lenz/Luig*, 1990). Für das Patriarchat spricht die Vorrangstellung der Männer im Bereich der Kriegsführung, der Politik und des Rituals. Es sind die Männer, die das Dorf nach außen vertreten, die sich vermehrt interner dörflicher Streitigkeiten annehmen und in vorkolonialer Zeit die Kriegszüge organisierten. Und es sind die Männer, welche die aufwendigsten zeremoniellen Handlungen durchführen. Im Gegensatz zu den Frauen steht den Männern eine besondere Institution und ein besonderer Ort zur Verfügung, ihre Belange zu diskutieren und auszuführen: die Versammlung aller erwachsenen Männer im Männerhaus. Die Institution des Männerhauses entspricht einer bündischen Organisation. Als eine gesamtgesellschaftliche organisatorische Zusammenfassung ist sie ein politischer, militärischer und ritueller Angelpunkt der Machtstruktur. Diese kommt in drei Richtungen zum Tragen: nach außen in der Form von Krieg, wo es um Tötung und Schädigung der Feinde geht, und nach innen: a) in der Form von lateralen Auseinandersetzungen, besonders zwischen den Clans; b) als Disziplinierung der jungen Männer mit dem Ziel, sie in den Männerbund einzugliedern. Ein Beispiel dafür ist die Initiation; c) gegen die Frauen, Kinder und noch nicht initiierten Knaben. Die Macht des Männerbundes manifestiert sich v.a. dann, wenn im Männerhaus Rituale stattfinden.

Der generelle Gebrauch von roher Gewalt (Schlägereien und Tötungen) und das generelle Recht, davon Gebrauch zu machen, spielt in der Dynamik der Machtverhältnisse eine wichtige Rolle. Das heißt nicht, daß Gewalt öfter angewendet wird als in Deutschland oder gar in New York, im Gegenteil. Aber es gibt bei den Iatmul keine übergeordneten Instanzen, die einen Konflikt mit Gewalt neutralisieren oder einen Schlichtungsvorgang aus der Position der Macht einleiten könnten. Diese Aufgabe übernimmt der Mechanismus der lateralen Sanktion, d.h. die angegriffene Partei muß sich selbst wehren, entweder Rache üben oder sich Genugtuung verschaffen. Wenngleich die Machtausübung in Form von Tötungen weit mehr unter den Männern selbst zum Tragen kommt, sind auch die Frauen davon betroffen. Grundsätzlich wird ihnen das Recht, sich zu prügeln und zu töten, ebenso zugesprochen wie den Männern, und die Frauen machen auch davon Gebrauch.[9] Sei es, daß sich Frauen mit ihren Ehemännern oder mit anderen Frauen prügeln, sei es, daß sie als geschlossene Gruppe gegen Frauen anderer Dörfer vorgehen. Doch ist die Frauen- im Gegensatz zur Männergruppe weniger straff organisiert, und die Verteidigung des Dorfes gehört nicht explizit in den Aufgabenbereich der Frauen. So stehen den Männern Möglichkeiten zur Verfügung, die sie auch gegen die Frauen einsetzen können. Daß sie dies in der Regel nicht tun, hängt mit dem Kontrollmechanismus der lateralen Sanktion zusammen und mit dem Interesse der Männer, gute Beziehungen zu den Frauen zu haben.

Für eine geschlechtssymmetrische Gesellschaft spricht der Zugang der Frauen zu den Produktionsmitteln (Boden und Gewässer), ihre Vorrangstellung in der Ökonomie, die Existenz von rein weiblichen Bewegungsräumen, von rein weiblichen Organisationsformen, von weiblichen Gruppen und die unbeschränkte Verfügung über das eigene Produkt, die Selbstbestimmung in der Sexualität und der Mutterschaft. Frauen spielen auch in der Geschichte und Mythologie eine ebenso wichtige Rolle wie die Männer. Der Dominanz der Männer im Krieg, in Politik und Ritual steht die Dominanz der Frauen im Alltag entgegen. Die Struktur eines Tages wird für die gesamte Dorfbevölkerung von den Frauen bestimmt. Erst wenn diese vom morgendlichen Fischfang nach Hause kommen, gibt es zu essen, und so erwarten Männer und Kinder mit Ungeduld die Rückkehr der Frauen.[10] Hinzu kommt, daß die Frauen bis zu Beginn des Jahrhunderts in bestimmten Wohnhäusern eigene Kultobjekte aufbewahrten und unter Ausschluß der Männer eigene Rituale durchführten. Von besonderer Wichtigkeit war die Initiation junger Frauen. Wir stoßen hier auf ein Problem, auf das Eleanor *Leacock* als erste hingewiesen hat (*Etienne/Leacock*, 1980; *Leacock*, 1981). Es betrifft die Tatsache, daß die Kolonisierung den Status der Frauen im Vergleich zur vorkolonialen Situation oft verschlechtert hat. Meine Forschungen ergaben, daß das vorkoloniale Ritualsystem der Frauen strukturell jenem der Männer weit ähnlicher war, als es sich heute präsentiert (*Weiss*, 1994b). Oder anders ausgedrückt: das System der Frauen und jenes der Männer waren weit mehr aufeinander bezogen, zwischen beiden Systemen bestanden mehr Entsprechungen und Rivalitäten, als bisher angenommen wurde. So liegt die These nahe, daß die Dominanz der Männer im Ritual eng mit der Kolonisierung verknüpft ist. Für eine geschlechtssymmetrische Gesellschaft spricht weiter die Tatsache, daß sich in allen gesellschaftlichen Bereichen die Tendenz nachweisen läßt, bestehende oder drohende Ungleichheiten institutionell auszugleichen. Vielleicht ist die Frage: ›patriarchalisch oder geschlechtssymmetrisch?‹ falsch gestellt. Vielleicht kommen wir ohne die Konstruktion einer nichtpatriarchalischen Gesellschaft aus, wie *Lenz* und *Luig* das tun, und können trotzdem Geschlechtssymmetrien aufzeigen.[11]

Wir werden sehen, daß die Aufrechterhaltung des Gleichgewichtes zwischen den Geschlechtern ein alltägliches Thema in der Iatmul-Gesellschaft ist. Interessendifferenzen werden auf allen Ebenen ausgetragen: mit lautstarkem Protest, mit Schlägereien, mit Essensentzug, mit Todesdrohungen, früher auch mit Tötung und der Drohung, das Dorf auf immer zu verlassen. Wir werden auch sehen, daß die Männer versuchen, ihre patriarchalischen Interessen durchzusetzen, bzw. Macht über die Frauen auszuüben. Doch sind ihre Möglichkeiten beschränkt. Dafür lassen sich die folgenden Gründe nennen: 1. Institutionalisierte Herrschaft ist nicht ausgebildet, d.h. es gibt keinen zentralisierten Machtapparat. Die Machtausübung findet lateral zwischen gleichartigen Gruppen statt. 2. Die Frauen bilden ein Gegengewicht. Sie erfüllen zentrale produktive Funktionen (Ökonomie und generative Reproduktion) und stellen eine selbständige Gruppe dar. Das ermöglicht es ihnen, gegenüber Männern ihre eigenen Interessen zu vertreten. Allerdings sind ihre Methoden der Machtausübung nicht primär jene der Tötung, sondern die Weigerung zu kooperieren, der Wegzug aus dem Haus des Ehemannes und die Drohung, das Dorf zu verlassen.

Im folgenden werden wir das Geschlechterverhältnis genauer daraufhin untersuchen, ob es hier Unterschiede in der sozialen Stellung von Frauen und Männern gibt. Wir wollen die Frage beantworten, welche Zugangsmöglichkeiten Frauen und Männer zu gesellschaftlichen Ressourcen und Prozessen im Bereich der sozialen Organisation, der Ökonomie und des Rituals haben (vgl. *Luig*, 1990, S. 134) und welche Verfügungsmacht ihnen zusteht. Insbesondere interessieren uns die ideologischen Konstruktionen, bzw. die Art und Weise, wie die Iatmul selbst das Geschlechterverhältnis erleben. Bei der letzten Frage werden wir uns auf Ergebnisse ethnopsychoanalytischer Forschungen stützen.

3. Die soziale Organisation

Clans und Generationsgruppen

Die Iatmul gliedern ihre Dorfgemeinschaften[12] nach zwei Strukturprinzipien: dem Clan und der Generationsgruppe.

Der Clan: Mit ihrer Geburt wird jede Person Mitglied eines bestimmten Clans. Diese Mitgliedschaft erfolgt in patrilinearer Deszendenz und ist unveräußerlich.¹³ Im Dorf Palimbei gibt es z.B. 16 solcher Clans.¹⁴ Jedem einzelnen von ihnen gehören bestimmte Grundstücke und Gewässer innerhalb und außerhalb des Dorfes, die die Mitglieder des Clans nutzen. So stehen die Häuser aller Clanmitglieder im Dorf auf demselben Grundstück, und alle haben das Recht, Boden und Gewässer ihres Clans zu nutzen. Die Aufteilung des dorfeigenen Territoriums geschieht aufgrund von historischen Ereignissen (der Besiedlungsgeschichte), die in einen Zusammenhang mit der Geschichte der Ahnen (der Mythologie) gesetzt werden. So hat jeder Clan seine eigene Geschichte, seine eigenen Mythen und Eigennamen, seine Rituale und Kultobjekte. Frauen sind ebenso wie Männer Teil dieses Systems, Frauen wie Männer leben in mythischen Bezügen. So werden die Namen von männlichen Ahnen an die Knaben vergeben und jene der Ahnfrauen an Mädchen. Steht eine Frau auf dem claneigenen Boden, steht sie – ebenso wie ein Mann – auf dem Rücken ihres Urahnen, des Krokodils, aus dem die Erde entstanden ist. Jeder See, auf dem sie fischt, entstand aus einer ihrer Urahninnen. Und nimmt sie an einem Fest teil, stellt sie – ebenso wie ein Mann – Szenen ihrer Clanmythologie dar. Es ist die Clanzugehörigkeit, welche die Identität jeder Iatmul-Frau und jedes Iatmul-Mannes ausmacht.

Die soziale Kategorie des Clans erfüllt drei Funktionen: 1. Ökonomische, juristische: Sie regelt die Distribution der natürlichen Ressourcen und die Vererbung der Ansprüche auf Land und Gewässer. 2. Symbolische, emotionelle: Der Clan ist Sammelpunkt aller Identitätssymbole, wo Frauen, Männer, alt und jung, zu einer sozialen Einheit zusammengefaßt werden; er bedeutet Zugehörigkeit. 3. Gruppenzugehörigkeit und Distribution der Heiratspartner: Patrilinearität, Exogamie und Heiratsregelung.

Ein Wort zur Patrilinearität: Die reproduktiven Leistungen der Frauen als Gebärende und Mütter werden in der Iatmul-Gesellschaft auch von den Männern anerkannt. Es gibt keine Versuche von ihrer Seite, die Generativität der Frauen zu leugnen oder gar als männliche zu interpretieren.¹⁵ Das Ungleichgewicht, das durch die patrilineare Deszendenz erfolgt, wird vielmehr durch verschiedene Einrichtungen ausgeglichen. Thematisiert wird der Konflikt im Naven-Ritual¹⁶, wo VertreterInnen des mütterlichen und des väterlichen Clans um das Anrecht auf das Kind streiten. Es sind stets die mütterlichen Verwandten, die als Siegerinnen hervorgehen. Des weiteren kommt auch die matrilineare Abstammungsrechnung zur Anwendung. Es besteht ein Gebot der Solidarität unter den Mitgliedern einer Matrigruppe, das höher gestellt wird als das Gebot der Solidarität unter den Mitgliedern eines patrilinearen Clans. Hinzu kommt, daß jede Person eng mit dem (patrilinearen) Clan der Mutter verbunden ist. So erhält z. B. jedes neugeborene Kind auch einen Namen von seinen mütterlichen Verwandten. Und von Kindheit an sind die Beziehungen zum mütterlichen Clan eine alltägliche Realität (*Weiss*, 1981, S. 55-58). Die Bedeutung des mütterlichen Clans wird im rituellen Bereich weiter gestützt, da eine Person nie die Rituale ihres eigenen, sondern stets nur jene ihres mütterlichen Clans durchführt. Der Patrilinearität – dies gilt für Frauen und Männer – werden andere Struktur- und Verhaltensprinzipen entgegengesetzt.

Die Generationsgruppe: Alle Bewohner eines Dorfes sind unabhängig von ihrer Clanzugehörigkeit einer Generationsgruppe zugeordnet. Es werden sechs solcher Gruppen unterschieden, von denen jede einen besonderen Namen trägt. Die Generationsgruppen spielen auch im Alltag eine Rolle, man begegnet allen Mitgliedern der jeweils höheren Gruppen mit Respekt und einer gewissen Zurückhaltung. Dies gilt für Frauen und Männer. Doch von weit größerer Bedeutung sind sie für die Männer, sind sie doch eng an die Aktivitäten im Männerhaus gebunden. Mit den Generationsgruppen sind ganz bestimmte Rituale verbunden, die nur von der jeweiligen Generation ausgeführt werden können.[17] Die Beziehungen der einzelnen Generationsgruppen werden durch ein klar definiertes System von Rechten und Pflichten geregelt. Es ist das einzige institutionalisierte System hierarchischer Beziehungen in der Iatmul-Gesellschaft. Da aber jeder einzelne Mann alle sechs Stufen dieses Systems durchläuft, produziert dieses System nicht individuelle Machtpositionen, sondern verhindert umgekehrt ihre Entstehung.

Frauenräume und Männerräume

Der gesamte Lebensraum der Iatmul ist unter den verschiedenen Clans aufgeteilt. Neben dieser geschlechtsunabhängigen Einteilung gibt es eine weitere, die Männer und Frauen ganz bestimmte Räume zuweist.[18] Die Wohnhäuser sind der Raum der Frauen, und bestimmte Wege im Dorf werden nur von Frauen begangen. Findet eine Geburt statt, wird ein Teil des Wohnhauses abgeschirmt, der von Männern nicht betreten werden darf. Auch der Platz, auf dem die Frauen mit den nördlichen Nachbarn Markt halten, ist für Männer unzugänglich. Der wichtigste Raum der Männer ist das Männerhaus.[19] Es steht auf einem großen Platz inmitten des Dorfes und überragt alle anderen Häuser durch seine Größe und Pracht. Im Alltag erfüllt es die Funktion eines Clubs, in den sich die Männer von der Frauen- und der Kinderwelt des Wohnhauses zurückziehen. Es ist aber auch der Ort, in dem die Versammlungen aller erwachsenen

Männer stattfinden, hier werden Diskussionen über Belange des Dorfes geführt, Streitigkeiten ausgetragen, Rituale durchgeführt und jene vorbereitet, die mit Auftritten auf der Zeremonialwiese verbunden sind. Im Männerhaus werden auch die großen Ritualtrommeln, Flöten und Masken aufbewahrt. Frauen ist der Zutritt nur bei ganz besonderen Anlässen gestattet, und den großen Platz davor überqueren sie nur auf bestimmten Wegen. Die Wohnhäuser, in denen die Frauen eigene Kultobjekte aufbewahrten und unter Ausschluß der Männer eigene Rituale durchführten, existieren heute nicht mehr (vgl. *Weiss*, 1994b).

Das Prinzip der rivalisierenden Teile

Wenn wir hier die Frage nach der Funktion des Iatmulschen Männerbundes stellen, dann läßt sich ein klarer Bezug zur Aufgabe der kriegerischen Verteidigung des dorfeigenen Territoriums herstellen. Eine Gruppe der Krieger muß sich organisieren, muß Anweisungen von erfahrenen Älteren Folge leisten und muß ihr Handwerk auch erlernen. Der Männerbund steht damit in einem direkten Zusammenhang mit der männlichen Berufsrolle des Kriegers. Zugleich wurde damit eine Institution geschaffen, die ein Ungleichgewicht im Verhältnis der Geschlechter bewirkt. Wir werden später sehen, wie die Iatmul mit diesem Ungleichgewicht umgehen. Betrachten wir die Gesellschaft unter einem strukturellen Gesichtspunkt, dann können wir folgendes festhalten: Die Iatmul-Gesellschaft ist dadurch gekennzeichnet, daß es keine einheitliche Machtstruktur, kein eigentliches Machtzentrum gibt. So gibt es weder einen Häuptling noch einen Rat der Ältesten. Weder auf der regionalen Ebene unter den Dörfern noch innerhalb derselben unter den Clans kann sich eine der konkurrrierenden Gruppen eine dauernde Übermachtstellung sichern. Es stehen jeweils die Clans, die Männerhausgemeinschaften, die Dörfer als strukturell gleiche Einheiten nebeneinander. Gerade weil es keine zentrale Machtinstanz gibt, entfalten sich zwischen diesen gleichgewichtigen Einheiten eine große Dynamik und Rivalität. Jeder mißt sich mit jedem: jeder Clan mit allen anderen Clans, jede Männerhausgemeinschaft und jedes Dorf mit den anderen.[20] Bereits *Bateson* hat diese besondere Dynamik mit dem Begriff der lateralen Sanktion präzise erfaßt (*Bateson*, 1958, S. 97-99). Beziehen wir nun auch Frauen und Männer in diese Struktur mit ein, so stehen sich nicht nur Clans, Männerhausgemeinschaften und ganze Dörfer gegenüber, sondern auch die Gruppen der Frauen denen der Männer.[21]

Ehe, Sexualität und generative Reproduktion

Unter Jugendlichen herrscht eine relative Freiheit, was voreheliche Beziehungen angeht. Sowohl in der Sexualität als auch in der Heirat übernimmt die Frau die Initiative. Um eine Heirat einzuleiten, packt sie ihre Sachen zusammen und zieht ins Haus ihres zukünftigen Mannes. Da Liebschaften unter den Jugendlichen geheim gehalten werden, erfahren die Erwachsenen meist erst jetzt von den Heiratsabsichten ihrer Kinder. Wegen der Exogamieregel bedeutet eine Eheschliessung zugleich eine Heiratsallianz zwischen zwei verschiedenen Clans (unilinearen Verwandtschaftsverbänden), und dies gleich auf verschiedenen Ebenen, ökonomisch, aber auch politisch und rituell. Durch eine Heirat entstehen neue Bündnisse, Rechte und Pflichten. So wird die ökonomische Kooperation – Tausch von Arbeitsleistungen und gemeinsame Konsumption, die sich auf der Ebene des individuellen Haushaltes abspielt – erweitert und zwischen zwei Clans befestigt. Welche zwei Clans durch eine Heirat in engere Beziehungen treten, hat damit weitreichende Folgen nicht nur für die Betroffenen selbst, sondern für die gesamte Dorfbevölkerung: aus einer privaten Liebschaft wird so eine öffentliche, ja politische Angelegenheit. Am Beispiel einer Heirat läßt sich gut erkennen, wie Macht in der Iatmul-Gesellschaft eingeschränkt wird. In der Regel schließen sich die Erwachsenen den Wünschen der Jungen an. Will aber eine Frau einen Mann aus einem Clan heiraten, aus dem seinerseits schon lange keine Frau mehr in ihren Clan geheiratet hat, kommt es zu Diskussionen. Es wird das Ungleichgewicht im Tauschverhältnis thematisiert. Gemäß ihrer Zuständigkeit sind es die Männer, die sich dieser Angelegenheit annehmen. Dabei werden sie von ihren Frauen, Müttern und Schwestern beeinflußt. Im Falle eines Konfliktes werden sie versuchen, ihre übergeordneten Interessen den individuellen der jungen Leute entgegenzustellen. Doch eigentlich haben die Erwachsenen wenig Mittel, ihren Willen durchzusetzen. Die junge Frau kann sich allemal behaupten, indem sie droht, das Dorf zu verlassen, eine Drohung, die in der Regel zum Einlenken führt.[22]

Wenn eine Frau heiratet, gibt sie ihre alten Beziehungen nicht auf. Sie bleibt weiterhin Mitglied ihres Clans, sie nutzt jetzt zwar Boden und Gewässer des Clans ihres Ehemannes, doch verliert sie damit ihre eigenen Anrechte nicht. Und sie wird weiter an allen Festen ihres Clans teilnehmen. Auch ihr ökonomisches Beziehungsnetz bleibt weiter bestehen. Was sie gewinnt, sind neue Kontakte zum Clan ihres Mannes. Da praktisch alle Ehen innerhalb des Dorfes geschlossen werden, hat der Wegzug der Frau aus dem Haus ihrer Familie ins Haus ihres Mannes keine große räumliche Distanz zur Folge. Die junge Frau bildet mit ihrem Mann zusammen eine eigenständige Produktions- und Konsumptionseinheit, sie ist weder ihrer Schwiegermutter noch einer anderen Autorität unterstellt. Sie bestimmt weiterhin über ihre Sexualität, mit der Heirat hat ihr Mann keinen Anspruch darauf gewonnen. Alles, was mit der Schwangerschaft, der Abtreibung und der Geburt zusammenhängt, ist Angelegenheit der Frauen. Die Männer mischen sich hier nicht ein. Bekommt eine Frau keine Kinder, wird sie deswegen nicht entwertet. Die Iatmul geben ihr ein Kleinkind in Obhut und rechnen damit, daß sie, dadurch angeregt, schwanger wird. Was in den meisten Fällen auch eintritt. Wenn nicht, bekommt sie ein Kind zur Adoption.

Die Position der Iatmul-Frau in der Ehe ist stark. Sie wird als eine selbständige Person behandelt, die sich weder dem Ehemann noch dessen Familie unterordnen soll. Sie hat Rückhalt an ihrem eigenen Clan und jenem ihrer Mutter. Gerät sie mit ihrem Ehemann in Konflikt, verteidigt diese ihre Interessen. Schlägt der Ehemann, schlägt die Ehefrau zurück, schnitzt er ihr kein Kanu, verweigert sie ihm die Nahrung, nützt dies alles nichts, verläßt sie sein Haus. Dabei kann sie mit der Unterstützung des väterlichen und mütterlichen Clans rechnen. Kommt es zu keiner Lösung, steht ihr die Möglichkeit offen, für immer nach Hause zurückzukehren. Eine Scheidung ist jederzeit möglich.

4. Die Ökonomie

Die Stärke der Frauen

Der zweite gesellschaftliche Bereich, in dem wir die Frage nach der Geschlechterdifferenz und nach dem Verhältnis der Geschlechter untersuchen wollen, ist die Ökonomie. Diese ist gekennzeichnet durch eine klare Trennung von weiblichen und männlichen Aufgaben. Ja, wir können von so etwas wie Berufen sprechen. Die Frauen sind die Ernährerinnen, und sie sorgen für die Kleinkinder. Die Männer sind Handwerker, in vorkolonialer Zeit waren sie auch Krieger. Tag für Tag fahren die Frauen mit ihren Kanus auf die Seen sowie den Sepik-Fluss und jagen Fische. Einen Teil ihrer Beute tauschen sie auf zweimal wöchentlich stattfindenden Märkten mit Frauen eines Nachbarvolkes gegen das Mark der Sagopalme ein. Fische und gebackene Sagofladen machen die Grundnahrung aus. Die Frauen beschaffen zwischen 80 und 90% der Nahrung, verarbeiten und verteilen sie.[23] Die Männer bauen Häuser, schnitzen Kanus und Paddel, auch für ihre Frauen und Kinder.[24] In vorkolonialer Zeit verteidigten sie das dorfeigene Territorium gegen Übergriffe und unternahmen rituelle Kopfjagdzüge. Neben dieser geschlechtsspezifischen Arbeitsteilung gibt es keine weitere, d.h. jede Frau und jeder Mann ist in der Lage, sämtliche Arbeiten ihres/seines Aufgabenbereiches auszuführen. Personen, die über besondere Kenntnisse und Fähigkeiten verfügen, werden stets nur punktuell hinzugezogen, eine Frau als Geburtshelferin, ein Mann als Trommler, um dann wieder dasselbe wie alle Männer und Frauen zu tun.

Diese Arbeitsteilung zwischen den Geschlechtern ist relativ festgefügt. Zwar können sich Männer auch hie und da am Fischfang beteiligen, Frauen die Wände eines Hauses ersetzen, Männer wiederum auf Kleinkinder aufpassen. Frauen nahmen früher auch zur Unterstützung der Männer an Kampfhandlungen teil, doch dabei handelte es sich um Ausnahmesituationen.

Die Arbeit der Frauen zeichnet sich durch alltägliche Routine aus. Es werden keine Vorräte angelegt, Fische werden jeden Tag frisch gefangen und Sago wird wöchentlich eingetauscht. Auch die Pflege und die Aufsicht der Kleinkinder ist tagtäglich erforderlich.[25] Die handwerklichen Aufgaben der Männer hingegen bedürfen keines entsprechenden kontinuierlichen Arbeitsaufwandes. Der Bau eines Kanus oder gar eines Hauses machen einen punktuellen, über eine begrenzte Zeit dauernden hohen Arbeitseinsatz notwendig. Meine Berechnungen des Arbeitsaufwandes von Frauen und Männer haben ergeben, daß die Arbeitszeit über ein Jahr verteilt etwa gleich ist (*Weiss* 1981, S. 320-324). In vorkolonialer Zeit gab es auch für Männer eine Tätigkeit, die alltäglichen Aufwand bedeutete; die Bewachung des Dorfes mußte Nacht für Nacht durchgeführt werden.[26]

Was die Tätigkeitsbereiche der Frauen angeht und die Frage, ob sie wegen der Mutterschaft ans Haus gebunden seien[27], so können wir festhalten, daß die wichtigsten Arbeiten der Iatmul-Frauen außerhalb des häuslichen Bereiches stattfinden. Der Fischfang findet auf z.T. etwas entfernten Seen statt, so daß sie am Morgen früh weggehen und erst gegen Mittag wieder ins Dorf zurückkehren. Die Kanufahrt zum Markt ist ein ganztägiges Unternehmen, das die Frauen sogar auf das Territorium einer fremden Ethnie führt. Die Iatmul-Frauen gehen täglich einer Halbtagsbeschäftigung außer Hause nach, während der sie ihre Kleinkinder in die Obhut von älteren Kindern geben. Die handwerklichen Aufgaben der Männer werden im Gegensatz dazu vorwiegend im Dorfe selbst ausgeführt. Einzig für die Beschaffung der Materialien für den Bau der Häuser, das Schnitzen der Kanus und Paddel fahren die Männer in die nördlich gelegenen Wälder. Zuordnungen ›häuslich bzw. privat = weiblich‹ und ›ausserhäuslich bzw. öffentlich = männlich‹ finden hier keine Basis.

Die Initiative zur Ausführung einer Arbeit geht immer von einem Individuum aus, das für sich selbst, seine Hausgemeinschaft oder andere Personen etwas produzieren will. Auch für Unternehmungen, die Kooperation erfordern, trifft dies zu. Sogar bei rituellen Anlässen, z.B. der Vorbereitung eines Festes für ein neuerbautes Haus oder eine Initiation, wurzeln die Aktivitäten in Einzelinitiativen. Die Teilnahme anderer Personen an solchen Unternehmungen basiert auf verwandtschaftlicher und affektiver Verbundenheit oder sie ist eine Gegenleistung für eine bereits erhaltene oder in Zukunft erwartete Leistung. Nie erfolgt sie jedoch auf Grund von Zwangsmaßnahmen. Dies gilt auch innerhalb der bündischen Organisation des Männerhauses.

Der Zugang zu den Produktionsmitteln wie Gewässer und Boden steht jeder Person aufgrund ihrer Clanzugehörigkeit offen. Das gesamte Territorium der Dorfes (Boden und Gewässer) ist mehr oder weniger gleichmäßig unter den Clans aufgeteilt. Für die Frauen bedeutet dies, daß sie unabhängig von ihrem Mann stets über eigenen Ressourcen verfügen.

Halten wir fest, was diese ökonomischen Gegebenheiten für die Organisation des Geschlechterverhältnisses bedeuten. Aus ihnen ergibt sich – aufgrund der Komplementarität der Leistungen, die Frauen und Männer erbringen – ein relativ hohes Maß wechselseitiger Abhängigkeit: ohne den Beitrag der einen Seite ist die materielle Lebensgrundlage der anderen nicht gesichert. Frauen brauchen die Männer, damit sie ein Haus, die wichtigsten Arbeitsinstrumente wie Kanus und Paddel haben und damit sie vor feindlichen Übergriffen geschützt waren. So wurden beispielsweise die Frauen in vorkolonialen Zeiten bei ihren Kanufahrten zum Markt, die sie auf das Territorium einer fremden Ethnie führten, jedes Mal von einer Gruppe bewaffneter Männer begleitet. Die Männer wiederum brauchen die Frauen für die Ernährung. Die Abhängigkeit des Mannes ist eine tagtägliche, die Frau hingegen benützt wohl täglich die vom Mann hergestellten Produkte, doch ist sie nicht täglich auf die unmittelbare Arbeitsleistung des Mannes angewiesen. Diese größere Unabhängigkeit der Frau zeigt sich darin, daß es im Dorf mehr alleinlebende Frauen gibt als Männer.[28] Die starke Position der Frauen in der Ökonomie läßt sich auch daran festmachen, daß gerade hier ihr wichtigstes Instrument der Machtausübung liegt: die Verweigerung der Nahrung. Die komplementären Beziehungen zwischen den Arbeiten der Frau und denen des Mannes verbinden die Ehepartner zur wichtigsten Produktionseinheit. Jedes Geschlecht erfüllt bestimmte produktive Tätigkeiten, und jede Eheschließung schafft einen ökonomischen Verband, in dem die Ehepartner ihre Arbeitsleistungen und ihre Produkte gegenseitig austauschen bzw. für ihre Kinder erbringen. Die geschlechtsspezifische Arbeitsteilung, die klare Abgrenzung geschlechtsspezifischer Kompetenzbereiche hat weiter zur Folge, daß es praktisch nur gleichgeschlechtliche Kooperationsgruppen gibt. Frauen arbeiten mit Frauen zusammen, Männer mit Männern. Die produktive, kooperative Organisation der Frauen im Bereich der Ökonomie ist beachtlich und übertrifft jene der Männer. Ich möchte dafür zwei Beispiele anführen.

Beim Fischfang treffen sich die Frauen in ihren Kanus auf den Seen, sie tauschen Neuigkeiten aus, rauchen und kauen Betel, um dann, jede für sich, zu fischen. Da eine Frau nie im voraus weiß, ob sie für ihre Familienmitglieder zuviel oder zuwenig Fische fangen wird, helfen sich die Frauen gegenseitig aus.[29] Wer zuviel hat, gibt von seiner Beute ab. Dieses Netz gegenseitiger Hilfe ist die Garantie dafür, daß die Frauen täglich die erforderliche Nahrung bereitstellen können. Die Sicherheit und die Gelassenheit, mit der die Iatmul-Frauen Tag für Tag ihre Wohnhäuser verlassen, in denen es nichts zu essen gibt, beruhen auf ihrem weitgefächerten, rein weiblichen Kooperationsnetz.

Das zweite Beispiel betrifft die Beteiligung der Kinder an den ökonomischen Aufgaben. Die Iatmul-Frauen nehmen ihre Kleinkinder nicht zum Fischfang oder auf die lange Fahrt zum Markt mit. Sie sagen, daß sie sich zuwenig um sie kümmern können.[30] Wie aber vereinbaren die Frauen ihre Aufgaben als Ernährerin und Pflegeperson? Es sind Kinder, meist Mädchen, ab dem Alter von sieben Jahren, welche die Kleinen in Obhut nehmen, wenn die Mütter zum Fischfang auf die Seen oder zum Markt fahren. Hat eine Frau eine bereits ältere Tochter im entsprechenden Alter, muß sie mit ihr diese Aufgabe aushandeln. Übernimmt die Obhut irgendein Kind aus dem Dorf, revanchiert sie sich bei ihm mit Essen. In beiden Fällen ist die Arbeitsleistung der Kinder keine Selbstverständlichkeit, und es verlangt von den Frauen Geschick, diese dafür zu gewinnen.[31]

Die Dominanz der Frauen im Alltag

Unser Denken und unsere Wahrnehmung gehen vom Androzentrismus aus. Wir sind schnell bereit, Dominanz bei den Männern zu suchen und zu finden. Wie sehr die Iatmul-Frauen den Alltag von Männern und Kindern bestimmen, welchen zentralen Platz sie darin einnehmen, fällt uns hingegen schwerer zu erkennen. Das liegt einerseits daran, daß die Rolle des Ernährers bei uns den Männern zugeschrieben wird und nicht den Frauen, andrerseits kennen wir uns in Vorratsökonomien besser aus als in Fischer-, Jäger- und Sammlerökonomien. Gehen am Morgen die Frauen auf die Seen, wissen weder sie noch die im Dorf zurückgelassenen Männer und Kinder, wann sie zurückkommen werden und wie die Beute ausfallen wird. Wird an einem der Haken eine der beliebten Schildkröten hängen, werden fette Aale in der Reuse sein oder wird die Frau *makau* oder *kalua* mit dem Speer erjagen? Tag für Tag wiederholt sich dieselbe Erwartung. Tag für Tag werden die Frauen von den Männern und Kindern mit Neugierde und Ungeduld erwartet. Tag für Tag richten sich alle nach der Rückkehr der Frauen. Allen erscheint die mit Fischen vom See zurückkommende Frau als ein Wesen, das mit besonderen Fähigkeiten ausgerüstet ist. Es sind v.a. die Kinder, welche ihrer Bewunderung offen Ausdruck verleihen. Dazu ein Zitat aus den Gesprächen mit einer Iatmul-Frau: »Es ist noch gar nicht so lange her, da lagen fünfzehn Reusen von mir im See. Ich hatte Schilf geschnitten und sie an einem neuen Ort ausgelegt. Am nächsten Morgen paddelte ich zusammen mit meinem Sohn Wundan auf den See. Er kletterte auf einen Baum am Ufer und schaute mir zu. Jede Reuse, die ich aus dem Wasser hob, war bis oben mit Fischen voll. Bald war der Fischkorb gefüllt, und ich schüttete sie direkt ins Kanu. Nach und nach füllte sich dieses immer mehr, bis ich in den Fischen saß. Als Wundan das Kanu sah, tanzte er vor Freude auf dem Baum hin und her. Auch die Kinder zu Hause wollten es nicht glauben. Sie riefen vor Begeisterung laut aus und hüpften im Haus herum. Sie sagten in einem fort: ›Oh, was bist du für eine Mutter! Oh, was haben wir für eine Mutter!‹ « (*Weiss*, 1991a S. 184). Die Frau, die am Morgen das Dorf verläßt und mit Nahrung zurückkommt, ist ein Topos, der in vielen Mythen der Iatmul wiederkehrt.

Stellen wir zum Abschluß die Frage nach den Machtverhältnissen zwischen Frauen und Männern. Kein Geschlecht verfügt im Bereich der Ökonomie über ein Machtinstrument, das geeignet wäre, jemanden zur Arbeit zu zwingen oder über ein Arbeitsprodukt einer Person zu verfügen. Die Verhältnisse sind vielmehr dadurch gekennzeichnet, daß festgelegte Tauschverhältnisse zwischen den Geschlechtern bestehen. Jede Person verfügt über die von ihr erarbeiteten Produkte. So steht es weder dem Ehemann noch den Kindern zu, von den Fischen zu nehmen, welche die Frau nach Hause gebracht hat. Erst wenn sie das Essen an die einzelnen Mitglieder der Hausgemeinschaft verteilt hat, gehört es ihnen. Dasselbe gilt auch für Produkte, die von den Kindern erarbeitet worden sind. Mit der Geste der Übergabe wechselt ein Produkt seine Besitzerin oder seinen Besitzer. Über den Arbeitsprozeß bestimmt jede Person ganz eigenständig. Die Iatmul interessiert einzig die Frage, ob die Tauschverpflichtungen eingehalten werden und ob sie ausgeglichen sind. Jeder vergebene Fisch, jede Kokosnuß, jedes Paddel wird im Gedächtnis behalten, und es wird eine entsprechende Gegenleistung dafür erwartet.[32] Probleme tauchen bei Ungleichgewichten auf, wenn der Mann z.B. das Schnitzen eines Kanus oder die Reparatur des Hauses hinauszögert. Und wenn es auch so ist, daß die Männer von den Frauen oft einen zusätzlichen Anstoß benötigen, um ihre Aufgaben zu erfüllen, so kennt die Geduld der Frauen doch ihre Grenzen: Wenn Zureden nichts nützt, geben sie ihren Männern nichts zu essen. Das ist das häufigste und in der Regel ausreichende Machtmittel, das die Frauen bei der Verteidigung ihrer Interessen einsetzen. Kein Mann wendet sich unter dem Gelächter des ganzen Dorfes mehrere Tage lang an seine Mutter oder eine seiner Schwestern und bittet um Nahrung. Doch die Frauen verweigern nicht nur bei Ungleichgewichten in der Ökonomie ihren Tauschanteil. Wenn ihr Mann eine Liebschaft mit einer anderen Frau hat, wenden sie dasselbe Mittel an. Mit einem Bild können wir sagen, daß bei den Iatmul, im Gegensatz zu uns, in der Ehe die Buchhaltung eingeführt ist: Laufend werden die Leistungen beider Geschlechter aufgerechnet. Bei uns wurde, mit dem Motto ›Frauenarbeit aus Liebe‹, die Buchhaltung abgeschafft. Erst wenn sie wieder eingeführt wird, tritt die Unterbewertung der Hausarbeit zutage.

Halten wir die folgenden wesentlichen Punkte fest: Sowohl Männer wie Frauen produzieren für den gemeinsamen Haushalt. Es gibt nur eine häusliche Produktionsweise.[33] Jedes Geschlecht stellt seine Leistungen und Produkte dem anderen zur Verfügung; es besteht ein entwickeltes Tauschverhältnis.

Sowohl die Frauen als auch die Männer verwalten ihren ökonomischen Bereich autonom. Beim täglichen Fischfang und beim wöchentlich stattfindenden Markt konstituiert sich die Frauengruppe stets von neuem. Hier arbeiten Frauen nicht nur zusammen, sie tauschen auch Neuigkeiten aus, erzählen sich über ihre Liebschaften, über Streitigkeiten mit ihren Männern und beraten sich gegenseitig. Strukturell entspricht die Frauengruppe in der Ökonomie jener der Männer im Männerhaus.

5. Die Rituale

Die geschmückten Männer

Der dritte gesellschaftliche Bereich, in dem wir die Frage nach der Geschlechterdifferenz und nach dem Verhältnis der Geschlechter untersuchen wollen, ist das Ritual. Rituale stehen in enger Verbindung zur Mythologie und sind stets szenische Darstellungen mythischer Ereignisse. Die Iatmul kennen eine Vielfalt von Ritualen: an manchen nimmt das gesamte Dorf teil, andere werden von einer einzelnen Person durchgeführt. Es gibt spezifische Frauenrituale wie die Einweihung eines Hauses oder Trauerzeremonien; doch die meisten Rituale werden von beiden Geschlechtern gemeinsam durchgeführt.

Die geschlechtsspezifische Zuordnung, wie sie für die Ökonomie charakteristisch ist, finden wir auch im Ritual wieder. Die Frauen kommen für die Nahrung auf und übernehmen als Akteurinnen einen Part in der szenischen Darstellung. Die Männer stellen in Fortsetzung ihrer Handwerkerrolle Maskenkostüme her. Wenn es das Ritual erfordert, erstellen sie um das Zeremonialhaus einen großen Zaun, vor dem sie auftreten. Die Männer spielen auch die Musik (Flöten und Trommeln) und singen. Die Geschlechter treffen ihre Vorbereitungen getrennt, die Frauen in den Wohnhäusern, die Männer im Zeremonialhaus. Zu Beginn versammeln sich die Frauen und Kinder auf dem großen Platz vor dem Zeremonialhaus, der ihnen im Alltag nicht zugänglich ist. Die Männer beginnen die Flöten zu blasen, zu trommeln und zu singen. Die Frauen setzen sich in Bewegung; tanzend und mit Pantomimen stellen sie die mythischen Szenen dar, welche die Musik evoziert. Nun erscheinen über dem Zaun überlebensgroße reichgeschmückte Puppen, oder eine Gruppe der Männer tritt in prächtigen Kostümen durch den Zaun auf den Platz hinaus, um sich tanzend an der Darstellung zu beteiligen. Beide, Frauen und Männer, stellen in ihren Auftritten Ahnen dar. Doch während die Frauen sich mit Muschelketten, weißer Farbe und einigen clanspezifischen Pflanzen geschmückt haben, tragen die Männer einen aufwendigeren Schmuck und sind unter den mächtigen Kostümen kaum mehr zu erkennen.

Ein Ritual bedeutet für alle eine Steigerung der Leistungen. Die Frauen beginnen Wochen im voraus, die nötigen Nahrungsmittel zusammenzutragen. Sie erweitern ihre Kooperationsnetze, auch Frauen aus benachbarten Dörfern kommen ihnen zu Hilfe. Die Männer fahren in die nördlich gelegenen Wälder, um die Materialien für die Herstellung der Maskenkostüme zu beschaffen, auch sie intensivieren ihre Arbeitsleistungen. Die Organisation eines Rituals bedeutet für jedes Geschlecht die Aktivierung von sozialen Beziehungen: Wer früher anderen geholfen hat, dem wird jetzt geholfen, es entstehen aber auch neue Bündnisse. Die Fähigkeiten einzelner Personen und Gruppen zur Zusammenarbeit zeigt sich an der Menge der bereitgestellten Nahrungsmittel oder an der Pracht der Maskenkostüme. Die Rivalität verschiedener sozialer Gruppen, aber auch jener der Frauen und Männer, wird zu einem wichtigen Motor. Was im Alltag auch sichtbar ist, doch weniger Dramatik enthält, wird hier zu einem großen Ereignis, das unter den Augen aller Dorfbewohner stattfindet. Zugleich zeigt sich bei der Durchführung eines Rituals auch, wie gut die Beziehungen eines Dorfes zu den Ahnen sind. Ein mit Erfolg durchgeführtes Ritual manifestiert die Kraft und die Macht eines Dorfes oder einer Gruppe.

Betrachten wir den Ritualbereich unter dem Gesichtspunkt des Verhältnisses zwischen den Geschlechtern, so ergibt sich auch hier angesichts der Komplementarität ihrer Leistungen eine relativ starke gegenseitige Abhängigkeit; ohne den Beitrag beider ist kein Ritual durchführbar. Und so findet auch kein Ritual ohne gegenseitiges Einverständnis von Männern und Frauen statt. Im Bereich der Repräsentation der Ahnen aber zeigen sich Unterschiede. Es sind die Männer, die den spektakuläreren Part übernehmen. Zwar stellen auch die Frauen in ihren Tänzen und Pantomimen Ahnenfiguren dar, doch sind nicht sie es, welche die Musik spielen und die großen Kostüme tragen. Es ist Aufgabe der Männer, bei allen großen Ritualen den Kontakt mit den Ahnen zu gewährleisten und für das Dorf oder eine Gruppe fruchtbar zu machen.

Dasselbe Strukturmodell finden wir im Bereich der Mythologie wieder. Die Mythologie der Iatmul ist ein Bestandteil ihrer Art zu denken und zu fühlen. Der Schrei eines Vogels kann ein Zeichen eines Urahns sein. Wenn die Frauen im Grund des Sees ihre Fischreusen mit Stöcken festmachen, vollziehen sie eine Handlung aus der Urzeit, die der Entstehung des Bodens gleichkommt. Frauen, Männer und schon kleine Kinder leben und erleben sich in Kategorien des mythologischen Systems und wissen darüber Bescheid. Auch kennen alle mythische Geschichten, und es sind die Frauen, die als bessere Erzählerinnen gelten. In jenen Bereichen aber, wo die Mythologie in systematisierter Form zur Anwendung kommt, liegt sie weitgehend in den Händen der Männer, so z.B. beim Singen von kultischen Liedern oder bei Streitigkeiten um die Nutzung von Boden oder Gewässern. Es sind die Männer, die sich bei entsprechenden Anlässen zusammenfinden und in Form von Streitgesprächen die Sache unter sich ausdiskutieren. Bei diesen Diskussionen geht es nicht um eine Art Rechtsprechung, sondern vielmehr um das Rivalisieren der Männer untereinander.[34]

Die Dominanz der Männer

Wird von den Männern im Männerhaus ein Ritual vorbereitet und durchgeführt, machen sie ganz besondere Ansprüche geltend. Niemand darf sie dabei stören, Kinder und Frauen dürfen nichts über die Vorgänge erfahren. Es herrscht eine Art Ausnahmezustand. Die Frauen sind stiller und vorsichtiger als sonst, die Männer lauter und selbstsicherer. In früheren Zeiten machten die Männer ihre Drohung wahr, jemanden zu töten, der hinter ihre Geheimnisse kommen wollte. Dies konnte Frauen, Mädchen und uninitiierte Knaben treffen. Strukturell entspricht die Dominanz der Männer in den Zeiten eines Rituals der Dominanz der Frauen im Alltag. Alle haben sich nach ihnen zu richten. Mit dem Unterschied, daß die Männer ihre Interessen als organisierte Gruppe vertreten und sie früher auch bereit waren, dabei Kinder und Frauen zu töten.[35]

6. Die ideologische Konstruktion des Geschlechterverhältnisses

Geschlechtsspezifische Zuordnungen

In den bisherigen Analysen haben wir Unterschiede zwischen Frauen und Männern herausgearbeitet. Diese betreffen die Rollen in der Ökonomie, dem Ritual und der Sexualität, die Räume, die einem Geschlecht zur Verfügung stehen, und die Machtinstrumente, die angewendet werden. In bezug auf den Zugang der Frauen zu den verschiedenen Bereichen sahen wir, daß sie weder von den Ritualen noch von der Politik ausgeschlossen sind, daß die Männer hier aber wichtigere Positionen einnehmen und sie sich dabei auf eine Institution stützen, die Versammlung aller initiierten Männer.

Die nächste Frage, die wir angehen wollen, betrifft die Ideation, die ideologische Konstruktion des Geschlechterverhältnisses. Es geht also um die Frage: Welche Beziehung besteht zwischen den sozialen Verhältnissen, wie wir sie bis jetzt kennengelernt haben, und dem symbolischen System?

In den symbolischen Repräsentationen der Iatmul finden wir geschlechtsorientierte Einteilungen wieder. So verkörpern alle Seen und Wälder, Dörfer und Häuser – auch die Männerhäuser – weibliche, alle Bäche, der Sepik-Fluß, hohe Bäume, der Regen, der Wind und die Berge männliche Ahnen. Neben diesen klaren Abgrenzungen finden wir auch das Strukturprinzip der Ergänzung wieder: Alle weiteren Dinge der Natur wie Tiere, Pflanzen, alle geschaffenen Dinge wie Fischreusen und die Stöcke, mit denen sie im Grund des Sees festgemacht werden, Haus und Pfosten werden stets als Paar gedacht.[36] Einem weiblichen Ahnenkrokodil steht ein männliches gegenüber, und repräsentiert die Flöte die Stimme der Ahnfrau, so die Trommel jene des Ahnen. Das Urwesen, von dem alle

Menschen abstammen, ist androgyn. In diesen Zuteilungen läßt sich keine Abwertung des Weiblichen ausmachen. Seen und Dörfer werden nicht niedriger eingeschätzt als Bäche und Berge. Im Gegenteil, die Macht der Frauen als Produzentinnen (Seen) und Reproduzentinnen (»nur dank der Frauen gibt es Dörfer« ist ein stehender Ausdruck) wird deutlich herausgestrichen.[37]

Betrachten wir die mythischen Erzählungen, die alle vom Leben der Ahninnen und Ahnen handeln, läßt sich auch hier keine Vorherrschaft der Männer ausmachen. Neben der männlichen Ahnengestalt *Mengenwan* mit seinem riesigen Penis steht die weibliche *Leek* mit ihrer riesigen Vulva. Analysieren wir die Mythen im Hinblick auf die Rollenzuweisungen, so finden wir die Frau als Mutter und Produzentin und den Mann als Handwerker und Krieger wieder. Die Beziehungen dieser Ahnenfiguren untereinander sind konfliktreich. Es wird rivalisiert, gestritten, verlassen und getötet. Auf der manifesten Ebene spiegeln die Mythen die sozialen Verhältnisse und das Verhältnis der Geschlechter ziemlich direkt wider. Eine Parallele dazu ist die Vorstellung der Iatmul über das Totenland als einem Dorf, in dem die Toten so leben wie einst die Lebenden.

Frau und Mann sind gleich

Wenden wir uns nun den Vorstellungen der Iatmul zu, wie Frauen und Männer ihrem Wesen nach sind. Wie verteilen sie Charaktereigenschaften und psychische Veranlagungen auf die Geschlechter? Expansivität, ein hohes Maß an Autonomie und Selbständigkeit, Aggressivität, Rivalität und Triebhaftigkeit werden Frau und Mann gleichermassen zugestanden. Die Tatsache, daß die Männer Krieger sind und die Frauen Jägerinnen, impliziert nicht, daß Frauen friedfertige und die Männer aggressive Wesen wären. Die Iatmul gehen von einer fundamentalen Gleichartigkeit und Ebenbürtigkeit zwischen den Geschlechtern aus. (Dazu gehört ihre Vorstellung eines androgynen Urwesens.) Frauen und Männer sind in ihren Anlagen nicht wesentlich verschieden. Dies zeigt sich im Alltag und in den Mythen. Auch die Ahninnen sind wie die Ahnen streitbar, mutig und triebhaft. Es ist also nicht die Differenz der Geschlechter, die im Vordergrund steht. Wie die Iatmul es ausdrücken: »Penis oder Vulva, es ist nur ein unbedeutendes Stück Haut. Mann und Frau sind gleiche Wesen.«

Diese Auffassung steht im Gegensatz zu der unsrigen. Die ökonomisch schlechtere Stellung der Frau und eine extreme Geschlechterpolarisierung sind u.a. Merkmale des Geschlechterverhältnisses in unserer Gesellschaft. Den Frauen werden Friedfertigkeit, mütterliche Fürsorge und das Heim, den Männern Aggressivität, der Krieg und die Außenwelt zugeordnet.[38] Gleichwohl herrscht bei uns, und das ist wohl kein Zufall, eine Ideologie der formalen Gleichheit: Alle könnten alles, würden sie sich nur bemühen.

Mit meiner Einschätzung, daß die Geschlechterdifferenz im Sinne geschlechtstypischer Eigenschaften und Wesensmerkmale bei den Iatmul keine Rolle spielt, setze ich mich von den Auffassungen anderer AutorInnen ab. *Bateson* (1958), *Mead* (1949) und *Hauser-Schäublin* (1977) gehen von einer psychischen/charakterlichen Geschlechterkomplementarität aus. Sie postulieren Vorstellungen von wesensmäßigen Unterschieden zwischen Frauen und Männern in dieser Gesellschaft. Ruhigen und kooperativen Frauen stehen angeberische, extrovertierte und unkooperative Männer gegenüber.[39] Nun ist es ohne Zweifel so, daß sich in den Frauen- und Männergruppen, in Abhängigkeit auch von ihren Aufgaben im Alltag, ganz spezifische Verhaltensweisen herausgebildet haben. So läßt sich z.B. nachweisen, daß die Frauen einen anderen Erzählstil haben als die Männer (*Weiss*, 1987). Es geht also nicht darum, daß es zwischen Frauen und Männer keinen Unterschied gibt, sondern ob in den Auffassungen der Iatmul damit zugleich eine Bewertung von grundsätzlichen, biologisch verankerten Differenzen im Psychischen, in der Charakterausformung verbunden ist.

Die Probleme, die sich bei der Beantwortung dieser Frage ergeben, sind vielschichtig. Einerseits hängen sie mit der Qualität und der Art des Materials zusammen, das den Analysen zugrundeliegt. Andererseits mit unserer Tendenz zu projizieren, d.h. auch im Fremden das Bekannte zu sehen. Neue Einblicke gewann ich zu dieser Frage v.a. in den ethnopsychoanalytischen Gesprächen, die ich mit Iatmul-Frauen geführt habe (*Morgenthaler* u.a., 1984; *Weiss*, 1991b). Doch ebenso wichtig scheint mir das zweite Problem. Zwar wurde in der Ethnologie schon früh erkannt, daß Geschlechterverhältnisse auch kulturelle Konstruktionen sind und nicht einfach auf biologischen Gegebenheiten beruhen. So ist z.B. die Zuordnung der Frau zur Natur und jene des Mannes zur Kultur, wie wir das aus Traditionen unsere Gesellschaft kennen, das Produkt ganz spezifischer historischer und gesellschaftlicher Verhältnisse und kann keineswegs Allgemeingültigkeit beanspruchen. Zu wenig Aufmerksamkeit wurde aber bislang der Frage geschenkt, ob wir WissenschaftlerInnen nicht die Tendenz haben, Komplementarität, die sich in vielen Punkten in der Ökonomie und dem Ritual nachweisen läßt, auch auf Charaktereigenschaften und Verhaltensmuster zu übertragen. Das heißt, daß wir von äußeren Zuordnungen auf innere schließen und annehmen, daß das Geschlechterverhältnis auch im Psychischen als komplementär gedacht und erlebt wird. Die Gleichsetzung von psychischen Eigenschaften mit der geschlechtsspezifischen Zuordnung von Tätigkeitsbereichen ist in unserer Gesellschaft weit verbreitet und hat zu Naturalisierungen des Weiblichen geführt. Die Betonung der Differenz als wesensmäßigem Unterschied zwischen Frau und Mann ist ein Produkt eines gesellschaftlichen Umstrukturierungsprozesses, der in Europa Ende des 18. Jahrhunderts eingesetzt hat.[40] Damit einher ging die ideologische Legitimierung geschlechtsspezifischer Arbeitsbereiche: Frauen gehören wegen ihrer angeblichen biologischen Konstitution, die auch ihr Wesen begründet, ins Haus und Männer in die Außenwelt. Damit wurden die sich aus sozialen Gründen – wie dem unterschiedlichen Zugang zu Bildung und Geld – ergebenden Machtunterschiede verdeckt (vgl. *Hausen*, 1976; *Honegger*, 1991). Da fallen zwei Dinge zusammen, die in anderen Gesellschaften nicht zusammenfallen müssen. Meine These ist, daß EthnologInnen wie *Bateson*, *Mead* und *Hauser-Schäublin* zum einen unsere Verhältnisse auf die Iatmul projizieren, zum anderen die Zurkenntnisnahme der biologischen Geschlechterdifferenz mit einer emotional aufgeladenen Vorstellung von einer sozialen Geschlechterungleichheit zusammendenken. Die Iatmul zeigen jedoch, daß das nicht der Fall sein muß. Die Gleichheit zwischen Frau und Mann wird in einem besonders starken Maße betont, obwohl auch die Iatmul mit einer unveränderbaren biologischen Geschlechterdifferenz konfrontiert sind, mit der sie sich auch auseinandersetzen. Ich möchte das an einem Beispiel aus der Mythologie zeigen. Die Iatmul kennen Hunderte von Mythen, die von Frauen, Männern und Kindern erzählt werden. Unter diesen Mythen gibt es eine ganze Reihe, in denen Frauen zu Männern und Männer zu Frauen werden.

Mythe: Von der Austauschbarkeit des Geschlechts

Eine Frau fordert ihren Mann auf, sie am nächsten Morgen zu einem Weiher zu begleiten. Sie habe gesehen, daß er voller Fische ist, und möchte, daß ihr Mann hilft, diese zu fangen.[41] Am Morgen gehen sie zusammen zum Weiher, fangen die Fische, und als sie im nahen See baden, stellt sich die Frau vor den Mann, ergreift seinen Penis und sagt: »Ich habe bereits sechs Kinder geboren und aufgezogen. Nun habe ich genug und möchte, daß du diese Arbeit weiterführst. Von heute an bin ich der Mann, ich gehe ins Männerhaus und übernehme die Arbeiten der Männer, du gehst ins Wohnhaus und bist für das Essen und die Kinder zuständig, zudem wirst du von nun an die Kinder gebären!« Sagt es, nimmt dem Mann den Penis und sich die Vulva weg und tauscht sie aus. Zusammen kehren sie ins

Dorf zurück. Die Frau schlägt den Weg über den Zeremonialplatz zum Männerhaus ein, der Mann geht ins Wohnhaus. In den folgenden Jahren lebt die Frau als Mann und der Mann als Frau. Nachdem der Mann sechs Kinder geboren und aufgezogen hat, nimmt die Frau ihre Vulva und gibt dem Mann seinen Penis zurück.

Beschränken wir uns bei der Analyse der Mythe auf zwei Gesichtspunkte. Wie wird der biologische Geschlechtsunterschied behandelt, und was verbinden Frauen mit der Mutterschaft? In unserer Mythe wird der Unterschied zwischen Frau und Mann an Penis und Vulva festgemacht. Tauscht man diese aus, wird eine Frau zum Mann und umgekehrt. Weder die Frau noch der Mann scheinen durch den Geschlechtertausch in Probleme zu geraten, wir finden keine Anzeichen dafür, daß einer von beiden sich durch sein neues Geschlecht irritiert oder gar beschämt fühlt. Auch muß die Frau, von der die Initiative ausgeht, keine Gewalt anwenden. Ein Geschlechtertausch erscheint als eine selbstverständliche Handlung. Stünde uns nur diese eine Mythe zur Verfügung, so läge es nahe, anzunehmen, sie enthalte gerade das, wofür es sonst im Leben keinen Platz gibt. Nun gibt es bei den Iatmul einen institutionalisierten Transvestitismus; Männer verkleiden sich in Frauen und Frauen in Männer. Die Anlässe dazu ergeben sich bei verschiedenen Ritualen, in denen sich die Männer in Ahnfrauen verkleiden und öffentlich auftreten. Aber auch ein Mann, der allein zu Hause einen Zauber macht, um eine Ahnfrau um Unterstützung zu bitten, verkleidet sich als Frau. Das Ritual, in dem sich die Frauen in Männer verkleiden, ist das Naven. Das Naven ist das am häufigsten durchgeführte Ritual überhaupt, und es ist v.a. auch ein Ritual der Frauen. Treten Männer darin auf, so sind sie stets als Frauen verkleidet. Während die verkleideten Männer den Fischfang und die Geburt pantomimisch darstellen, sind die Frauen mit Speeren ausgerüstet und imitieren kämpfende Männer. Auch im Alltag verstehen es die Iatmul, sich innerhalb von Sekunden mit einer Geste, mit einem Wort in das andere Geschlecht zu verwandeln.

Im Transvestitismus (im Ritual und in den Mythen) thematisieren die Iatmul die biologisch bedingte Differenz zwischen Frau und Mann und heben die Trennung zwischen den Geschlechtern auf. Für eine bestimmte Zeit werden Frauen zu Männern und Männer zu Frauen. Es drückt sich darin ein starkes Bedürfnis aus, die biologisch bedingte Differenz auzugleichen und jedem Geschlecht den Zugang zum anderen zu ermöglichen. In diesem Sinn wird die biologische Schranke übersprungen und im Ritual und in den Mythen durchlässig gemacht. Die Leichtigkeit, mit der dieser Wechsel möglich erscheint, steht der realen Unmöglichkeit eines Geschlechterwechsels gegenüber. Diese Leichtigkeit hängt auch damit zusammen, daß die Biologie nicht mit psychischen Eigenschaften verknüpft ist und – dies betrifft v.a. die Männer – daß ein Geschlechterwechsel nicht mit der Verwandlung in ein gesellschaftlich entwertetes Wesen verbunden ist.[42]

Für die einzelne Frau und den einzelnen Mann haben die biologischen Gegebenheiten weitreichende Folgen, bedeuten sie doch für die Frau Schwangerschaft, Geburt, Stillen und Pflege der Kleinkinder. Auch wenn sich die Iatmul-Väter im Vergleich zu unseren weit mehr an der Kleinkinderpflege beteiligen, ändert dies wenig am Schicksal der Frau, für die generative und nutritive Reproduktion zuständig zu sein. Dagegen lehnt sich die Frau in der Mythe auf: sie will keine Frau mehr sein, sie will weder Kinder gebären und für sie sorgen, noch fischen oder dem Wohnhaus zugeordnet sein. Sie will auch leben wie ein Mann. Sie will zwar nicht auf ihre Mutterschaft verzichten, realisiert sie doch ihren Wunsch erst, nachdem sie sechs Kinder geboren hat. Sie will aber, daß ihr Mann dasselbe Leben führt wie sie und umgekehrt.[43] In diesem Sinne stellt die Mythe ein Ideal dar; die eine Hälfte des Lebens lebt man als Frau, die andere als Mann. Dabei wird die Fähigkeit zur Mutterschaft, wie wir bereits gesehen haben, nicht mit besonderen psychischen Eigenschaften gekoppelt, sondern sie ist biologisch bedingt, ihr Mann ist dazu genauso in der Lage wie sie, wenn er die entsprechenden Organe erhält.

So ausgeglichen auch das Tauschverhältnis zwischen Frau und Mann ist, im Biologischen besteht eine fundamentale Ungleichheit, die nicht wegzuschaffen ist. Die Frauen erleben dies, vergleichen sie sich mit den Männern, als eine Einschränkung. Schwangerschaft, Geburt, Stillen und die Pflege für die Kleinkinder bedeuten Abhängigkeiten und Einschränkungen der Autonomie, denen die Männer so nicht ausgesetzt sind. Dies drücken die Frauen aus, wenn sie sagen: »Ich möchte ein Mann sein und nicht ständig ein Kind auf den Hüften tragen.«

Durch die biologischen Gegebenheiten entsteht zwischen den Geschlechtern eine unüberwindbare Differenz. Diese Ungleichheit ist den Iatmul ein Problem. Der Transvestitismus und mythische Erzählungen sind ein Versuch, diese Ungleichheit aufzuheben. Nun manifestiert sich Differenz nicht nur darin, daß Frauen Kinder gebären, sondern auch in den kulturellen Zuweisungen, die entlang der Geschlechterdifferenz erfolgen. Frauen und Männer sind für ganz spezifische Bereiche zuständig. Dazu gehört, daß die jeweiligen Arbeitszuweisungen auch mit gleichgeschlechtlichen Gruppen verbunden sind, die praktisch in sich geschlossene autonome Systeme darstellen, was den Ausschluß des anderen Geschlechtes impliziert. Und obwohl diese Bereiche im Vergleich zu uns weit weniger hierarchisiert sind und jede Person Bescheid weiß, was die anderen tun, ändert dies nichts daran, daß einer Frau ganz andere Praxisbereiche offenstehen als einem Mann und umgekehrt. Jede und jeder ist vom Bereich des anderen Geschlechts ausgeschlossen und kann bestimmte Erfahrungen nicht machen. Dieser Ausschluß ist etwas, das sie als bedrohlich erleben. Sehen wir uns unter diesem Aspekt zuerst ein Mythenbeispiel näher an, das den Ausschluß der Männer vom Frauenbereich der Produktion thematisiert und dann ein weiteres, das den umgekehrten Fall anzeigt.

Mythe: Die Macht der Frauen und die Ohnmacht der Männer

Eine junge Frau aus einem anderen Dorf verliebt sich in einen Mann von Palimbei, zieht zu ihm und heiratet ihn. Als sie von ihrer Mutter Abschied nimmt, sagte diese: »Wenn du Essen brauchst, komm zu mir, ich werde dir welches geben.« Ihre Mutter ist keine gewöhnliche Frau, sie ist ein Wald, voll von guten Dingen: Sagomehl, Eiern der Krontauben und des Kasuars, Kokosnüssen und Betel. »Gut«, sagt die junge Frau, verläßt ihr Dorf und zieht zu ihrem Mann. Wenn alles aufgebraucht ist, besteigt sie ihr Kanu, paddelt zu ihrer Mutter, dem Wald, und diese gibt ihr Essen. Seit Beginn der Ehe wundert sich der Mann, woher seine Frau so viele gute Dinge hat. Es läßt ihm keine Ruhe. Schon oft bedrängte er seine Frau, ihn mitzunehmen, doch sie lehnte jedesmal mit der Begründung ab, er dürfe ihre Mutter nicht sehen. Eines Tages ist seine Neugierde so groß, daß er beschließt, seiner Frau heimlich zu folgen. Als er am Ort des Geschehens ankommt, klettert er auf einen Baum und versteckt sich im Blätterwerk. Er beobachtet, wie seine Frau zu einem Stück Wald paddelt, dieser sich zu bewegen beginnt und ihn mit seinen zwei großen Augen erspäht. Da packt ihn Todesangst, seine Hoden und sein Penis ziehen sich zusammen, und er fällt vom Baum hinunter. Die Mutter füllt das Kanu ihrer Tochter zum letzten Mal mit Nahrungsmitteln. Dann dreht sich der ganze Wald um, die Wurzeln ragen zum Himmel, und er verwandelt sich in einen See.[44]

Die Mythe thematisiert den wichtigsten produktiven Arbeitsbereich der Frauen, die Nahrungsbeschaffung und die enge Kooperation zwischen Tochter und Mutter. Der Mann hat zu dieser Frauenwelt keinen Zugang. Dagegen lehnt er sich auf; er akzeptiert seinen Ausschluß nicht, er will wie eine Frau sein und bei der Essensbeschaffung dabeisein. Sein Wunsch wird von der Frau zurückgewiesen. Die Welt der Frauen ist ihm verboten. Sein Ausschluß ist die Basis für seine Phantasien; er stellt sich den Fischfang der Frauen voller Geheimnisse vor, die treffen dort Ahnenwesen, von denen er nichts weiß. Was die Frauen unter sich tun, ist zwar nicht schlecht für ihn, denn auch er und die ganze Familie haben etwas davon, doch entzieht es sich seiner Erfahrung.

Wie die Frau in der ersten Mythe den biologischen Unterschied nicht akzeptiert, akzeptiert der Mann in der zweiten Mythe die Differenz der Lebenspraxis nicht. Er will nicht nur Mann sein. Im Unterschied aber zur Geschlechtertausch-Mythe hat seine Unfähigkeit, den Ausschluß vom Frauenbereich zu akzeptieren, für ihn selbst und die anderen negative Folgen: Die Nahrungsmittelbeschaffung ist erschwert. Viele Mythen behandeln die Unzugänglichkeit des Frauenbereiches für die Männer. Manche enden damit, daß der Mann vor Wut über seinen Ausschluß seine Frau tötet. Solche Mythen behandeln den Wunsch des Mannes, die Geschlechtertrennung aufzuheben. Die negativen Folgen, die aus diesem Versuch entstehen, symbolisieren die Gefahr, die darin liegt, die Grenzen zu überschreiten. Zugleich thematisiert unser Mythenbeispiel eine Erfahrung, die jeder Mann als Knabe gemacht hat. Wie sehr der kleine Knabe auch bitten mag, seine Mutter wird ihn, verlässt sie am Morgen das Haus, um fischen zu gehen, nicht mitnehmen. Fischen und auf den Markt fahren ist Frauensache.

Die Macht der Männer und die Ohnmacht der Frauen: Die Zauberei

Unter dem Aspekt der Differenz betrachtet, entsprechen der Nahrungsbeschaffung der Frauen die rituellen und politischen Funktionen der Männer. Hier konstituiert sich auch die Männergruppe als Äquivalent zur Frauengruppe in der Ökonomie. Frauen sind von diesen Bereichen weitgehend ausgeschlossen und partizipieren nur über ihre Ehemänner, Brüder und Väter daran. Es sind nicht die unterschiedlichen Aufgaben in der Ökonomie oder die Funktion des Mannes als Kämpfer, an denen die Frauen die Differenz der Lebenspraxis thematisieren, sondern es ist die Zauberei, d.h. die mythische Kommunikation mit den Ahnen und die Geschehnisse im Männerhaus. Die Männer erwerben im Laufe ihres Lebens ein Spezialwissen und besetzen so spezielle Funktionsbereiche, die den Frauen nicht auf dieselbe Weise zugänglich sind. Besonders deutlich zeigt sich dies an der Zauberei. Zauberei wird gemacht, um jemandes Liebe zu gewinnen, um jemanden krank bzw. wieder gesund zu machen und um jemanden zu töten. Frauen und Männer können zaubern, doch Krankheits- und Todeszauber werden praktisch nur den Männern zugeschrieben. Es gibt wohl Mythen, in denen von menschenfressenden Zauberinnen erzählt wird[45], doch erkrankt jemand im Dorf schwer oder stirbt er gar, wird dies stets auf Zauberei der Männer zurückgeführt. Die Männer eignen sich ihr Wissen in einem langen Sozialisationsprozeß an. Es sind v.a. die Väter, die sie in die Systematik der mythischen Vorstellungswelt einführen. Wollen Mädchen daran teilhaben, wird dies mit der Begründung abgelehnt, sie seien Frauen. Wie die Knaben von ihren Müttern aus dem Frauenbereich verwiesen werden, so die Mädchen von ihren Vätern aus dem Männerbereich. Wie Mütter auf die Seen, so verschwinden die Väter ins Männerhaus. Es ist die Differenz des Geschlechts, die den Männern den Zugang zum Männerhaus, zur Systematik der mythischen Vorstellungswelt und der Zauberei eröffnet. Gegen diese unterschiedliche Lebenspraxis lehnen sich die Frauen auf.

7. Schlußbetrachtung

Zur Organisation des Geschlechterverhältnisses: Symmetrisch oder asymmetrisch?

Kommen wir zur eingangs gestellten Frage zurück: Sind die Iatmul eine patriarchalische oder eine geschlechtssymmetrische Gesellschaft? Im Gegensatz zu den Gesellschaften im Hochland Papua-Neuguineas, die deutlichere patriarchalische Züge aufweisen, (vgl. z. B. *Strathern*, 1972; *Godelier*, 1982) fällt die Beantwortung der gestellten Frage bei den Tieflandgesellschaften, zu denen die Iatmul gehören, weniger eindeutig aus. Wie sich gezeigt hat, zeichnet sich die soziale Struktur der Iatmul-Gesellschaft dadurch aus, daß Ungleichheiten und Hierarchisierungen ausbalanciert werden. Das erschwert die Etablierung von festen Machtpositionen. Es läßt sich hier ein Bezug zur ökonomischen Struktur herstellen. Die Fischerökonomie der Iatmul unterscheidet sich in wesentlichen Punkten von jenen einer Bauern- oder Gartenbauökonomie, letztere ist typisch für das Hochland. Die Nahrungsbeschaffung erfolgt von Tag zu Tag, Überschüsse werden sofort unter den Frauen verteilt, Kooperationsgruppen schließen sich kurzfristig zusammen. Diese Form der Ökonomie, mit der bestimmte Gruppenbildungen einhergehen, benötigen keine verwaltende Autoritäten, welche für Bauerngesellschaften charakteristisch sind, wo Arbeitsinvestitionen erst langfristig Erträge bringen, die Erträge gespeichert und von zuständigen Personen verteilt werden müssen (vgl. *Meillassoux*, 1976, S. 26 f.). Die Ökonomie der Iatmul fördert bestimmte Verhaltenseigenschaften. Erziehung zur Selbstständigkeit und

Betonung von Autonomie stehen im Vordergrund, anderes als in Bauerngesellschaften, in denen Unterordnung und Eingliederung in eine Gruppe eine zentrale Rolle spielen.

Ein weiteres Merkmal der sozialen Struktur ist die Trennung der Geschlechter. Entsprechend ihrer Zuordnung zu einem Geschlecht werden Frauen und Männern ganz bestimmte Funktionen und Räume zugewiesen. Dadurch entstehen für Frauen (und Männer) eigene Bereiche und Beziehungsnetze, über die sie autonom bestimmen. Dies ist für die Frauen von zentraler Bedeutung. Einerseits sind Frauengruppen eine alltägliche Realität, Frauen arbeiten mit Frauen zusammen, andrerseits sind sie eingebettet in geschichtliche und mythische Bezüge: Frauen haben ihre AhnInnen, ihre eigenen Genealogien.[46] Dies stärkt die Unabhängigkeit vom Ehemann und den Männern ganz allgemein. Die Iatmul-Frauen verfügen, im Gegensatz zu uns, über eigene, von den Männern nicht kontrollierte, Räume und Beziehungen. So hat die Geschlechtertrennung für Frauen nicht nur Nachteile durch Ausschließung, sondern auch den Vorteil von Eigenständigkeit.

Auf der anderen Seite haben wir gesehen, daß die Iatmul selbst sich schwertun mit der Geschlechtertrennung. Die Unzugänglichkeit des jeweils anderen Bereichs, die verschiedenen Lebensläufe und Praxisbereiche, die Abhängigkeiten, die dadurch entstehen, werden in Ritualen und Mythen thematisiert und tendenziell ausgeglichen. Die Differenz der Lebenspraxis impliziert Ungleichheit und Ausschluß. Dies wird sowohl von den Frauen als auch von den Männern als unheimlich und bedrohlich erlebt. Das, was die anderen tun, entzieht sich der Kontrolle und zugleich ist man davon abhängig. Die Männer von der Nahrungsbeschaffung durch die Frauen und die Frauen von den rituellen Kräften der Männer. Die Differenz wird zur Basis für projektive Vorstellungen. Die Männer stellen sich vor, die Frauen treiben geheimnisvolle Dinge, wenn sie Fischen gehen, die Frauen, die Männer setzen ihr mythisches Wissen gegen sie ein. Besonders seitens der Frauen wird die Position der Männer in Frage gestellt. Diese sind nicht nur vermehrt für die Zauberei zuständig, sie werden auch für alles Unheil verantwortlich gemacht. Hat eine Frau Probleme bei der Geburt, stirbt ein Mann, wird ein Kind krank, wurde früher das Dorf überfallen, stets sind die Männer dafür verantwortlich. Diese Schuldzuweisung ist Bestandteil des öffentlich geführten Diskurses. Doch während die Männer sich wechselseitig beschuldigen, machen die Frauen für solche Unglücksfälle nur die Männer verantwortlich. Dies ist die Waffe der Frauen, mit der sie sich dagegen wehren, vom Machtbereich der Männer ausgeschlossen zu sein.

Das Geschlechterverhältnis in Umbruchsituationen

Ziehen wir zum Schluß zwei historische Ereignisse in unsere Analyse mit ein, die es uns ermöglichen, das Geschlechterverhältnis im Kontext von gesamtgesellschaftlichen Umstrukturierungen zu betrachten. Das erste Beispiel macht deutlich, wie unter veränderten Bedingungen die Institution des Männerhauses im Interesse der Männer gegen die Frauen eingesetzt werden kann. Das zweite zeigt, daß die ökonomische Schlechterstellung der Frauen durch die Einführung kapitalistischer Arbeitsbedingungen nicht automatisch zur Hierarchisierung des Geschlechterverhältnisses führt.

Beispiel I

Um die Jahrhundertwende wurden die Iatmul erstmals mit der Überlegenheit der Weißen konfrontiert. Gewehre standen Speeren gegenüber. Nachdem Iatmul einen schwarzen Polizisten, der für die Deutschen arbeitete, ermordet hatten, brannten diese in einer Strafexpedition ein ganzes Dorf nieder (vgl. *Weiss*, 1994b). Die Iatmul-Männer erwiesen sich als die Unterlegenen. Wir müssen annehmen, daß zwischen diesem Ereigniss und den nun folgenden Aktionen der Iatmul-Männer ein Zusammenhang besteht. Die Männer reagierten auf die Infragestellung und Unterwerfung, auf die gegen sie gerichtete Gewalt mit Gewalt. Sie töteten die zwei Frauen, die am besten über die Fraueninitiation Bescheid wußten und zerstörten die rituellen Flöten, welche die Frauen in einem Wohnhaus aufbewahrten. Das explizite Ziel der Ermordung der zwei Frauen durch die Männer war, den Frauen Angst zu machen und der Fraueninitiation ein Ende zu setzen. Damit eliminierten sie genau jenes Ritual der Frauen, das sie stets dazu gezwungen hatte, auf diese Rücksicht zu nehmen. Mit dem Ende der Fraueninitiation wurde ein wesentliches Element der strukturellen Parallelität im Ritualsystem eliminiert. Die Männer, deren Kräfte durch die weiße Übermacht in Frage gestellt wurden – und die Initiation hatte u.a. die Funktion, diese Kräfte zu gewährleisten –, wollten die Initiation nur noch für sich in Anspruch nehmen. Interessant erscheint die zeitliche Koinzidenz: Erst in dem Augenblick, in dem die Männlichkeit der Iatmul durch die Überlegenheit der weißen Männer in Frage gestellt wurde, wurde sie zum zentralen Thema erhoben. Hinter der Unterdrückung der Fraueninitiation steht der Versuch, die geschwächte und erniedrigte männliche Position neu zu stärken und gegenüber den Frauen männliche Dominanz zu markieren.[47] Weder die Frauen noch die Männer aus ihren Clans ergriffen gegen die Ermordung der zwei Frauen Gegenmaßnahmen. Unter dem Druck der äußeren Bedrohung und identifiziert mit dem weißen Aggressor stellten sich die Männer geschlossen gegen die Frauen, und der Mechanismus der lateralen Sanktion wurde damit gestört. Es stellt sich hier die Frage, wie weit die Frauen selbst das Vorgehen der Männer unter der massiven Bedrohung von außen toleriert haben und – im Interesse der Gesamtgesellschaft – die Ermordung ihrer Geschlechtsgenossinnen als Opfer akzeptierten.

Beispiel II

Heute ist Papua-Neuguinea weitgehend an das Weltwirtschaftssystem angeschlossen.[48] In den Städten sind die Iatmul mit Verhältnissen konfrontiert, die ihren dörflichen Erfahrungen völlig entgegengesetzt sind. Hier ist Arbeit Lohnarbeit, die auf einem Arbeitsmarkt verkauft wird, der v.a. den Männern offensteht. Aus den Ernährerinnen werden Hausfrauen, aus den Ernährten die Ernährer. Doch obwohl sich die Frauen in einer den Männern gegenüber schlechteren ökonomischen Position befinden und, besonders wenn sie kleine Kinder haben, abhängig vom Lohn ihres Mannes sind, hat dies noch nicht zu einer Abwertung ihrer gesellschaftlichen Position geführt. Kinder großziehen, Essen kochen, Einkäufe machen, Wäsche waschen werden von Frauen und Männern als unentbehrliche und wertvolle Arbeitsleistungen angesehen. Die Wertschätzung der Frauen zeigt sich u.a. daran, daß die meisten Männer ihnen ihren Lohn abgeben. Kein Mann wagt es, von seiner Frau Hausarbeiten als selbstverständliche Pflicht zu erwarten. Wie selbstbewußt Frauen sind, zeigt sich, wenn ihre Männer ihren Pflichten nicht nachkommen. Versucht ein Mann, den größeren Teil seines Lohnes zu versaufen, kämpft seine Frau ohne Scham um ihre Rechte. Sie folgt ihm in die Bar und beschimpfte ihn öffentlich, sie steht am Zahltag beim Lohnbüro und verlangt ihren Anteil. Und trotz der größeren ökonomischen Abhängigkeit von ihren Männern trennen sich die Frauen von ihren Partnern, wenn sie sich nicht mehr mit ihnen verstehen. Sie sind nicht bereit, sich unterzuordnen. Am einfachsten sind Trennungen für jene Frauen, die einen Beruf und ein festes Einkommen haben. Aber auch jene, welche sich in einer ökonomisch weniger guten Position befinden, verlassen ihre Männer. Sie wissen, daß sie von Verwandten unterstützt werden und bei ihnen leben können. Trotz der veränderten Verhältnisse halten die Frauen und Männer daran fest, daß Frauen selbständig und unabhängig sind, so wie sie es vom Dorf her gewohnt sind. Umstrukturierungen und Anpassungen verlaufen also je nach Lebensumständen unterschiedlich. Das betrifft sowohl die Richtung als auch den Grad der Umorientierung. Gelingt es den meisten Iatmul, die im Dorf gültigen ökonomischen Rollen von Frau und Mann in der Stadt auszutauschen, halten sie doch an der Vorstellung der selbständigen und autonomen Frau fest. Den veränderten Arbeits- und Lebensbedingungen müssen sie sich anpassen, doch die patriarchalische Ideologie haben sie noch nicht übernommen.

Anmerkungen

1 Das Datum bezeichnet das Erscheinungsjahr der Erstausgabe.
2 »Es war ein einfacher, sehr einfacher Punkt, mit dem wir uns in den zwanziger Jahren auseinanderzusetzen hatten. Immer wieder ging es allein um den Nachweis, daß die menschliche Natur nicht starr und unelastisch ist. [...] Wir hatten zu zeigen, daß die Menschennatur außerordentlich anpassungsfähig ist, daß die Rhythmen der Kultur zwingender sind als die physiologischen Rhythmen. [...] Wir hatten den Beweis zu erbringen, daß die biologische Grundlage des menschlichen Charakters sich unter verschiedenen gesellschaftlichen Bedingungen verändern kann.« (*Mead* 1971, S. 7f.)
3 Ein Überblick über die Debatte und Literaturangaben finden sich im Nachwort von Imogen *Seger* zu *Mann und Weib* von *Mead* (1985, S. 312-324).
4 Vgl. *Weiss*, 1981. Auch *Errington* und *Gewertz* (1987) kritisieren aufgrund eigener Forschungen bei den Chambri *Meads* Vorgehensweise und ihre Schlußfolgerungen.
5 Ein Vorwurf, den man der gesamten *Culture and Personality School* machen kann, der auch *Mead* angehörte.
6 Ein Vorwurf, den man auch heutigen Konstruktivistinnen machen kann.
7 So war es in den 70er Jahren, als ich zusammen mit Milan *Stanek* meine erste Forschung bei den Iatmul durchführte, noch möglich, mit einer ganzen Generation von alten Frauen und Männern Gespräche über die vorkoloniale Zeit zu führen. Hier einige Informationen zur allgemeinen Quellenlage: Die Voraussetzungen für unsere Analyse sind ausgesprochen gut. So stehen uns, dank den Forschungen des Basler Institutes (v.a. aus den Jahren 1972-74), Untersuchungen zu praktisch allen gesellschaftlichen Bereichen zur Verfügung (vgl. *Hauser-Schäublin*, 1977; *Schindlbeck*, 1980; *Schuster*, 1973, 1985; *Stanek*, 1982, 1983; *Wassmann*, 1982; *Weiss*, 1981, 1987). Da auch mit der Methode der Ethnopsychoanalyse gearbeitet wurde, haben wir Einsichten in das Erleben der sozialen Struktur durch die Iatmul selbst (vgl. *Morgenthaler* u.a.,1984; *Weiss*, 1991a). Auch die geschichtliche Spannweite ist gewährleistet. Der erste Ethnologe, der bei den Iatmul gearbeitet hat, Gregory *Bateson*, hat seine Untersuchungen gleich nach der Pazifizierung in den 20er Jahren durchgeführt (vgl. *Bateson*, 1932, 1958). Und die letzte Untersuchung (1988/89) befaßte sich mit der Integration der Iatmul in den modernen Sektor des städti-

schen Milieus (vgl. *Weiss*, 1991b). Ein direkter Anknüpfungspunkt zum Thema des Geschlechterverhältnisses ergibt sich durch die Arbeiten von *Mead* und *Bateson* über die Iatmul, die sich beide mit dem Verhältnis von Frau und Mann auseinandergesetzt haben (vgl. *Bateson*, 1932, 1958 und *Mead*, 1958).

8 Über die Situation der Frauen und Männer in den Städten vgl. *Weiss*, 1991b.
9 Die Akzeptanz von Gewalt durch die Frauen in traditionellen Gesellschaften bringt uns in Probleme (vgl. *Weiss*, 1994a). Es besteht eine Tendenz, in Anlehnung an unsere Verhältnissen, Gewalt primär Männern zuzuordnen und Frauen zu friedfertigen Wesen zu stilisieren. Die Iatmul-Frauen lehnen physische Gewalt, wie sie in innerdörflichen Auseinandersetzungen und im Krieg ihren Platz hat, keineswegs ab, und sie lassen sich von Gewaltandrohungen der Männer wenig beeindrucken. Dazu ein Zitat: Zwei Frauen begegnen sich auf dem See. Die eine, sie ist bekannt dafür, daß sie gerne mit Männern anbändelt, erzählt, daß ihr Mann nicht will, daß sie zu einem Fest in ein anderes Dorf geht. Dazu meint sie: »Ich gehe trotzdem zum Fest. Es läßt mich ganz kalt, wenn mich mein Mann deswegen verprügelt. Schläge sind bald vergessen. Töten wird er mich wohl nicht!« (*Weiss*, 1991a, S. 125)
10 Dies steht im Gegensatz zu unseren Verhältnissen, wo die Tagesstruktur durch die Arbeitszeit der Männer und die Schule der Kinder weitgehend bestimmt wird. Entsprechende Verhältnisse gelten auch für die Iatmul-Migrantinnen in den Städten Papua-Neuguineas. Zu den Schwierigkeiten, in die sie durch diese neuen Anforderungen geraten, vgl. *Weiss*, 1991b.
11 Wenden wir die Kriterien an, die *Lenz* und *Luig* (1990) aufstellen, wären die Iatmul zu den geschlechtssymmetrischen Gesellschaften zu zählen.
12 Es gibt insgesamt 36 Iatmul-Dörfer. Ihre durchschnittliche Größe beträgt 300 Einwohner.
13 Nur wenn ein Kind zur Adoption an einen anderen Clan gegeben wird, ist damit ein Wechsel der Clanzugehörigkeit verbunden.
14 Palimbei ist der Name des Dorfes, in dem ich zusammen mit dem Ethnologen Milan *Stanek* seit 1972 Forschungen durchführe.
15 Dazu paßt die Vorstellung, daß ein Kind sein Blut und Fleisch von der Mutter und seine Knochen vom Vater erhält. Mehr zur Beziehung von Frau und Mann während der Schwangerschaft siehe *Weiss*, 1990.
16 Das Naven ist ein Ritual, das in Situationen durchgeführt wird, in denen emotionelle Zuwendung ausgedrückt wird (vgl. dazu die Gespräche mit Magendaua in *Morgenthaler* u.a., 1984, S. 173-232). Meine Beschäftigung mit dem Naven-Ritual führte zur Entdeckung, daß sich Gregory *Bateson* (1958), der erste Ethnologe, der bei den Iatmul geforscht hat und der dem Naven-Ritual ein ganzes Buch gewidmet hat, getäuscht hatte. Das Naven-Ritual ist nicht, wie er annahm, ein typisches Männerritual, sondern im Gegenteil ein typisches Ritual der Frauen (vgl. *Weiss*, 1990b).
17 Im Zusammenhang mit dem, was wir über die Fraueninitiation wissen, ist anzunehmen, daß die Generationsgruppen früher auch für die Frauen wichtig waren.
18 Zu den Frauen gezählt werden auch alle Kleinkinder und Mädchen, heute auch die jugendlichen Männer, die noch nicht in die Männerhausgemeinschaft aufgenommen, d.h. noch nicht initiierten wurden.

19 Besteht ein Dorf aus mehreren Dorfteilen, hat jedes sein eigenes Männerhaus.
20 Vgl. dazu die Darstellung von *Stanek*, 1986.
21 Zur Charakterisierung der egalitären Struktur der Iatmul-Gesellschaft und zu Forschungsproblemen, die sich aus diesen für uns ungewohnten sozialen Strukturen ergeben vgl. *Weiss/Nadig*, 1976.
22 Vgl. dazu die Geschichte einer Frau, die gegen den Willen ihres Clans geheiratet hat (*Weiss*, 1991a).
23 Daneben werden auch Gärten angelegt, eine Aufgabe der Männer, an der sich aber auch Frauen und Kinder beteiligen. Wegen des jährlichen Hochwassers werden Gärten nur in der Niedrigwasserzeit angelegt. Gepflanzt werden v.a. verschiedene Knollenfrüchte wie Yams, Taro und Süsskartoffeln. Eine weitere zusätzliche Nahrungsquelle machen gesammelte Früchte und verschiedene Blattgemüse aus. Das Sammeln spielt bei Frauen und Männern, aber ganz besonders bei Kindern, eine wichtige Rolle (vgl. *Weiss*, 1981).
24 Die weiteren Arbeitsinstrumente wie Fischreusen, Fischnetze, Taschen stellen die Frauen selbst her.
25 Es wäre ein Irrtum zu glauben, die Arbeiten der Frauen seien wegen ihres gleichbleibenden Inhaltes langweilig. Wer sich davon überzeugen will, wie interessant und vielfältig die verschiedenen Frauenarbeiten sind, lese die Schilderungen der Iatmul-Frauen von ihrem Fischfang in: *Morgenthaler* u.a., 1984; *Weiss*, 1991a. Der wichtigste Unterschied zu unseren Verhältnissen besteht darin, daß bei uns Hausarbeit in Isolation stattfindet und gesellschaftlich abgewertet ist, die Iatmul-Frauen aber in Gruppen arbeiten und ihre Arbeit gesellschaftlich hoch bewertet wird.
26 Heute arbeiten die meisten Männer praktisch täglich an Holzschnitzereien, die sie an Kunsthändler und Touristen verkaufen.
27 Vgl. *Ortner/Whitehead*, 1981; *Pomata*, 1983; *MacCormack/Strathern*, 1980.
28 Brauchten sie z.B. bei der Reparatur ihres Hauses männliche Hilfe, so forderten sie dazu ihre Brüder und Väter auf.
29 Fischfang ähnelt sehr der Jagd. Das Verhalten der Fische, die Witterungsverhältnisse und die Geschicklichkeit der Frau spielen eine große Rolle.
30 In erster Linie müssen Kinder unter vier Jahren in Obhut genommen werden; die älteren schließen sich selbständig anderen Kindern an und brauchen keine Aufsicht mehr.
31 Ein Beispiel für einen Konflikt zwischen Tochter und Mutter findet sich in *Weiss*, 1981, S. 345. Da die hütenden Kinder die Kleinen mit in ihre Kindergruppe nehmen, haben bereits Säuglinge täglich mehrere Stunden mit anderen Kindern aus dem Dorf Kontakt. Zur Bedeutung der autonomen Kindergruppen vgl. *Weiss*, 1993, S. 120.
32 Wir beschränken uns hier auf das Verhältnis zwischen den Geschlechtern. Es sei aber in Erinnerung gerufen, daß jede Frau mit einer Vielzahl von anderen Frauen in Tauschverhältnissen steht, diese im Alltag sogar wichtiger sind. Treten hier Ungleichheiten auf, fordern die Frauen ihren Anspruch lautstark ein. Dem wird auch immer nachgekommen, ist es doch für eine Frau undenkbar, aus der Kooperationsgruppe ausgeschlossen zu werden.
33 Die beste Darstellung der häuslichen Produktionsweise ist immer noch die von *Sahlins* (1972).

34 *Stanek* (1991) weist nach, daß mythologisches Wissen nicht in den Händen einer bestimmten Gruppe konzentriert ist. Und daß vielmehr das Rivalisieren um die »Wahrheit« im Vordergrund steht.
35 Dieselben Regeln galten früher, wenn die Frauen eine Fraueninitiation durchführten. Doch ist mir kein Beispiel für eine Tötung bekannt.
36 Diese Zuteilungen erfolgen nach dem Vorbild des Geschlechtsaktes: die Fischreuse als Vagina, der Stock als Penis, der Wald als Vagina, der Wind als Penis etc.
37 Damit unterscheiden sich die Iatmul von anderen Gesellschaften, z.B. den Baruya im Hochland Neuguineas, bei denen die Männer in ihren Mythen und Ritualen eine sexuelle Komplementarität in der Erzeugung menschlichen Lebens leugnen (vgl. *Becker-Schmidt*, 1992, S. 93).
38 *Benjamin* kritisiert treffend die Verharmlosung und Idealisierung der weiblichen Position, die hinter diesen Zuweisungen stecken (*Benjamin*, 1990, S. 12f.).
39 *Hauser-Schäublin* übernimmt *Batesons* und *Meads* Auffassung und erweitert sie, indem sie unterschiedliche Mentalitäten zwischen Frauen und Männern postuliert (vgl. *Hauser-Schäublin*, 1977, S. 244).
40 Auch die Kinder waren von diesen gesellschaftlichen Umstrukturierungen betroffen. Die Einführung einer wesensmäßigen Differenz zwischen Kindern und Erwachsenen fand in derselben Zeit statt. Eine Differenz, welche die Iatmul nicht kennen (vgl. *Weiss*, 1993, S. 99).
41 Bereits die Aufforderung der Frau, ihr Mann solle mit ihr fischen gehen, etwas, was sonst Frauen unter Frauen tun, deutet auf etwas Ungewöhnliches hin.
42 Dies ist ein wichtiger Gesichtspunkt, auf den *Chodorow* (1974) erstmals hingewiesen hat. Es scheint mir charakteristisch, daß *Bateson* (1958), ein Mann aus unserer Gesellschaft, den Transvestitismus der Männer im Naven nur als Lächerlichmachen der Frau interpretieren konnte (vgl. dazu die Kritik an *Bateson* von *Stanek*, 1983, S. 301-313).
43 Die Mythe kann natürlich auch vom Mann her als Wunsch gesehen werden, von der Frau, die ja im Sexuellen die Initiative ergreift, zur Frau gemacht zu werden, um an Schwangerschaft und Mutterschaft teilhaben zu können.
44 Die Mythe (S. 31-37) und weitere Beispiele finden sich in *Stanek*, 1982.
45 Vgl. dazu die ethnopsychoanalytischen Gespräche mit der Iatmul-Frau Magendaua in *Morgenthaler* u.a., 1984, S. 173ff.
46 Wie wichtig diese Möglichkeiten für die Frauen sind, zeigt die Schilderung Miats in den ethnopsychoanalytischen Gesprächen (*Weiss*, 1991a, S. 183ff).
47 Entsprechende Beispiele sind auch aus unserer Kultur bekannt. Vgl. dazu die Arbeit des Historikers Alain *Brossat* (1993) über Geschehnisse, welche während der französischen Liberation im Sommer 1944 stattfanden: Die Racheriturale an Frauen, denen sexuelle Beziehungen zu den Deutschen vorgeworfen wurden. Nach *Brossat* bestand die Funktion dieser Rituale auch darin, die männliche Ordnung wieder zu etablieren, die nach der Niederlage und langen Abwesenheit in Frage gestellt worden war.
48 Eine ausführliche Darstellung findet sich in *Weiss*, 1991b.

Literatur

BATESON, Gregory, Social structure of the Iatmul people of the Sepik River, in: Oceania 2, 1932, S. 245-291, S. 401-453

BATESON, Gregory, Naven, a survey of the problems suggested by a composite picture of the culture of a New Guinea tribe drawn from three points of view, Stanford 1936; 1958

BEAUVOIR, Simone de, Le Deuxième Sexe, Paris 1949; dt.: Das andere Geschlecht, Reinbeck 1951

BECKER-SCHMIDT, Regina, Verdrängung Rationalisierung Ideologie. Geschlechterdifferenz und Unbewußtes, Geschlechterverhältnis und Gesellschaft, in: Gudrun-Axeli Knapp/Angelika Wetterer (Hg.), Traditionen Brüche. Entwicklungen feministischer Theorie, Freiburg i. Br. 1992

BENJAMIN, Jessica, Die Fesseln der Liebe. Psychoanalyse, Feminismus und das Problem der Macht, Frankfurt am Main/Basel 1990

BROSSAT, Alain, Les Tondues, un carnaval moche, Paris 1993

CHODOROW, Nancy, Family structure and feminine personality, in: Michelle Z. Rosaldo/Louise Lamphere, (Hg.), Women, Culture and Society, Stanford 1974

CONNELL, Robert W., Gender and Power. Society, the Person and Sexual Politics, Stanford 1987

ERRINGTON, Frederick K./Deborah B. GEWERTZ, Cultural alternatives and a feminist anthropology. An analysis of culturally constructed gender interests in Papua New Guinea, Cambridge 1987

ETIENNE, Mona/Eleanor LEACOCK (Hg.), Women and Colonization. Anthropological Perspectives, New York 1980

GODELIER, Maurice, La production des Grands Hommes Paris, 1982; dt.: Die Produktion der Großen Männer, Frankfurt am Main, 1987

HAUSEN, Karin, Die Polarisierung der ›Geschlechtscharaktere‹ – Eine Spiegelung der Dissoziation von Erwerbs- und Familienleben, in: Werner Conze (Hg.), Sozialgeschichte der Familie in der Neuzeit Europas, Stuttgart 1976, S. 363-393

HAUSER-SCHÄUBLIN, Brigitta, Frauen in Kararau. Zur Rolle der Frau bei den Iatmul am Mittelsepik, Papua New Guinea, Basler Beiträge zur Ethnologie, Bd. 18, Basel 1977

HONEGGER, Claudia, Die Ordnung der Geschlechter. Die Wissenschaft vom Menschen und das Weib 1750-1850, Frankfurt am Main/New York 1991

LAMPHERE, Louise, The struggle to reshape our thinking about gender, in: Christie Farnham (Hg.), The impact of feminist research in the academy, 1987, S. 11-33

LEACOCK, Eleanor (Hg.), Myths of Male Dominance. Collected Articles on Women Cross-Culturally, New York/London 1981

LENZ, Ilse/Ute LUIG (Hg.), Frauenmacht ohne Herrschaft. Geschlechterverhältnisse in nichtpatriarchalischen Gesellschaften, Berlin 1990

LEONARDO, Micaela di (Hg.), Gender at the Crossroads of Knowledge. Feminist Anthropology in the Postmodern Era, Berkeley 1991

MACCORMACK, Carol P./Marilyn STRATHERN (Hg.), Nature, Culture and Gender, Cambridge 1980

MacCormack, Carol P., Anthropology: a discipline with a legacy, in: Dan Spender (Hg.), Men's study modified, 1987, S. 99-109
Mead, Margaret, Kindheit und Jugend in Samoa, München 1928, 1971
Mead, Margaret, Geschlecht und Temperament in drei primitiven Gesellschaften, München 1935, 1971
Mead, Margaret, Mann und Weib. Das Verhältnis der Geschlechter in einer sich wandelnden Welt, Reinbek 1949, 1971, vgl. auch Nachwort von Imogen Seger in der Ausgabe von 1985
Meillassoux, Claude, Die wilden Früchte der Frau. Über häusliche Produktion und kapitalistische Wirtschaft, Frankfurt am Main 1976
Morgenthaler, Fritz/Florence Weiss/Marco Morgenthaler, Gespräche am sterbenden Fluss. Ethnopsychoanalyse bei den Iatmul in Papua-Neuguinea, Frankfurt am Main 1984. Franz. Ausgabe: Conversations au bord du fleuve mourant. Ethnopsychoanalyse chez les Iatmouls de Papouasie/Nouvelle-Guinée, Genf 1987
Ortner, Sherry B./Harriet Whitehead (Hg.), Sexual Meanings: The Cultural Construction of Gender and Sexuality, Cambridge 1981
Ortner, Sherry B., Is Female to Male as Nature is to Culture, in: Rosaldo/Lamphere 1974
Pomata, Gianna, Die Geschichte der Frauen zwischen Anthropologie und Biologie, in: Feministische Studien, 2, 1983, S. 113-129
Rogers, Susan C., Women's Place: A Critical Review of Anthropological Theory, in: Comparative Studies in Society and History, 20, 1978, S. 123-162
Rosaldo, Michelle Z./Louise Lamphere (Hg.), Women, Culture and Society, Stanford 1974
Sahlins, Marshall, Stone-Age Economics, London 1972
Schindlbeck, Markus, Sago bei den Sawos (Mittelsepik, Papua New Guinea). Untersuchungen über die Bedeutung von Sago in Wirtschaft, Sozialordnung und Religion, Basler Beiträge zur Ethnologie, Bd. 19, Basel 1980
Schlegel, Alice (Hg.), Sexual Stratification. A Cross Cultural View, New York 1977
Schuster, Meinhard, Zur Dorfgeschichte von Soatmeli, in: K. Tauchmann (Hg.), Festschrift zum 65. Geburtstag von Helmut Petri, Köln 1973, S. 475-491
Schuster, Meinhard, Das Männerhaus, Zentrum und Angelpunkt der Kunst am Mittelsepik, in: Kunst am Sepik, Basel 1985, S. 19-26
Stanek, Milan, Geschichten der Kopfjäger. Mythos und Kultur der Iatmul auf Papua-Neuguinea, Köln 1982
Stanek, Milan, Sozialordnung und Mythik in Palimbei. Bausteine zur ganzheitlichen Beschreibung einer Dorfgemeinschaft der Iatmul, East Sepik Province, Papua New Guinea, Basler Beiträge zur Ethnologie, Bd. 23, Basel 1983
Stanek, Milan, An analytical model as a basis for cultural comparison of the societies on the middle and lower Sepik River, Wenner-Gren foundation for anthropological research symposium no. 101, New York 1986
Stanek, Milan, Mythologie und Machtverhältnisse in der primitiven Gesellschaft, in: Eberhard Berg u.a. (Hg.), Ethnologie im Widerstreit. Kontroversen über Macht, Geschäft, Geschlecht in fremden Kulturen, München 1991, S. 247-262

STRATHERN, Marilyn, Women in Between Female Roles in a Male World: Mount Hagen, New Guinea, London 1972

WASSMANN, Juerg, Der Gesang an den fliegenden Hund. Untersuchungen zu den totemistischen Gesängen und geheimen Namen des Dorfes Kandingei am Mittelsepik (Papua New Guinea), Basler Beiträge zur Ethnologie, Bd. 22, Basel 1982

WEISS, Florence, Kinder schildern ihren Alltag. Die Stellung des Kindes im ökonomischen System einer Dorfgemeinschaft in Papua New Guinea, Basler Beiträge zur Ethnologie Bd. 21, Basel 1981

WEISS, Florence, Sprache und Geschlecht bei den Iatmul in Papua-Neuguinea. Untersuchungen zum Verhältnis von ethnologischer Forschung und Sprachgebrauch, in: Marguerite Schlechten (Hg.), Oralité. Beiträge zur Problematik im Umgang mit mündlichen Überlieferungen, Ethnologica Helvetica 11, Bern 1987, S. 151-190

WEISS, Florence, Mutterschaft und frühe Kindheit bei den Iatmul in Papua-Neuguinea, in: Gerda Kroeber-Wolf (Hg.), Der Weg ins Leben. Mutter und Kind im Kulturvergleich, Frankfurt am Main 1990a, S. 77-87

WEISS, Florence, Bateson, les femmes iatmoules et le naven, Atelier internationale. Perspectives nouvelles sur la céremonie du naven. Laboratoire d'anthropologie sociale. Collège de France, Paris 1990b

WEISS, Florence, Die dreisten Frauen. Ethnopsychoanalytische Gespräche in Papua-Neuguinea, Frankfurt am Main 1991a

WEISS, Florence, Frauen in der urbanethnologischen Forschung, in: Brigitta Hauser-Schäublin (Hg.), Ethnologische Frauenforschung. Ansätze, Methoden, Resultate, Berlin 1991b, S. 250-281

WEISS, Florence, Von der Schwierigkeit über Kinder zu forschen. Die Iatmul in Papua-Neuguinea, in: Marie-Jose van de Loo/Margarete Reinhart (Hg.), Kinder: ethnologische Forschungen in fünf Kontinenten, München 1993, S. 96-153

WEISS, Florence, Die Beziehung als Kontext der Datengewinnung. Ethnopsychoanalytische Gesichtspunkte im Forschungsprozess, in: Oral History und Sozialforschung mit qualitativen Interviews in der Schweiz, Zürich 1994a (in Vorbereitung)

WEISS, Florence, Die Unterdrückung der Fraueninitiation. Zum Wandel des Ritualsystems der Iatmul, in: Brigitta Hauser-Schäublin/Wolfgang Marschall (Hg.), Ozeanien: Geschichte und mündliche Überlieferung, Basel 1994b (in Vorbereitung)

WEISS, Florence/Maya NADIG, Probleme der Feldforschung in einer klassenlosen und einer Klassengesellschaft. Beispiel Neuguinea: Dorf Palimbei. Beispiel Mexico: Dorf Tetzhu, in: Savary (Hg.), Probleme der Feldforschung aus der Sicht junger Ethnologen, Bulletin der Schweizerischen Ethnologischen Gesellschaft, Genf 1976, S. 37-68

Eva Kreisky

Der Stoff, aus dem die Staaten sind
Zur männerbündischen Fundierung politischer Ordnung

» ... es scheine, der Staat sei ein moralischer Mann,
statt eines moralischen Menschen«
(Th.G.v.Hippel, 1828)

1. Geschlechtsblindheit von Staatstheorien

Alle staatlichen Angelegenheiten sind seit jeher – grundsätzlich aber mit dem modernen Nationalstaat – von Männern dominiert. Die klassisch-liberalen Anstrengungen ließen zwar im Gefolge des antifeudalen Kampfes Individuen zu Rechtssubjekten werden, aber nur Männer konnten Individuen, also Rechts- und Staatsbürger sein. Frauen hatten sich auf die »Privatsphäre«, nämlich auf »Herd« und »Bett«, zu beschränken. Für sie war demgemäß die »abgeleitete« Rechtsstellung angemessen: Männer vertraten die Familien in der Sphäre des »öffentlichen Lebens«. Frauen wurden in der Folge über ihr Verhältnis zu anderen Personen, dem Ehemann, den Kindern, bestimmt und staatlich »behandelt« (vgl. *Kreisky*, 1991, S. 195f.).

Mechthild *Rumpf* erblickt in der Ausdifferenzierung einer »privaten« und einer »politisch-öffentlichen Sphäre« den Unterbau für das Credo aller Staatstheorien. Zugleich schärft sie den Blick dafür, das staatliche Gewaltmonopol als »Mythos« zu erkennen. Nicht alle Gewalt nämlich wird durch den Staat »monopolisiert«: »Der Unterwerfung der männlichen Subjekte unter eine souveräne staatliche Macht korrespondiert die Absicherung männlicher Souveränität in der häuslichen Sphäre«. Das staatliche Gewaltmonopol institutionalisierte das Zusammenspiel von »häuslichem Frieden« und »innerstaatlichem ›sozialen Frieden‹« auf Kosten der Frauen (*Rumpf*, 1992, S. 17). Dieser besondere Doppelcharakter wird in gängigen staatstheoretischen Erklärungen jedoch nie hervorgehoben. Gleichzeitig bedeutete die Festigung des modernen Nationalstaates einen entscheidenden Schritt in Richtung »Entfamilialisierung der Politik«. Die

Trennung von Familie und Staat äußerte sich nämlich im »entfamilialisierten« Staat ebenso wie in der »entpolitisierten« Familie (vgl. *Benhabib/ Nicholson*, 1987, S. 529).

Ein wichtiges Beispiel feministischer Kritik an ideologischen Fundamenten der Politikwissenschaft stellen die Arbeiten Carol *Patemans* dar. Mit ihrer Kritik an den »Vertragstheorien« hat sie die unterdrückte Geschichte der Konstituierung bürgerlicher Gesellschaft als »modernes Patriarchat« aufgearbeitet (vgl. *Pateman*, 1988). Die Fixierung politischer Theorien auf den »Gesellschaftsvertrag« als den Ursprung politischer Rechte und bürgerlicher Freiheiten verkörpert in ihrer Sicht nur eine Hälfte der Geschichte und soll die patriarchale Fundierung der gesellschaftlichen Ordnung unsichtbar halten. *Pateman* hat nachgewiesen, daß es kein purer Zufall ist, wenn Vertragstheoretiker bis in die Gegenwart nur den vom »Sexualvertrag« abgespalteten »Gesellschaftsvertrag« herausstreichen. Der »Gesellschaftsvertrag« ist als Geschichte der Freiheit der Männer, der »Sexualvertrag« aber als Geschichte der Unterwerfung der Frauen unter Männer als »Männer« oder unter Männer als »fraternity« zu deuten. Dieser zweite Aspekt der Geschichte ist freilich systematisch ausgeblendet worden. Die patriarchale Welt ist »zweigeteilt«, aber nur eine, nämlich die »öffentliche« Sphäre erweckte Aufmerksamkeit und korrespondierte auch mit »bürgerlichen Freiheiten«. Die andere, nämlich »private« Sphäre blieb ohne politische Relevanz. Die Separierung dieser beiden Sphären mit ihrer differenten Ausstattung mit politischen Rechten kann suggerieren, daß nur für eine der beiden Sphären patriarchale Ordnungsmuster Bedeutung hätten. Das Verdienst *Patemans* liegt aber gerade darin, die patriarchalen Wurzeln moderner »Zivilgesellschaft« bloßgelegt und »sexuelle Differenz« als »politische Differenz« gedeutet zu haben.

Es ist evident, daß staatliche und politische Institutionen ihren Ursprung in sozialen und politischen Konfliktkonstellationen haben[1]. Daß der Geschlechterkonflikt in politisch-institutioneller Hinsicht folgenlos geblieben ist, ist näherer Beschäftigung wert. Wenn die Staatsproblematik auf neue soziale Interessensbezüge hin erörtert wurde, so war es das Aufkommen des Bürgertums oder der Arbeiterbewegung, nicht aber auch jenes der Frauenbewegung, das den Begründungszusammenhang staatlicher Herrschaft irritierte und neu austarierte Machtkonstellationen sowie sozial-angepaßte Institutionalisierungen einforderte. Immer waren es also primär die direkt ökonomischen und sozialen Interessenbezüge, nicht aber der Geschlechterkonflikt, der in der staatstheoretischen und staatspolitischen Erörterung Resonanz fand.

Beinahe ausnahmslos blieben in der (bürgerlichen wie auch marxistischen) Staatstheorie »Geschlecht« und erst recht »Frauen« unthematisiert. Die Überhand der (zumeist männlichen) Ökonomisten und Funktionalisten im staatstheoretischen Diskurs trägt ein Gutteil an Verantwortung für diese eklatante Ausblendung, die nicht nur der Verschleierung der Machtverhältnisse überhaupt, sondern auch dem Unsichtbarmachen der hierarchischen Organisation der Geschlechterverhältnisse dienlich ist.

Weder frühe Versuche aus dem politischen Kontext der Frauenbewegung (z.B. *Vaerting*, 1921) noch kühne männerbündische Staatsphantasien derselben Ära (z.B. *Blüher*, 1921) haben staatstheoretische Wahrnehmung in ihrem rigiden Kurs der Geschlechtsleugnung verunsichern können. Weder präfaschistische Vorarbeit noch faschistische Übersteigerung vergeschlechtlichter Staatssicht (vgl. *Spengler*, 1923; *Rosenberg*, 1930; *Baeumler*, 1934) haben Aufmerksamkeit für innere oder äußere Bezüge zwischen Staat und Geschlecht provoziert.

Nur für theoretische oder politische »Außenseiter« oder für staatstheoretische »Fremdgänger« aus Grenzdisziplinen (wie der Anthropologie, Ethnologie, Psychoanalyse oder Ethnopsychoanalyse) scheint der Zusammenhang von Staat und (männlichem) Geschlecht von Interesse (vgl. *Erdheim*, 1982; *Eliade*, 1988; *Godelier* 1987). Die grundsätzliche »Eingeschlechtlichkeit« des Staates kommt einem orthodoxen Staatstheoretiker dagegen nicht in den Sinn. Er braucht »das Männliche« nicht gesondert zu denken, weil es für ihn »selbstverständlich« im Fundament des Staates eingelassen ist (vgl. allgemein *Simmel*, 1983, S. 53f.).

Jeder Blick in einschlägige Literatur zeigt, daß Annäherungsversuche an das Konstrukt »Männlichkeit« häufig auf die Beispiele von Staat und Militär greifen (so etwa *Erdheim*, 1982). Umso erstaunlicher ist es, wenn Beschäftigung mit dem Staat, seinen Agenden oder seinem Apparat nicht auch zwangsläufig zur Beachtung des (männlichen) Geschlechtes hinführt. Diese Blockade bedarf der Entschlüsselung.

Der Staat war und ist keine geschlechtsneutrale Instanz. Er schuf und stützt immer noch die Bedingungen hierarchischer Geschlechterordnung (vgl. *Young*, 1992, S. 7). Dennoch bleibt einseitige Geschlechtsbindung des Staates in üblicher staatstheoretischer Routine ausgeblendet. Auch neuere Staatstheoretiker vernachlässigen nach wie vor die staats- und politikstrukturierende Bedeutung von Geschlecht sowie die Geschlechterverhältnisse gestaltende Kraft von Staat und Politik.

Die Staatsdiskussion veränderte sich grundlegend, würde sie systematisch mit der Tradition hierarchisierter Geschlechterverhältnisse in Verbindung gebracht. Der Geschlechterbezug würde nicht nur »strukturelles« Patriarchat aktueller Gesellschaften verstehbar und erklärbar machen, sondern könnte auch die Erklärungs- und Praxisrelevanz politikwissenschaftlicher Staatstheorien steigern. Es wäre zumindest den Versuch wert.

2. Veranschaulichung des Unbegreiflichen

Der Staat ist ein abstraktes Konzept, weshalb er, um ihn »verständlich« zu machen, in politischer Alltagssprache, aber auch in politisch-theoretischer Sprache in der Regel personifiziert und verbildlicht werden muß. Mittels verschiedener Metaphern (z.B. Organismus, Körper, Maschine, Schiff, Gebäude u.a.m.), die Anleihen aus dem Vokabular anschaulicherer Disziplinen (z.B. Biologie, Physik, Technik, Architektur) sind, läßt sich das Wesen des Staates scheinbar leichter ausdrücken als mittels einer hochabstrakten Begrifflichkeit (vgl. *Rigotti*, 1994). Gebräuchliche Metaphern für den Staat spielen zwar auf allgemeine Funktionsweisen und Machtvorstellungen an, die geschlechtliche Fundierung des Staates bleibt jedoch verdeckt.

Der staatstheoretischen Einsicht, daß der Staat nicht der Apparat ist, sondern sich nur als Apparat äußert, ist beizupflichten: Repressive und ideologische Apparate sind bloß Mittel, mit Hilfe derer der Staat handelt (vgl. *Poulantzas*, 1974, S. 97f. und S. 348). Dennoch wird in diesem Beitrag das »schauerliche, abstrakte Gespenst« Staat (*Mayreder*, 1922, S. 127) »personalisiert«. Der Apparat des Staates – in Gestalt seiner »Apparatschiks« – muß im Brennpunkt feministischer Überlegungen zum Staat stehen. Das Herausstellen des Apparathaften hilft, allgemeine Herrschaftsaspekte staatsbürokratischer Mechanismen wie darin eingelassene Unterdrückungs- und Entfremdungsstrukturen zu entschlüsseln, bietet aber auch Material zur Einsicht in »Männlichkeit als System«, die sich im Staatsapparat historisch eingeschrieben hat. Es ist daher keineswegs Zufall, wenn Karl *Popper* das Funktionieren der Institutionen von den in diesen Institutionen tätigen Personen abhängig macht: »Institutionen sind wie Festungen; sie müssen wohlgeplant und wohlbemannt sein« (*Popper*, 1980, S. 177).

Politikwissenschaft zielt mittels des Trugbildes geschlechtsneutraler Politikanalysen auf »Entsexualisierung« von Politik. Das Unsichtbare, nämlich Frauen und ihre Geschichte, sichtbar zu machen, galt von Anbeginn als eine der wichtigsten Absichten feministischer Forschung. Im Falle politischer und bürokratischer Institutionen ist diese erkenntnispolitische Absicht aber nicht umzusetzen. Formeller und informeller Frauenausschluß waren so umfassend und nachhaltig, daß die institutionelle Welt der »Berufspolitik« immer noch als intakte männliche Lebenswelt erhalten ist (vgl. *Schöler-Macher*, 1991), »Weibliches« beim besten Willen also nicht sichtbar zu machen ist. Feministische Forschung muß daher zu methodischer »Inversion« bereit sein: Das »Unsichtbare«, das es in der Politik freizulegen gilt, ist nichts »Weibliches«. Weibliche Lebenserfahrung und weibliche Lebensinteressen haben in der Sphäre von Staat und Politik kaum je gestaltend wirken können. Wenn etwas freizulegen ist, so ist es das Männliche, das sich unter einem Deckmantel von Neutralität bis in unterste Gefilde politischer und bürokratischer Institutionen hinein verborgen hat. Daher bedarf es einer feministischen »Institutionenarchäologie«, die formaldemokratisch camouflierte Schichten männerbündischer Strukturen und männerbündischen Verhaltens nach oben kehrt.

Im modernen Staatsapparat materialisieren sich patriarchale Prinzipien in öffentlichen Strukturen. Was wir gemeinhin als Staatsapparat erfahren und verstehen, hat sich unter historisch-gesellschaftlichen Prämissen etabliert, für die Ausschließung und Beschränkung von Frauen konstitutiv war[2]. Staatliche Institutionen sind ihrer Provenienz nach sedimentierte männliche Lebenserfahrungen und männliche Interessen[3]. Männlichkeit ist nicht nur gesellschaftlich konstruiert (vgl. *MacKinnon*, 1989, S. 100), sondern sie konstruiert selbst gesellschaftliche Strukturen. Auch der Staat als politische Struktur ist davon erfaßt.

Diese vorläufigen Hinweise machen vorstellbar, daß »Staat als Männerbund« nicht die Bedeutung einer nur plakativen oder gar Emotionen stimulierenden, sondern einer durchaus auch »konstitutiven Metapher« (vgl. *Rigotti*, 1994, S. 21) bekommen kann, wenn sie mit einer dezidiert feministisch-politischen Sicht des Staates verknüpft wird.

3. Ende der Staatsblindheit in der feministischen Theoriearbeit?

Bis Mitte der achtziger Jahre wurde die Wichtigkeit staatstheoretischer Fragestellungen für feministische Theoriediskussion nur unzureichend erkannt. Nicht einmal die Wirkungen staatlicher Institutionen oder staatlicher Ideologien auf das Geschlechterverhältnis wurden« untersucht. Mit einer pauschalen Ablehnung des marxistischen Theorieentwurfes ist für die (vor allem deutsche) Frauenbewegung und ihre theoretische Reflexion auch der Sinn für die Relevanz des Staates abhanden gekommen. Und dem Widerstand gegen »universalisierende« Theorien fielen selbst gesellschaftstheoretische Erklärungsansprüche zum Opfer.

In den letzten Jahren – unter bereits krisenhaften sozialen, politischen und ökonomischen Bedingungen freilich – wurden auch von feministischer Seite Fragen ungenügender sozialstaatlicher Sicherung von Frauen[4], aber auch die Problematik des de-facto-Ausschlusses von Frauen aus staatlichen Institutionen aufgegriffen. Diese Diskussion war zumeist eher anwendungs- und handlungsbezogen ausgerichtet.

Rückblicke auf historische Ursachen aber blieben oft mythisch fixiert am Übergang vom »Matriarchat« zum »Patriarchat«, wann und wo immer sich dieser Übergang auch historisch-konkret vollzogen haben mag[5]. Die Spurensuche zum »patriarchalen Sündenfall« erschien manchmal reizvoller als die vermeintlich so spröde theoretische Arbeit am modernen Staat. Freilich ist das eine ohne das andere nicht wirklich zu Ende zu bringen.

Die Konstituierungsphase des bürgerlichen Staates der Neuzeit wie auch die Periode des zunehmenden Staatsinterventionismus und die damit einhergehende Bürokratisierung und Zentralisierung gegen Ende des 19. Jahrhunderts haben in feministischen Debatten – wenn überhaupt – nur am Rande Aufmerksamkeit erweckt[6]. Dabei ist es gerade diese Epoche, in der sich die männerbündische Gewaltsamkeit moderner Staatlichkeit ihre spezifische und bis heute beibehaltene Statur gegeben hat. Und nicht einmal die historische Erfahrung mit dem nationalsozialistischen Gewaltstaat hat einen ernsthaften feministischen Staatsdiskurs provozieren können.

Die neuere Staatsdiskussion der Frauenbewegung läßt sich grob in zwei Strängen abbilden: Einerseits äußert sie sich in einer Konzentration auf sozialstaatliche Aspekte und darin begründeten Möglichkeiten zur Verbesserung des rechtlichen Status von Frauen. Der Staatsinterventionismus wird als Instrument der Frauenbefreiung gedacht (»Staatsfeminismus«). Andererseits wird der Staat in patriarchaler Kontinuität gesehen, weshalb er als politische Arena für Frauenkampf kaum in Betracht gezogen wird. Der Staat kann in dieser Sichtweise nur patriarchale Unterdrückungsverhältnisse fortschreiben.

Wissenschaftlicher Feminismus hat sich der Staatsproblematik nach anderen Gesichtspunkten zugewendet als frauenpolitische Praxis (innerhalb und außerhalb traditioneller Institutionen). Anfänglich äußerte er sich als Kritik an herrschenden Theorien und erst später ging er zu eigener Theoriebildung über. Methodologisch wurde dies wie in der Philosophie mit dem Doppelschritt der Dekonstruktion herrschender politischer Theorien und ihrer feministischen Reformulierung begründet (vgl. *Klinger*, 1986, S. 64ff.).

Feministische Kritik an Staatstheorien hat sich zu allererst als Beschäftigung mit prinzipieller »Ausklammerung« oder aber »sexistisch« abwertender Darstellung von Frauen und ihrem Lebenszusammenhang im staatstheoretischen Denken von der Antike bis zur Gegenwart geäußert. Mit großer Akribie ging man daran, dem »blinden Fleck« oder verächtlichen Frauenbildern in staatstheoretischen Konzepten zu Leibe zu rücken[7].

Erst in der Folge kam es dann auch zu einer stärkeren Beachtung machttheoretischer Komponenten von Frauenunterdrückung und Frauenausbeutung, was schließlich überleitete zur Frage nach der Institutionalisierung hierarchisierter Geschlechterstrukturen. Diese Fragen müssen auch im Kontext der neueren »Patriarchatsdebatte« gesehen werden, die eine wichtige Brücke im Übergang zu staatstheoretischen Perspektiven bildete. In dieser Debatte ging es vorerst um Relevanz und Relation von patriarchalen und kapitalistischen Unterdrückungs- und Ausbeutungsstrukturen (vgl. u.a. *Barrett*, 1983; *Harding*, 1981; 1988; *Hartmann*, 1981). Im Zuge der analytischen Annäherung galt es dann schließlich auch, die Rolle des Staates zu klären (z.B. *Dahlerup*, 1987; *Hernes*, 1986). War es zuerst ein Streit um die Bestimmung des Staates als patriarchal oder als kapitalistisch, so entstand aus dem Material dieser Diskussion bald ein theoretisches Konzept zur Verortung des Sozialstaates. Dabei wurde der Sozialstaat als »strukturelles« Patriarchat identifiziert, das »persönliche« Patriarchatsmuster tendenziell ablöst (vgl. *Hernes*, 1987; aber auch *Gerhard*, 1990).

In der Folge wurde im Rahmen der Sozialstaatsdebatte auch die Feminisierung des Staatsapparates gefordert. Daran knüpfte sich nämlich die Hoffnung auf effektive Durchsetzung frauenpolitischer Interventionen. Freilich erwiesen sich die sozialen, ökonomischen und politischen Widerstände in der Praxis als nahezu unüberwindlich. Aus der Diskussion um die in Wirklichkeit strukturellen Grenzen der Feminisierbarkeit gesellschaftlicher und staatlicher Institutionen erwuchs schließlich die theoretische Arbeit am männerbündischen Kern des patriarchalen Staates. Solche staatsanalytischen Versuche bemühen sich nicht nur um Macht- und Herrschaftskritik im allgemeinen, sondern auch um konkrete Struktur- und Staatsapparatskritik (vgl. *Ferguson*, 1984, 1986; *Kreisky*, 1988, 1991, 1993). Darum wird es im folgenden gehen.

4. Worüber die »großen Denker« der politischen Theorie lieber nicht sprechen: Männerbeziehungen als »invisible hand« der Politik

Politik im modernen Sinne ist entstanden, nachdem der (männliche) Mensch als Individuum anerkannt war, als »einer, der das Recht hat, Rechte zu haben« (*Arendt*, 1981). Paradoxerweise war aber alles, was diesem historischen Einschnitt folgte und sich fortan Politik nannte, in diesem ursprünglichen Sinne eigentlich »antipolitisch«. Die historisch ins Auge genommene Verwirklichung und Erweiterung der Rechte des Individuums unterblieb: Frauen wurden lange Zeit nicht als »Individuen« angesehen. Aber auch der »individualisierte« Mensch mit seinen Rechten blieb entindividualisierenden Strukturen (wie dem Markt, der Bürokratie oder dem »realen Sozialismus«) unterworfen. »Politik« wurde auf institutionelle Formen von Politik verkürzt, kurzgeschlossen mit Staat und politischem System, ja es wurde dem Staat das Monopol des Politischen überhaupt zugesprochen (vgl. *Schmitt*, 1963, S. 21; *Schwan*, 1990, S. 20; kritisch dazu: *Narr*, 1986, S. 66ff.; *Beck*, 1993, S. 155).

Diese Verengung kommt auch in den Aspekten des politikwissenschaftlichen Politikbegriffes zum Ausdruck: Es geht bekanntlich um die institutionelle Verfassung des politischen Gemeinwesens (»polity«), um Inhalte politischer Programme zur Gestaltung gesellschaftlicher Verhältnisse (»policy«) und um den Prozeß der politischen Auseinandersetzung um Machtanteile und Machtpositionen (»politics«). Nicht das Individuum erweist sich in der Praxis als politikfähig, sondern organisierte, korporatistische, kollektive Akteure gestalten das Politikspiel (vgl. *Beck*, 1993, S. 162). Politik ist auf »regelausführende Politiker-Politik« (ebd., S. 17) reduziert.

Max *Weber* war wohl einer der schärfsten politischen Analytiker an der Schwelle zur modernen Parteiendemokratie. Und er gilt nach wie vor als der relevanteste Theoretiker der »Berufspolitik«: Die »Leitung« oder »Beeinflussung der Leitung« eines »politischen Verbandes« wie des Staates nannte Weber »Politik« (*Weber*, 1971, S. 493). Politisches Handeln sollte zwar sowohl »hauptberuflich« wie auch »ehrenamtlich« erfolgen, aber *Weber* ließ keinen Zweifel aufkommen an seiner Vorstellung von wirklich überlegener Politik. In der Ehrenamtlichkeit steckte für ihn Dilettantismus. Eigentlich ist uns spätestens seit Max *Weber* »Politik als Beruf« ein vertrautes und selbstverständliches Konzept. Anschaulich hat *Weber* entfaltet, wie man »aus der Politik« seinen »Beruf« machen kann (ebd., S. 513) und wie sich überhaupt die Politik zu einem regelrechten

»Betrieb« entwickelt hat (ebd., S. 519). Die Professionalisierung von Politik hat *Weber* plausibel mit der Modernisierung des Staates in Zusammenhang gebracht.

Die Tatsache des Ausschlusses der Frauen aus dem Beruf Politik tangierte *Weber* nicht. Seine Kategorien reflektieren eine ausschließlich männlich verfaßte und genormte Welt: *Weber* spricht vom »Beruf«, der »Berufung« und dem »Charisma des ›Führers‹«, der »Hingabe seines Anhanges: der Jüngerschaft, der Gefolgschaft« (ebd., S. 508), der »Sachlichkeit und Ritterlichkeit« (ebd., S. 549), der »Brüderlichkeit« (ebd., S. 560) und dem »Helden« der Politik (ebd.). Politik ist ihm ein Feld des Kampfes und Krieges, ein »Wahlschlachtfeld« (ebd., S. 535). Um die Entwicklung der politischen Gemeinschaft darzustellen, rekurriert *Weber* ohne Einschränkungen auf den Stand der zeitgenössischen Männerbundtheorie und ihre frauenausschließende Sicht der Verknüpfung von Krieg und Politik: »Als politischen Volksgenossen erkennt der Waffentragende nur den Waffentüchtigen an. Alle anderen, Nichtwaffengeübte und Nichtwaffentüchtige, gelten als Weiber« (*Weber*, 1972, S. 616).

Wenn *Weber* die für den Beruf Politik günstigen Qualitäten hervorkehrt, bedient er sich der »Weiblichkeit« als illustrativer Figur zur Beschreibung von Unfähigkeit und Unangemessenheit: »Statt nach alter Weiber Art nach einem Kriege nach dem ›Schuldigen‹ zu suchen – wo doch die Struktur der Gesellschaft den Krieg erzeugte –, wird jede männliche und herbe Haltung dem Feinde sagen: ›Wir verloren den Krieg, – ihr habt ihn gewonnen. Das ist nun erledigt: nun laßt uns darüber reden, welche Konsequenzen zu ziehen sind entsprechend den *sachlichen* Interessen, die im Spiel waren« (*Weber* 1971, S. 549). Das ist dann das von Weber eingeforderte nötige »Augenmaß« des Politikers, die »Fähigkeit, die Realitäten mit innerer Sammlung und Ruhe auf sich wirken zu lassen«, also: die »Distanz zu den Dingen und Menschen« (ebd., S. 546). Weit verbreitetes – oft sehr folgenreiches und inhumanes – männliches Verhalten wird nicht problematisiert, sondern unter der Hand als »richtiges« politisches Verhalten absolut gesetzt. Obwohl Max *Weber* nur selten ausdrücklich von Männern spricht, bezieht er sich ausschließlich auf die Spannweite männlicher Erfahrungen. Für *Weber* war es selbstverständlich, daß »Realpolitik« Sache von Männern ist. Er lebte und arbeitete in einem eindeutig patriarchalen Umfeld. Er hatte also wenig Grund, dieses Faktum zu verschleiern, wenngleich es ihn auch nicht zu spezieller Kritik anstachelte. Die enge Verbindung zwischen männlichem und politischem Denken ist nicht zu übersehen (vgl. *Bologh*, 1990).

Die tages- und berufspolitische Dynamik wird – zu Webers Zeiten ebenso wie gegenwärtig – überproportional von Konjunktur- und Krisenverläufen in Männerbeziehungen erzeugt. Dieses Faktum wird allerdings möglichst unter der Decke männlicher Eintracht gehalten. Jeder – auch noch so kurze – Blick in Tageszeitungen bestärkt allerdings die Vermutung, daß gerade »Politikerpolitik« (vgl. *Beck*, 1993) ganz entscheidend von äußerst persönlichen Beziehungen zwischen Männern getragen sein muß. Hinter jeder scheinbar noch so sachlichen Regel verbirgt sich immer auch eine Vielfalt emotionaler Bindungen zwischen Männern[8]. Das krampfhafte Aufrechterhalten angeblich streng separierter öffentlicher und privater Lebenswelten bietet das willkommene Alibi für die »geheimen (Männer)Liebschaften«. Ausgelebt und gepflegt wird das freundschaftlich-emotionale Gleitmittel der »Berufspolitik« – je nach gesellschaftlichem Standort – an verschiedenen sozialen Orten: am Stammtisch, in eigenen Klubs, beim Sport, in Jagdgesellschaften. Nicht nur Macht und Geld bilden »Steuerungsmedien« (vgl. *Habermas*, 1981), vielmehr scheint mir auch eine spezifische Art von Homoerotik das politisch-administrative System zu regeln.

Nur selten wird »Freundschaft« auch als Kategorie des Politischen gefaßt, allerdings bleibt ihre besondere geschlechtliche Konnotation dann dennoch zumeist ausgeblendet. Nicolaus *Sombart*[9] hat in seinen Thesen zur »männerbündischen« politischen Kultur Deutschlands wie auch im Zuge seiner Deutung des politischen Denkens Carl *Schmitts* auch in dieser Richtung einige beachtenswerte Überlegungen angestellt (vgl. *Sombart*, 1988, 1991). In seinem Argumentationsbogen rekurrierte *Sombart* u.a. auch auf die nationalsozialistische Männerbundtheorie, die im »Freundschaftsverhältnis« eine besondere »Beziehung zum Staat« gesehen hat. Die »Freundschaft ist etwas anderes als eine persönliche Liebhaberei. Die Freundschaft als Lebensform gedeiht nur in bezug auf den Bund und den Staat. Es gibt keine Freundschaft ohne Vaterland, aber auch kein Vaterland ohne Freundschaft« (*Baeumler*, 1934, S. 38). Sombart radikalisiert in kritischer Absicht diese Vorstellung *Baeumlers*: »Freundschaft ist natürlich Männersache, wie der ›Staat‹ Männersache ist (nur Männer können Freunde sein). Der Staat ist eine Sache von ›Freunden‹. Die Basis des Staates ist ein Freundesbund – mit anderen Worten der ›Männerbund‹« (*Sombart*, 1988, S. 157).

Sombart entdeckt in dieser Sicht, daß hier eine »wesensmäßige Identität von Staat und Männerbund« vorausgesetzt wird. Die »Entscheidung für den ›Staat‹« ist daher die »Entscheidung gegen den ›Feind‹« (ebd.). Nur Freund-Feind-Denken reguliert politische Zusammenhänge. So sah der auch heute noch in politikwissenschaftlichen Einführungen prominent vertretene Staatsrechtslehrer Carl *Schmitt* »die Unterscheidung von Freund und Feind« als das wesentliche »Kriterium« des Politischen

(*Schmitt*, 1963, S. 26). Der »Feind« steht für alles »andere«, das es abzugrenzen und auszuschließen gilt. Der »Etatismus« Carl *Schmitts* ist »exklusiv« gedacht, also eine – selbst wenn nur äußerst selten ausdrücklich davon die Rede ist – das Eigene und mithin auch das Männliche in jeglicher Hinsicht überhöhende Staatssicht[10].

Ausschluß von Staat und Politik ist eine Machtkonstellation besonderer Art. Weil unter demokratischen Prämissen auch Macht sich als »gute Macht« darzustellen hat, bedürfen Machtphantasien akzeptabler Repräsentationsformen. Sich »präsentierende« Herrschaft umgibt und schützt sich mit Zeremonien, die Beherrschte distanzieren, hierarchisieren und dadurch »entwerten« (vgl. *Heinrichs*, 1990, S. 87). Empörung und Protest hat sich daher nicht nur gegen reale, sondern immer auch gegen symbolische und rituell geregelte Macht zu richten. Inidividuelles Machtstreben wird in das Unterbewußte abgedrängt und u.a. auch auf das »Kollektiv des Männerbundes der Politiker« übertragen (ebd.). Wachsende Identifikation mit diesem »Bund« bedingt Aufgabe von »Eigenem«, läßt aber als Gegenleistung auch teilhaben am »Schutz« und der »magischen Kraft«: Im Männerbund wird »der Machtwunsch des einzelnen durch das Bündnis mit anderen Männern verstärkt und institutionalisiert« (ebd., S. 88).

Gewiß kennt auch der politische Männerbund »magische Techniken«, Sprach- und Verhaltensregeln, Initiationsriten und Zeremonien, die ein- und deshalb gleichzeitig ausschließen. Die »Berufspolitik« ist – im Vergleich zu anderen – gewiß ein »loserer« Männerbund, »mit weniger Aufwand und Verpflichtung« (ebd., S. 89), noch dazu »stetem Zerfall« ausgesetzt (ebd., S. 90). Sukzessive »entweihen« Modelle der Quotierung und Rotierung den »heiligen Bezirk« männlicher Politik. Zudem aktiviert sich »Subpolitik« im Sinne einer Selbstorganisation des Politischen neben der, aber auch gegen die »politische Klasse« (der Männer) (vgl. Beck, 1993, S. 156). Das »Männerbündische« überdauert auch solche Tendenzen der Aufweichung durch erhebliche Gegenwehr, aber auch durch seine beträchtliche Erneuerungsfähigkeit. Frauen bleiben wegen der besonderen »Affinität« aller politischen Ordnung »zu Männlichkeitswerten und -vorstellungen« immer noch Fremde in der Berufspolitik (vgl. *Schöler-Macher*, 1991, S. 106f.).

Geht es also um das Politische überhaupt, verfängt sich weiblicher Blick – wie auch die eigenen bisherigen Aussagen – außerordentlich leicht am »Männerbündischen«. Soll das Ablehnenswerte und Hassenswerte am Staat, seinen Institutionen sowie seinen Repräsentanten mit einem Wort markiert werden, kommt in Frauenbewegung und Frauenforschung der Verweis auf das »Männerbündische« besonders rasch über die Lippen. Es ist zu befürchten, daß die Formel »Männerbund« Gemeinplatz bleibt, wenn mit ihr nur allzu glatte Assoziationen zum männlich strukturierten Staat hergestellt werden. Der Begriff ist weitgehend unreflektiert und enthistorisierend in feministisches Vokabular eingegangen, weil er scheinbare Klarheit suggeriert, wo immer noch beträchtliche Blindstellen vorherrschen.

5. Gesellschaftlicher Zusammenhalt durch männerbündische Rituale

In diesem Abschnitt werden die Beschränkungen politikwissenschaftlicher Konzeptualisierungen manifest: Politikwissenschaft faßt Politik als Interessens- und Verteilungskampf im weitesten Sinne. Von der die Perspektive enorm einengenden Staatsfixierung im Politikverständnis war schon zuvor die Rede. Inwiefern aber auch Symbole und Rituale für Politik fundamental sind, ist keine die Politikwissenschaft wirklich interessierende Fragestellung. Politische Anthropologie und politische Psychologie haben zumindest in der deutschsprachigen Politikwissenschaft nur marginale Bedeutung. In der US-amerikanischen Politikwissenschaft ist die Forschungslage einigermaßen anders. Hier gibt es nämlich eine durchaus anerkannte Forschungstradition, die der Politikmächtigkeit von Ritualen und Symbolen systematisch nachgeht (vgl. etwa *Edelmann*, 1964; *Kertzer*, 1988).

Wir bleiben in diesem Problemfeld also auf Anleihen aus anderen Disziplinen (Kultur- und Sozialanthropologie, Ethnologie, Psychoanalyse, Ethnopsychoanalyse oder Soziologie) angewiesen. Besonders hilfreich wären natürlich solche Ansätze, die sich gerade der »missing link« der Disziplinen annehmen. Allerdings bieten sich nur wenige überbrückende Zugriffsweisen an. Das Abrufen von Einsichten anderer Disziplinen soll die eigene historisch-politikwissenschaftliche Erkenntnisabsicht nicht ersetzen, sondern lediglich zusätzlich absichern.

Mittels historischen und kulturellen Vergleichens läßt sich das konzeptuelle Verständnis männerbündischer Rituale vertiefen. Eine solche begrifflich-theoretische Vorarbeit muß konkret-historischer Analyse deshalb vorangehen, weil das politikwissenschaftliche Instrumentarium alleine eben nicht ausreicht. Dabei geht es nicht etwa um Universalisierung des Phänomens, sondern um Hilfe beim Ausloten der Komplexität sowie der Reichweite der Begrifflichkeit.

Auch wenn es in diesem Beitrag in erster Linie um politische und staatliche Ordnung gehen soll, ist die Bestimmung gesellschaftlicher Bindungskraft von Ritualen erwägenswert. Wir müssen das Männerbündische nach seinem gesellschaftlichen und politischen Integrationspotential befragen, nach dem Bindungsmuster also, das männlich hegemoniale Gesellschafts- und Machtstrukturen initiieren, aber auch stabilisieren kann. Selbstredend sind zur Fundierung gesellschaftlicher und politischer Macht (im Sinne der Macht von Männern über Frauen, aber auch der Macht von Männern über Männer) überdies psychische und symbolische Momente von Relevanz.

Die Sozialanthropologin Mary *Douglas* ortet ein gewichtiges Problem der Gegenwart im »Schwinden des Verbundenseins durch gemeinsame Symbole« (*Douglas*, 1986, S. 11). Sie betrachtet Symbole und Rituale als bedeutsame menschliche Ausdrucksmöglichkeit. Daher versucht sie, Basil *Bernsteins* Sprachcodesanalyse auf andere Symbolsysteme zu übertragen. »Restringierte Codes« sind relativ ökonomische Instrumente zur Übermittlung von Informationen sowie zur Stabilisierung konkreter Sozialstrukturen, Kommunikations- und Kontrollsysteme. Sie bewirken personale und soziale Integration zugleich, weil der einzelne seine Identität als Teil seiner sozialen Umwelt erfassen kann. Rituale erfüllen für Mary *Douglas* eine ganz »ähnliche solidaritätsstiftende Funktion« (ebd., S. 81). Sie sind nämlich besondere Formen »restringierter Codes«, die dazu beitragen, ein bestimmtes Wertesystem innerhalb einer Gruppe durchzusetzen. Die Gruppenangehörigen werden befähigt, die Struktur und die Normen der Gruppe zu internalisieren (vgl. ebd., S. 79). Rituale von Stammeskulturen oder Industriegesellschaften stellen lebensgeschichtliche Begebenheiten heraus, markieren Zäsuren und Übergänge, stiften Gemeinschaften oder tragen zur Gefahrenabwendung oder Krisenbewältigung bei. Rituale sind nicht zu beseitigen. Auch der »Antiritualismus« der Gegenwart substituiert sie lediglich (ebd., S. 228).

Der französische Ethnologe van *Gennep* hat 1909 ein Strukturschema von Riten und Zeremonien entwickelt, das bestimmten Phasen in Übergangsperioden individueller menschlicher Entwicklung korrespondiert: Van *Gennep* arbeitete aus dem systematischen Vergleich damals verfügbaren ethnologischen Materials ein Ablaufschema von »Übergangsriten« heraus, in dem nach Trennungs-, Umwandlungs- und Angliederungsriten differenziert wurde (vgl. 1986, S. 72). Ausgangspunkt seiner Überlegungen war die Beobachtung, daß sich alle Gesellschaften aus unterschiedlichen Gruppierungen zusammensetzen und die Dynamik sozialen Lebens ständige Grenzüberschreitungen notwendig macht. Individuen und Gruppen sind in räumlicher, zeitlicher und sozialer Hinsicht mobil. Veränderungen gefährden aber gesellschaftliche Ordnungsmuster. Die Funktion der Riten besteht daher vor allem in einer Kontrolle der Dynamik gesellschaftlicher Abläufe. Es obliegt ihnen daher, mögliche Störungen durch Steuerung der Veränderung abzuschwächen. Diese keineswegs nur individuell-psychisch oder gar nur magisch-religiös festgelegte, sondern vor allem auf gesellschaftliche Kohärenz und Krisenvermeidung ausgerichtete Zugriffsweise auf Riten und Zeremonien im Verlaufe individueller und gesellschaftlicher Übergänge erweitert den Blick auf die gesellschaftliche und politische Funktion von Männerbünden und damit auf die gesellschaftliche Organisation des Geschlechterverhältnisses entscheidend.

In der ethnologischen und religionshistorischen Debatte werden Männerbünde als strukturelles Element vor allem vor-moderner und vorstaatlicher, also traditionell gebundener Gesellschaften angesehen: Diese Gesellschaften bedürfen der Initiationsriten, weil in ihrem Denken der Mensch erst »gemacht« werden muß. Er kann sich als Mensch nämlich nur erkennen, wenn er zunächst als natürlicher Mensch rituell »stirbt« und dann sozial, kulturell als ein »anderer« wiedergeboren wird. Männlichkeit ist nichts Naturgegebenes, auch kein individueller psychischer Zustand, zum Mann muß man erst »gemacht« werden. Männlichkeit ist ein kulturelles Produkt (vgl. *Nadig*, 1991, S. XI).

Die wichtigsten und am häufigsten auftretenden Initiationen markieren den kollektiv-rituellen – mehr oder weniger langen (vgl. van *Gennep* 1986, S. 71) – Übergang von der Kindheit zum Erwachsenenalter[11]. Der Bruch mit der Welt der Kindheit bezweckt die Trennung der Knaben von den Müttern, die Ablösung von der »profanen« mütterlichen und weiblichen Welt und das Eindringen in die nur Männern vorbehaltene »heilige Welt«.

Diesen Ritualen liegt ein »Ursprungsmythos« zugrunde, wonach die geheimnisvolle Macht der Frauen durch die Männer gebrochen wurde, die sie nun ihrerseits als geheime Macht bewahren (vgl. *Eliade*, 1988, S. 65, 96, 131). Die Zeremonien bezwecken eine »Reaktualisierung« dieses Ursprungsmythos (ebd., S. 93). Jeder einzelne Mann muß »wiederholen«, was Männer als Genusgruppe erfahren haben sollen. Dieser Vorgang der »Wiederholung« stiftet Identität.

Die Entstehung der Männerbünde wird gelegentlich auch als Schöpfung der mutterrechtlichen Epoche gedeutet. Mit ihnen sollte wirtschaftliche, gesellschaftliche und religiöse Vorherrschaft von Frauen erschüttert werden. *Eliade* erscheint diese Hypothese allerdings wenig überzeugend: Die Bünde »haben sehr wahrscheinlich eine Rolle im Kampf um die Vorherrschaft des Mannes gespielt, aber es ist wenig glaubhaft, daß das religiöse Phänomen der Geheimgesellschaften eine Folge des Matriarchats ist«. *Eliade* nimmt im Gegensatz zu dieser Sicht eher eine Kontinuität von männlichen Pubertätsriten und Initiationsprüfungen männlicher Geheimbünde an (vgl. ebd., S. 131). Van *Gennep* allerdings wollte zwischen Pubertäts- und Initiationsriten keinen Zusammenhang erkennen (vgl. *van Gennep*, 1986, S. 86).

Aufnahmeriten in Geheimgesellschaften oder Bruderschaften stehen keineswegs allen Gesellschaftsmitgliedern offen. »Bünde« umfassen zahlreiche hierarchische Stufen und sind zudem meist einem Geschlecht[12] vorbehalten. In der Mehrzahl sind es ausdrückliche »Männerbünde«. Asketische Absonderung, Mutprüfungen und Torturen bezwecken das Zerbrechen der Persönlichkeit und die nachfolgende Zähmung durch Beschützer[13]. Fast überall bleiben Riten und Zeremonien Frauen verborgen.

Für die moderne Welt wird zwar grundsätzlich ein »Verschwinden der Initiation« konstatiert (vgl. *Eliade*, 1988, S. 10; *Douglas*, 1986, S. 11), dennoch aber scheinen die traditionellen Initiationsmotive fortzubestehen und auch fähig zu sein, »sich unendlich oft reaktivieren und mit neuen Werten bereichern zu lassen« (*Eliade*, 1988, S. 210). Das »archaische Szenarium kann für zahlreiche und verschiedenartige Zwecke aufgegriffen und verwendet werden«[14] (ebd.). Menschliches Leben beinhaltet beharrlich »Krisen des Unbewußten [...], Prüfungen, Ängste, Verlust und Wiedergewinn des Selbst« (ebd., S. 242). Und jede Existenz »[erweist] sich in einem bestimmten Augenblick als fehlgeschlagene Existenz« (ebd.). In Augenblicken der Krise scheint es für Individuen »nur eine erlösende Hoffnung zu geben: sein Leben von neuem beginnen« (ebd., S. 243). Der Traum vom »neuen Leben« kann sich selbstverständlich auch auf gesellschaftlicher Ebene einstellen – etwa als Wunsch »angeschlagener« Männlichkeit nach umfassender »Remaskulinisierung« gesellschaftlicher Zusammenhänge.

Auch moderne, vorgeblich individualistisch organisierte, atomisierte Gesellschaften müssen durch spezifische Ordnungs- und Orientierungsleistungen zusammengehalten werden (vgl. *Soeffner*, 1992, S. 7f.). »Tradierte Ordnungsgitter und Stratifizierungen« verlieren im Laufe der Zeit aber immer wieder an Orientierungswert (ebd., S. 8). Auf- oder Abstieg von Individuen wird in modernen Gesellschaften »immer weniger durch feste, ›vererbbare‹ Schichten- oder Gruppenzugehörigkeit geregelt« (ebd.). Vorgegebene Zuordnungen können an Bedeutung verlieren, demgegenüber kann die Notwendigkeit von »Selbstzuordnungen« an Gewicht gewinnen: Das Individuum »muß sich in Handlungen und äußerer Darstellung als Mitglied ›von etwas‹ und als zugehörig ›zu etwas‹ so erkennbar machen, daß ihn tendenziell jedermann, ohne ihn persönlich zu kennen und ohne ihn je gesehen zu haben, ›einzuordnen‹ vermag« (ebd., S. 9).

Was der Soziologe Hans-Georg *Soeffner* für Gesellschaft und gesellschaftlichen Wandel im allgemeinen entfaltet, scheint mir auch für den Aspekt männlich strukturierter und dominierter Gesellschaft und ihre Veränderungsdynamik von Belang zu sein. *Soeffners* gesellschaftsanalytische Perspektive läßt sich auch auf Männlichkeit als gesellschaftliches Konstrukt plausibel anwenden. Weil nicht länger nur eindeutig vorgegebene, unverrückbar erscheinende gesellschaftliche Geschlechtszuordnungen wirksam sind, können auch individuelle männliche »Selbstinszenierungen« an Bedeutung gewinnen.

Soeffner betont in seiner gesellschaftlichen Alltagsanalyse einen engen inneren Zusammenhang von Darstellungs- und Lebensstilen. Durch sie werden eben nicht nur einfach Konsumgewohnheiten, sondern auch die »Zugehörigkeit zu kollektiven Lebens- und Werthaltungen« angezeigt (ebd.). Gesellschaftliche Ordnung ist bei Soeffner ein »ständig neu herzustellendes Sozialprodukt«, das »als Darstellungsleistung jedes einzelnen Gesellschaftsmitgliedes sichtbar wird« (ebd.). Alltägliche Verhaltensrituale ersetzen zunehmend »ständische, klassen- oder schichtspezifische (vielleicht aber auch geschlechtsspezifische, Anm.d.Verf.) Habitusformationen« (ebd.). Mit der »Wahl« einer bestimmten Form kann immer also auch ein konkreter »Inhalt« gewählt werden (ebd., S. 11). Demgemäß könnten auch aktuelle Männlichkeitsbilder auf ein nicht zu vernachlässigendes Variationspotential männlicher Inszenierung hinweisen.

Auch das patriarchale System ist nicht als starres Modell zu denken, es verfügt vielmehr über ungeheure Flexibilität und Regulationsfähigkeit. Das ist auch der Grund, weshalb »das Patriarchat« aus Wirtschaft, Politik und Wissenschaft nicht einfach verschwinden kann. Die Stabilität patriarchaler Herrschaft ist gewissen Schwankungen ausgesetzt: Eine Irritation durch Frauenbewegung und Frauenpolitik in den letzten zwanzig Jahren ist zwar nicht zu leugnen; aber es gibt auch umgekehrt immer wieder Ereignisse, die dazu beitragen, traditionelle, gewalttätige und patriarchal geleitete Männlichkeitsbilder aufleben zu lassen (z.B. Vietnamkrieg, neuer Rechtsextremismus, Krieg im »ehemaligen Jugoslawien«). Eine solche »Remaskulinisierung« geschieht über die »männliche Sichtweise«, für deren Tradierung unter anderem auch männerbündische Konstruktionen von Nutzen sind. Die »männliche Sichtweise« ermöglicht es einzelnen Männern, an gesellschaftlich idealisierter und ikonisierter »Männlichkeit« zu partizipieren. Der einzelne Mann verkörpert niemals »das Männliche« an sich. Und »das Männliche« ändert von Zeit zu Zeit, von Ort zu Ort seine Zusammensetzung, aber es bleibt immer in Relation zum »Weiblichen«. Für das Überdauern patriarchaler Strukturen ist es daher wesentlich, die Spannungen zwischen »Männlichkeit« und einzelnen Männern anzusprechen und zu kompensieren. Diese Transmissionsfunktion wird über verschiedenste männerbündische Gemeinschaften, aber zunehmend auch durch massenmediale Tiefenarbeit erfüllt[15].

Real organisierte Männerbünde oder auch nur »Verbrüderung« von Männern »im Geiste« haben nicht bloß eine Form bescheidener »Vergemeinschaft« von Männern im Sinne, sondern ihre Vergemeinschaft erfolgt in antifeministischer Reaktion. Männliche Auseinandersetzung mit Geschlechterdifferenz vermittelt spezifische männliche Ohnmachts- und Angsterfahrungen. Diese Ohnmacht wird aber verdrängt: »Die reale Ausschließung der Frauen ist die unbewußte, negative Präsenz des Verdrängten: des weiblichen Geschlechts und seiner gesellschaftlichen Bedeutung« (*Becker-Schmidt*, 1991, S. 82; 1992, S. 84ff.).

Männer beherrschen zwar die Produktion materieller Lebensbedingungen, nicht aber auch die Reproduktion des Lebens. Zumindest »durch das Denken« wollen sie ihre Bedeutung auch im Prozeß der Reproduktion des Lebens steigern. Frauen müssen daher in ihren Fähigkeiten als Geschlecht abgewertet werden. Männer wollen endlich ihre Abhängigkeit von Frauen im Prozeß der Reproduktion des Lebens auslöschen (vgl. *Godelier*, 1987, S. 300). Rituale und Zeremonien einer exklusiven männlichen Vergemeinschaftung sollen die Geburt des Mannes aus dem Geist des Mannes, eine männliche Genealogie also, suggerieren. »Etabliert wird [...] das Bewußtsein einer männlichen Selbstzeugung. In der Behauptung einer solchen Autopotenz wird die Vorstellung einer rein homosexuellen Vergesellschaftung produziert. Diese Perspektive, aus der die Reproduktion des gesellschaftlichen Lebens und der Kultur gesehen wird, bestimmt ganz wesentlich die soziale Organisation des Geschlechterverhältnisses, das wiederum die gesamtgesellschaftliche Politik mitbestimmt. Aber dieses Fundament wird unbewußt gehalten« (ebd., S. 85).

6. Revitalisierung und Instrumentalisierung des »Männerbundthemas« im 20. Jahrhundert

Spätestens um die Jahrhundertwende hat der Geschlechterkampf insofern auch auf den modernen bürgerlichen Staat übergegriffen, als Frauen ihnen zustehende politische Rechte einzufordern begannen. Diese Terminisierung bedeutet freilich nicht, daß nicht auch schon in Zeiten zuvor einseitig »vergeschlechtlichte« Staatlichkeit dominierte, daß Frauen dagegen hin und wieder auch rebellierten, doch der organisierte Widerstand von

Frauen als soziale, politische und kulturelle Bewegung steht in festem Zusammenhang zur »Moderne«.

Auch der »wissenschaftliche Begriff« des Männerbundes ist an der Wende zum 20. Jahrhundert in Deutschland entstanden. An dieser Aussage erscheinen zwei Aspekte bedeutsam: Erstens der Zeitpunkt der Entstehung und zweitens die geopolitische Verortung.

Im 19. Jahrhundert war eine »politische Männerbundtheorie« (noch) nicht notwendig gewesen, da der Frauenausschluß in und mit der damaligen Politikstruktur gewährleistet war. Männerbundtheorien sind theoretischer Ausdruck des 20. Jahrhunderts, jener Zeit also, in der es eine vermeintliche »Mädchen- und Fraueninvasion« (vgl. *Blüher*, 1921) abzuwehren galt. Zudem ist das auch jene Zeit, in der die »Moderne« die hierarchische Geschlechterordnung erstmals auch »wissenschaftlich« zu untermauern begann (vgl. *Honegger*, 1991). Die Männerbundtheorie entstand aus einem unmißverständlich antifeministischen Erkenntnisinteresse und hatte gerade in ihren Anfängen reichlich wenig mit Patriarchatskritik zu tun. Dieser Akzent wird erst heute von feministischer Seite dem Begriff mit einer gewissen Automatik unterlegt.

Geistesgeschichtlich ist der Begriff in besonderem Maße in Deutschland verwurzelt, weil nirgendwo ein auch nur annähernd vergleichbar ehrgeiziger »gesellschaftstheoretischer« Anspruch zu konstatieren ist. Hier erfolgte der Anstoß zur Entstehung der Männerbundideologie, hier wurde sie auch in offener und exzentrischer Form artikuliert und schließlich durch den Nationalsozialismus auch umgesetzt (vgl. *Reulecke*, 1990, S. 5).

Die deutsche Männerbundideologie formierte sich in mehreren Wellen. Die Fokussierung des Blickes auf diese Entwicklungsschübe soll keinesfalls die Tatsache kontinuierlicher Ausbreitung und Fortentwicklung männerbündischer Ideologien verdecken. Es waren auch keineswegs nur isolierte »Denker« oder skurrile Außenseiter der Männerwelt, denen diese Phantasien zur totalen Identität von Staat und Männlichkeit zuzuschreiben wären. Das Konzept wurde vielmehr rasch und breit von deutschen Wissenschaftlern (Ethnologen, Soziologen, Volkskundler, Skandinavisten, Germanisten usw.) aufgegriffen. Die Idee des Männerbundes hat – auch stimuliert durch Erfahrungen militarisierter, aber auch geschundener Männlichkeit im Ersten Weltkrieg – die literarisch-künstlerische Sphäre fasziniert (z.B. Stefan *George*, Hermann *Hesse*, Thomas *Mann*[16]). Die Männerbundphantasien waren selbstverständlicher Teil einer kulturellen Tradition, die Geschlechterhierarchisierung als naturhaft legitimierte, sie als ewig gesetzt hatte und durch Gleichberechtigungs- und Gleichbehandlungsforderungen von Frauen in Bedrängnis und aggressive Abwehr geraten war. Die enthusiastische Aufnahme der Männerbundidee entsprach absolut den tiefgründigen Wünschen der Männer dieser Ära.

Heinrich *Schurtz*, einer der »Klassiker« der deutschen Ethnologie[17], hat 1902 den Terminus »Männerbund« in die wissenschaftliche Diskussion eingeführt (vgl. *Schurtz*, 1902). Er versuchte aus damals vorliegenden ethnographischen Beobachtungen eine direkte Entwicklungslinie von den »Junggesellenhäusern« über die »Männerhäuser« bis hin zu den »Rat-, Gemeinde- oder Gerichtshäusern« seiner Zeit und seiner Region zu rekonstruieren. Als Ursache für dieses weltumspannende männerbündische Bauprinzip ortete *Schurtz* den Geschlechterantagonismus.

Mittels seines umfangreichen völkerkundlichen Materials versuchte *Schurtz* zu belegen, daß quer durch die Kulturen »konträre Triebe« existieren, die Frauen und Männer primär bestimmen: der »Familientrieb« und der »Geselligkeitstrieb«[18]. *Schurtz* unterschied zwei »Hauptarten der menschlichen Gesellschaft«: Solche, die auf Blutsverwandtschaft beruhen und nicht der bewußten Wahl des Einzelnen unterliegen (»Geschlechtsverband«), und solche, denen sich der einzelne Mensch mehr oder minder freiwillig beigesellt (»Geselligkeitsverband«) (vgl. ebd., S. 14 und S. 16). *Schurtz* machte die angebliche »Schwäche der gesellschaftlichen Neigungen des weiblichen Geschlechts« zur Grundlage seiner Typologie (ebd., S. 17f. und S. 20f.): Frauen zeigen in allen Kulturen eine »geringere Neigung zum Zusammenschluß« als Männer (ebd., S. 58f.). Frauen vermögen nicht, geeignete Gesellschaftsordnungen zu begründen. Die (jungen) Männer bilden dagegen überall »sympathetische Gruppen« (Männerhäuser, klubartige Vereinigungen, Geheimbünde usw.), aus denen sich die »höherwertigen« Grundformen öffentlichen Lebens sowie des Staates entwickeln. Die Bünde etablieren sich daher vor allem als »Selbstbehauptungsprogramm« von Männern (*Nippa*, 1987, S. 28). Die Anfänge des Staatswesens waren für *Schurtz* also von Kräften abhängig, die in einem zu Familienleben und Ehe »feindlichen Verhältnis« stehen.

In methodologischer Hinsicht wollte *Schurtz* die ethnologische Kleinarbeit[19] überwinden, die lediglich »Vorbereitung zu höherer Tätigkeit« (ebd., S. 10), nämlich zur Bildung einer neuen Theorie der Gesellschaftsentstehung sein sollte. Mit einem weiteren Buch über die »Grundformen des Staates« wollte er sein theoretisches Projekt vorantreiben. Er starb jedoch schon 1903, nur ein Jahr nach Veröffentlichung des Bandes über die »Grundformen der Gesellschaft«.

Was von seiner Begriffsbildung und Materialsammlung über »Naturvölker« blieb, waren »a-historische Brückenschläge der Ethnologen in die Gegenwart einer modernen Massenindustriegesellschaft um 1900«

(*Reulecke*, 1990, S. 5). Solche Brückenköpfe entstanden keineswegs zufällig, sondern entsprachen dringenden männlichen wissenschafts- und erkenntnispolitischen Abwehrbedürfnissen der Zeit. Dies – und nur dies – erklärt die enorme Resonanz des *Schurtz*'schen Begriffsimpulses.

Schurtz' Arbeit ist in wissenschaftlicher Hinsicht – sieht man von den kritischen Anmerkungen *Genneps* ab – eigentlich lange Zeit unwidersprochen geblieben. Erst 1929 erschienen im englischsprachigen Raum erste Versuche wissenschaftlicher Widerlegung (vgl. *Völger/Welck*, 1990, S. XXIV). In Deutschland blieb *Schurtz*' gesellschaftstheoretisches Konstrukt nicht nur unwidersprochen, sondern induzierte sogar weitere Wellen pseudo-wissenschaftlicher Männerbundtheorien. Auch auf die deutsche Soziologie sollte *Schurtz* erheblichen und nachhaltigen Einfluß haben[20].

In den Schützengräben des Ersten Weltkrieges wurde der »soldatische Männerbund« (vgl. *Reulecke*, 1990, S. 6) praktiziert, und in nachfolgender Beschwörung dieser Erfahrungen hat der Männlichkeitsmythos gewaltigen Auftrieb erhalten. Akkordiert wurde diese Woge der »Remaskulinisierung«[21] von »Jugendbewegtheit« und Jugendprotest. Aus diesen ganz speziellen Erfahrungen speiste sich in erheblichem Maße auch die »Theorie« nachfolgender Männerbundideologen.

Hans *Blüher* schlug seinen Bogen von der historischen Rekonstruktion der Wandervogelbewegung zu politischen Phantasien um das Ideal einer »mann-männlichen Gesellschaft«. Er kreierte eine durch und durch »homo-erotische Staatstheorie« (vgl. *Sombart* 1991, S. 56). *Blühers* staatstheoretische Bemühungen hatten zudem auch antisemitisch begründeten Antrieb: »Es ist natürlich kein Zufall, daß die Rasse, die keinen Staat hat, die meisten Staatstheorien aufstellt« (*Blüher*, 1919, S. 18). Der Sozialismus als »jüdisches Denkprodukt« rationalisiert das Staatsphänomen: »Der Staat ist für diese Auffassung der Zweckverband seiner Nutznießer, sonst nichts«. Eine andere staatstheoretische Antwort auf ihr »staat- und volkloses Dasein« (ebd.) könnten die nach Ansicht *Blühers* zur Männerbundbildung unfähigen Juden gar nicht geben.

Schon 1915 schrieb *Blüher*, daß eine »Sozialisierung des Geistes« nur durch Männerbünde erreicht werden könnte. Männerbünde beschrieb er als das »geschärfteste Organ zur Vergeistigung des Volkes«. *Blüher* kritisierte die liberale Ära, weil sie den »geistigen Funktionswert« der Männerbünde verscherzt habe, indem sie durch voreilige Gleichsetzung von Mann und Weib das »gemischte Publikum« geschaffen habe (*Blüher*, 1915, zit.n. *Reulecke*, 1985, S. 207f.).

Seit 1917 arbeitete der Autodidakt Hans *Blüher* an seinem politisch-theoretischen Hauptwerk einer männlich-erotischen Staatsfundierung:

»Gäbe es im menschlichen Geschlechte nur die Familie, so wäre nichts weiter gewährleistet als die Erhaltung der Art. Die Staatsbildung kommt erst durch das Einsetzen eines zweiten Poles mit soziologischer Begabung zustande. Und dieser zweite Pol ist die männliche Gesellschaft« (*Blüher*, 1921, 2. Bd., S. 91).

Blüher hat im Zuge seiner Theoriebildung ausdrücklich auf *Schurtz'*-sche Grundideen zurückgegriffen: Um die Tiergattung Mensch zu einem staatenbildenden Wesen zu machen, bedarf es »eines Gesellungsprinzipes über die Familie hinaus«. *Blüher* faßte die von *Schurtz* oftmals noch recht vorsichtig formulierten Thesen schon wesentlich eindeutiger und schärfer. *Schurtz* hatte beschrieben, »wie dem Manne die dauernde Gesellschaft der Frau unerträglich und herabmindernd ist und wie er zwangartig darüber hinaus zu den Männern strebt« (ebd.). Der Familie stellte *Schurtz* als zweite Gesellungsform den Männerbund gegenüber. *Blüher* stilisiert den Männerbund schon wesentlich radikaler zum »Gegenkonzept« der Familie.

Er kritisierte *Schurtz* aber auch, weil »in bezug auf das Männerhaus und die Männerbünde überhaupt so außerordentlich wenig Sexuelles gesagt wird« (ebd., S. 99). *Blüher* vermutete, daß *Schurtz* dem männlichen Gesellungstrieb nicht wirklich auf den Grund gegangen ist, sondern ihn im »Zufälligen, Gelegentlichen, Unverbindlichen« belassen hat (zit.n. *Reulecke*, 1990, S. 7). Wesentlicher Grund für diese defizitäre Sicht ist, daß *Schurtz* »reiner Soziologe« war und »noch nicht die Technik der analytischen Psychologie« beherrschte (ebd., S. 92).

In der Folge erweiterte *Blüher* daher *Schurtz'* Konzept um eine »tiefenpsychologische« Deutung. In jedem Manne existiert ein latenter »dunkler Verbündungsdrang, der es nicht aushält, unbenannt und dunkel zu bleiben, sondern sich irgendwie in den Dienst des Geistigen und des Lichtes stellen muß« (*Blüher*, 1918, S. 24, zit.n. *Reulecke*, 1990, S. 7). Die Wurzel dafür liegt im »mannmännlichen Eros«, der »im tiefsten Untergrunde des menschlichen Staatstumes rauscht« (ebd., S. 22). Alle wirklich formenden Männerbünde sind durch Erotik geprägt. Der Männerbund befreit den Mann zu voller schöpferischer Tätigkeit, während die Familie wegen der »Vorherrschaft des Weibes« destruktiv auf ihn wirkt. Die eigentliche Elite des Volkes muß daher durch die Schule des Männerbundes gehen (vgl. *Blüher*, 1924, S. 8, zit.n. *Reulecke*, 1985, S. 205 und *Reulecke*, 1990, S. 7).

Die praktische Umsetzung der Männerbundidee erfolgte nach 1918/19 in den »Freikorps« (vgl. *Theweleit*, 1987), vor allem aber in der bürgerlichen Jugendbewegung, deren männlicher Charakter immer stärker zutage trat. Die Debatte um gleichberechtigte Beteiligung von

Mädchen im »Wandervogel«, die sog. »Mädelfrage«, gehörte längst der Vergangenheit an. Von der so gefürchteten »Mädcheninvasion« (*Blüher*, 1921, S. 120f.) hatte man erwartet, daß sie »feminine Mannsgruppen«, aber auch eine »Verbengelung« der Mädchen bewirken würde (*Breuer*, zit.n. *Reulecke*, 1985, S. 203). Mittlerweile gab es nicht einmal mehr die Diskussion, und die Orgnisationsstrukturen konnten unbehindert vermännlichen[22].

Jugend umschloß nicht nur die Angehörigen einer biologischen Altersphase, sondern integrierte mehrere Generationen. Hans *Blüher* schrieb also die Geschichte des »Wandervogels« als Geschichte einer männlichen Sozietät, deren kulturschaffende Kraft aus dem mann-männlichen Eros stammte. So sah *Blüher* in der männlichen Homosexualität die eigentliche Triebgrundlage jeder Kulturentwicklung, und er sah sie als entscheidend für die Herausbildung des Staates. *Blüher* bestimmte den Staat daher auch als den »obersten Männerbund« (*Blüher*, 1921, S. 217ff.).

An der Staatsidee erweist sich nicht nur der antifeministische Gehalt des Männerbundbegriffes, sondern auch *Blühers* grundsätzlich antidemokratische und antiliberale Denkweise: »Der Staat ist [...] keine verstehbare Nützlichkeit, sondern ein schlechthin irrationales Schicksal mit unbekanntem Ende und Ziel. Ein Staat befindet sich im Stande der tiefsten Korruption, wenn die Machtbefugnisse aus den Händen des Männerbundes in die der Zweckverbände geglitten sind, vom Kern an die Schale gekommen, und wenn in ihm statt der geborenen Könige vom bürgerlichen Typus gewählte Vertreter herrschen«. »Der oberste Männerbund ist nichts, was man gründen und machen kann. Man kann nur geringe Dinge machen, deren Struktur ergründlich ist. Vielleicht wird er einmal gestiftet werden. Er ist ein wachsendes und werdendes Ereignis: er ist der Bund, der sich langsam emporringt aus dem verworrenen Gewühl der abgelaufenen Männerbünde« (ebd., S. 219).

Hans *Blüher* hat nicht nur männerbündische Ideen theoretisch entfaltet, er hat sie auch ausdrücklich in ein politisches Programm des »Antifeminismus« eingebunden: »der Liberalismus [muß] ins Irre greifen, wenn er, auf vorgebliche Ebenbürtigkeit der Frauen pochend, verlangt, daß Frauen überall dort sein dürfen, wo Männer untereinander sind. Da die schöpferischen Leistungen von Männerbünden stammen und der Männerbund eine völlige Stilverbiegung erleidet, wenn auch nur eine Frau, die klügste und beste auf der Welt, als gleichberechtigtes, Rechte forderndes Mitglied eintritt, so muß die antifeministische Mindestforderung lauten: Ablehnung jeder Traueninvasion in die Männerbünde« (*Blüher*, 1916, S. 17). Das Verbot des Frauenwahlrechtes und der politischen Betätigung von Frauen betrachtete *Blüher* als davon bloß »abgeleitete Fälle« (ebd.).

Trotz kritischer Vorbehalte gegenüber »bürgerlichem Antifeminismus«[23] war *Blüher* von zentralen Forderungen des »Deutschen Bundes gegen Frauenemanzipation« fasziniert. Dieser Bund wollte Frauen den Zugang zum Staatsdienst verwehren, weil dieses Arbeitsgebiet »von jeher dem Wesen des männlichen Staates entsprechend und zum Vorteil der Allgemeinheit (vom Mann) ausschließlich beherrscht« wurde (zit.n. *Blüher*, 1916, S. 25). Die Staatsverwaltung muß »dem Manne belassen werden«, und »eine Unterordnung männlicher Beamter unter weibliche Vorgesetzte muß gesetzlich ausgeschlossen werden« (ebd.).

An diesen Punkten manifestiert sich auch die »sakrale Dimension« (vgl. *Schoeps*, 1988, S. 144) von *Blühers* Staatskonzeption. In der »Erfahrung« des Staates »(erlebt) die Gemeinschaft der Männer als Freundesbund eine das Individuelle transzendierende Steigerung ihres Daseinsgefühls« (*Sombart*, 1988, S. 159f.). Der oberste Männerbund als »heiliger Bezirk« darf durch Frauen weder berührt noch betreten werden. Politische Beteiligung von Frauen steht für *Blüher* nicht auf dem Blatt demokratischen Fortschrittes, sondern er deutet sie vielmehr als ein »Verfallszeichen«: »Vom Votum einer Frau darf im Staate niemals etwas abhängen. Denn der Staat ist [...] doch dazu berufen, größtes und mächtigstes Werkzeug des Geistes in der Welt zu werden. Da aber die Frau weder den Geist noch den Staat im Grunde ihres Wesens ernst nehmen kann, so darf sie auch nichts in ihm zu sagen haben« (*Blüher*, 1916, S. 8).

Blüher hatte mit seinen antifeministischen Vorstellungen weitreichende Wirkungen, weil er sie im Kontext einer sozialen Bewegung artikuliert hatte. Er fand Resonanz in der »Wandervogelbewegung«, aber auch in der Arbeiterjugendbewegung, in den konfessionellen Jugendorganisationen und in den Sportvereinen der zwanziger Jahre bis hin zur nationalsozialistischen Bewegung, die auf dem männerbündisch und antifeministisch aufbereiteten Boden unmittelbar fortfahren konnte und bis dahin oftmals nur erträumte Konzepte bittere Wirklichkeit werden ließ.

Daß *Blühers* Antifeminismus auch eine deutlich antisemitische Facette aufwies, beförderte nur die Inkorporationsfähigkeit seines Männlichkeitsmythos in natio.

Dies äußerte sich nicht zuletzt in Gewicht und Vielfalt männerbündischer Organisationen (SA, SS, Hitlerjugend usw.), die den politischen und gesellschaftlichen Übergang zur NS-Herrschaft vollzogen. Man weiß, daß Adolf *Hitler* Hans *Blühers* Veröffentlichungen kannte und daß dessen Männerbundinterpretation bei der Ausschaltung *Röhms* und der SA-Spitze eine gewisse Rolle gespielt haben soll (vgl. *Stümke/Finkler*, 1981, S. 180f., zit.n. *Reulecke*, 1985, S. 212). Zu Beginn hatte die weitreichende Militarisierung junger Männer der nationalsozialistischen Bewegung geradezu in die Hände gearbeitet. Auch die antidemokratische, antifeministische und homoerotische Komponente in den Männerbünden war den Nationalsozialisten vorderhand durchaus von Nutzen. Wurde die Homoerotik vorerst – wenn auch stillschweigend – noch toleriert, so zeichnete sich 1934/35 eine Wende ab, die mit dem Sturz *Röhms*, der Entmachtung der SA sowie der Verfolgung von Homosexualität zu markieren ist. *Himmler*, der SS-Gegenspieler *Röhms*, haßte Autoren wie *Blüher*, die militärische Helden im homoerotischen Milieu ansiedelten oder überhaupt die verdrängte, zur Homoerotik sublimierte Sexualität als wesentliche Triebkräfte der Männerbünde ansahen.

Die NS-Ideologen (insbesondere Alfred *Rosenberg* und Alfred *Baeumler*) propagierten kein isoliertes männerbündisches Projekt, sondern sie integrierten die Männerbundidee in Rassismus, Antisemitismus, Germanenkult sowie Blut- und Bodenideologie. So wurde in der Folge auch viel in pseudowissenschaftliche Forschungen investiert, um den Männerbund als »Konstante eines typisch germanisch-deutschen Verfassungsdenkens« zu belegen (vgl. v. *See*, 1990, S. 101)[25]. In den Kern der Männerbundidee war der Typus des Helden, der starke Führer sowie das Modell der Gefolgschaft eingelassen. Genau das harmonierte mit dem politischen Organisationsmodell des Nationalsozialismus. Der vom »heroischen Enthusiasmus« durchdrungene Männerbund war als zentrales Strukturpinzip des nationalsozialistischen Staates auserkoren (vgl. *Rosenberg*, 1930). Auch wenn nationalsozialistische Sozialpolitik nach außen hin »Familien- und Frauenfreundlichkeit« zu suggerieren trachtete, störte der im Kern antifamiliale und antifeministische Gehalt der Männerbundidee keineswegs die ideologische Gesamtkonzeption des Nationalsozialismus (vgl. *Reulecke*, 1985, S. 218).

Diese unmißverständlich geäußerte männerbündische Priorität der nationalsozialistischen Führungsclique ließ auch innerhalb der NSDAP den Geschlechterkampf noch ein letztes Mal neu aufflackern. Die radikalen männerbündischen Festlegungen provozierten anfangs noch Kritik und ausdrücklichen Widerspruch von nationalsozialistischen Frauen. Das antifeministische Moment in der Männerbundidee konnten diese Frauen noch verstehen und akzeptieren, nicht aber auch ihre frauenfeindlichen und antifamilialen Implikationen: »Soweit dieser Kampf die alte Frauenbewegung traf, war er berechtigt und gesund: ein natürlicher Aufstand der männlichen Kräfte gegen das drohende Entwertetwerden« (*Gottschewsky*, 1934, S. 40). Aber »der Kampf der männerbündischen Front richtete sich sehr bald nicht nur gegen die alte Frauenbewegung, sondern gegen die Frau als solche und ihre Stellung in der Gemeinschaft« (ebd.). Und vor der »Überspannung der männerbündischen Idee und die damit verbundene Zurückdrängung von Frau und Familie auf die ausschließlich ›naturhafte‹ Seite des Lebens« warnte Lydia *Gottschewsky* – die erste, allerdings nur kurzzeitige Vorsitzende der NS-Frauenschaft – entschieden (ebd., S. 44). In ihrer Sorge um den »neuen Staat« nannte sie Bedrohungen: »Die schwerste Bedrohung dieses neuen Weges – ein Verschweigen dieser Tatsache wäre Verrat am Volk – ist die Übersteigerung des männerbündischen Gedankens, nicht der Gedanke als solcher« (ebd., S. 9). Die Männerbundidee »als Prinzip der Ordnung hat unser Volk vor dem Chaos des Bolschewismus gerettet«, aber »die Übersteigerung dieser Idee, ihre Festlegung als alleiniger Maßstab aller Dinge zerreißt die Volksgemeinschaft« (ebd.).

Der Nationalsozialismus hatte also auch die Männerbundidee in ganz gezielter Weise für seine menschenverachtenden und demokratievernichtenden Ziele eingesetzt. Die Verknüpfung mit dem Nationalsozialismus hat schließlich den Männerbundbegriff ideologisch und politisch belastet. Dies wird als Grund angeführt, weshalb »nach dem Ende des NS-Reiches die Diskussion um die Funktion von Männerbünden abbrach, die mit ihr einhergehende Forschung eingestellt wurde und betretenes Schweigen sich breitmachte« (*Völger/Welck*, 1990, S. XXIV). Daß aber deshalb auch die männerbündischen Ideologien aus den Köpfen verschwunden wären, kann mit Sicherheit ausgeschlossen werden.

7. Grundstrukturen des Männerbundphänomens

Abschließend sollen »Bauelemente« (formell wie informell) männerbündischer Strukturen herausgearbeitet und in ihrem Staatsbezug erörtert werden. »Männerbund«[26] ist niemals nur das, was sich auch als solcher deklariert. Männerbünde äußern sich vor allem in modernen Gesellschaften auf vielfältige informelle und latente Weisen, die oftmals nur faktisch männerbündisch wirken (vgl. *Heinrichs*, 1990, S. 89). Frauenausschluß und Männerreservat können intendiert oder auch nichtintendiert sein. Jedenfalls aber werden Frauen ausgeschlossen. Männerbünde sind Instrumente männlichen Machterwerbs und männlichen Machterhalts. »Losere« Männerbundformen zu übersehen, würde die analytischen Möglichkeiten des Männerbundkonzeptes erheblich einschränken. Es geht also in erster Linie um die Arbeit am Männerbündischen als Standardform von Staat und Politik.

Nur unter dieser Voraussetzung läßt sich das Männerbundkonzept in sinnvoller Weise auch auf den (formal- und nicht unbedingt real) demokratisch verfaßten Staat des ausgehenden 20. Jahrhunderts beziehen. Nicolaus *Sombart* konstatierte zurecht, daß das »Männerbundsyndrom als psychisches Verhaltensmuster und als Mentalitätsraster« (*Sombart*, 1988, S. 171 f.) auch dort noch »wirksam und nachweisbar (ist), wo es eine akute Männerbundbindung nicht (mehr) gibt« (ebd., S. 172).

Die »Vorstellung einer wesensmäßigen Identität von Staat und Männerbund« (ebd., S. 157) bildet die eigentliche Substanz männlicher Wunschvorstellungen von idealer politischer Gestaltung, wie sie in den zwanziger und dreißiger Jahren heftig artikuliert wurden. Diese »wesensmäßige Identität« zielte ganz vordergründig auf den Ausschluß von Frauen, um männliche Machtpositionen zu konservieren. *Völger/Welck* diagnostizieren eine »historisch gewachsene Grundtendenz männlichen Verhaltens. Männer verbünden sich mit dem Ziel, die männliche Dominanz in der Gesellschaft zu erhalten« (*Völger/Welck*, 1990, S. XXI). Wenn eine solche aggressive Abwehrstrategie sich trotz ihrer Totalitätsansprüche[27] nicht durchsetzen kann, geht es bei männerbündischen Zielen immer noch um Erhaltung oder Schaffung zumindest punktueller »Männerreservate«.

Männerbünde sind eine »männergemäße, männerbezogene, exklusiv von Männern geprägte Form der Gesellung« (*Sombart*, 1988, S. 158). Der Zusammenschluß von Männern kann freiwillig und bewußt sein, es kann sich aber auch um unbewußtes oder informelles Verhalten handeln. Männerbünde sind immer Wertegemeinschaften. Die Affinität und Solidarität der Männer hat nicht bloß eine rationale, sondern auch emotionale, affektive und häufig auch erotische Basis. Männerbünde haben eine extrem hierarchische Binnenstruktur: Um die zentrale Figur des »Männerhelden« (»Führer«, »Meister«) scharen sich die libidinös gebundenen »Brüder«, »Freunde«, »Kameraden«. Männerbünde haben eigene Verkehrsformen, Wertmaßstäbe und Denkfiguren: Treue, Ehre, Gefolgschaft, Gehorsam, Unterwerfung. Männerbünde bedürfen der Aura des Geheimnisvollen. Initiationsriten, Zeremonien, magische Techniken, Sprache »verbinden«. Künstliche Feindbilder (z.B. »Bolschewismus«, »Weiblichkeit«, »Judentum«) schweißen – trotz aller internen Differenzen und Gegensätze – zusammen (vgl. u.a. *Völger/Welck*, 1990, S. XXI; *Sombart*, 1988, S. 158ff.; *Heinrichs*, 1990, S. 87ff.).

Gerne wird eine besondere »egalitäre« Qualität von Männerbünden beschworen. Wenn Männer unter Männern sind, spielen soziale Gegensätze angeblich kaum eine Rolle. Diese soziale Männlichkeitsidylle männerbündischer Vergemeinschaftungsformen gilt es jedoch zu entmystifizieren. Gerade in Armeen mit Wehrpflicht ist ein besonderer Widerspruch zu bewältigen: Die vorgebliche demokratische Gleichheit beim

Zugang zum Militär ist mit der schroffen internen Differenzierung und Hierarchisierung in Einklang zu bringen. Hierarchischere Institutionen als das Militär sind wohl kaum vorstellbar. Hierarchie, Drill und Rituale formen den einheitlichen männlichen Körper Militär. Die Hierarchie von Befehl und Gehorsam wird als Sachzwang vermittelt. Militärische Kameradschaft soll soziale Differenzen übertünchen. Auch im Bund der Freimaurer wird die scheinbare Gleichheit nach außen »über das Ritual in interne Macht und Hierarchie« transformiert (*Ebrecht*, 1989, S. 30). Orte wirklicher Gleichheit sind Männerbünde also nicht einmal für Männer.

»Masse« und »Männerbund« sind Modelle gesellschaftlicher und politischer »Ordnung«, aber eben »nicht bloß für eine politische oder soziale Außenwelt, sondern auch als Mittel der Konstruktion einer männlichen Ich-Identität« (*Widdig*, 1992, S. 29). Die Idee des Männerbundes steht als Gegenbegriff zur ungestalteten, objekthaften, gleichzeitig aber auch bedrohlichen (weiblich vercodeten) passiven Masse. Charakteristisch für den Idealtypus männerbündisch strukturierter Gesellschaft ist ihr elitäres, männlich-fixiertes Kulturverständnis, für das der Ausschluß der Frauen konstitutiv ist. Der Drang zur männlichen »Selbstfindung« bedarf »radikaler Abgrenzung« (ebd., S. 25f.). Die Idee des Männerbundes ist in ihrem wahren Kern ein Kampfprogramm gegen Ängste: »Frauenfeindlichkeit, antikapitalistische Tendenzen und andere Strategien der Ausgrenzung gehen eine eigenartige Mischung ein, um das zu verhindern, was [...] als der Untergang männlicher Identität erscheint: den Beginn des Zeitalters einer Herrschaft der Massen« (ebd., S. 21).

Kennzeichnend für männerbündische Konzepte ist ihre – trotz aller »strikten Trennung« von der Welt der Familie – Opposition zu patriarchalen Strukturen. Dieses Merkmal findet Fortführung in »einer strikten Absetzung von ›Privatheit‹ und ›Öffentlichkeit‹. Während die Familie als strukturbildendes Element von Privatheit und somit als Bereich des Weiblichen verstanden wird, ist Öffentlichkeit ein von ›homosozialen‹ [...] Strukturen durchsetzter Bereich« (ebd., S. 30). Öffentlichkeit im Sinne ihrer Männerbundfähigkeit umfaßt vor allem den staatlichen Bereich, die Sphären »geistigen Lebens« und das Militär. Die Sphäre der Produktion aber bleibt außerhalb der klassischen Männerbundideen[28].

Schon bei Max *Weber* ist reines Charisma »wirtschaftsfremd«, und er lehnt »den planvollen rationalen Geldgewinn, überhaupt alles rationale Wirtschaften, als würdelos ab. Darin liegt sein schroffer Gegensatz auch gegen alle ›patriarchale‹ Struktur, welche auf der geordneten Basis des ›Haushalts‹ ruht« (*Weber*, 1922, S. 142 und S. 663). Auch Hans *Blüher* lehnt in seinem Konstrukt der Männergesellschaft das »wirtschaftliche, besitzschaffende Handeln« ab. Er kritisiert die Familie unter anderem auch als »wirtschaftsorientierte Institution«. Der weiblichen Sexualität schreibt *Blüher* alles »ökonomische« Trachten zu. Der patriarchale Mann als Familienoberhaupt wird in seiner Funktion und Rolle letztlich von den Strukturen weiblicher Sexualität gelenkt und verkörpert keine männliche Führergestalt (vgl. *Widdig* 1992, S. 53f.).

8. Militär und Bürokratie als Kernstrukturen des (männerbündischen) Staates

In der politischen Männerbundtheorie sind nicht nur Staat und Männerbund, sondern auch Militär und Männerbund eins. Der Mann in der Männerbundtheorie ist immer der männliche, soldatische, heroische Mann. Die Nichtwaffenfähigen oder Nichtwaffentragenden galten immer schon »als Weiber« (vgl. *Weber*, 1972, S. 616).

Das Militär ist nicht bloß eine Institution von Männern, es ist vielmehr die »Schule der (männlichen) Nation«, also die »Schule der Nation (zum Mann)«. Das Militär ist eine »Illusionsmaschine«, die ein Konstrukt der Männlichkeit produziert: Hier wird das Geheimnis gepflegt, wodurch der Mann erst zum Mann wird (vgl. *Erdheim*, 1982).

Nicht nur »äußerer Zwang«, vor allem »libidinöse Strukturen« sind es, die Armeen verbünden (vgl. *Freud*, 1974, S. 89). Jeder einzelne ist sowohl an Vorgesetzte wie auch an andere Soldaten gebunden. Identifizierung mit dem Führer läßt die bewußte Einzelpersönlichkeit schwinden, richtet Gedanken und Gefühle einheitlich aus, läßt Affektivität und Unbewußtes vorherrschen. Statt erhabener »idealistischer Ziele« (z.B. Vaterland) wird »Männlichkeit« zur primären Kampfmotivation. Zum Überleben wird männliche Solidarität (»Kameradschaft«) vorrangig und verselbständigt sich demgemäß.

Auch der Männerbund Militär reproduziert sich über Initiationsriten, die die Männer äußerst ungleiche Ordnung akzeptieren lassen. Hinter den Kasernenmauern müssen Rekruten zuallererst einmal die Frauenrolle erlernen. Nur wer dort »wie eine Frau« tyrannisiert wurde, wird sich Frauen gegenüber so verhalten können, wie es gesellschaftlich gängig ist (vgl. *Erdheim*, 1982).

Masochismus ist synonymisiert mit weiblicher Unterwerfung, die ein sexuelles Verhältnis meint, nämlich die sexuelle Lust an der Unterwerfung. Wenn »Masochismus die sexuelle Besetzung einer Autoritätsbeziehung« ist, dann fragt sich, »warum die männliche Unterwerfung etwa beim Militär und im Sport zumindest gemeinhin nicht als sexuelle Unterwerfung wahrgenommen wird. Machtbeziehungen zwischen Männern werden im allgemeinen entsexualisiert. Sexualität wird nach außen projiziert, auf Frauen, die den Männerbünden auch möglichst ferngehalten werden sollten« (*Rommelspacher*, 1992, S. 110). Und sogar die sexuelle Aneignung der Frau durch den Mann in der Vergewaltigung wird für ihn »durch den Bezug zum Männerbund entsexualisiert« und zum »›normalen‹ Männlichkeitsbeweis im Wetteifer mit anderen Männern« (ebd.).

Das zweite wesentliche und beständige männerbündische Standbein des Staates bildet die Bürokratie. Das männliche Bürokratiemonopol wird direkt oder indirekt verteidigt. An einem Beispiel aus der Literatur läßt sich solche männerbündische Kontinuitätsehnsucht anschaulich vor Augen führen (vgl. *Ulitz*, 1930). Angesichts des Kriegsausbruches im Jahre 1914 schreit der Beamte Anton *Worbs* sein männliches Elend heraus: »Jetzt ist alles aus, jetzt bricht die Herrschaft der Weiber an!« An männliches Gemeinschaftsbewußtsein appellierend fragt Worbs bestürzt: »[...] wissen Sie auch, wer auf Ihrem Stuhle sitzen wird? Eine Dame! Und auf den Stühlen der anderen Herren Kollegen, denn sie sind alle jung und werden hinausmüssen? Damen! Der ganze Dienstraum voll Damen!« Frauen im Amt, diese Vorstellung beflügelt Worbs Ängste vor dem Niedergang des Amtes: »Meinen Sie, daß da viel gearbeitet werden wird? Wissen Sie noch nichts von der Unzuverlässigkeit der Frauen im Denken? Wissen Sie, daß das ganze Beamtentum einem sicheren Untergang entgegengeht, weil es durch unzureichende weibliche Kräfte verseucht werden muß? Und wissen Sie nicht, daß das Beamtentum die Grundlage eines gesunden Staatswesens ist? Wollen Sie das? Sagen Sie es ruhig! Dann würde ich Ihnen ein Disziplinarverfahren bis aufs Schlachtfeld nachschicken, das lassen Sie sich gesagt sein! Der deutsche Beamte ist der deutsche Mann!« (ebd.). So deutlich und offen bekommen wir das heute zumeist nicht mehr gesagt.

Männlichkeit garantiert in der deutschen Tradition angeblich immer auch Staatlichkeit[29]. Diese Symbiose wird auf symbolischer Ebene als ideologisches Mysterium tradiert und in realer Hinsicht durch Frauenausschluß beinhart praktiziert. So kann es kaum verblüffen, wenn Frauen der Einbruch in den bürokratischen »Herrenclub« nicht zu gelingen vermag. Die relevanten Herrschaftspositionen in staatlichen Bürokratien sind – wie ehedem – fest in Händen von Männern.

Und selbst die (weitgehend informelle) »Karrierekultur« ist immer noch von männerbündischen Symbolen und Ritualen bestimmt: Die Zugehörigkeit zu einem »Beziehungsnetz«, einer »Seilschaft«, die Präsenz in der (auch als Informationsbörse überaus bedeutsamen) Stammtischkultur bilden die keineswegs unbedeutenden Voraussetzungen einer Karriere im bürokratischen Apparat. Weibliche Erfahrungen mit Hausarbeit, Kindererziehung oder Altenpflege sind dagegen kaum »förderlich«. Horst *Bosetzky* betont, daß auch in unseren aktuellen Kulturen »die Männerbünde in der öffentlichen Verwaltung, populär Seilschaften oder Promotionsbündnisse genannt [...], [...] in der Regel [...] in einer Art Männerhaus zusammen(finden), [...] Kneipe, Pinte, Gasthaus oder Restaurant genannt – und der Initiationsritus ist zumeist mit viel Alkoholkonsum und sexistischen Witzen und Ferkeleien verbunden« (*Bosetzky*, 1992, S. 26).

Auch Republikanisierung und Parlamentarisierung haben der männerbündischen Fundierung des Staates in Wirklichkeit wenig anhaben können. Sie haben die männerbündische Struktur staatlicher Bürokratie lediglich unter einen Schutzmantel parademokratischer Normen gelegt. Überdies hat die Bürokratie – wie viele andere feste oder losere Männerbünde auch – enorme Bunkereigenschaften bewiesen. Die Staatsbürokratie, die eigentlich verfassungsmäßig nicht mehr Männerbund sein darf, umgibt sich deshalb mit einem äußerst vielfältigen und recht vitalen Berufsumfeld extremer Männerbünde (Kartellverband, Burschenschaften, studentische Korporationen, Freimaurer usw.). Die Aura des Geheimen und Geheimnisvollen verbirgt allseits tätige Männerseilschaften.

Die männliche Schutz- und Notgemeinschaft funktioniert auch im staatlich-bürokratischen Umkreis bestens. Antidiskriminatorische, frauengerechtere Gesetze und Normen werden lasch gehandhabt, unterlaufen, ja überhaupt nicht umgesetzt. Der »strukturelle Konservativismus der Bürokratie« (vgl. *Häußermann*, 1977) läßt frauenpolitische Reformen leicht zu »symbolischer Politik« (vgl. *Edelmann*, 1976) verkommen.

Das »ewig Männerbündische« scheint im staatlichen Apparat anhaltend zu überdauern.

Anmerkungen

1 So entstand das Parlament aus dem Konflikt zwischen Adel und Bürgertum, sozialstaatliche Einrichtungen und sozialpartnerschaftliche Institutionen aus dem Konflikt zwischen Lohnarbeit und Kapital. Lediglich mit dem Geschlechterkonflikt korrespondierte im öffentlichen Bereich keine Form der Institutionalisierung. Am ehesten wäre in diesem Zusammenhang noch an die seit den achtziger Jahren entstehenden »zahnlosen« (d.h. budget- und kompetenzlosen) Frauenministerien, Frauenbeauftragten oder Gleichstellungsstellen zu denken.

2 Carole *Pateman* weist richtigerweise auf die paradoxe politische Position von Frauen hin: Ihr Ausschluß vom staatsbürgerlichen Status hatte niemals bedeutet, daß sie keinen politischen Beitrag leisten und keine politische Pflicht zu erfüllen

hatten. So wurden sie über ihre »Mutterpflichten« in die politische Ordnung eingeschlossen, als »Staatsbürgerinnen« blieben sie freilich von der politischen Ordnung ausgeschlossen (vgl. *Pateman*, 1992).
3 Trotz einseitiger Bindung an männliche Interessenlagen kann ein merkwürdiges Paradoxon des Staates allerdings nicht vermieden werden: Der selbe Staat, der geradezu die Superstruktur männlicher Überlegenheit verkörpert, setzt gleichzeitig aber auch das Ideal unabhängiger Männlichkeit außer Kraft. Der Staat ist es, der das Wunschbild initiativer und selbständiger Männlichkeit in das Zerrbild einer abhängigen und inferioren Untertanenschaft transformiert (vgl. *Ferguson*, 1984; *Kreisky*, 1988).
4 Nicht einmal im Sozialstaat, so wie er in Deutschland oder Österreich verfaßt ist, materialisiert sich wirklich angemessen das Interesse des weiblichen Lebenszusammenhanges. Die Bindung an die Erwerbsarbeit als Kriterium der Sozialstaatlichkeit ist trotz verschiedener Reformen immer noch dominierend. Die skandinavische Entwicklung ist in Hinsicht auf Anerkennung der Frauen als eigenständige Sozialstaatsbürgerinnen meiner Meinung nach doch um einiges weiter.
5 Die Spannweite dieser Kontroverse innerhalb der Frauenforschung kann hier nicht aufgerollt werden. Sie reicht jedenfalls von Versuchen der Plausibilisierung matriarchaler Konzeptionen, um tiefliegende und vielfältige Sehnsüchte nach einer »anderen« Gesellschaft zumindest im historischen Rückblick träumen zu können (vgl. etwa *Göttner-Abendroth*, 1988), bis hin zu absolut notwendigen und historisch sehr sorgfältig verfahrenden Relativierungen des in den Debatten zumeist nur apodiktisch festgelegten androzentrischen Wendepunktes in der griechischen Antike (vgl. dazu die wichtigen und hervorragenden Arbeiten von *Wagner-Hasel*, 1988; *Wagner-Hasel* (Hg.), 1992.
6 Die Beiträge von *Bennholdt-Thomsen* (1985) und Mechthild *Rumpf* (1992) bilden eher die Ausnahme als die Regel in diesem Trend deutschsprachiger feministischer Staatserörterung.
7 Vor allem in der US-amerikanischen feministischen Literatur finden sich dazu viele aufschlußreiche kritische Arbeiten (z.B. *Brennan/Pateman*, 1979; *Clark/Lange*, 1979; *Elshtain*, 1981; *Flax*, 1983; *Okin*, 1977, 1979, 1980; einen guten Überblick dazu vermitteln auch *Benhabib/Nicholson*, 1987).
8 Im Zuge der Erörterung von *Habermas'* und *Luhmanns* differenten Konzeptionen von »System« und »Lebenswelt« trifft Klaus von *Beyme* eine auch für unseren thematischen Zusammenhang erstaunliche Feststellung: »›Liebe‹ mag in stark institutionalisierten Bereichen keine Rolle spielen, ja darf sie eigentlich nicht spielen. Vertrauen aber beinhaltet lebensweltliche Aspekte, ohne die informelles Handeln in formalen Organisationen nicht denkbar wäre« (*Beyme*, 1991, S. 262). Diese Sicht vermittelt die – wohl wider besseren Wissens um die tatsächlichen Funktionsweisen politischer und bürokratischer Institutionen – unbewußte Hemmung, emotionale und erotische Momente in »formalisierten« Politikfeldern wahrzunehmen und auch als solche zu benennen.
9 Nicolaus *Sombart* bildet in diesem Zusammenhang eine regelrechte Ausnahme, wofür er von Seiten der Männergemeinschaft auch ausgiebig als entweder schlicht »verräterisch« oder als angeblich theoretisch-schwach und damit in anderer Weise ebenfalls ehrlos gemaßregelt wurde. Zahlreiche Rezensionen zu seinem letzten

Buch (vgl. *Sombart*, 1991) belegen anschaulich den empörten Bann des männlichen Verbundes von Politik, Wissenschaft und Journalismus.

10 So bemißt Carl *Schmitt* »die politische Kraft einer Demokratie« daran, ob »sie das Fremde und Ungleiche, die Homogenität Bedrohende zu beseitigen oder fernzuhalten weiß« (*Schmitt*, 1991, S. 14). Ein weiteres Beispiel in unserem Diskussionskontext kann auch *Schmitts* Hinweis auf ein, wie er betont, »interessantes und witziges« Buch sein, das »den Übergang vom Intellektuellen zum Affektiven und Sensuellen dadurch (erklärt), daß infolge der modernen Demokratie der männliche Typus zurückgedrängt wird und eine allgemeine Feminisierung eintritt« (ebd., S. 11).

11 Pubertätsriten sind fast durchwegs nach Geschlechtern differenziert. Die Initiation von Mädchen signalisiert ihre sexuelle Reife auch nach außen und erfolgt zumeist individuell. Initiationen von Mädchen sind, so meint der Religionshistoriker Mircea *Eliade*, »nicht gut erforscht«. Das muß aber selbstverständlich nicht bedeuten, daß sie, wie er unzulässigerweise kurzschließt, tatsächlich auch weniger verbreitet sind als Pubertätsriten für Knaben (vgl. *Eliade*, 1988, S. 83). Vielmehr scheinen bei *Eliade* – wie auch bei vielen anderen männlichen Ethnologen, aber auch Altertumswissenschaftlern – Übertragungen eigener Gefühle, Wünsche und Vorstellungen wirksam zu werden. Das androzentrische Interesse der Gegenwart lenkt den Blick ebenso abwehrend zurück wie auch abwehrend auf andere kulturelle Zusammenhänge.

12 Wenn *Eliade* von einzelnen weiblichen Geheimgesellschaften berichtet, in denen er eine »Nachahmung gewisser äußerlicher Aspekte« männlicher Geheimbünde entdeckt habe (*Eliade*, 1988, S. 143), beweist er neuerlich seinen männlich festgelegten Blick. Auch wenn er ein Bedürfnis nach besonderer weiblich-religiöser Erfahrung betont, die den Frauen Prestige und Freiheit vermittelt (ebd., S. 144), verläßt er niemals seine männlich kanalisierte Perspektive: Weibliche Geheimbünde würden die »Umkehrung« des alltäglichen, durch die Macht der Institutionen geregelten Verhaltens der Frauen fördern (ebd., S. 145). Insofern würden sie daher als »antimännlich« (ebd., S. 147) oder »vom Haß auf die Männer besessen« (ebd., S. 149) wahrgenommen. Gesellschaften, die beiden Geschlechtern zugänglich sind, sind nicht nur äußerst selten, im Gegenteil, »wo sie bezeugt sind, handelt es sich im allgemeinen um eine Degenerationserscheinung« (ebd., S. 24). Die gemeinsame Pubertätsinitiation von Mädchen und Knaben wird zwar üblicherweise als die älteste Initiationsform angesehen, *Eliade* erblickt in ihr jedoch nur einen »Prozeß der Verarmung« (ebd., S. 63). Nur zu deutlich steuert hier eine männlich-projektive Sichtweise die Tendenz der Forschungsergebnisse.

13 Mario *Erdheim* beschreibt diesen Prozeß des Zerbrechens und Wiedererstehens der Persönlichkeit für den Männerbund Militär: »Die vom Führungspersonal in eine Regression versetzten Soldaten produzieren die Leerstelle, die vom ›Vater‹ ausgefüllt werden soll. Das Wesen der Massenseele, also der Seele der in einer Institution tätigen Individuen, sind nach *Freud* Gefühlsbindungen, die aufgrund regressiver Mechanismen zustande kommen« (*Erdheim*, 1982, S. 335). Die militärische Institution reaktiviert die Identifizierung. Das Ich der Individuen wird innerhalb der Institution »aufgezehrt«. »Der Führer setzt sich an die Stelle des Über-Ichs und lenkt von dort aus die Realitätswahrnehmung. Gleichzeitig kommt

es zu den typischen Regressionserscheinungen: Schwund der bewußten Einzelpersönlichkeit, gleiche Ausrichtung der Gedanken und Gefühle, Vorherrschen der Affektivität und des unbewußt Seelischen« (ebd., S. 336). So wie in den Männerhäusern »das Geheimnis gepflegt wird, wodurch der Mann zum Mann wird, ist auch das Militär der Hort der Männlichkeit«, der »die Kategorien abgibt, welche die Welt ordnen sollen« (ebd.).

14 Genau dieses Moment läßt sich beobachten an der Revitalisierung des Männerbundthemas im 20. Jahrhundert. Das »archaische« Thema wurde mit antifeministischen Werten jeweils neu aufgeladen.

15 Sowohl die »alte« wie auch die »neue« Frauenbewegung haben zur »Modernisierung« der Geschlechterverhältnisse beigetragen. So wurden und werden ihnen auch alle im Gefolge von Modernisierung auftretenden (männlichen) Identitätskrisen angelastet. Wenn traditionelle Wertmuster nicht mehr stimmen, wenn das herrschende Bild der Männlichkeit brüchig wird, neue Identitäten aber nicht gefunden werden, wird die politische Frauenbewegung zur Wurzel allen Übels erklärt und männliche Gegenbewegungen formieren sich. Antifeminismus ist dann das Thema der Zeit und Männerbünde bilden eine praktische Alternative zu den vor sich gehenden entprivilegierenden Veränderungen in der männlichen Lebensweise. Hier kann angegriffene und gefährdete Männlichkeit Zuflucht suchen, sich in traditioneller Männlichkeit bestätigen und »Männlichkeit« als gesellschaftliches Reformkonzept (»Neo-Männlichkeit«) wiedererstehen. Um die drohende »Verweiblichung« der Männer sowie die »Verweiblichung« wirtschaftlicher, staatlicher und politischer Tätigkeit abzuwenden, klammert man sich an die alte patriarchale Werteordnung. Mit einem neuen Männlichkeitsschub soll ein eventuell wirksam gewordener kultureller Einfluß der Frauenbewegung hintertrieben werden. Für die »vaterlose« Gesellschaft werden dann Frauenbewegung und Frauenpolitik verantwortlich gemacht, nicht jedoch wird die Flucht der Väter aus ihrer Verantwortung thematisiert: Der Einfluß der Mütter auf ihre Söhne produziere »Softies«, männliche Mentoren müßten endlich wieder den »wilden Mann« hervorkommen lassen. Das verändernde Aufbrechen der hierarchisierten Geschlechterordnung wird als nackter Macht- und Verteilungskampf zwischen den Geschlechtern wahrgenommen, fernab von allen Möglichkeiten sozialen Lernens. Drohender Verlust von »Größe« und Privilegien wiegt jedenfalls schwerer als möglicher Gewinn oder gar Chancen zur Persönlichkeitsentfaltung, die in einer konsequenten Enthierarchisierung der geschlechtlichen Machtkonstellation liegen könnten.

16 In einer Rede vor Berliner Studenten im Oktober 1922 entrollte Thomas *Mann* einen Faden, der männlichen Eros, Staat, Schöpfertum und Geist fest verknüpfte, als er ausführte: »Eros als Staatsmann, als Staatsschöpfer sogar ist eine seit alters vertraute Vorstellung, die noch in unseren Tagen aufs neue geistreich propagiert worden [ist]«. *Mann* sah in der »innigen Liebe zwischen Kameraden« ein staatstragendes Prinzip, und er spielte auf die homoerotische Komponente an, die den Zusammenhalt auch der republikanischen Gemeinschaft garantiert, wenn er sagte: »ich meine jene Zone von Erotik, in der das allgültig geglaubte Gesetz der Geschlechtspolarität sich als ausgeschaltet, als hinfällig erweist und in der wir Gleiches mit Gleichem, reifere Männlichkeit mit aufschauender Jugend, in der sie ei-

nen Traum ihrer selbst vergöttern mag, oder junge Männlichkeit mit ihrem Ebenbilde zu leidenschaftlicher Gemeinschaft verbunden sehen«. Daß in dieser »deutschen Republik« die Frauen bereits im Prinzip gleichberechtigte politische Bürgerinnen waren, kam Thomas *Mann* gar nicht in den Sinn, zumal ja für ihn »objektiv, das Männliche der reinere und schönere Ausdruck der Idee des Menschen« war (*Mann*, 1922).

17 Heinrich *Schurtz* war Assistent am Bremer Überseemuseum und entsprechend damaliger Kolonialbegeisterung mit dem Zuwachs der völkerkundlichen Bestände befaßt.

18 Schon *Gennep* kritisierte *Schurtz* wegen seiner falschen Deutungen sowie wegen seiner Klassifikationsversuche (vgl. *Gennep*, 1986, S. 87, 112, 175); darüberhinaus meinte er auch, daß *Schurtz* »unannehmbare allgemeine Theorien entwickelt« hätte (ebd., S. 70).

19 Die Erfolge der Ethnologie waren bis dahin vor allem als »Triumphe der Kleinarbeit« betrachtet worden.

20 Als Reflex auf die zeitgenössische bündische Bewegung erweiterte *Schmalenbach Tönnies'* Grundformen sozialer Gruppen (Gemeinschaft, Gesellschaft) um den »Bund«, dessen Entstehung »gesellschaftlich«, dessen Wesen aber »gemeinschaftlich« ist. Kollektive Begeisterung, gefühlsbetonte enge Beziehungen, Freundschaft usw. begründen »Bünde« (vgl. *Schmalenbach*, 1922). Auch in Max *Webers* Idealtypus der charismatischen Herrschaft ist die männerbündische Gesellschaftsvision verpackt (vgl. *Widdig*, 1992, S. 50). Magische Fähigkeiten, Offenbarungen oder Heldentum fundieren die Herrschaft eines charismatischen Führers, der eine Gefolgschaft um sich scharen kann. Diese Gefolgschaft ist niemals »Verwaltungsstab«, sondern »eine emotionale Vergemeinschaftung« (vgl. *Weber*, 1922, S. 141). Weber spricht zwar nicht explizit davon, daß die Beziehung zwischen charismatischem Führer und Gefolgschaft eine Vergemeinschaftung von Männern ist, jeder »Hinweis auf die mögliche Rolle von Frauen fehlt jedoch« (*Widdig*, 1992, S. 54). *Weber* hat also die »sozio-sexuelle Ebene des Charismas« (ebd.) keineswegs entzaubert.

21 Zur Bedeutung des Begriffes vgl. *Jeffords*, 1989.

22 »Wachsende Disziplinierung und Hierarchisierung, Uniformierung und Ideologisierung bestimmten das äußere Auftreten wie die innere Ausrichtung. Waren die Vorkriegs-Wandervogelgruppen nur locker miteinander kooperierende, überschaubare, von Spontaneität und bunter Vielfalt im Auftreten geprägte Kleingruppen gewesen, deren Gemeinschaftserlebnis im wesentlichen von den gemeinsamen Wanderfahrten geprägt war, so setzte sich jetzt als zentrale Organisationsform und zugleich als Leitbild der ›Bund‹ durch. Der Bund sollte eine Art in sich geschlossener Jugendstaat sein« (*Reulecke*, 1985, S. 210f.).

23 *Blüher* unterschied zwischen »bürgerlichem« und »geistigem« Antifeminismus: Weil die Frau grundsätzlich »ungeistig« und absolut nur »Familien-Wesen« ist, liegt es im Wesen des geistigen Antifeminismus zu fordern, »daß sie unter keinen Umständen herrschen darf« (*Blüher*, 1916, S. 8). Der »bürgerliche Antifeminismus« dagegen ist »relativistisch«, er beruft sich auf »einen überlieferten Kulturstand des Volkes [...] als letztes Maß [...] und bezieht seine Forderungen darauf« (ebd., S. 24).

24 Die »antifamiliale« Weichenstellung für die NS-Programmatik traf Alfred *Rosen-*

berg schon 1930, als er der These widersprach, dernach angeblich die Familie die Zelle des Staates bilden würde: »Der Staat ist nirgends die Folge eines gemeinsamen Gedankens von Mann und Frau gewesen, sondern das Ergebnis des auf irgendeinen Zweck zielstrebig eingestellten Männerbundes« (vgl. *Rosenberg*, 1930, S. 485). Insbesondere aus kriegerischen Männerbünden wurden die Staaten geboren (ebd., S. 486). Für die Zeit nach der Revolution plante *Rosenberg* ein »Deutsches Reich«, das »das Werk eines zielbewußten Männerbundes sein (wird)« (ebd., S. 514). In diesem männerbündischen Staat sollten den Frauen die eben erst erkämpften politischen Rechte wieder genommen werden (vgl. ebd., S. 503).

25 Vieles von dieser NS-Gebrauchsforschung wird auch heute noch von aktueller Männerbund- oder Initiationsliteratur – insbesondere in der Ethnologie und Soziologie – unbesehen als Quelle herangezogen. Auch Mircea *Eliade* fundiert seine Aussagen zu Ritualen germanischer Männerbünde ausschließlich auf Arbeiten, die zwischen 1933 und 1938 veröffentlicht worden sind. Quellenkritische Hinweise bleiben aber aus (vgl. *Eliade*, 1988, S. 157).

26 Die Rekonstruktion der Geschichte des Männerbundbegriffes verdeutlicht, insbesondere wenn wir sie mit der feministischen Wiederbelebung der 80er und 90er Jahre in Beziehung bringen, daß wir von einer ambivalenten Bedeutung auszugehen haben: Einerseits wird mit dem Begriff ein »gesellschaftlicher Idealtypus« bezeichnet (vgl. *Schurtz*, 1902; *Blüher*, 1921; *Rosenberg*, 1930; *Baeumler*, 1934). Andererseits wird der Begriff aber auch in dezidiert herrschafts- und patriarchatskritischer Absicht gebraucht (vgl. feministische und psychoanalytische Diskussion). Was die einen also zum Wunsch steigern, entdecken die anderen bereits im Übermaß in politischen und administrativen Normalstrukturen. Beide Verwendungen haben unterschiedliche Merkmale: In einem Fall handelt es sich – zumindest unter demokratischen Prämissen – um einen ausschließlich plakativen »Kampfbegriff« (Antifeminismus, Remaskulinisierung von Gesellschaft und Politik), während er im anderen Fall primär theoretisch anspruchsvolleren Kriterien eines »analytischen Begriffes« gerecht zu werden hätte, dem allerdings dann auch Varianten eines demokratisierenden, herrschaftsminimierenden »Kampfbegriffes« folgen müßten (Entpatriarchalisierung, Feminisierung). Solche differenzierteren Anforderungen eines »analytischen« Konzeptes werden freilich auch im feministischen Kontext nur selten erfüllt. Allzu oft kommt es leider zu einer unstatthaften Vermengung.

27 Wie z.B. im Faschismus, der auch als entschiedene Gegenbewegung zum Feminismus eine umfassende Reorganisation der Geschlechterverhältnisse gewaltsam anstrebte.

28 Das bedeutet selbstverständlich nicht, daß die reale Welt der Wirtschaft männerbündischer Strukturen entbehren würde. Ganz im Gegenteil, es finden sich in Vorstandsetagen und Aufsichtsräten fast ausschließlich männerbündische Formationen.

29 Damit wird selbstverständlich nicht gemeint, daß die uns leider allzu vertraute Art von entfremdender und repressiver Staatlichkeit im System der Männlichkeit wurzelt, sondern Frauen wird ganz allgemein Staatsfähigkeit überhaupt in Abrede gestellt.

Literatur

ARENDT, Hannah, Vita Activa oder Vom tätigen Leben, München 1981
BAEUMLER, Alfred, Männerbund und Wissenschaft, Berlin 1934
BARRETT, Michèle, Das unterstellte Geschlecht. Umrisse eines materialistischen Feminismus, Berlin 1983
BECK, Ulrich, Die Erfindung des Politischen, Frankfurt am Main 1993
BECKER-SCHMIDT, Regina, Vergesellschaftung – innere Vergesellschaftung. Individuum, Klasse, Geschlecht aus der Perspektive der kritischen Theorie, in: W. Zapf (Hg.), Die Modernisierung moderner Gesellschaften, Verhandlungen des 25. deutschen Soziologentages in Frankfurt am Main 1990, Band 1, Frankfurt am Main/New York
BECKER-SCHMIDT, Regina, Gesellschaft, Geschlechterverhältnisse und Staat, in: Elke Biester u.a. (Hg.), Staat aus feministischer Sicht, Berlin 1992, S. 75-85
BECKER-SCHMIDT, Regina, Verdrängung Rationalisierung Ideologie. Geschlechterdifferenz und Unbewußtes, Geschlechterverhältnis und Gesellschaft, in: Gudrun-Axeli Knapp/Angelika Wetterer (Hg.), Traditionen Brüche. Entwicklungen feministischer Theorie, Freiburg 1992, S. 65-113
BENHABIB, Seyla/Linda NICHOLSON, Politische Philosophie und die Frauenfrage, in: Iring Fetscher/Herfried Münkler (Hg.), Pipers Handbuch der politischen Ideen, Bd. 5, München/Zürich 1987, S. 513-562
BENNHOLDT-THOMSEN, Veronika, Zivilisation, moderner Staat und Gewalt. Eine feministische Kritik an Norbert Elias' Zivilisationstheorie, in: beiträge zur feministischen theorie und praxis 13 (1985)
BEYME, Klaus v., Theorie der Politik im 20. Jahrhundert. Von der Moderne zur Postmoderne, Frankfurt am Main 1991
BLÜHER, Hans, Der bürgerliche und der geistige Antifeminismus, Berlin 1916
BLÜHER, Hans, Deutsches Reich, Judentum und Sozialismus. Eine Rede an die Freideutsche Jugend, München 1919
BLÜHER, Hans, Die Rolle der Erotik in der männlichen Gesellschaft. Eine Theorie der menschlichen Staatsbildung nach Wesen und Wert, 2 Bde., Jena 1921
BOLOGH, Roslyn Wallach, Love or Greatness. Max Weber and masculine thinking – feminist inquiry, Boston 1990
BOSETZKY, Horst, Die öffentliche Verwaltung als Männerbund und Formen dessen ständiger Reproduktion, Frankfurt am Main 1992
BRENNAN, Teresa/Carole PATEMAN, Mere Auxiliaries to the Commonwealth: Women and the Origins of Liberalism, in: Political Studies, 27 (1979), S. 183-200
CLARK, Lorenne M.G./Lynda LANGE, The Sexism of Social and Political Theory: Women and Reproduction from Plato to Nietzsche, Toronto 1979
DAHLERUP, Drude, Confusing concepts – confusing reality: a theoretical discussion of the patriarchal state, in: Anne Showstack Sassoon (Hg.), Women and the State. The shifting boundaries of public and private, London 1987, S. 93-127
DOUGLAS, Mary, Ritual, Tabu und Körpersymbolik. Sozialanthropologische Studien in Industriegesellschaft und Stammeskultur, Frankfurt am Main 1986
EBRECHT, Angelika, Dürfen Frauen den Männern hinter ihr Geheimnis kommen? Frauen und Geheimgesellschaften im 18. Jahrhundert, in: Feministische Studien 1/1989, S. 28-42

EDELMANN, Murray, Politik als Ritual. Die symbolische Funktion staatlicher Institutionen und politischen Handelns, Frankfurt am Main 1976 (1964)

ELIADE, Mircea, Das Mysterium der Wiedergeburt. Versuch über einige Initiationstypen, Frankfurt am Main 1988

ELSHTAIN, Jean Bethke, Public Man, Private Women. Women in Social and Political Thought, Princeton 1981

ERDHEIM, Mario, »Heiße« Gesellschaften und »kaltes« Militär, in: Kursbuch 67, 1982, S. 59-70

ERDHEIM, Mario, Revolution, Totem und Tabu. Vom Verenden der Revolution im Wiederholungszwang, in: Ethnopsychoanalyse 2, Herrschaft, Anpassung, Widerstand, Frankfurt am Main 1991, S. 153-166

ERDHEIM, Mario, Einleitung. Zur Lektüre von Freuds Totem und Tabu, in: Sigmund Freud, Totem und Tabu, Frankfurt am Main 1991, S. 7-42

FERGUSON, Kathy E., The Feminist Case against Bureaucracy, Philadelphia 1984

FLAX, Jane, Political Philosophy and the Patriarchal Unconscious: A Psychoanalytic Perspective on Epistemology and Metaphysics, in: Sandra Harding/Merrill Hintikka (Hg.), Discovering Reality: Feminist Perspective on Epistemology, Metaphysics, Methodology and Philosophy of Science, Dordrecht 1983

FREUD, Sigmund, Totem und Tabu, Frankfurt am Main 1991

FREUD, Sigmund, Massenpsychologie und Ich-Analyse, in: Sigmund Freud, Studienausgabe, Bd. IX, Frankfurt am Main 1974 (1921), S. 61-134

GENNEP, Arnold van, Übergangsriten (Les rites de passage), Frankfurt am Main/New York/Paris 1986

GERHARD, Ute, Patriarchatskritik als Gesellschaftsanalyse. Ein nicht erledigtes Projekt, in: Arbeitsgemeinschaft Interdisziplinäre Frauenforschung und -studien (Hg.), Feministische Erneuerung von Wissenschaft und Kunst, Pfaffenweiler 1990, S. 65-80

GILMORE, David D., Mythos Mann. Rollen, Rituale, Leitbilder, München/Zürich 1991

GODELIER, Maurice, Die Produktion der Großen Männer, Frankfurt am Main/New York 1987

GÖTTNER-ABENDROTH, Heide, Das Matriarchat I. Geschichte seiner Erforschung, Stuttgart/Berlin/Köln 1988

GOTTSCHEWSKY, Lydia, Männerbund und Frauenfrage. Die Frau im neuen Staat, München 1934

HABERMAS, Jürgen, Theorie des kommunikativen Handelns, 2 Bde., Frankfurt am Main 1981

HARDING, Sandra, What is the Real Material Base of Patriarchy and Capital?, in: Lydia Sargent (Hg.), Women and Revolution. A Discussion of the Unhappy Marriage of Marxism and Feminism, Boston 1981, S. 135-163

HARDING, Sandra, Feminism Federated Against Patriarchy? Paper presented at the XIVth World Congress of IPSA, Washington 1988.

HARTMANN, Heidi, The Unhappy Marriage of Marxism and Feminism: Towards a more progressive union, in: Lydia Sargent (Hg.), Women and Revolution. A Discussion of the Unhappy Marriage of Marxism and Feminism, Boston 1981, S. 1-41

HÄUSSERMANN, Hartmut, Die Politik der Bürokratie, Einführung in die Soziologie der staatlichen Verwaltung, Frankfurt am Main/New York 1977

HEINRICHS, Hans-Jürgen, Politik als männerbündisches Handeln und Verhalten, in: Gisela Völger/Karin v. Welck (Hg.), Männerbande. Männerbünde. Zur Rolle des Mannes im Kulturvergleich, Bd. 1, Köln 1990

HERNES, Helga Maria, Die zweigeteilte Sozialpolitik: Eine Polemik, in: Karin Hausen/Helga Nowotny (Hg.), Wie männlich ist die Wissenschaft? Frankfurt am Main 1986, S. 163-176

HERNES, Helga Maria, The Transition from Private to Public Dependence, in: Helga Maria Hernes, Welfare State and Woman Power. Essays in State Feminism, Oslo 1987, S. 9-24

HONEGGER, Claudia, Die Ordnung der Geschlechter. Die Wissenschaften vom Menschen und das Weib 1750 – 1850, Frankfurt am Main/New York 1991

JEFFORDS, Susan, The Remasculinization of America. Gender and the Vietnam War, Bloomington/Indianapolis 1989

KERTZER, David I., Ritual, Politics, and Power, New Haven/London 1988

KLINGER, Cornelia, Das Bild der Frau in der Philosophie und die Reflexion von Frauen auf die Philosophie, in: Karin Hausen/Helga Nowotny (Hg.), Wie männlich ist die Wissenschaft? Frankfurt am Main 1986, S. 62-84

KREISKY, Eva, Frauen und Bürokratie, in: Österreichische Zeitschrift für Politikwissenschaft 1988/1, S. 91-102

KREISKY, Eva, Bürokratisierung der Frauen – Feminisierung der Bürokratie, in: Barbara Schaeffer-Hegel/Heidi Kopp-Degethoff (Hg.), Vater Staat und seine Frauen. Studien zur politischen Kultur, Pfaffenweiler 1991, S. 194-207

KREISKY, Eva, Der Staat ohne Geschlecht? Ansätze feministischer Staatskritik und feministischer Staatserklärung, in: Österreichische Zeitschrift für Politikwissenschaft 1993/1, S. 23-35

MACKINNON, Catherine A., Feminismus, Marxismus und der Staat: Ein Theorieprogramm, in: Elisabeth List/Herlinde Studer (Hg.), Denkverhältnisse. Feminismus und Kritik, Frankfurt am Main 1989, S. 86-132

MANN, Thomas, Von deutscher Republik. Gerhart Hauptmann zum sechzigsten Geburtstag, in: Thomas Mann, Gesammelte Werke, Bd. 15, hrsg. v. Peter de Mendelssohn, Frankfurt am Main 1984

MAYREDER, Rosa, Zur Kritik der Weiblichkeit. Essays, Jena 1922

NADIG, Maya, Vorwort zu David D. Gilmore, Mythos Mann. Rollen, Rituale, Leitbilder, München/Zürich 1991, S. IX-XV

NADIG, Maya, Die Ritualisierung von Haß und Gewalt im Rassismus, in: Feministische Studien 1/93, S. 96-108

NARR, Wolf-Dieter, Politische Theorie – wofür und wie? Eine Einführung, in: Wilfried Röhrich, Politik als Wissenschaft. Ein Überblick, Opladen 1986, S. 43-95

NIPPA, Annegret, Bund, in: Bernhard Streck (Hg.), Wörterbuch der Ethnologie, Köln 1987, S. 27-31

OKIN, Susan Moller, Philosopher Queens and Privat Wives: Plato on Women and the Familiy, in: Philosophy and Public Affairs, 6, 1977, S. 345-369

OKIN, Susan Moller, Rousseau's Natural Women, in: The Journal of Politics, 41, 1979, S. 393-416

OKIN, Susan Moller, Women in Western Political Thought, London 1980

PATEMAN, Carole, The Sexual Contract, Cambridge/Oxford 1988

PATEMAN, Carole, Gleichheit, Differenz, Unterordnung. Die Mutterschaftspolitik und die Frauen in ihrer Rolle als Staatsbürgerinnen, in: Feministische Studien, 1/92

POPPER, Karl, Die offene Gesellschaft und ihre Feinde, 6.Aufl., Tübingen 1980 (1957)

POULANTZAS, Nicos, Politische Macht und gesellschaftliche Klassen, Frankfurt am Main 1974

REULECKE, Jürgen, Männerbund versus Familie. Bürgerliche Jugendbewegung und Familie in Deutschland im ersten Drittel des 20. Jahrhunderts, in: Thomas Koebner et al. (Hg.), Mit uns zieht die neue Zeit. Der Mythos Jugend, Frankfurt am Main 1985, S. 11-32

REULECKE, Jürgen, Das Jahr 1902 und die Ursprünge der Männerbund-Ideologie in Deutschland, in: Gisela Völger/Karin v. Welck (Hg.), Männerbande, Männerbünde. Zur Rolle des Mannes im Kulturvergleich, Bd. 1, Köln 1990, S. 3-10

RIGOTTI, Francesca, Die Macht und ihre Metaphern. Über die sprachlichen Bilder der Politik, Frankfurt am Main/New York 1994

ROMMELSPACHER, Birgit, Mitmenschlichkeit und Unterwerfung. Zur Ambivalenz der weiblichen Moral, Frankfurt am Main/New York 1992

ROSENBERG, Alfred, Der Mythus des 20. Jahrhunderts. Eine Wertung der seelisch-geistigen Gestaltenkämpfe unserer Zeit, Berlin 1930

RUMPF, Mechthild, Staatliches Gewaltmonopol, nationale Souveränität und Krieg. Einige Aspekte des männlichen »Zivilisationsprozesses«, in: L'Homme, 3.Jg. (1992), H. 1, S. 7-30

SCHMALENBACH, H., Die soziologische Kategorie des Bundes, in: Dioskuren 1, 1992, S. 35-105

SCHMITT, Carl, Der Begriff des Politischen, Berlin 1963 (1932)

SCHMITT, Carl, Die geistesgeschichtliche Lage des heutigen Parlamentarismus, Berlin 1991 (1926)

SCHÖLER-MACHER, Bärbel, Fremd(körper) in der Politik. Die Normalität des politischen Alltags in Parteien und Parlamenten aus der Sicht der Frauen, in: Zeitschrift für Frauenforschung, hrsg. v. Institut Frau und Gesellschaft, H. 1+2, 1991, S. 98-116

SCHOEPS, J.H., Sexualität, Erotik und Männerbund. Hans Blüher und die deutsche Jugendbewegung, in: J.H. Knall/J.H. Schoeps (Hg.): Typisch deutsch. Die deutsche Jugendbewegung, Opladen 1988, S. 137-154

SCHURTZ, Heinrich, Altersklassen und Männerbünde. Eine Darstellung der Grundformen der Gesellschaft, Berlin 1902

SCHWAN, Alexander, Zur philosophischen Begründbarkeit freiheitlicher Politik, in: Volker Gerhardt (Hg.), Der Begriff der Politik. Bedingungen und Gründe politischen Handelns, Stuttgart 1990, S. 20-41

SEE, Klaus von: Politische Männerbund-Ideologie von der wilhelminischen Zeit bis zum Nationalsozialismus, in VÖLGER/WELCK 1990

SIMMEL, Georg, Das Relative und das Absolute im Geschlechter-Problem, in: Georg Simmel, Philosophische Kultur. Über das Abenteuer, die Geschlechter und die Krise der Moderne. Gesammelte Essays, Berlin 1983 (1923), S. 52-81

SOEFFNER, Hans Georg, Die Ordnung der Rituale. Die Auslegung des Alltags II, Frankfurt am Main 1992

SOMBART, Nicolaus, Männerbund und politische Kultur in Deutschland, in: Joachim H. Knoll/Julius H. Schoeps (Hg.), Typisch deutsch: Die deutsche Jugendbewegung, Opladen 1988, S. 155-176

SOMBART, Nicolaus, Die deutschen Männer und ihre Feinde. Carl Schmitt – ein deutsches Schicksal zwischen Männerbund und Matriarchatsmythos, München/Wien 1991

SPENGLER, Oswald, Der Untergang des Abendlandes. Umrisse einer Morphologie der Weltgeschichte, München 1972 (1923)

THEWELEIT, Klaus, Männerphantasien, 2 Bde., Reinbek bei Hamburg 1987

ULITZ, Arnold, Worbs, Berlin 1930

VAERTING, Mathilde, Frauenstaat und Männerstaat, Berlin 1975 (1921)

VÖLGER, Gisela/Karin v. WELCK, Männerbande, Männerbünde. Zur Rolle des Mannes im Kulturvergleich, Köln 1990

WAGNER-HASEL, Beate, »Das Private wird politisch«. Die Perspektive »Geschlecht« in der Altertumswissenschaft, in: Ursula A. J. Becher/Jörn Rüsen (Hg.), Weiblichkeit in geschichtlicher Perspektive. Fallstudien und Reflexionen zu Grundproblemen der historischen Frauenforschung, Frankfurt am Main 1988, S. 11-50

WAGNER-HASEL, Beate (Hg.), Matriarchatstheorien der Altertumswissenschaft, Darmstadt 1992

WEBER, Max, Wirtschaft und Gesellschaft, Frankfurt am Main 1972 (1922)

WEBER, Max, Politik als Beruf, in: Max Weber, Gesammelte Politische Schriften, hrsg.v. Johannes Winckelmann, 3.Aufl., Tübingen 1971

WIDDIG, Bernd, Männerbünde und Massen. Zur Krise männlicher Identität in der Literatur der Moderne, Opladen 1992

YOUNG, Brigitte, Der Staat – eine »Männerdomäne«? Überlegungen zur feministischen Staatsanalyse, in: Elke Biester u.a. (Hg.), Staat aus feministischer Sicht, Berlin 1992, S. 7-18

Karin Gottschall
Geschlechterverhältnis und Arbeitsmarktsegregation

1. Einleitung

Die Arbeitsmärkte in entwickelten westlichen Industriegesellschaften sind offensichtlich geschlechtsspezifisch differenziert und hierarchisiert.[1] Auch wenn die Trennungslinien nach Branchen und Berufen (horizontal) sowie nach innerbetrieblichen Hierarchien (vertikal) in den einzelnen Ländern Westeuropas unterschiedlich verlaufen und historisch Veränderungen erfahren haben, so bleibt doch die empirisch unabweisbare Quintessenz: Frauen sind im Vergleich zu Männern generell mit schlechteren Arbeitsmarktchancen konfrontiert, beim Eintritt in das Erwerbsleben wie beim Verbleib, bei der Entlohnung, den Aufstiegschancen, den Weiterbildungsmöglichkeiten und der Arbeitsplatzsicherheit. Betrachtet man die Nachkriegsentwicklung entwickelter westlicher Industriegesellschaften, so hat die geschlechtsspezifische Arbeitsmarktsegregation nur geringfügig abgenommen; sie hat ihr Gesicht gewandelt: die Frauenberufe von heute sind nicht mehr notwendig die Frauenberufe von vor 30 Jahren; und während horizontale Trennungslinien durch die Entstehung gemischtgeschlechtlicher Bereiche zum Teil abgeschwächt werden, gewinnen im Zuge von Rationalisierung und Restrukturierung von Tätigkeitsfeldern (neue) vertikale und innerberufliche Trennungslinien an Bedeutung (vgl. *Rubery/Fagan* 1993; *Quack* u.a. 1992).

Mit der Schlechterstellung auf dem Arbeitsmarkt gehen weitere Benachteiligungen insbesondere in der sozialen Lage, zum Teil auch in der politischen und kulturellen Teilhabe und in der Rechtsstellung einher. Denn typischerweise definieren in kapitalistischen Gesellschaften nach wie vor Art und Ausmaß der Integration der Gesellschaftsmitglieder in das Erwerbssystem differente Lebenschancen und bestimmen zugleich die soziostrukturelle Gliederung der Gesellschaft. Die folgenreiche Schlechterstellung von Frauen auf dem Arbeitsmarkt ist wissenschaftlich erklärungs- und politisch legitimationsbedürftig, und zwar um so mehr, als sich in den letzten beiden Jahrzehnten die typischen Unterschiede in Erwerbsverhalten und Qualifikationsstruktur von Männern und Frauen eher reduziert haben.

Im folgenden wird zunächst ein Bezugsrahmen entwickelt, indem geschlechtsspezifische Arbeitsmarktsegregation als gesellschaftliche und soziale Struktur dargestellt und begriffen werden kann (2). Unter dem Stichwort »begrenzte Integration« werden dann einige Strukturmerkmale und Entwicklungstendenzen der Frauenerwerbsarbeit in der (alten) BRD im Vergleich zu anderen westeuropäischen Ländern dargestellt (3). In einem weiteren Schritt werden die einschlägigen theoretischen Ansätze zur Erklärung von geschlechtsspezifischer Arbeitsmarktteilung näher untersucht (4). Dabei zeigt sich, daß auch die im Rahmen der Frauenarbeitsforschung entwickelten Konzepte ungeachtet zentraler Erkenntnisfortschritte in ihrer Reichweite begrenzt sind. Neue theoretische Herausforderungen ergeben sich gerade auch im Hinblick auf geschlechtsspezifische Arbeitsstrukturen und Sozialbeziehungen in den ehemals staatssozialistischen Gesellschaften sowie im Hinblick auf die Rekonstruktion von Arbeitsmärkten insbesondere im wiedervereinigten Deutschland (5). Vor diesem Hintergrund werden abschließend nochmals Forschungsstrategien und gesellschaftspolitische Konzepte zur Gleichstellung von Frauen angesprochen (6).

2. Strukturen gesellschaftlicher Arbeitsteilung als Bezugsrahmen

Kennzeichnend für bürgerliche Gesellschaften ist die systematische Trennung von Familien- und Erwerbsleben in Form der vorrangig Frauen zugewiesenen unentgeltlichen Hausarbeit und der vorrangig Männern zugewiesenen bezahlten Erwerbsarbeit. Dabei handelt es sich um ein »tragendes Bauprinzip« des abendländischen Kapitalismus, das zugleich einen strukturellen Widerspruch reflektiert: daß nämlich das kapitalistische System auf die physische und psychische sowie generative Reproduktion von Arbeitskräften angewiesen ist, diese jedoch nicht oder nur begrenzt im Rahmen von Marktlogik gewährleisten kann. Als historisch gewachsene »Lösung« dieses Widerspruchs hat sich in westlichen Industriegesellschaften die *Institutionalisierung* von *Familie* bzw. privaten Haushalten einerseits und dem *Erwerbssystem* bzw. Arbeitsmarkt andererseits herausgebildet, wobei erstere von Erwerbseinkommen oder aber staatlichen Transferleistungen abhängig sind (vgl. u.a. *Rosenbaum* 1982).

Mit dieser Arbeitsteilung geht nicht nur eine spezifische Normierung von Zuständigkeiten, sondern auch von Wertigkeiten einher: Während der männliche Erwerbsarbeiter den Status eines Familienernährers hat, wird die den Frauen zugewiesene Haus- und Familienarbeit zum »natürlichen Beruf« und Liebesdienst (*Hausen* 1976). Diese zunächst spezifisch bürgerliche Konstruktion von »Geschlechterordnung« entfaltet in entwickelten westlichen Industriegesellschaften, unterstützt durch rechtliche und politische Absicherungen, gesamtgesellschaftliche Prägekraft. Das *Geschlechterverhältnis*² wird durch die genannte Arbeitsteilung zugleich als Differentes und Hierarchisches strukturiert. Gleichwohl ist auch diese Struktur angesichts des für bürgerliche Gesellschaften konstitutiven »Gleichheitsversprechens« weder widerspruchsfrei noch statisch, wie nicht zuletzt strukturelle Wandlungen von Familie und Erwerbssystem zeigen. Zu berücksichtigen ist weiterhin, daß das Geschlechterverhältnis in (staats-)kapitalistischen Gesellschaften immer in Form klassenspezifischer Ausprägungen existiert und auch von daher sozialem Wandel unterliegt (vgl. *Becker-Schmidt* 1987, *Frerichs/Steinrücke* 1993).

Für das Verständnis geschlechtsspezifischer Arbeitsmarktsegregation sind insbesondere folgende Implikationen der o.g. gesellschaftlichen Arbeitsteilung bedeutsam:

- Erwerbsarbeitsverhältnisse und Berufsrollen sind in bezug auf Zeitstruktur, Einkommenskonzeption (sog. Familienernährerlohn) und berufliche Entwicklungsmöglichkeiten auf kontinuierlich voll verfügbare, d.h. dauerhaft von Familien- und Hausarbeit freigestellte und »reproduktiv versorgte« Arbeitskräfte und damit auf männliche Biographien ausgerichtet.

- Frauen sind aufgrund der ihnen zugewiesenen Haus- und Familienarbeit strukturell, d.h. unabhängig von ihrer individuellen Erwerbsneigung, für die als »1 1/2 Personen-Beruf« (*Beck-Gernsheim* 1980) konzipierte Erwerbsarbeit biographisch gesehen nicht voll verfügbar (vgl. dazu insbesondere *Krüger* in diesem Band) und schon von daher in der Konkurrenz um bezahlte Arbeit benachteiligt. Hinzu kommt, daß die von Frauen verrichtete Haus- und Familienarbeit und die damit verbundenen Qualifikationen gesellschaftlich nicht als Arbeit anerkannt bzw. als solche unsichtbar gemacht werden (vgl. u.a. *Ostner* 1979), was (unabhängig von der Art der Tätigkeit) eine systematische Abwertung von Frauenarbeit auch im Erwerbssystem ermöglicht.

- Historisch gesehen sind im Zuge von Industrialisierung und Modernisierung bestimmte von Frauen (insbesondere bürgerlicher Herkunft) im Familienkontext oder im Ehrenamt erbrachte Dienstleistungen zwar ins Erwerbssystem transferiert und auch ein Stück weit transformiert worden (insbesondere Kranken- und Altenpflege sowie Erziehung, aber auch sächliche Dienstleistungen wie Reinigung und Gästebetreuung); es erfolgte jedoch keine vollständige Verberuflichung. Vielmehr sind in die Konstitution der sog. typischen *Frauenberufe* (vgl. *Rabe-Kleberg* 1993, *Krüger* 1989, 1992), die in westlichen Industriegesellschaften einen wesentlichen Bereich geschlechtsspezifischer Arbeitsmarktsegregation bezeichnen, die Bedingungen von Geschlechterhierarchie und -differenz systematisch eingegangen.

Diese hier nur grob skizzierten Grundstrukturen erfahren nationalspezifisch unterschiedliche Ausprägungen. Auf der Basis spezifischer sozioökonomischer Ausgangsbedingungen entwickeln sich, beeinflußt insbesondere durch das Ausmaß staatlicher Wohlfahrtsstaatpolitik aber auch durch das Handeln kollektiver Akteure und durch das Arbeitsangebot der Frauen, unterschiedliche »*Familien- und Erwerbsmuster*«[3]. Die übergreifende soziale Wirksamkeit eines solchen komplexen Bedingungsgefüges erschließt sich erst, wenn man dessen Interaktion mit den je spezifischen kulturellen Leitbildern des Geschlechterverhältnisses berücksichtigt (vgl. *Lewis/Ostner* 1994, *Pfau-Effinger* 1993).

Auch der *Arbeitsmarkt* als Institution der Vermittlung von Arbeitskraft-Angebot und -Nachfrage weist nationalspezifische Ausprägungen auf (vgl. *Sengenberger* 1987, *Kreckel* 1992). Er ist nicht nur durch die für kapitalistische Gesellschaften konstitutive Machtasymmetrie zwischen Kapital und Arbeit, sondern zugleich auch durch ein nationalspezifisch unterschiedlich hohes Ausmaß staatlicher Regulierung gekennzeichnet (vgl. die Ausgestaltung des Arbeits- und Tarifrechts, die Sozialgesetzgebung, die staatliche Arbeitsmarktpolitik und nicht zuletzt auch die Rolle des Staates als Arbeitgeber). Unterhalb der o.g. Machtasymmetrie ergeben sich mit der *internen Strukturierung kapitalistischer Arbeitsmärkte* weitere sog. sekundäre Machtgefälle. Dazu zählen insbesondere die i.d.R. an formale Qualifikationen gebundenen vertikalen Abstufungen sowie die durch die berufliche Arbeitsteilung hergestellte horizontale Gliederung des Erwerbssystems (*Kreckel* 1992, S. 149ff.). Beide Aspekte sind hierarchierelevant, indem sie vermittelt über das Handeln kollektiver Akteure als »soziale Schließung« (vgl. *Parkin* 1983, *Kreckel* 1992, S. 190ff.) wirken können. Nationalspezifische Unterschiede ergeben sich hier nicht zuletzt in bezug auf die Ausgestaltung des Verhältnisses von Bildungs- und Beschäftigungssystem, von Arbeitsmarktparteien und Staat sowie in bezug auf das Ausmaß korporatistischer Interessenregulierung.

3. Frauen auf dem Arbeitsmarkt in der alten Bundesrepublik: Integration mit Grenzen und Widersprüchen

Die Entwicklung der Frauenerwerbstätigkeit in der alten Bundesrepublik läßt sich vor dem Hintergrund von zunächst stabilem ökonomischen Wachstum und Tertiarisierungsprozessen – ähnlich wie in anderen west- und nordeuropäischen Industrieländern[4] – in den Grundstrukturen als eine verstärkte Integration von Frauen in den Arbeitsmarkt charakterisieren. Kennzeichnend sind insbesondere:

- ein verstärkter Einbezug von Frauen in die dominante Erwerbsform lohnabhängiger Beschäftigung [5];

- eine Steigerung der Erwerbsbeteiligung vor allem von verheirateten Frauen und Müttern und damit eine Verstetigung von Erwerbsmustern im weiblichen Lebenslauf (vgl. *Engelbrech* 1987);

- sowie die Breite und Qualität der von Frauen (neu) besetzten Beschäftigungsfelder, im privaten und öffentlichen Dienstleistungssektor;

In diesem Bereich haben im Zuge von Tertiarisierungsprozessen und Wohlfahrtsstaatpolitik insbesondere qualifizierte Tätigkeitsfelder (Kranken- und Altenpflege, Bildung und Erziehung, kaufmännisch-administrative und technische Tätigkeiten) an Bedeutung gewonnen. Hier ist heute immerhin ca. ein Drittel aller sozialversicherungspflichtig tätigen Frauen auf der Basis qualifizierter Ausbildung beschäftigt. Während es sich bei den Semi-Professionen im Pflege- und Erziehungsbereich nach wie vor um von Frauen dominierte Berufe handelt (allerdings mit steigenden Männeranteilen, vgl. *Landenberger* 1993), haben sich die kaufmännisch-administrativen und technischen Dienstleistungsbereiche im Zuge ihrer Expansion von eher männerdominierten zu gemischtgeschlechtlichen Arbeitsmarktsegmenten entwickelt; geschlechtsspezifische Trennungslinien wurden damit ein Stück weit gelockert bzw. nach oben verschoben (vgl. dazu insbesondere *Gottschall* 1989).

Gleichwohl weist der bundesrepublikanische Entwicklungspfad der Rekonstruktion und Modernisierung von Ökonomie und Gesellschaft Besonderheiten auf, die die *Integration von Frauen in den Arbeitsmarkt* (insbesondere im Vergleich zu den nordeuropäischen Ländern) als quantitativ und qualitativ *begrenzt* erscheinen lassen.

- So fiel die *Steigerung der Frauenerwerbsquote* in Westdeutschland deutlich *geringer* aus als in anderen Ländern, denn der für den langanhaltenden und intensiven ökonomischen Wachstumsprozeß notwendige Rückgriff auf Produktivitätsreserven im Arbeitskräftepotential erfolgte hier zunächst – anders als etwa in Schweden (vgl. *Sterner/Fürst-Melström* 1985) – über die Anwerbung (männlicher) ausländischer Arbeitskräfte. Sie beruhte hier wie dort insbesondere auf der Ausweitung und Etablierung von *Teilzeitarbeit* im Dienstleistungssektor als Erwerbsform vorrangig für Frauen, wobei freilich in Westdeutschland deren Zuverdienstcharakter besonders stark ausgeprägt ist (vgl. *Quack* 1992)[6].

So ist die Frauenerwerbsquote in Westdeutschland auf gegenwärtig ca. 55% gestiegen; ca. 30% der erwerbstätigen Frauen sind teilzeitbeschäftigt. In Ländern mit deutlich höherer Frauenerwerbsbeteiligung (*Großbritannien* ca. 70%, die nordeuropäischen Länder zwischen 70 und über 80%) liegt auch der Teilzeitanteil deutlich höher (*Oelschläger/Schunter-Kleemann* 1992). Eine Ausnahme stellt lediglich Finnland dar (vgl. *Pfau-Effinger* 1993).

Die Ausweitung der Teilzeitarbeit erfolgte in Westdeutschland in den 60er und 70er Jahren zunächst durchaus auf der Basis eines gesellschaftlichen Konsenses dahingehend, daß mit dieser Arbeitsform die Vereinbarkeit von Beruf und Familie für Hausfrauen und Mütter gut zu gewährleisten sei (vgl. *Eckart* 1990). Auch vor diesem Hintergrund konnte Teilzeitarbeit (hauptsächlich im privaten Dienstleistungssektor) von Arbeitgebern und Gewerkschaften als Arbeitsform mit deutlichen Abweichungen von den Standards sozialer Absicherung des sog. »Normalarbeitsverhältnisses« (*Mückenberger* 1986) etabliert werden (vgl. *Kurz-Scherf* 1989). Dabei entwickelte sich diese Arbeitszeitform in den letzten beiden Jahrzehnten für einzelne Branchen (Einzelhandel, Reinigungsgewerbe) zu einem wichtigen Flexibilisierungs- und Rationalisierungspotential und trug so zu einer weiteren Prekarisierung von Frauenerwerbsarbeit bei (vgl. *Möller* 1990).

– Im Zuge der *Expansion des Bildungswesens* konnten Frauen zwar bei den schulischen Bildungsabschlüssen mehr als gleichziehen und bei den beruflichen Abschlüssen erheblich aufholen (vgl. u.a. *Kreckel* 1992, S. 22). Dennoch haben sich im Zeitverlauf *kaum* Veränderungen der geschlechtsspezifischen Arbeitsmarktsegregation ergeben (vgl. zur berufsstrukturellen Entwicklung insbesondere *Quack* u.a. 1992), d.h. Frauen konnten und können »Bildungskapital«, ungeachtet der in der Bundesrepublik besonders engen Koppelung von Bildungs- und Beschäftigungssystem, nicht in dem selben Maß wie Männer in Erwerbschancen umsetzen.

Vielmehr zeigt eine Analyse der modernen Dienstleistungsberufe, daß auch hier die bekannten Geschlechtstypisierungen greifen, indem den von Frauen verrichteten Tätigkeiten ein Stück weit Berufsförmigkeit verweigert wird, während die von Männern besetzten Bereiche derselben Tätigkeitsfelder den Charakter von »Facharbeit« oder »Handwerk« aufweisen (vgl. etwa den fast ausschließlich von Männern ausgeübten Beruf des Gebäudereinigers im Unterschied zur ungelernten Tätigkeit der Reinigungsfrauen; männliche Köche und weibliche Küchenhilfen). Selbst dort, wo Frauenarbeit Berufsförmigkeit erreicht, wie in den Sozial- und Erziehungsberufen sowie den neueren technischen Assistenzberufen, bleibt sie im Bereich der Semi-Professionalität; es entstehen also keine gemischten, sondern geschlechtstypische Segmente. Daß es sich hier um »harte« Trennungslinien handelt, zeigt sich nicht zuletzt daran, daß sie bereits in der Struktur der beruflichen Ausbildung angelegt sind, indem schulische Ausbildungswege bis heute stark feminisiert und gegenüber betrieblichen in spezifischer Weise abgewertet sind (vgl. *Krüger* 1989).

Auch für die typischen Professionen (Jura, Medizin) sowie die neuen wissenschaftlich-technischen Dienstleistungsberufe (Wirtschaftswissenschaften, Informatik, Konstruktion) läßt sich zeigen, daß Frauen heute zwar stärker als früher über die notwendigen Eintrittsqualifikationen verfügen, diese sich jedoch nicht in demselben Maß wie bei Männern in adäquaten beruflichen Einsatz und geradlinige Karrierewege umsetzen lassen. Vielmehr zeichnen sich hier nunmehr innerhalb der akademischen und wissenschaftlich-technischen Bereiche geschlechtstypische Trennungslinien ab (nach Bezahlung, angestellter vs. freiberuflicher, abhängiger vs. weisungsbefugter Tätigkeit) (vgl. u.a. *Wetterer* 1993).

– Ein wesentlicher Effekt der geschlechtsspezifischen Arbeitsmarktsegregation ist die anhaltende und in Westdeutschland im EG-Vergleich besonders stark ausgeprägte *Einkommensdifferenz* zwischen den Geschlechtern (*Hörburger* 1993, S. 189ff.), obwohl auch hier seit 1980 die Rechtsnorm der Lohngleichheit bei gleichwertiger Arbeit gilt (*Jochmann-Döll/Krell* 1993). Kennzeichen zahlreicher typischer Frauenberufe (Friseurin, Arzthelferin, Verkäuferin) ist nach wie vor, daß sie zwar mehrjährige Ausbildungsinvestitionen voraussetzen, aber dennoch selbst bei Vollzeitarbeit und kontinuierlicher Erwerbsarbeit keine dauerhafte eigenständige Existenzsicherung ermöglichen. Daran hat auch die im bundesrepublikanischen System der Arbeits- und Sozialbeziehungen vergleichsweise hoch anzusetzende bargaining-power der Gewerkschaften nichts geändert, wie Analysen von Tarifpolitik und Arbeitsbewertungsverfahren zeigen (vgl. *Kurz-Scherf* 1986, *Lang/Vogelheim* 1992, *Jochmann-Döll/Krell* 1993).

Auch für die nordeuropäischen Wohlfahrtsstaaten sind eine ausgeprägte geschlechtsspezifische Arbeitsmarktsegregation und erhebliche Einkommensdifferenzen kennzeichnend; sie haben sich mit dem Ausbau der im wesentlichen von Frauen verrichteten öffentlichen Dienstleistungen z.T. sogar verstärkt (vgl. *Oelschläger/Schunter-Kleemann* 1992, S. 346ff.) und markieren so – neben den sich abzeichnenden generellen Finanzierungsproblemen – Grenzen auch des egalitär ausgerichteten skandinavischen Wohlfahrtsstaatsmodells.

– Ungeachtet fortschreitender Tertiarisierungsprozesse ist die *Expansion des Dienstleistungssektors* in Westdeutschland bisher *weniger stark ausgefallen* als in anderen Industrieländern. Dabei spielt neben einer geringen Tendenz zur Externalisierung betriebsbezogener Dienstleistungen auch die Tatsache eine Rolle, daß der Ausbau des Wohlfahrtsstaates in Westdeutschland – anders als in den skandinavischen Ländern – stärker transfer- und weniger dienstleistungsintensiv erfolgte. So wurden und werden nur in sehr begrenztem Ausmaß Infrastrukturleistungen für Familien – insbesondere für Klein- und Schulkinderbetreuung sowie die Altenpflege[7] – bereitgestellt und stattdessen sozialpolitische und steuerliche Anreize für die Nichterwerbstätigkeit (bzw. unbezahlte Reproduktionsarbeit) von Hausfrauen und Müttern geschaffen (vgl. *Oelschläger/Schunter-Kleemann* 1992, S. 159ff.).

– Auch der für die Bundesrepublik charakteristische Ausbau des *Sozialstaates*, der breite Bevölkerungsschichten gegen die Risiken marktwirtschaftlicher Prinzipien (Krankheit, Erwerbslosigkeit, Armut) ein Stück weit abgesichert und so wesentlich zu einer Vereinheitlichung der Lebensbedingungen von Familien beigetragen hat, weist Besonderheiten auf. Die hier zum Tragen kommende Sozialpolitikkonzeption ist insoweit *partikularistisch*, als die soziale Sicherung an das Faktum der Vollerwerbstätigkeit bzw. den ehelichen Status gebunden ist und eine eigenständige Grundsicherung insbesondere der Familienarbeit leistenden Frauen – ungeachtet einiger Reformen in den 80er Jahren – bis heute nicht vorgesehen ist (vgl. u.a. *Ostner* 1990). Für die nordeuropäischen Wohlfahrtsstaaten ist demgegenüber eher eine Ausrichtung staatlicher Politik an egalitären Sozial- (und Arbeits-)beziehungen kennzeichnend (*Schunter-Kleemann* 1992a, *Lewis/Ostner* 1994).

- Ein letztes Kriterium für die Grenzen der Arbeitsmarktintegration von Frauen ist schließlich in den deutlich geschlechtsspezifischen Ausprägungen von Arbeitsmarktkrise und einzelbetrieblichen Restrukturierungsprozessen zu sehen. So sind Frauen bereits seit Jahren in fast allen Berufsgruppen stärker als Männer von Erwerbslosigkeit betroffen (*Engelbrech* 1992) und partizipieren ungeachtet hoher Weiterbildungs- und Erwerbsbereitschaft nur unzulänglich an staatlicher Arbeitsförderung (*Gottschall* 1991). Auch von der Entwicklung des Dienstleistungssektors, dessen Expansion in der Vergangenheit in bezug auf Arbeitsplatzverluste im gewerblichen Bereich zum Teil kompensatorisch wirkte, ist mittelfristig angesichts restriktiver Haushaltspolitik im öffentlichen Bereich und Rationalisierungen bei den privaten Dienstleistungen keine Trendwende zu erwarten. Darüber hinaus gibt es Anzeichen für eine Zunahme von ungeschützten Beschäftigungsverhältnissen (*Wagner* 1992) und für eine zunehmende Relevanz selektiver Personalpolitiken gerade auch in qualifizierten kaufmännisch-administrativen und technischen Einsatzfeldern des Dienstleistungssektors (vgl. *Baethge/Oberbeck* 1986, *Gottschall/Müller* 1987, *Braszeit* u.a. 1989, *Hübner/Rudolph* 1993). Die bereits gegenwärtig für Frauen konstatierbare (quantitative und qualitative) Diskrepanz zwischen Erwerbsnachfrage und Erwerbsangeboten wird sich mittelfristig angesichts einer weiter steigenden Erwerbsnachfrage von Frauen noch verschärfen [8].

Diese Struktur einer begrenzten Integration muß auch im Kontext nationalspezifischer *familien- und geschlechtspolitischer Leitbilder* gesehen werden – insbesondere der Ausrichtung am asymmetrischen Familienmodell der Hausfrauenehe –, die in der Bundesrepublik bis in die 60er Jahre gesamtgesellschaftlich mehr oder weniger konsensfähig waren [9].

Die nicht nur soziokulturell normierende Kraft dieses Modells zeigt sich in der bis in die 70er Jahre gültigen rechtlichen Normierung der Hausfrauenehe, der transferintensiven Ausgestaltung des Sozialstaates sowie bei den Arbeitsmarktparteien in einer indirekt geschlechtsspezifischen Arbeits- und Einkommenspolitik.

Selbst die jüngsten familienpolitischen Maßnahmen stützen weiterhin das in der Realität bereits vielfach fragwürdig gewordene Familienernährermodell: so erweist sich insbesondere der in den 80er Jahren eingeführte und sukzessive zeitlich erweiterte Erziehungsurlaub als arbeitsmarktpolitisches Instrument zur selektiven Ausgliederung und nur begrenzt erfolgreichen Wiedereingliederung von Frauen in den Arbeitsmarkt (vgl. *Landenberger* 1991).

Erst unter dem unabweisbaren Druck veränderter Realitäten – einer gestiegenen Erwerbsbeteiligung insbesondere von Müttern, einer Beruf und Familie einschließenden Lebensplanung der jüngeren Frauengeneration, steigender Scheidungsquoten und der Erosion der Hausfrauenehe wie auch den neuen Möglichkeiten eigenständiger Familienplanung (vgl. u.a. *Beck-Gernsheim* 1983) – kam es im Verlauf der 70er und 80er Jahre zu einer *Modernisierung des Familienernährermodells* und der Geschlechtsrollen-Leitbilder in Richtung »Partnerschaft« und »Vereinbarkeit von Beruf und Familie für Frauen«.

Ob diese Modernisierung des Familienernährmodells allerdings tatsächlich einen stabilen neuen gesellschaftlichen Konsens markieren kann, muß freilich angesichts nachhaltig veränderter Verteilungs-Realitäten und qualitativ neuer Problemstrukturen offen bleiben. Schon die für die alte Bundesrepublik (zur Situation nach der Vereinigung s.u.) charakteristische strukturell begrenzte Integration birgt vielfältige widersprüchliche Dynamiken. Die offensichtlichste besteht darin, daß Frauen im Zuge der o.g. Entwicklung über eine ökonomische und soziale Besserstellung hinaus auch Terrain für eine eigenständige Lebensplanung gewinnen konnten. In dem Maß, in dem sie dies für sich beanspruchen, bzw. aufgrund gesamtgesellschaftlicher Individualisierungstendenzen (vgl. insbesondere die veränderten Familienformen und die steigende Zahl alleinerziehender Mütter) und ökonomischer Krisenerscheinungen auch beanspruchen müssen, stoßen sie an Grenzen der vollen Verwirklichung von egalitären Strukturen. Diese Grenzen, die sich in einer anhaltenden geschlechtsspezifischen Ungleichverteilung von Lebenschancen ausdrücken, sind freilich in modernen bürgerlichen Gesellschaften kaum mehr legitimationsfähig; zugleich wird deutlich, daß die Einlösung des Gleichheitsversprechens nicht in einer Verallgemeinerung des männlichen Lebensmodells liegen kann.

Der *Arbeitsmarkt* fungiert dabei gewissermaßen als Kristallisationspunkt einer *qualitativ neuen Problemstruktur*: Die Legitimität und Funktionalität geschlechtsspezifischer Ungleichbehandlung ist ein Stück weit in Frage gestellt. So läßt sich die strukturelle Benachteiligung von Frauenarbeit im Erwerbssystem erstens nicht mehr vorrangig auf Bildungsdefizite und Familienorientierung der Frauen zurückführen. Sie erweist sich zweitens auf Betriebs- und Branchenebene – im Kontext von Rationalisierung und Reorganisation, neuen gesellschaftlichen Ansprüchen an Dienstleistungsqualität und neuen Formen von Arbeitsbewußtsein – keineswegs mehr durchgängig als funktional; insbesondere stößt die in typischen Fraueneinsatzfeldern (Verkauf, Krankenpflege, Sozial- und Erziehungsbereich) tradierte Deprofessionalisierung an Grenzen (vgl. *Baethge* u.a. 1990, *Goldmann* 1993, *Rabe-Kleberg* 1993). Drittens wird – bezogen auf das Erwerbssystem als Ganzem – die Innovationsfähigkeit der bisher für das »Modell Deutschland« so erfolgreichen Basisinstitutionen von Fachausbildung und Berufssystem in Zweifel gezogen (vgl. u.a. *Jürgens/Naschold* 1994), gerade weil sie auf starker funktionaler (und damit zugleich auch geschlechtsspezifischer Arbeitsteilung) beruhen. Schließlich gerät aus der sozio-ökonomischen Entwicklungsdynamik heraus auch das traditionelle, geschlechtsspezifisch komplementäre Arrangement von »Normalarbeitsverhältnis« und »Normalfamilie« (vgl. *Aulenbacher* 1993) unter Druck, indem das Erwerbssystem auch für männliche Arbeitskräfte keineswegs mehr dauerhaft (familien-)existenzsichernde Arbeitsplätze bereitstellen und so die Erosion der »Versorgerehe« kaum aufhalten kann.

4. Erklärungsansätze zur geschlechtsspezifischen Arbeitsmarktsegregation

Vor diesem Hintergrund lassen sich folgende Ansprüche an Erklärungsansätze zur geschlechtsspezifischen Arbeitsmarktsegregation formulieren: Erklärungsbedürftig ist nicht nur, warum die Berufs- und Tätigkeitsstrukturen nach wie vor weitgehend geschlechtsspezifisch segregiert sind, sondern auch, warum Frauen auch bei gleicher oder vergleichbarer Qualifikation, vergleichbarem Leistungsvermögen und vergleichbarer Erwerbsarbeitsorientierung schlechtere Arbeitsmarktchancen haben als Männer, und warum und wie sich traditionelle Geschlechterarrangements im Erwerbsleben ungeachtet ihrer zum Teil schwindenden materiellen und legitimatorischen Basis immer wieder zu behaupten suchen.

Traditionelle Erklärungsansätze aus der Arbeitsmarktforschung sowie der Industrie- und Berufssoziologie bleiben hier jedoch unbefriedigend.

Klassische *angebotsorientierte Ansätze* zielen auf typische Unterschiede im Arbeitsmarktverhalten (Erwerbsbeteiligung, Arbeitszeitpräferenzen, Qualifikationsstrukturen) von Männern und Frauen und »versagen« spätestens dann, wenn auf dieser Ebene geschlechtsspezifische Unterschiede schwinden, die harten Fakten der Frauenbenachteiligung im Erwerbssystem (wie z.B. Einkommensdifferenzen) jedoch Bestand haben (vgl. *Maier* 1994, *Regenhard/Fiedler* 1994).

Vor dem Hintergrund einer von beiden Geschlechtern akzeptierten Rollenteilung, die für Frauen vorrangig Familienaufgaben beinhalte, sei das Berufswahlverhalten von Frauen in erster Linie durch Vereinbarkeitsinteressen und ihre Berufspraxis durch relativ geringe Investitionen in Aus- und Weiterbildung geprägt. Die Begrenzung der Frauen auf bestimmte Berufe und Tätigkeiten und damit zugleich auch auf die unteren Hierarchieebenen in Betrieb und Verwaltung erscheint in diesen *humankapitaltheoretisch* fundierten Ansätzen dann als Ergebnis eines rationalen ökonomischen Kalküls von Frauen und zugleich als eine legitime Form von Ungleichbehandlung.

Die konkurrierenden *nachfrageorientierten Ansätze* rekurrieren demgegenüber auf das Einstellungsverhalten der Arbeitgeber, personalpolitische Strategien und spezifische Aushandlungsbedingungen von Kapital und Arbeit bei Entlohnung und Leistung. Für die deutsche Diskussion bedeutsam ist hier insbesondere eine Variante des *Segmentationsansatzes*[10] geworden, die die Benachteiligung von Frauen mit ihrer dauerhaften Verortung in dem am schlechtesten abgesicherten, sekundären Arbeitsmarktsegment in Zusammenhang bringt (*Lappe* 1981, 1986). Diese These kann jedoch nur für die Situation von Industriearbeiterinnen (und damit nur für eine Minderheit weiblicher Erwerbstätiger) Plausibilität beanspruchen (*Gottschall/Müller* 1989, *Pfau-Effinger* 1990)[11].

Analytisch betrachtet sind diese Ansätze in doppelter Hinsicht unzulänglich. Es fehlt eine systematische Bezugnahme auf die gesellschaftlichen Bedingungen (Trennung von Produktions- und Reproduktionsbereich), die die o.g. Unterschiede in den Erwerbschancen von Männern und Frauen generieren, und es fehlt z.T. eine kritische Reflexion der Definition der Kategorien, die für die jeweiligen Analysen zentral sind.

Dies gilt auch für die *Berufs- und Industriesoziologie*, die zwar ausdrücklich die soziale Konstitution ihres Gegenstandes thematisiert, sich jedoch gleichwohl zum Teil als geschlechtsblind erweist, wie sich an der Verwendung des *Arbeits-* und *Qualifikationsbegriffs* in der industrie- und arbeitssoziologischen Forschung zeigen läßt[12]. »Arbeit« wird selbstverständlich mit Lohn- bzw. Erwerbsarbeit gleichgesetzt, und »Qualifikation« wird ebenfalls marktbezogen definiert, nämlich als Ensemble derjenigen Fähigkeiten und Kenntnisse, die eine Existenzsicherung durch Erwerb ermöglichen. Ausgeblendet bleibt die privat verrichtete Haus- und Familienarbeit (sowie die dafür erforderlichen Qualifikationen), die wesentlich zur Reproduktion der Lohnarbeitskräfte beiträgt. Abgesehen von diesem Reduktionismus, bleibt auch das immanente lohnarbeitsbezogene Verständnis von »Qualifikation« problematisch. Zwar thematisieren Arbeiten aus der Industrie- und Angestelltensoziologie, insbesondere dort, wo sie sich historisch und aktuell mit Rationalisierungsprozessen beschäftigen, daß es sich bei der Definition von Qualifikationsanforderungen im Arbeitsprozeß nicht einfach um technisch induzierte, gleichsam sachgesetzliche, sondern durchaus um sozial gestaltete Anforderungen handelt. Unterbelichtet bleibt jedoch in der Regel, daß der normative Bezugspunkt für die Analyse von Qualifikationsveränderungen (nämlich bestimmte Konzepte von »Facharbeit« und »Handwerk«) selbst androzentristisch geprägt ist (*Kramer* 1988, *Gottschall* 1988). Rekurriert wird implizit oder explizit auf den aus männlicher Lohnarbeitspraxis extrahierten »ideellen Gesamtarbeiter« (*Aulenbacher/Siegel* 1993, S. 70) sowie auf vorgängige Muster horizontaler und vertikaler Arbeitsteilung (und deren gesellschaftliche »Bewertung« in Form von Lohn-Leistungsrelationen, Belastungsdefinitionen und Mobilitätsketten), in die jedoch generell hierarchische und geschlechtsspezifische Differenzierungen bereits eingelassen sind[13].

Diese strukturellen Defizite werden in verschiedenen Ansätzen aus der *Frauenforschung* teils implizit, teils explizit aufgegriffen. Im folgenden geht es um die für die deutschsprachige *Frauenarbeitsforschung* zentralen Konzepte und Kontroversen[14]; dabei sind differenztheoretische und hierarchietheoretische Ansätze sowie das in jüngster Zeit aus dem anglo-amerikanischen Raum übernommene »gendering«-Konzept zu unterscheiden.

Differenztheoretische Ansätze, und hier insbesondere das von *Ostner* und *Beck-Gernsheim* entwickelte *Konzept vom »weiblichen Arbeitsvermögen«*, gehen von einem *inhaltlichen* Zusammenhang zwischen den Arbeitsanforderungen an bestimmten Frauenarbeitsplätzen und den Eigenschaften und Merkmalen des Arbeitsvermögens von Frauen aus[15]. Auch dieses Konzept argumentiert angebotsorientiert, da es Berufswahlverhalten und Berufspraxis von Frauen zum Ausgangspunkt nimmt; es überschreitet jedoch den engen rollentheoretischen Hintergrund neoklassischer Ansätze, indem es die Trennung und Strukturdifferenz von Berufs- und Hausarbeit, und damit die gesamtgesellschaftlichen Arbeitsteilungsstrukturen zum theoretischen Bezugsrahmen erhebt.

Hausarbeit und Berufsarbeit werden als zwei formdifferente, gleichwohl notwendige und aufeinander bezogene Formen von gesellschaftlicher Arbeit definiert, die durch unterschiedliche Arbeitsgegenstände und das Erfordernis unterschiedlicher, je spezifischer Arbeitsvermögen gekennzeichnet sind. Aufgrund der vorrangigen Zuweisung von Haus- und Familienarbeit an das weibliche Geschlecht entwickeln Frauen, so die Argumentation, prinzipiell ein eher reproduktionsbezogenes sog. »weibliches Arbeitsvermögen«. Dieses auf die Befriedigung leiblicher und emotionaler Bedürfnisse der Familienangehörigen gerichtete Arbeitsvermögen, gekennzeichnet durch Erfahrungswissen, Intuition, Fürsorglichkeit und Geduld, stehe in gewissem Widerspruch zu den im Berufssystem geforderten Fähigkeiten und Orientierungen, wie z.B. Konkurrenzfähigkeit und Leistungsorientierung.

Dies führe zu Kompromißbildungen, die sich *auf seiten der Frauen* in bestimmten Berufswahlprozessen und inhaltlichen Berufsinteressen (Berufe und Tätigkeiten, die eine gewisse Nähe zur Hausarbeit aufweisen, z.B. Sozial- und Pflegeberufe, Näherin, Friseurin) und in bestimmten Formen beruflicher Praxis (u.a. geringe Aufstiegsorientierung, geringer gewerkschaftlicher Organisationsgrad) ausdrücken. Dem entsprechen *auf seiten der Betriebe*, neben der Nutzung der Diskontinuität weiblicher Erwerbsarbeit, Interessen an der (Gratis-)Nutzung unmittelbar reproduktionsbezogener Fertigkeiten (Fingerfertigkeit, Geschicklichkeit) und sozialer Fähigkeiten (u.a. Geduld). Kennzeichnend für die sog. Frauenberufe, insbesondere die Semi-Professionen, sei eine besonders enge Beziehung zwischen den arbeitsinhaltlichen Interessen der Frauen und den betrieblichen Interessen an der Nutzung des »weiblichen Arbeitsvermögens« (*Ostner* 1979).

Geschlechtsspezifische Arbeitsmarktstrukturen erklären sich demnach wesentlich aus Besonderheiten des »weiblichen Arbeitsvermögens«, das Berufswahlverhalten und Berufspraxis von Frauen in spezifischer Weise formt und von seiten der Betriebe entsprechend (aus-)genutzt wird. Die Erkenntnisfortschritte dieses Ansatzes liegen zweifellos in der Thematisierung des strukturellen Zusammenhangs zwischen Erwerbs- und Hausarbeit. Theoretische und empirische Kritik hat sich jedoch an dem weitgefaßten Erklärungsanspruch und hohen Generalisierungsgrad des Ansatzes ergeben[16]. In bezug auf das Verständnis geschlechtsspezifischer Arbeitsmarktsegregation sind folgende empirisch fundierte Einwände relevant:

- Tatsächlich weist Frauenerwerbsarbeit historisch wie aktuell in den westlichen Industrieländern strukturelle Gemeinsamkeiten auf: sie gilt im Vergleich zu männlicher Lohnarbeit als geringer qualifiziert, sie ist geringer entlohnt und weniger aufstiegsträchtig. *Eine durchgängige arbeitsinhaltliche Gemeinsamkeit* von Frauenarbeitsplätzen und -berufen, die sich mit Rekurs auf das »weibliche Arbeitsvermögen« erklären ließe, ist jedoch – abgesehen von den frauentypischen Semi-Professionen – weder historisch noch aktuell nachweisbar (vgl. u.a. *Willms-Herget* 1985, *Rabe-Kleberg* 1993, *Teubner* 1989). Wie der empirisch vielfach nachgewiesene Geschlechtswechsel von Tätigkeiten, Berufen und ganzen Branchen zeigt, ist die konkrete Ausgestaltung von geschlechtsspezifischen Trennungslinien historisch durchaus variabel[17]. Erklärungsbedürftig ist demnach nicht nur, wie diese Trennungslinien verlaufen, sondern auch, unter welchen Bedingungen sie sich immer wieder herausbilden[18] und warum sie grundsätzlich hierarchisch strukturiert sind.

- Weiterhin sind die im Konzept vom »weiblichen Arbeitsvermögen« getroffenen Aussagen zum Berufswahlverhalten und Arbeitsbewußtsein von Frauen zu relativieren. Denn Berufswahlprozesse von Frauen werden nicht nur oder vorrangig durch reproduktionsbezogene Interessen und Orientierungen bestimmt; vielmehr spielen hier, neben der »Gelegenheitsstruktur« des Arbeitsmarktes (vgl. u.a. *Lüsenbrink* 1993) auch geschlechtstypische »Kanalisierungen« in schulischer und beruflicher Sozialisation im Sinn von aufgenötigten Anpassungsprozessen an bereits geschlechtsspezifisch segregierte Ausbildungs- und Arbeitsmarktstrukturen eine wesentliche Rolle (*Krüger* 1989). Auch die Annahme, das Erwerbsarbeitsbewußtsein von Frauen sei vorrangig reproduktionsbezogen und insoweit eindimensional, ist empirisch nicht haltbar. Vielmehr geht mit der objektiven Doppelbelastung erwerbstätiger Frauen und Mütter eine subjektive Doppelorientierung auf Familie und Beruf (vgl. insbesondere *Becker-Schmidt* u.a. 1983, *Krüger* 1993) einher. Das Arbeitsvermögen von Frauen ist dementsprechend wesentlich komplexer zu bestimmen, nämlich als eines, das durch die Integration höchst widersprüchlicher, strukturdifferenter (erwerbsarbeits- und reproduktionsbezogener) Anforderungen gekennzeichnet ist (vgl. *Becker-Schmidt* 1987).

- Indem das Konzept die inhaltliche Differenz zwischen »männlichem berufsbezogenen« und »weiblichem hausarbeitsbezogenen« Arbeitsvermögen zum zentralen Erklärungsmoment erhebt, kann es schließlich die Frage nach den Ursachen von Frauenbenachteiligung auch bei »gleicher Qualifikation« (und Erwerbsarbeitspraxis) nur unzureichend berücksichtigen.

Eine gewisse Zuspitzung finden diese Einwände im Vorwurf des impliziten Positivismus des Konzeptes: Das (wie auch immer) hergestellte »weibliche Arbeitsvermögen« gilt in der Tendenz als Ursache geschlechtsspezifischer Arbeitsmarktsegregation und legitimiert diese gewissermaßen (mit der These von der besonderen Neigung und Eignung der Frauen für Frauenberufe). Theoretisch nur unzureichend in Betracht gezogen wird, daß die teils real konstatierbare, teils nur behauptete Korrespondenz zwischen den Anforderungsprofilen an typischen Frauenarbeitsplätzen einerseits und den Frauen zugeschriebenen Fähigkeiten und Orientierungen andererseits gerade umgekehrt eine Folge bzw. ein Legitimationsmuster geschlechtsspezifischer Arbeitsmarktsegregation sein kann.

Weiterführend ist hier das in der angelsächsischen und deutschen Diskussion entwickelte Konzept von »*Geschlecht als Statuskategorie*«, das vorrangig *hierarchietheoretisch* argumentiert (vgl. *Teubner* 1989, 1992, *Wetterer* 1992, 1993) und dessen empirische Bezugspunkte eher frauenuntypische Beschäftigungsbereiche (Professionen, technisch geprägte Berufsfelder) sind. Die Entstehung und Veränderung von geschlechtsspezifischen Trennungslinien auf dem Arbeitsmarkt sind demnach auf der sozialstrukturellen Ebene als Prozesse der Statusdistribution zu begreifen, die zu einer fortwährenden Ausdifferenzierung und Reproduktion der Hierarchie im Geschlechterverhältnis führen. Davon zu unterscheiden ist die diskursive Ebene, wo es um die Konstruktion und Rekonstruktion der Geschlechterdifferenz geht, indem Tätigkeiten, die Frauen oder Männern zugewiesen werden, als spezifisch weiblich oder männlich codiert werden. Dabei dient die diskursive Konstruktion als Legitimation und alltagsweltliche Erklärung eben derjenigen sozialen Ungleichheit, die durch die Prozesse geschlechtsspezifischer Arbeitsmarktsegregation reproduziert wird (*Wetterer* 1992).

Diese Doppelstruktur der Konstruktion von Hierarchie *und* Differenz im Geschlechterverhältnis im Erwerbsleben läßt sich empirisch insbesondere für Phasen technischer Innovation und Rationalisierung nachvollziehen. Eine besondere Rolle spielt dabei die Redefinition von tätigkeitsbezogener Qualifikation; sie dient als quasi-objektivierter Mechanismus der (Re-)Konstruktion einer arbeitsinhaltlichen Differenz und soziostrukturell relevanten Hierarchie von Männer- und Frauenarbeit. Die hier inzwischen vorliegenden sozialhistorischen und aktuellen Studien belegen zugleich, daß und wie flexibel technische Gestaltungen von Arbeitsbereichen zur Legitimation des Ausschlusses von Frauen oder aber der Abwertung von Frauenarbeit genutzt werden (vgl. insbesondere *Robak* 1992 zur Druckindustrie, *Hoffmann* 1987 zur Programmierung sowie *Cockburn* 1988).

Hierarchietheoretische Argumentationen können also verständlich machen, daß geschlechtsspezifische Arbeitsmarktsegregation eine vergleichsweise stabile, ihr Gesicht jedoch wandelnde und von daher inhaltlich nicht generalisierend bestimmbare gesellschaftliche Struktur darstellt und daß die gesellschaftlich dominante Gestaltung des Geschlechterverhältnisses in die Konstitution von Berufen und beruflicher Arbeit eingeht. Als eine Ergänzung und Präzisierung dieser Argumentation kann das im anglo-amerikanischen Sprachraum entwickelte *Konzept des »gendering«*, der kulturellen Konstruktion von Geschlecht [19], angesehen werden.

Es geht davon aus, daß die uns bekannte Geschlechterklassifikation keineswegs etwas Selbstverständliches, sondern etwas sozial höchst Voraussetzungsvolles ist und fragt, wie in bestimmten sozialen Kontexten die Herstellung von Geschlechterdifferenz und -hierarchie erfolgt (*Gildemeister/Wetterer* 1992). Dabei geht es sowohl um die interaktive Herstellung von Vergeschlechtlichung als auch um Strukturmomente des Geschlechterverhältnisses, wobei jeweils der Prozeßcharakter betont wird. Diese Perspektive kann auch für die Analyse des Funktionierens geschlechtsspezifischer Arbeitsmarktsegregation fruchtbar gemacht werden. Berufsstrukturelle und rationalisierungsbedingte Veränderungen, die zugleich mit einer Veränderung der personellen Besetzung von Arbeitsplätzen einhergehen, können so als Prozesse der Vergeschlechtlichung von Tätigkeiten (engendering jobs) analysiert werden, die sich ein Stück weit hinter dem Rücken der Beteiligten abspielen, indem die Geschlechterklassifikation (als Differenz und Hierarchie) immer schon vorausgesetzt ist, die jedoch zugleich auch von ihnen getragen werden, indem sie eben diese Geschlechterklassifikation sozial und interaktiv immer wieder herstellen (doing gender) (vgl. dazu auch *Knapp* 1993).

Hierarchietheoretische Ansätze wie auch das »gendering«-Konzept rekurrieren mehr oder weniger explizit auf das Geschlechterverhältnis als einer gesamtgesellschaftlichen Struktur, ohne freilich den Zusammenhang zwischen Erwerbssystem und Geschlechterhierarchie näher zu analysieren. Weiterführend sind hier neuere *gesellschaftstheoretische Ansätze*, die das Geschlechterverhältnis als doppelt strukturiert begreifen – durch industriekapitalistische Vergesellschaftung wie auch durch der bürgerlichen Gesellschaft inhärente patriarchale Strukturen – und diese innerhalb eines gemeinsamen theoretischen Bezugsrahmens verorten (vgl. dazu auch *Wolde* in diesem Band sowie *Gottschall* 1995). Für die deutsche Diskussion bedeutsam sind insbesondere die Thesen von der »*doppelten Vergesellschaftung*« (*Becker-Schmidt* 1987)[20] und vom »*Sekundärpatriarchalismus*« (*Beer* 1990)[21], die inzwischen auch Eingang in den mainstream der Ungleichheits- und Bildungssoziologie gefunden haben (vgl. insbesondere *Kreckel* 1992, 1993 und *Hoff* 1990). In gewisser Konkurrenz zu diesen »materialistisch« argumentierenden Ansätzen stehen modernisierungstheoretische Argumentationen (vgl. insbesondere *Beck* 1986)[22], die das Geschlechterverhältnis als Ausdruck ständischer Strukturen in der Industriegesellschaft begreifen und eher einen kompatiblen gesellschaftstheoretischen Bezugspunkt für differenztheoretische Ansätze darstellen[23].

5. Geschlechterhierarchie als historische Konstante in West und Ost?

Gemeinsam ist den bisher vorgestellten Erklärungsansätzen, daß sie sich mehr oder weniger explizit auf die Verhältnisse in entwickelten westlichen Industriegesellschaften beziehen und von daher begrenzt sind. Mit dem nunmehr freigewordenen Blick auf geschlechtshierarchische Strukturen auch in den Ländern Osteuropas ergeben sich jedoch für die sozialwissenschaftliche Arbeitsmarkt- und Frauenforschung weitere Herausforderungen.

So galt die weitgehende Einbeziehung von Frauen in die planwirtschaftlich organisierte Erwerbsarbeit staatssozialistischer Gesellschaften lange Zeit als »Gegenmodell« zur »unvollständigen Integration« von Frauen in die kapitalistischen Marktökonomien. Mit dem politischen und ökonomischen Zusammenbruch der RGW-Staaten, insbesondere der DDR, ist freilich deutlich geworden: Auch hier haben sich trotz hoher Erwerbsbeteiligung der Frauen, vglw. hoher und diversifizierter beruflicher Qualifikation und erheblichen Infrastrukturleistungen für Kinderbetreuung und Haushaltsführung geschlechtshierarchische Strukturen im Erwerbsleben, in der Politik und in der Familie nicht nur als Relikt erhalten, sondern über einen komplexen Wirkungszusammenhang von politischen Maßnahmen, kultureller Normierung und Alltagspraxis zwischen den Geschlechtern systematisch reproduziert (*Dölling* 1991, *Nickel* 1991, *Diemer* 1994). Anhand international vergleichender Studien läßt sich zeigen, daß die für westliche Industriegesellschaften kennzeichnenden Merkmale geschlechtsspezifischer Arbeitsmarktsegregation auch in den RGW-Ländern anzutreffen waren: neben geringerer Entlohnung und schlechteren Weiterbildungschancen an Frauenarbeitsplätzen insbesondere auch der tendenzielle Ausschluß von Frauen aus arbeitspolitischen und technisch-wissenschaftlichen Gestaltungsfunktionen (vgl. den Überblick bei *Maier* 1991).

Nun kann die Tatsache, daß die Zuordnung weiblicher und männlicher Arbeitskräfte in kapitalistischen wie staatssozialistischen Ländern einem analogen, nämlich hierarchischen Muster folgt, nur partiell mit Theorieansätzen erfaßt werden, die sich primär auf ökonomische Strukturen und Vergesellschaftungsmodi beziehen, die für bürgerlich-kapitalistische Gesellschaften kennzeichnend sind, denn der Prozeß der beruflichen Eingliederung von Arbeitskräften unterlag in planwirtschaftlichen Systemen anderen Logiken und war zumindest politisch dem Primat der ökonomischen Selbständigkeit und der Gleichberechtigung der Frauen verpflichtet (vgl. dazu auch *Gensior* 1994). Dennoch lassen sich in Weiterentwicklung zentraler Erkenntnisse der Frauenforschung tragfähige *Hypothesen zum Verständnis des patriarchalen Charakters staatssozialistischer Gesellschaften* formulieren. Zentral ist die Annahme, daß auch planwirtschaftliche Erwerbsökonomien zu ihrer Existenzsicherung auf generativ-reproduktive Versorgungsleistungen angewiesen sind und diese in Form spezifischer (vom bürgerlich-kapitalistischen Modell unterscheidbarer, jedoch ebenfalls sozial ungleicher) Vergesellschaftung der Geschlechter gewährleisten (vgl. insbesondere *Maier* 1991, *Beer/Chalupsky* 1993).

So sei in der DDR-Gesellschaft tatsächlich eine gewisse ökonomische Unabhängigkeit der Frauen durch deren weitgehende Integration in die Erwerbsökonomie realisiert worden. Das damit einhergehende Problem der eingeschränkten Verfügbarkeit der Frauen für familiale Versorgungs- und generative Leistungen sei jedoch nicht durch ein egalitäres Geschlechterarrangement, sondern durch zumindest partielle Orientierung an der traditionellen bürgerlichen Geschlechterordnung (die ja nach dem Zweiten Weltkrieg ein gemeinsames kulturelles Erbe beider deutscher Staaten darstellte) gelöst worden: mit Hilfe staatlicher Familien- und Bevölkerungspolitik, insbesondere durch Maßnahmen zur Geburtenförderung und zur Vereinbarkeit von Beruf und Familie für Frauen, seien vorrangig Frauen auf die Gewährleistung der privaten Versorgungsökonomie verwiesen und in der Konsequenz in der Erwerbsökonomie (insbesondere im Fall von Mutterschaft) zu zweitrangigen Arbeitskräften geworden. Die konstatierbare geschlechtsspezifische Segregation des Erwerbssystems läßt sich demnach als »beruflicher Sekundärpatriarchalismus«, dem ein staatlich unterstützter, faktischer »familialer Sekundärpatriarchalismus« entsprach, begreifen (*Beer/Chalupsky* 1993).

Für diese Hypothese spricht, daß in der ehemaligen DDR, Ehe und Familie als Institutionen zur Sicherung von Reproduktion und Generativität in ihren Grundstrukturen aufrechterhalten und stabilisiert, die Trennung von Produktions- und Reproduktionsarbeit nur partiell aufgehoben und insbesondere die dazugehörige geschlechtsspezifische Arbeitsteilung faktisch nicht angetastet wurden[24]. Individuelle männliche Macht wurde durch staatliche Regulation in der spezifischen Form von Fürsorge und Bevormundung ersetzt, wie insbesondere die Analysen zur Frauenpolitik als Familien- und Sozialpolitik und zur Bevölkerungspolitik zeigen (vgl. zusammenfassend *Hausen/Krell* 1993).

Auch wenn dieses Geschlechterarrangement im Zeitverlauf weder widerspruchsfrei noch statisch war, gründete es sich auf einen gewissen gesellschaftlichen Konsens, entlastete es doch Männer weitgehend von der

Familienernährerrolle und der sozialen Verantwortung für Elternschaft und bot Frauen ökonomische Unabhängigkeit und die Möglichkeit der Vereinbarkeit von Beruf und Familie – ohne daß die (für alle Beteiligten ein Stück weit Identität verbürgenden) traditionellen kulturellen Normierungen des Geschlechterverhältnisses grundsätzlich in Frage gestellt werden mußten[25].

Ungeachtet der Plausibilität dieser Überlegungen bedarf die Analyse des Geschlechterverhältnisses in staatssozialistischen Gesellschaften weiterer Anstrengungen bzw. Differenzierungen: dies gilt insbesondere für die vielschichtige Rolle des Staates, die mit Analogien zum (versorgenden) Ehemann oder zum Wohlfahrtsstaat westlichen Musters nur unzureichend erfaßt wird; dies gilt auch für die Analyse des »beruflichen Patriarchalismus«, dessen Herkunft und Funktionslogik sich offensichtlich nicht allein mit bezug auf die geschlechtsspezifische Arbeitsteilung erschließen läßt. Dies gilt schließlich auch für die konkrete inhaltliche Ausgestaltung geschlechtsspezifischer Segregation, die vom westlichen Muster insbesondere bei den industriellen und technischen Tätigkeiten durchaus abweicht und die sowohl das Berufsbewußtsein wie auch die kulturelle Ausstattung von »Männlichkeit« und »Weiblichkeit« wesentlich prägt (vgl. dazu auch *Nickel/Schenk* 1994).

Die (traurige) Quintessenz der bisherigen Ausführungen lautet: patriarchalische Strukturen erweisen sich als vergleichsweise flexibel in bezug auf die gesellschaftlichen Rahmenbedingungen und nicht zuletzt deshalb auch als stabil. Dies gilt auch für den *gegenwärtigen Transformationsprozeß der ostdeutschen Gesellschaft*. Frauen erscheinen dabei in doppelter Weise als Verliererinnen: Marktwirtschaftliche Imperative und staatliche »Zurückhaltung« in der Sozialpolitik – vor allem die drastische Einschränkung von Kinderbetreuungsmöglichkeiten – entziehen ihrer ökonomischen Unabhängigkeit den Boden. Für alternative Formen der Existenzsicherung, insbesondere für einen Rückzug in die Hausfrauen- und Mutterrolle, die ja auch im Westen als primäre biographische Perspektive bereits ausgedient hat, fehlen jedoch die objektiven und subjektiven Voraussetzungen.

Wie aktuelle Analysen zeigen (vgl. dazu zusammenfassend *Schenk/ Schlegel* 1993, *Nickel/Schenk* 1994 sowie die Beiträge in *Beckmann/ Engelbrech* 1994), trägt der gegenwärtige Prozeß der Rekonstruktion von Arbeitsmärkten, Berufs- und Wirtschaftsstrukturen deutlich geschlechtshierarchische Züge.

So kommt es erstens zu einer Neuverteilung der knapper werdenden Arbeitsplätze zu Lasten von Frauen, deren (Wieder-)Eintritt in den Arbeitsmarkt deutlich erschwert ist, wie auch zweitens zu einer Redefinition geschlechtsspezifischer Trennungslinien: Branchen, die in der DDR eher frauendominiert waren (Handel, Banken/Versicherungen), werden zu Mischbranchen, und Mischbranchen (Teile des verarbeitenden Gewerbes, Verkehr/Bahn/Post) werden zu tendenziell männerdominierten Bereichen. Insbesondere erweisen sich vergleichsweise hohe formale Qualifikation und Konzentration in Dienstleistungsberufen für Ost-Frauen keineswegs als dauerhafter Schutz vor beruflichen Abwertungs- und Ausgrenzungsprozessen; Verliererinnen in der nunmehr auch verschärften Konkurrenz unter weiblichen Arbeitskräften sind die am geringsten qualifizierten Frauen (vgl. *Nickel/Schenk* 1994, S. 264ff.).

Bei diesen Phänomenen handelt es sich weder um ein bloßes Fortwirken der aus DDR-Zeiten überkommenen geschlechtsspezifischen Strukturen noch um eine allein marktwirtschaftlich bedingte ökonomische Eigendynamik. Die beobachtbare Rekonstruktion von Geschlecterungleichheit in einzelnen Wirtschafts- und Berufsbereichen muß vielmehr als ein komplexer personal- und arbeitsmarktpolitischer wie auch sozial gestalteter Prozeß begriffen werden [26].

Dennoch steht das Ergebnis dieses arbeitsmarktbezogenen und sozialen Transformationsprozesses keineswegs fest, sind Dynamiken und Folgewirkungen in bezug auf das Geschlechterverhältnis – ungeachtet der vielfach geäußerten pessimistischen Einschätzungen – nur schwer prognostizierbar. Denn so eindeutig sich zunächst auch die Durchsetzung der materiellen und institutionellen Rahmenbedingungen nach westlichem Muster präsentiert: weder verläuft dieser Prozeß widerspruchsfrei (wie schon heute die Verteilungskonflikte zeigen), noch kann daraus umstandslos darauf geschlossen werden, daß auch die soziokulturellen Anpassungsleistungen reibungslos erbracht werden.

So ist nach empirischen Erhebungen die Erwerbsneigung ostdeutscher Frauen ungeachtet massiver Arbeitsmarktverdrängung nach wie vor hoch und kollidiert in der Wahrnehmung von Frauen und Männern (noch) nicht mit einer gleichzeitig ausgeprägten Orientierung auf Partnerschaft und Kinder. Vielmehr favorisieren die Menschen in den neuen Bundesländern nach wie vor eher kurze Unterbrechungszeiten für Kinderbetreuung und akzeptieren in hohem Maß außerfamiliale Kinderbetreuungseinrichtungen zugunsten der Kontinuität weiblicher Erwerbsarbeit. Wie nicht zuletzt die sinkenden Geburtenraten zeigen, halten gerade jüngere Frauen unter den veränderten Arbeitsmarktkonditionen an der Berufstätigkeit als Voraussetzung eigenständiger Lebensplanung fest (vgl. *Schenk/Schlegel* 1993). Auch die bisher vorliegenden Erkenntnisse zu subjektiver Verarbeitung und individuellen Bewältigungsstrategien des gesellschaftlichen Umbruchs bei Frauen lassen keine einheitlichen und eindeutigen Schlußfolgerungen im Sinn reibungsloser Anpassungsprozesse zu (vgl. *Nickel/Schenk* 1994).

6. Forschungsperspektiven und gesellschaftspolitische Herausforderungen

Ungeachtet der bereits erzielten Erkenntnisfortschritte ist auch weiterhin eine theoretisch wie empirisch differenzierte und gegenstandsadäquate Analyse geschlechtsspezifischer Arbeitsmarktsegregation notwendig. Auch wenn Prozesse der Vergeschlechtlichung und Hierarchisierung von (Erwerbs-)Arbeit scheinbar universell anzutreffen sind, so variieren Charakter und Dynamik von Segregationsprozessen nicht nur zwischen verschiedenen Gesellschaftssystemen, sondern – wie die strukturellen Unterschiede von Erwerbs- und Familienmustern in den westlichen Wohlfahrtsstaaten zeigen – auch zwischen Nationalstaaten und innerhalb von Gesellschaften. Der in der Frauenarbeitsforschung zunächst zurecht präferierte Blick auf das »Immergleiche«, nämlich die Reproduktion von Geschlechterhierarchie und -differenz vor wechselnden historischen, politischen und sozio-kulturellen Kulissen, sollte nicht den Blick darauf verstellen, daß sich »Vergeschlechtlichung« im Kontext von Modernisierungsprozessen objektiv wie subjektiv widersprüchlich und komplex gestaltet und sich soziostruktureller Gehalt wie auch emanzipatorisches Potential derartiger Entwicklungen nur unter Berücksichtigung der je spezifischen politischen und soziokulturellen Rahmenbedingungen erschließen lassen. Auf eine Konkretisierung von Forschungsfragestellungen im Sinn von Historisierung und Kontextualisierung kann also auch in Zukunft nicht verzichtet werden.

Weiterhin kommt dem für die Frauenforschung geforderten Perspektivwechsel von der Analyse der Geschlechterdifferenz zu deren »Dekonstruktion« (vgl. *Wetterer* 1992, S. 31ff.) forschungsstrategische und politische Bedeutung zu. Ein solcher Perspektivwechsel bedeutet zum einen, die Prozeßhaftigkeit bzw. den konstruktiven Charakter von doing-gender-Prozessen in den Mittelpunkt der Analysen zu stellen, wie dies in der anglo-amerikanischen Forschung schon länger verankert ist. Er impliziert darüber hinaus eine weitreichende politische Option: Ziel von Veränderung wäre nicht mehr einfach eine Reformulierung von Geschlechterdifferenz, sondern die Infragestellung der sozialen Verwendung von Geschlechterklassifikation und damit eine radikale Kritik an Geschlechterdifferenz und -hierarchie. Anzeichen für »*Grenzen der sozialen Ver-*

wertbarkeit der Geschlechterklassifikation« (vgl. *Tyrell* 1986) bzw. für widersprüchliche Entwicklungstendenzen lassen sich m.E. auf verschiedenen Ebenen finden: auf der Ebene von allgemeinen Arbeitsmarktentwicklungen, berufsstrukturellen Wandlungen und einzelbetrieblicher Rationalisierung ebenso wie auf der Ebene von biographischen Verläufen, Berufsverhalten und Arbeitsbewußtsein wie auch auf der Ebene des Handelns kollektiver Akteure. Forschungsstrategisch käme es darauf an, diese Entwicklungen näher in den Blick zu nehmen und auf Kräfte und Gegenkräfte zu untersuchen. Besonders zu berücksichtigen wären dabei für das vereinigte Deutschland auch neue Verquickungen und Verschiebungen in den Strukturen sozialer Ungleichheit, die sich neben den traditionellen Dimensionen »Klasse« und »Geschlecht« auch an ethnischen Zugehörigkeiten, regionaler Herkunft und Alter festmachen und die weitere Differenzierung auch unter Frauen schaffen.

Betrachtet man vor diesem Hintergrund *unterschiedliche gesellschaftspolitische Konzepte zum Abbau von Frauendiskriminierung im Erwerbsleben,* so fällt folgendes auf: Im Unterschied zu Strategien, die die konsequente Gleichbehandlung der Geschlechter – unter Absehung von geschlechtsspezifischen Lebensverhältnissen – zum Inhalt haben (vgl. insbesondere die affirmative action-Politik in den USA), zielen rechtliche Regelungen und freiwillige Maßnahmen in der alten und neuen Bundesrepublik vorrangig auf die Vereinbarkeit von Beruf und Familie und sprechen in erster Linie Frauen als Mütter und Hauptverantwortliche für Kindererziehung an (vgl. besondere Arbeitsschutzbestimmungen, Mutterschutzregelungen und betriebliche Frauenfördermaßnahmen)[27]. Dabei ist der relative Erfolg der jeweiligen Strategien wesentlich von der Verbindlichkeit und Kontrollierbarkeit ihrer Regelungen abhängig, die keineswegs immer gegeben sind[28]. Darüber hinaus erweisen sich beide Ausrichtungen in ihrer Ausschließlichkeit als problematisch: So läuft eine ausschließlich auf Anti-Diskriminierung ausgerichtete Politik nach dem Vorbild der USA Gefahr, den Lebensverhältnissen von Frauen nur bedingt Rechnung zu tragen und die Vereinbarkeit von Beruf und Familie sowie die soziale Absicherung von Mutterschaft dauerhaft zu individualisieren (vgl. u.a. *Lindecke* 1993). Umgekehrt beinhalten frauenspezifische und vereinbarkeitsorientierte Politikkonzepte die Gefahr, Frauen in ihrem Status als »besondere, andere und letztlich minderwertige« Arbeitskräfte festzuschreiben (und Geschlechtsstereotypisierungen im Erwerbsleben zu unterstützen), wie sich dies z.B. für die Wirkung besonderer Arbeitsschutzbestimmungen und zum Teil auch für betriebliche Frauenförderkonzepte zeigen läßt[29]. Die Defizite beider Konzepte hängen nicht zuletzt damit zusammen, daß beide Strategien in gewisser Weise zu kurz greifen; sie lassen die die Geschlechterhierarchie hervorbringenden Verhältnisse in ihrem Wirkungszusammenhang relativ unangetastet. Vielmehr gelten die spezifischen Vergesellschaftungsformen von Arbeit und Generativität, die Trennung von Produktions- und Reproduktionsarbeit sowie die dazugehörige geschlechtsspezifische Arbeitsteilung gleichsam als unverrückbare Rahmenbedingung für Gleichstellungspolitik und Frauenförderung, die dann Reformen sind, die die kleinen und größeren Krisen dieses Systems, insbesondere innerhalb des Erwerbssystems und im Verhältnis von diesem zur privaten Reproduktion, auffangen und es modernisieren sollen, anstatt dessen Widersprüchlichkeiten und sozialen Asymmetrien in einem radikaleren Sinn anzuerkennen.

Zu einer Politik der kleinen Schritte für Gleichberechtigung und soziale Gleichstellung nicht nur auf dem Arbeitsmarkt, sondern auf allen gesellschaftlichen Ebenen gibt es dennoch keine Alternative. Sie muß die o.g. Rahmenbedingungen ein Stück weit angreifen, auch wenn sie sie nicht ohne weiteres verändern kann.

So kann etwa durch eine konsequente Anwendung von Quotenregelungen beim Zugang zu Arbeitsplätzen und beim innerbetrieblichen Aufstieg die Teilhabe von Frauen an der knappen bezahlten Arbeit verbessert werden, so kann die Normierung der Erwerbsarbeit als 1 1/2 Personen-Beruf durch Arbeitszeit- und Tarifpolitik gelockert werden und so können durch steuer- und sozialpolitische Maßnahmen Anreize zur Gleichverteilung von Familienpflichten geschaffen werden. Auch die chronischen Professionalisierungsdefizite typischer Frauenberufe können – durch Gewerkschafts- und Verbandspolitik sowie staatliche Akteure – angegangen werden.

Schließlich muß sich Gleichstellungspolitik auch den aktuellen politischen Umbrüchen, den ökonomischen und sozialen Krisenerscheinungen stellen: Wie die Entwicklungen in der EU und auch innerhalb des vereinigten Deutschlands zeigen, lassen sich Fraueninteressen weder klassenneutral noch jenseits industriegesellschaftlicher und wohlfahrtsstaatlicher Strukturprobleme formulieren (vgl. u.a. *Bohnenkamp* 1992, *Rubery/Fagan* 1993, *Frerichs/Steinrücke* 1993). Als Stachel im Fleisch des komplexen Herrschafts- und Sozialgefüges kann Gleichstellungspolitik nur wirken, wenn sie gleichzeitig geschlechtsspezifische Segregation und soziale Hierarchisierung, interessengebundene Arbeitsteilungen und fremdbestimmte Arbeits- und Lebensverhältnisse angreift und in ihren widersprüchlichen Entwicklungsmöglichkeiten ernst nimmt.

Anmerkungen

1 Als soziologischer Begriff beinhaltet »Segregation« (lat. Ausscheidung, Trennung) sowohl das Moment der Trennung als auch die damit einhergehende soziale Spaltung, d.h. Hierarchisierung. Der Begriff wird hier dem Terminus »Segmentation« vorgezogen, da letzterer in der sozialwissenschaftlichen Arbeitsmarktforschung, insbesondere im Rahmen der Segmentationstheorie (vgl. *Sengenberger* 1978) eine spezifische Form der Arbeitsmarktstrukturierung bezeichnet, die jedoch analytisch und empirisch von geschlechtsspezifischer Arbeitsmarktstrukturierung zu unterscheiden ist (vgl. dazu Teil 4).

2 Dieses umfaßt als jeweils kultur- und gesellschaftsspezifische Struktur die institutionellen und normativen Regulative, die die Geschlechter zueinander in Beziehung setzen. Von zentraler Bedeutung sind die Entscheidungsstrukturen über genealogische und intergenerative Verantwortlichkeiten sowie die Verteilung und Organisation der gesellschaftlich notwendigen Arbeit. »Männer« und »Frauen« werden dabei als soziale Gruppen gedacht, »die gerade die Geschlechterdifferenz in Relation zueinander setzt. Je nachdem, ob die Organisationsprinzipien dieser sozialen Beziehung egalitär oder hierarchisch sind, haben wir es mit einem Verhältnis der Gleichstellung oder einem Herrschaftsgefüge zu tun.«(*Becker-Schmidt* 1991, S. 392 sowie 1993).

3 Vgl. dazu insbesondere die vergleichenden Analysen von *Lewis* (1992) und *Schunter-Kleemann* (1992a, S. 140ff.). Letztere nimmt eine Typologisierung der Wohlfahrtsregimes von 20 europäischen Ländern unter dem Gesichtspunkt der unterschiedlichen Lage der Geschlechter vor und konstatiert die Existenz von patriarchalischen Strukturen in marktwirtschaftlichen wie staatssozialistischen Gesellschaften.

4 Vgl. insbesondere *Oelschläger/Schunter-Kleemann* (1992), die umfassende und im Hinblick auf das Geschlechterverhältnis aussagekräftige vergleichende Länderübersichten vorgelegt haben sowie die Analysen zur »Geschlechtertrennung im Beruf in der Europäischen Gemeinschaft« von *Rubery/Fagan* (1993).

5 Über 90% der erwerbstätigen Frauen sind heute abhängig beschäftigt; die für Frauen noch in den 50er Jahren mit einem Anteil von ca. 30% bedeutsame Erwerbsform als mithelfende Familienangehörige spielt dagegen heute faktisch keine Rolle mehr. Frauen stellen inzwischen ca. 40% aller abhängig Erwerbstätigen; ihre Zahl ist seit den 50er Jahren um mehr als das Doppelte auf heute ca. 10,5 Mio gestiegen (vgl. Statistisches Bundesamt, Mikrozensus und Volkszählungen, div. Jg. sowie *Willms-Herget* 1985).

6 Teilzeitarbeit umfaßt in der Bundesrepublik Arbeitsverhältnisse von 1 bis 35 Stunden, wobei die Mehrheit der Teilzeitbeschäftigten klassische Halbtagsarbeit verrichtet. Gleichwohl war in den 80er Jahren ca. ein Viertel der Teilzeitbeschäftigten nicht arbeitslosen-, ein weiteres Viertel nicht sozial-versichert (*Quack* 1992, S. 71).

7 Das bundesdeutsche System öffentlicher Kinderbetreuung ist offensichtlich – anders als etwa in Schweden oder Dänemark, aber auch als in Frankreich oder England, wo es zumindest Ganztagsschulen gibt – auf die nicht erwerbstätige Hausfrau und Mutter ausgerichtet: So ist die Versorgung mit öffentlichen Betreuungseinrichtungen (oder aber die Förderung entsprechender privater Initiativen)

für Kinder unter 3 Jahren marginal, bei Kindern von 3-6 Jahren liegt sie bei 70% (und soll in den nächsten Jahren auf 100% ausgedehnt werden), wobei allerdings die Halbtagsplätze dominieren; für Schulkinder ist der Versorgungsgrad aufgrund des geringen Anteils an Ganztagsschulen ebenfalls gering (vgl. u.a. *Oelschläger/ Schunter-Kleemann* 1992).

8 Dazu zählte insbesondere die in Deutschland bereits im 19. Jahrhundert am bürgerlichen Familienmodell entwickelte Vorstellung, daß zur Männerrolle die Position des Familienernährers, zur Frauenrolle die der Familienversorgung gehöre, sowie später auch die Normierung, daß eine »richtige« Kleinkinderziehung nur durch die Mutter gewährleistet werden könne. Erwerbstätigkeit von Frauen sollte dementsprechend nurmehr der Vorbereitung auf Hausfrauen- und Mutterdasein dienen oder aber unvermeidliche Risiken wie Nicht-Verheiratung oder Verwitwung abdecken. Diese Vorstellung von »Geschlechterordnung« wurde in den 50er Jahren in der Bundesrepublik zu re-etablieren versucht, ungeachtet der vergleichsweise hohen Erwerbsbeteiligung von Frauen während des Zweiten Weltkrieges und ungeachtet des hohen Anteils alleinstehender Frauen, die auf eine existenzsichernde Erwerbsarbeit angewiesen waren (vgl. u.a. *Hausen/Krell* 1993).

9 Dabei spielt neben einem erhöhten ökonomischen Druck (immer mehr Frauen sind auf eine eigenständige Existenzsicherung durch Erwerb oder aber auf einen eigenen Beitrag zum Familieneinkommen angewiesen) auch die verbesserte Qualifikationsstruktur der Frauen eine Rolle (*Engelbrech* 1992, S. 21).

10 Demnach ergibt sich als Resultat »betrieblicher Strategien« zunächst ein dreigeteilter Arbeitsmarkt: Während sich im sog. »primären Segment« vergleichsweise stabile und gutbezahlte, an betriebliche Aufstiegsleitern gekoppelte Arbeitsplätze befinden, ist das sog. »sekundäre Segment« durch gering qualifizierte, instabile sog. »Jedermannsarbeitsplätze« mit geringer Betriebsanbindung gekennzeichnet. Quer dazu liegen die sog. »berufsfachlichen Arbeitsmärkte«, zu denen nur Arbeitskräfte mit beruflichen Abschlüssen Zugang haben (*Sengenberger* 1978, 1987).

11 Darüber hinaus liegt ein generelles Problem nachfrageorientierter Ansätze in der tendenziellen Vernachlässigung der eigenständigen Wirksamkeit angebotsorientierter Faktoren; so läßt sich für verschiedene historische Phasen zeigen, daß Umfang und Struktur des (Gesamt-)Lohnarbeitsangebots die Erwerbschancen von Frauen wesentlich mitbestimmt haben (*Willms-Herget* 1985, *Humphries/Rubery* 1994). Gleichwohl liegt ein nicht nur für die Fauenarbeitsforschung bedeutsamer Erkenntnisfortschritt segmentationstheoretischer Ansätze in dem Nachweis des strukturellen Charakters von Arbeitsmarktbenachteiligung und der Betonung der Rolle personalpolitischer Strategien für die betriebliche Nutzung von Arbeitskraft (*Gottschall* 1990, S. 19 ff; vgl. zu weiterführenden Konzepten *Reskin* 1994, *Strober/Cantazarite* 1994).

12 Zur Kritik personalwissenschaftlicher Sichtweisen von weiblichen Arbeitskräften vgl. die Beiträge in *Krell/Osterloh* 1993, zur Kritik professionssoziologischer Ansätze und der Erklärung der Marginalität von Frauen in hochqualifizierten Berufen vgl. die Beiträge in *Wetterer* 1992.

13 So sind in der Angestelltensoziologie typische betriebliche Nutzungsformen weiblicher Arbeitskraft – nämlich das Ausschöpfen von nicht-formalisierten Qualifikationen und Verhaltenspotentialen – lange nicht als solche erkannt, sondern

als gering qualifizierter Einsatz mißverstanden worden. Dies läßt sich z.B. an den einschlägigen Untersuchungen zu den Anfängen der Büroarbeit zeigen, wo die relative Billigkeit weiblicher Arbeitskraft aus ihrer fehlenden betrieblichen Ausbildung erklärt und daraus wiederum auf ihren geringqualifizierten Arbeitseinsatz geschlossen wurde. (*Gottschall* 1990). Ein ähnliches Muster findet sich bei den personenbezogenen Dienstleistungen, deren Konstitution als Frauenarbeit mit einer systematischen Verhinderung von Professionalisierung einherging (vgl. *Rabe-Kleberg* 1993). – Auch für Analysen zur Frauenindustriearbeit gilt, daß der spezifische Zusammenhang von Entwertung und Feminisierung, wie er sich gerade auch im Zuge technischer Rationalisierung entfaltet, häufig unterbelichtet bleibt oder gar, wie im Fall arbeitswissenschaftlicher Studien, legitimatorisch verdoppelt wird (vgl. dazu insbesondere *Krell* 1984).

14 Aus der Kritik an traditionellen arbeitssoziologischen Herangehensweisen und mit mehr oder weniger direktem Bezug zu Konzepten aus der Frauenforschung sind zahlreiche Arbeiten entstanden, die – theoretisch und empirisch – jeweils einzelne Aspekte geschlechtsspezifischer Strukturierung des Erwerbslebens thematisieren. Dazu zählen Arbeiten, die sich kritisch mit personal- und gewerkschaftspolitischen Strategien sowie der Rolle von betrieblicher Organisation auseinandersetzen (vgl. u.a. *Brumlop/Hornung* 1994, *Müller* 1993 sowie die Beiträge in *Krell/Osterloh* 1993), und auch Arbeiten, die aus gesamtgesellschaftlicher Perspektive die Geschlechtsspezifik von (sozialer) Rationalisierung (vgl. *Aulenbacher/Siegel* 1993) sowie von Prozessen sozialer Schließung (vgl. *Cyba* 1993) thematisieren.

15 Vgl. *Beck-Gernsheim/Ostner* 1978, *Ostner* 1979, 1992. Das Konzept hat in der Vergangenheit zahlreiche Anwendungen beispielsweise in Arbeiten zu Frauen und Technik (vgl. u.a. *Schiersmann* 1987), gefunden. Die Grundzüge der Argumentation korrespondieren mit weiteren differenztheoretischen Ansätzen (etwa Konzepten »weiblicher Moral«) und haben sich bis in die jüngste Zeit, ungeachtet vielfältiger Kritik, in der wissenschaftlichen und gesellschaftspolitischen Diskussion als attraktives Erklärungsmuster erwiesen, wie z.B. die aktuelle Diskussion um einen »weiblichen Führungsstil« zeigt.

16 Grundsätzliche theoretisch-methodische Einwände richten sich auf die mit der Kategorie des »weiblichen Arbeitsvermögens« beanspruchte Interpretationsreichweite (vgl. *Knapp* 1988). Darüber hinaus ist darauf hingewiesen worden, daß nicht ohne weiteres von einer Dominanz primärer und sekundärer Sozialisationsprozesse gegenüber beruflicher Sozialisation und einer unvermittelten Nutzung hausarbeitsbezogener Kompetenzen in der Berufsarbeit ausgegangen werden kann (*Rabe-Kleberg* 1993, *Krüger* 1988).

17 So läßt sich zeigen, daß in bestimmten historischen Phasen von Frauen verrichtete Tätigkeiten im Zuge ihrer Verberuflichung und Professionalisierung zu Männerdomänen werden (vgl. z.B. für die Medizin *Frevert* 1982) und sich umgekehrt auch Männerberufe zu Frauentätigkeiten (vgl. u.a. für die Büroarbeit *Gottschall* 1990), Männerbranchen sich zu Frauenbranchen wandeln (vgl. für die Textil- und Elektroindustrie *Willms-Herget* 1985). Nachweisbar ist auch, daß Frauen bei technischen Innovationen und Rationalisierungen häufig als Pionierinnen in neuen technisch geprägten Arbeitsfeldern fungieren, diese Bereiche sich jedoch mit

ihrer betrieblichen und beruflichen Konsolidierung vermännlichen (vgl. für die Anfänge der Computerprogrammierung in den USA *Hoffmann* 1987, für die Technisierung in der Druckindustrie *Robak* 1992).

18 Eine wesentliche Rolle spielen bei diesen Prozessen nach dem bisherigen Kenntnisstand Veränderungen in Arbeitskräfteangebot und -nachfrage. So »öffnen« sich Beschäftigungsbereiche für Frauen typischerweise dann, wenn männliche Arbeitskräfte nicht in ausreichendem Maß zur Verfügung stehen (z.B. in Kriegszeiten) und/oder in attraktivere Beschäftigungsbereiche abwandern. Umgekehrt findet die Marginalisierung von Frauen bzw. die relative Entwertung der von ihnen verrichteten Arbeit häufig in Phasen verschärfter Konkurrenz um knappe privilegierte Berufspositionen statt (vgl. z.B. die Scheidung von Profession und Semi-Profession in der Medizin/Krankenpflege). Historisch gesehen ging die Vermännlichung von Berufsbereichen in der Regel mit einem Statusgewinn, die Feminisierung hingegen mit einem Statusverlust einher (vgl. *Willms-Herget* 1985 für Deutschland sowie zur jüngeren Entwicklung in einzelnen EG-Ländern *Rubery/Fagan* 1993).

19 *Knapp* (1993, S. 28) weist darauf hin, daß der Begriff »gendering« mit den Begriffen »Vergeschlechtlichung« und »Sexuierung« nur unzureichend übersetzt werden kann, da ihnen der handlungsbezogene, praktische Akzent des englischen Begriffs fehlt.

20 *Becker-Schmidt* rekurriert in ihrer Analyse der »doppelten Vergesellschaftung« (durch Erwerbs- und Reproduktionsarbeit) von Frauen als »doppelter Unterdrückung« auf eine spezifisch erweiterte Kapitalismusanalyse. Dabei zielt die These von der »doppelten Vergesellschaftung« auf das Geschlechterverhältnis als sozialem Strukturzusammenhang (und nicht etwa auf das Geschlecht als sozialem Konstrukt im Sinne der Rollentheorie bzw. als nurmehr normativ-kulturelles Phänomen, *Knapp* 1990, S. 25f.). Für bürgerlich-kapitalistische Gesellschaften gilt demnach nicht nur das spezifische Verhältnis von Lohnarbeit und Kapital, sondern auch das hierarchische Geschlechterverhältnis als Vergesellschaftungsprinzip. Von diesen zunächst nur analytisch zu trennenden Vergesellschaftungsprinzipien sind selbstverständlich alle Gesellschaftsmitglieder betroffen (vgl. dazu auch *Hoff* 1990, S. 6f.). Für Frauen bedeutet die doppelte Vergesellschaftung jedoch objektiv – auf der Ebene der Nutzung ihrer Arbeitskraft und ihrer generativen Fähigkeiten – wie auch subjektiv – auf der Ebene von Aneignungs- und Anerkennungschancen – etwas anderes als für Männer. Ihre Arbeitskraft wird nicht nur im Lohnarbeitssystem als Ware, sondern auch im Reproduktionsbereich unentgeltlich genutzt und ihre Arbeitskraft wird auch dort, wo sie entlohnt wird, in spezifischer Weise eingegrenzt und entwertet. Der zentrale Widerspruch, der die doppelte Vergesellschaftung von Frauen kennzeichnet, besteht demnach darin, daß sich ihre Integration in die Gesellschaft durch Segregation und Deklassierung qua Geschlecht vollzieht (*Knapp* 1990, S. 25f.).

21 Auch *Beer* (1990) geht davon aus, daß die Geschlechterungleichheit strukturell in die Ökonomie warenproduzierender Gesellschaften eingelassen ist, wobei den Formen der Vergesellschaftung des Arbeits- und Fortpflanzungsvermögens der Frauen zentrale Bedeutung zukommt. Die Geschlechterungleichheit lasse sich unter industriekapitalistischen Bedingungen als »doppelter Sekundärpatriarchalismus« analysieren: Der »marktliche Patriarchalismus« äußere sich in der unglei-

chen Beteiligung der Geschlechter am gesellschaftlichen Mehrprodukt und der Geschlechterungleichheit in der Erwerbssphäre; der »familiale Patriarchalismus« stelle sich über die Familienform und die Abhängigkeit dieser Institution vom Erwerbseinkommen her (ebd. S. 263). In dieser Analyse nimmt der Rechtskomplex als ein Ausdruck der Struktur von Produktionsverhältnissen eine besondere Stellung ein; über ihn werden, so die Autorin, Arbeit und Generativität vergesellschaftet (ebd. S. 164).

22 *Beck* sieht das Geschlechterverhältnis als »moderne Geschlechterständeordnung«, wobei der ständische Charakter in der – der individuellen Entscheidung entzogenen – Zuweisung von Haus- oder Erwerbsarbeit qua »Geburt und Geschlecht« liegt. Seine zentrale These lautet, daß im Zuge von fortschreitender Modernisierung die immer schon im ständischen Geschlechterarrangement in der Industriegesellschaft angelegten Widersprüche vollends aufbrechen und vermittelt über Individualisierungsschübe, die zunehmend auch Frauen treffen, zur Infragestellung der objektiven und subjektiven Grundlagen der traditionellen Geschlechterordnung führen (*Beck* 1986, S. 176ff.). Kontroversen haben sich insbesondere an seinem Verständnis von patriarchalen Strukturen als »vormodernen« und von daher widersprüchlichen Grundlagen der bürgerlichen Gesellschaft sowie am generalisierenden Charakter der Individualisierungsthese ergeben (vgl. *Gerhard* 1991, *Beer* 1992).

23 Darüber hinaus sind hier auch die im Anschluß an *Bourdieus* Habitus-Konzept formulierten Überlegungen zum geschlechtsspezifischen Habitus zu nennen (vgl. insbesondere *Krais* 1993).

24 Zwar wurde z.B. im Familiengesetzbuch der DDR von 1965 eine partnerschaftliche Arbeitsteilung der Ehegatten festgeschrieben; dafür wurden jedoch faktisch, insbesondere seit dem roll-back in der Frauenpolitik seit den 70er Jahren, keine Voraussetzungen geschaffen. Vielmehr richteten sich die vereinbarkeitsorientierten familien- und sozialpolitischen Maßnahmen fast ausschließlich an Frauen (vgl. zusammenfassend *Hausen/Krell* 1993).

25 So mag sich auch das aus westlicher Perspektive eher irritierende Bild erklären, daß die ökonomisch unabhängigen berufsemanzipierten Frauen in der DDR zugleich – in der offiziellen Rhetorik wie auch im eigenen Selbstverständnis – »unsere Muttis« waren, daß kulturelle Normierungen der Geschlechterdifferenz und die Alltagspraxis von Männern und Frauen vielfach traditionelle Züge trugen (vgl. u.a. *Schenk/Schlegel* 1993, S. 372f.).

26 So läßt sich die überproportional hohe Frauenerwerbslosigkeit in Ostdeutschland nur zum Teil berufs- und wirtschaftsstrukturell erklären. Vielmehr spielen hier auch die relative Bevorzugung von männlichen Arbeitskräften bei Abwicklungs- und Reintegrationsmaßnahmen sowie selektive Personalrekrutierungsstrategien bei der Besetzung von (neuen) Ausbildungs- und Arbeitsplätzen insbesondere auch im privaten Dienstleistungssektor eine Rolle (vgl. u.a. *Engelbrech/Schenk* 1993, *Nickel/Schenk* 1994). Auch die öffentlichen Arbeitgeber stellen hier keine Ausnahme dar, wie nicht zuletzt die Ergebnisse der Abwicklung des Forschungs- und Lehrbetriebs zeigen (vgl. *Young* 1993).

27 Eine mittlere Position nimmt hier die sowohl auf sozialen Ausgleich wie auch auf Egalität ausgerichtete schwedische Gleichstellungspolitik ein. Auch dieses Modell

hat freilich seine Grenzen, indem nämlich Arbeitsmarktintegration für Frauen um den Preis segregierter Arbeitsmärkte realisiert wird. Kritikerinnen weisen in diesem Zusammenhang darauf hin, daß die schwedische Wohlfahrtsstaatskonzeption die Benachteiligung von Frauen als klassisches soziales Problem und nicht als Ausdruck eines strukturellen Machtgefälles (d.h. von Geschlechterhierarchie) begreift (vgl. *Kulawik* 1992).

28 Vgl. zu Gleichstellungspolitik und Frauenförderung in der alten Bundesrepublik u.a. *Bock-Rosenthal* 1990, zur Entwicklung auf EG-Ebene verschiedene Beiträge in *Schunter-Kleemann* 1992 sowie *Rubery/Fagan* 1993, S. 110ff.

29 So wird für die in der Privatwirtschaft verbreiteten Frauenförderkonzepte konstatiert, daß sie durchaus dem aktuellen betrieblichen Interesse an der Erschließung weiterer Arbeitskraftressourcen, an der betrieblichen Bindung und an dem flexiblen Einsatz weiblicher Arbeitskräfte dienen, den Interessen der Frauen an beruflichen Entwicklungsmöglichkeiten und tragfähigen Vereinbarkeitskonzepten jedoch weniger Rechnung tragen: Qualifizierungsangebote werden nur selten mit konkreten Aufstiegsmöglichkeiten, Freistellungsangebote nur selten mit Arbeitsplatz- und Qualifikationsgarantien verknüpft und auch an Männer gerichtet (*Brumlop/Hornung* 1994, *Hornung* 1993). Wie dieses Beispiel zeigt, stellt eine vorrangig »Nachfrage«-orientierte Frauenförderung keine hinreichende Basis für Gleichstellung dar.

Literatur

AULENBACHER, Brigitte, Technologieentwicklung und Geschlechterverhältnis, in: Brigitte Aulenbacher/Monika Goldmann (Hg.), Transformationen im Geschlechterverhältnis, Frankfurt am Main/New York 1993, S. 17-46

AULENBACHER, Brigitte/Monika GOLDMANN (Hg.), Transformationen im Geschlechterverhältnis, Frankfurt am Main/New York 1993

AULENBACHER, Brigitte/Tilla SIEGEL, Industrielle Entwicklung, soziale Differenzierung, Reorganisation des Geschlechterverhältnisses, in: Petra Frerichs/Margareta Steinrücke (Hg.), Soziale Ungleichheit und Geschlechterverhältnis, Opladen 1993, S. 65-98

BAETHGE, Martin u.a., Dienstleistungsarbeit und Beschäftigung im Handel, in: SOFI-Mitteilungen 18, 1990, Göttingen, S. 64-75

BAETHGE, Martin/Herbert OBERBECK, Zukunft der Angestellten. Neue Technologien in Büro und Verwaltung, Frankfurt am Main/New York 1986

BECK, Ulrich, Risikogesellschaft. Auf dem Weg in eine andere Moderne, Frankfurt am Main 1986

BECK-GERNSHEIM, Elisabeth, Das halbierte Leben. Männerwelt Beruf, Frauenwelt Familie, Frankfurt am Main 1980

BECK-GERNSHEIM, Elisabeth, Vom »Dasein für andere« zum Anspruch auf ein »Stück eigenes Leben«, in: Soziale Welt 3, 1983, S. 307-340

BECK-GERNSHEIM, Elisabeth/Ilona OSTNER, Frauen verändern – Berufe nicht? Ein theoretischer Ansatz zur Problematik von »Frau und Beruf«, in: Soziale Welt 3, 1978, S. 257-287

BECKER-SCHMIDT, Regina, Die doppelte Vergesellschaftung – die doppelte Unterdrückung: Besonderheiten der Frauenforschung in den Sozialwissenschaften, in: Lilo Unterkircher/Ina Wagner (Hg.), Die andere Hälfte der Gesellschaft, Wien 1987, S. 10-25

BECKER-SCHMIDT, Regina, Individuum, Klasse und Geschlecht aus der Perspektive der Kritischen Theorie, in: Wolfgang Zapf (Hg.), Die Modernisierung moderner Gesellschaften. Verhandlungen des 25. Deutschen Soziologentages in Frankfurt am Main 1990, Frankfurt/New York 1991, S. 383-395

BECKER-SCHMIDT, Regina, Geschlechterdifferenz – Geschlechterverhältnis: soziale Dimensionen des Begriffs »Geschlecht«, in: Zeitschrift für Frauenforschung, Institut Frau und Gesellschaft (Hg.), Heft 1/2, 1993, S. 37-46

BECKER-SCHMIDT, Regina u.a., Arbeitsleben – Lebensarbeit. Ambivalenzkonflikte und Widerspruchserfahrungen von Industriearbeiterinnen, Bonn 1983

BECKMANN, Petra/Gerhard ENGELBRECH (Hg.), Arbeitsmarkt für Frauen 2000 – Ein Schritt vor oder ein Schritt zurück? Beiträge zur Arbeitsmarkt- und Berufsforschung (BeitrAB) 179, Nürnberg 1994

BEER, Ursula, Geschlecht, Struktur, Geschichte. Soziale Konstituierung des Geschlechterverhältnisses, Frankfurt am Main/New York 1990

BEER, Ursula, Das Geschlechterverhältnis in der »Risikogesellschaft«, in: Feministische Studien, 1/1992, S. 99-104

BEER, Ursula/J. CHALUPSKY, Vom Realsozialismus zum Privatkapitalismus. Formierungstendenzen im Geschlechterverhältnis, in: Brigitte Aulenbacher/Monika Goldmann (Hg.), Transformationen im Geschlechterverhältnis, Frankfurt am Main/New York 1993, S. 184-230

BOCK-ROSENTHAL, Erika (Hg.), Frauenförderung in der Praxis. Frauenbeauftragte berichten, Frankfurt am Main/New York 1990

BOHNENKAMP, Ulrike, Europa im Umbruch – neue Dimensionen der Frauenpolitik? in: Susanne Schunter-Kleemann (Hg.), Herrenhaus Europa – Geschlechterverhältnisse im Wohlfahrtsstaat, Berlin 1992, S. 11-28

BRASZEIT, Anne u.a., Einstellungsverhalten von Arbeitgebern und Beschäftigungschancen von Frauen, Bundesministerium für Arbeit und Sozialordnung, Bonn 1989

BRUMLOP, Eva/Ursula HORNUNG, Betriebliche Frauenförderung – Aufbrechen von Arbeitsmarktbarrieren oder Verfestigung traditioneller Rollenmuster? In: Petra Beckmann/Gerhard Engelbrech (Hg.), Arbeitsmarkt für Frauen 2000 – Ein Schritt vor oder ein Schritt zurück? Beiträge zur Arbeitsmarkt- und Berufsforschung 179, Nürnberg 1994, S. 836-851

CYBA, Eva, Überlegungen zu einer Theorie geschlechtsspezifischer Ungleichheiten, in: Petra Frerichs/Maragareta Steinrücke (Hg.), Soziale Ungleichheit und Geschlechterverhältnisse, Opladen 1993, S. 33-49

COCKBURN, Cynthia, Die Herrschaftsmaschine. Geschlechterverhältnisse und technisches Know-how, Berlin/Hamburg 1988

DIEMER, Susanne, Patriarchalismus in der DDR. Opladen 1994

DÖLLING, Irene, Über den Patriachalismus staatssozialistischer Gesellschaften und die Geschlechterfrage im gesellschaftlichen Umbruch, in: Wolfgang Zapf (Hg.), Die Modernisierung moderner Gesellschaften. Verhandlungen des 25. Deutschen Soziologentages in Frankfurt am Main 1990, Frankfurt am Main/New York 1991, S. 407-417

ECKART, Christel, Der Preis der Zeit. Eine Untersuchung der Interessen von Frauen an Teilzeitarbeit, Frankfurt am Main/New York 1990

ENGELBRECH, Gerhard, Erwerbsverhalten und Berufsverlauf von Frauen: Ergebnisse neuerer Untersuchungen im Überblick, in: Mitteilungen aus der Arbeitsmarkt- und Berufsforschung, Heft 2/1987, S. 181-196

ENGELBRECH, Gerhard, Der Arbeitsmarkt von Frauen in den alten und neuen Bundesländern, in: Gerhard Engelbrech u.a. (Hg.), Bedingungen der Frauenerwerbsarbeit im deutsch-deutschen Einigungsprozeß, Beiträge zur Arbeitsmarkt- und Berufsforschung 167, Nürnberg 1992, S. 20-32

FRERICHS, Petra/Margareta STEINRÜCKE, Klasse und Geschlecht als Strukturkategorien moderner Gesellschaften, in: Brigitte Aulenbacher/Monika Goldmann (Hg.), Transformationen im Geschlechterverhältnis, Frankfurt am Main/New York 1993, S. 231-245

FREVERT, Ute, Frauen und Ärzte im späten 18. und frühen 19. Jahrhundert – zur Sozialgeschichte eines Gewaltverhältnisses, in: Annette Kuhn/Jörn Rüsen (Hg.), Frauen in der Geschichte, Bd. 2, Düsseldorf 1982, S. 177-207

GENSIOR, Sabine, Gesellschaft im Umbruch und das Problem des theoretischen Abstands: Der Fall Frauenerwerbsarbeit im ost-westdeutschen Vergleich. In: Niels Beckenbach/Werner van Treeck (Hg.), Umbrüche gesellschaftlicher Arbeit. Soziale Welt, Sonderband 9, Göttingen 1994, S. 557-570

GERHARD, Ute, Bewegung im Verhältnis der Geschlechter und Klassen und der Patriarchalismus der Moderne, in: Wolfgang Zapf (Hg.), Die Modernisierung moderner Gesellschaften. Verhandlungen des 25. Deutschen Soziologentages in Frankfurt am Main 1990, Frankfurt am Main/New York 1991, S. 418-432

GILDEMEISTER, Regine/Angelika WETTERER, Wie Geschlechter gemacht werden. Die soziale Konstruktion der Zweigeschlechtlichkeit und ihre Reifizierung in der Frauenforschung, in: Gudrun-Axeli Knapp/Angelika Wetterer (Hg.), Traditionen Brüche. Entwicklungen feministischer Theorie, Freiburg 1992, S. 201-254

GOLDMANN, Monika, Organisationsentwicklung als Geschlechterpolitik. Neue Organisations- und Managementkonzepte im Dienstleistungsbereich, in: Brigitte Aulenbacher/Monika Goldmann (Hg.), Transformationen im Geschlechterverhältnis, Frankfurt am Main/New York 1993, S. 115-137

GOTTSCHALL, Karin, Rationalisierung und weibliche Arbeitskraft. Anmerkungen zu androzentristischen Verzerrungen in der Industrie- und Angestelltensoziologie, in: Zeitschrift für Frauenforschung. Informationsdienst des Institut Frau und Gesellschaft, Heft 4, 1988, S. 39-46

GOTTSCHALL, Karin, Frauen auf dem bundesrepublikanischen Arbeitsmarkt: Integrationsprozesse mit Widersprüchen und Grenzen, in: Ursula Müller/Hiltraud Schmidt-Waldherr (Hg.), FrauenSozialKunde. Wandel und Differenzierung von Lebensformen und Bewußtsein, Bielefeld 1989, S. 11-41

GOTTSCHALL, Karin, Frauenarbeit und Bürorationalisierung. Zur Entstehung geschlechtsspezifischer Trennungslinien in großbetrieblichen Verwaltungen, Frankfurt am Main/New York 1990

GOTTSCHALL, Karin, Chancengleichheit durch Bildung? In: Mitteilungen aus der Arbeitsmarkt- und Berufsforschung 2, 1991, S. 396-408

GOTTSCHALL, Karin, »Geschlecht« und »Klasse« als Dimensionen des sozialen Raums. Neuere Beiträge zum Verhältnis von Geschlechterhierarchie und sozialer Ungleichheit. In: A. Wetterer (Hg.), Die soziale Konstruktion von Geschlecht in Professionalisierungsprozessen, Frankfurt am Main/New York 1995, S. 19-37

GOTTSCHALL, Karin/J. MÜLLER, Frauen auf dem Arbeitsmarkt – wachsende Risiken oder neue Chancen? in: Ansgar Weymann (Hg.), Bildung und Beschäftigung, Soziale Welt, Sonderband 5, Göttingen 1987, S. 255-280

HAUSEN, Karin, Die Polarisierung der »Geschlechtscharaktere«. Eine Spiegelung der Dissoziation von Erwerbs- und Familienleben, in: Werner Conze (Hg.), Sozialgeschichte der Familie in der Neuzeit Europas, Stuttgart 1976, S. 363-393

HAUSEN, Karin/Gertraude KRELL, Perspektiven einer Politik der Gleichstellung von Frauen und Männern, in: Karin Hausen/Gertraude Krell (Hg.), Frauenerwerbsarbeit. Forschungen zu Geschichte und Gegenwart, München/Mering 1993, S. 9-24

HÖRBURGER, Hortense, Die Gleichstellungsgesetzgebung der EG – ein Hoffnungsschimmer für Frauen aus der ehemaligen DDR? in: Karin Hausen/Gertraude Krell, Frauenerwerbsarbeit. Forschungen zu Geschichte und Gegenwart, München/Mering 1993, S. 187-197

HOFF, Ernst-H., Einleitung: Zur Entstehung dieses Bandes und zum Begriff der doppelten Sozialisation, in: Ernst-H. Hoff (Hg.), Die doppelte Sozialisation Erwachsener. Zum Verhältnis von beruflichem und privatem Lebensstrang, München 1990, S. 5-16

HOFFMANN, Ute, Computerfrauen. Welchen Anteil haben Frauen an der Computergeschichte? München/Mering 1987

HORNUNG, Ursula, Tarifliche und betriebliche Vereinbarungen zur Frauenförderung: Ein Weg zur beruflichen Gleichstellung der Geschlechter? in: Brigitte Aulenbacher/Monika Goldmann (Hg.), Transformationen im Geschlechterverhältnis, Frankfurt am Main/New York 1993, S. 138-161

HÜBNER, Sabine/Hedwig RUDOLPH, Reproduction of Stratified Labour Markets – Female Engineers, Technicians and Skilled Workers in the FRG, in: Hedwig Rudolph (Hg.), Dynamics and Rollback of Women's Employment in Non-Traditional Occupations, discussion papers, FS I 92-10, Wissenschaftszentrum Berlin, Februar 1993, S. 49-64

HUMPHRIES, Jane/Jill RUBERY, Zur Angebotsseite des Arbeitsmarktes. In: Ulla Regenhard/Friederike Maier/Andrea H. Carl (Hg.), Ökonomische Theorien und Geschlechterverhältnis. Der männliche Blick der Wirtschaftswissenschaft, Berlin 1994, S. 67-92

JOCHMANN-DÖLL, Andrea/Gertraude KRELL, Die Methoden haben gewechselt, die »Geschlechtsabzüge« bleiben – Auf dem Weg zu einer Neubewertung der Frauenarbeit? in: Karin Hausen/Gertraude Krell, Frauenerwerbsarbeit. Forschungen zu Geschichte und Gegenwart, München/Mering 1993, S. 133-148

JÜRGENS, Ulrich/Frieder NASCHOLD, Arbeits- und industriepolitische Entwicklungsengpässe der deutschen Industrie in den neunziger Jahren. In: Wolfgang Zapf/Meinolf Dierkes (Hg.), Institutionenvergleich und Institutionendynamik. (WZB-Jahrbuch 1994), Berlin 1994, S. 239-270

KNAPP, Gudrun-Axeli, Das Konzept »weibliches Arbeitsvermögen« – theoriegeleitete Zugänge, Irrwege, Perspektiven, in: Frauenforschung. Informationsdienst des Instituts Frau und Gesellschaft 4, 1988, S. 8-19

KNAPP, Gudrun-Axeli, Zur widersprüchlichen Vergesellschaftung von Frauen, in: Ernst-H. Hoff (Hg.), Die doppelte Sozialisation Erwachsener. Zum Verhältnis von beruflichem und privatem Lebensstrang, München 1990, S. 17-52

KNAPP, Gudrun-Axeli, Segregation in Bewegung: Einige Überlegungen zum »Gendering« von Arbeit und Arbeitsvermögen, in: Karin Hausen/Gertraude Krell, Frauenerwerbsarbeit. Forschungen zu Geschichte und Gegenwart, München/Mering 1993, S. 25-46

KRAIS, Beate, Geschlechterverhältnis und symbolische Gewalt, in: Gunter Gebauer/Christoph Wulff (Hg.), Praxis und Ästhetik. Neue Perspektiven im Denken Pierre Bourdieus, Frankfurt am Main 1993, S. 208-250

KRAMER, Helgard, Der Androzentrismus in der Qualifikationsdebatte, in: Frauenforschung. Informationsdienst des Instituts Frau und Gesellschaft 4, 1988, S. 48-61

KRECKEL, Reinhard, Politische Soziologie der sozialen Ungleichheit, Frankfurt am Main/New York 1992

KRECKEL, Reinhard, Doppelte Vergesellschaftung und geschlechtsspezifische Arbeitsmarktstrukturierung, in Petra Frerichs/Margareta Steinrücke (Hg.), Soziale Ungleichheit und Geschlechterverhältnisse, Opladen 1993, S. 51-63

KRELL, Gertraude, Das Bild der Frau in der Arbeitswissenschaft, Frankfurt am Main/New York 1984

KRELL, Gertraude/Margit OSTERLOH (Hg.), Personalpolitik aus der Sicht von Frauen – Frauen aus der Sicht der Personalpolitik, München/Mering 1993

KRÜGER, Helga, Zum Verhältnis von Allgemeinbildung und beruflichen Fähigkeiten von Frauen, in: Frauenforschung. Informationsdienst des Instituts Frau und Gesellschaft 4, 1988, S. 20-27

KRÜGER, Helga, Geschlecht als Strukturkategorie im Bildungssystem: Alte und neue Konturen geschlechtsspezifischer Diskriminierung, in: Autorinnengemeinschaft, Arbeitskreis sozialwissenschaftliche Arbeitsmarktforschung (SAMF) (Hg.), Arbeitsmarkt und Frauenerwerbsarbeit, Paderborn 1989

KRÜGER, Helga (Hg.), Frauen und Bildung. Wege der Aneignung und Verwertung von Qualifikationen in weiblichen Erwerbsbiographien (Gutachten der Enquête-Kommission »Zukunft der Bildungspolitik – Bildung 2000«), Bielefeld 1992

KRÜGER, Helga, Vorberufliche Sozialisation, in: Gertraude Krell/Margit Osterloh (Hg.), Personalpolitik aus der Sicht der Frauen, München/Mering 1993, S. 318-341

KULAWIK, Theresa, Gleichstellungspolitik in Schweden – Kritische Betrachtungen eines Modells, in: WSI-Mitteilungen 4/1992, S. 226-234

KURZ-SCHERF, Ingrid, Von der Emanzipation des Brunnenmädchens in Heilbädern. Frauendiskriminierung, Frauenförderung durch Tarifvertrag und Tarifpolitik, in: WSI-Mitteilungen 8/1986, S. 537-549

KURZ-SCHERF, Ingrid, Teilzeitarbeit. Individuelle Notlösung und/oder Vorbotin einer neuen Zeitordnung, in: Ursula Müller/Hiltraud Schmidt-Waldherr (Hg.), FrauenSozialKunde. Wandel und Differenzierung von Lebensformen und Bewußtsein, Bielefeld 1989, S. 42-57

LANDENBERGER, Margarete, Erziehungsurlaub: Arbeitsmarktpolitisches Instrument zur selektiven Ausgliederung und Wiedereingliederung von Frauen, in: Karl-U. Mayer/Jutta Almendinger/Johannes Huinink (Hg.), Vom Regen in die Traufe: Frauen zwischen Beruf und Familie, Frankfurt am Main/New York 1991, S. 262-287

LANDENBERGER, Margarete, Der Sozial- und Gesundheitsbereich als Arbeitsfeld von Frauen und Männern im Kontext der Entwicklung des Dienstleistungssektors, in: Senatsverwaltung für Arbeit und Frauen (Hg.), Soziale Frauenberufe in der Krise. Aufwertung und Berufsperspektiven (Dokumentation einer Fachtagung), Berlin 1993, S. 29-39

LANG, K./Elisabeth VOGELHEIM, (Nur) samstags gehört Papi uns? Oder : die Geschlechterfrage in der Tarifpolitik, in: WSI-Mitteilungen 4/1992, S. 216-225

LAPPE, Lothar, Die Arbeitsmarktsituation erwerbstätiger Frauen. Geschlechtsspezifische Arbeitsmarktsegmentation und ihre Folgen, Frankfurt am Main/New York 1981

LAPPE, Lothar, Frauenarbeit und Frauenarbeitslosigkeit. Eine empirische Überprüfung geschlechtsspezifischer Arbeitsmarktsegmentation. Arbeitspapier 2/1986 des Arbeitskreises Sozialwissenschaftliche Arbeitmarktforschung (SAMF), Paderborn 1986

LEWIS, Jane, Gender and the Development of Welfare Regimes, in: Journal of European Social Policy, Nr. 2/3, 1992, S. 159-173

LEWIS, Jane/Ilona OSTNER, Gender and the Evolution of European Social Policy, Arbeitspapier Nr. 4/94, Zentrum für Sozialpolitik, Bremen

LINDECKE, Ch., »Sameness« and »Affirmative Action« – Gleichstellungspolitik in den USA, in: Blätter für deutsche und internationale Politik 4, 1993, S. 468-478

LÜSEBRINK, Karin, Büro via Fabrik, Berlin 1993

MAIER, Friederike, Patriarchale Arbeitsmarktstrukturen. Das Phänomen der geschlechtsspezifisch geteilten Arbeitsmärkte in Ost und West, in: Feministische Studien 1, 1991, S. 107-116

MAIER, Friederike, Das Wirtschaftssubjekt hat (k)ein Geschlecht! In: Ulla Regenhard/Friederike Maier/Andrea H. Carl (Hg.), Ökonomische Theorien und Geschlechterverhältnis. Der männliche Blick der Wirtschaftswissenschaft. Berlin 1994, S. 15-40

MÖLLER, Carola, Ungeschützte Arbeit im Dienstleistungssektor. Theoretische Verortung und empirische Ergebnisse, in: Autorinnengemeinschaft, Arbeitskreis Sozialwissenschaftliche Arbeitsmarktforschung (SAMF) (Hg.), Erklärungsansätze zur geschlechtsspezifischen Strukturierung des Arbeitsmarktes, Paderborn 1990, S. 91-101

MÜCKENBERGER, Ulrich, Zur Rolle des Normalarbeitsverhältnisses bei der sozialen Umverteilung von Risiken, in: PROKLA 64, 1986, S. 31-45

MÜLLER, Ursula, Sexualität, Organisation, Kontrolle, in: Brigitte Aulenbacher/Monika Goldmann (Hg.), Transformationen im Geschlechterverhältnis, Frankfurt am Main/New York 1993, S. 97-114

NICKEL, Hildegard Maria, Geschlechterverhältnisse und Sozialisationserfahrungen im DDR-Alltag, in: Frank Deppe u.a., Eckpunkte moderner Kapitalismuskritik, Hamburg 1991, S. 148-165

NICKEL, Hildegard Maria/Sabine SCHENK, Prozesse geschlechtsspezifischer Differenzierung im Erwerbssystem, in: Hildegard Maria Nickel/Jürgen Kühl/Sabine Schenk (Hg.), Erwerbsarbeit und Beschäftigung im Umbruch, Berlin 1994

OELSCHLÄGER, A./Susanne SCHUNTER-KLEEMANN, Frauen als Erwerbsarbeiterinnen – Frauen als Familienarbeiterinnen – Frauen, Eltern, Familien als Bezieher sozialer Leistungen (20 Länderübersichten), in: Susanne Schunter-Kleemann (Hg.), Herrenhaus Europa – Geschlechterverhältnisse im Wohlfahrtsstaat, Berlin 1992, S. 329-396

OSTNER, Ilona, Beruf und Hausarbeit. Die Arbeit der Frau in unserer Gesellschaft, Frankfurt am Main/New York 1979 (2. Auflage)

OSTNER, Ilona, Der partikularistische Sozialstaat – das Beispiel der Frauen, in: W. Dressel u.a. (Hg.), Lebenslauf, Arbeitsmarkt und Sozialpolitik, Beiträge aus der Arbeitsmarkt- und Berufsforschung, Nürnberg 1990, S. 19-40

OSTNER, Ilona, Zum letzten Male: Anmerkungen zum weiblichen Arbeitsvermögen, in: Gertraude Krell/Margit Osterloh (Hg.), Personalpolitik aus der Sicht von Frauen – Frauen aus der Sicht der Personalpolitik, München/Mering 1993, S. 107-121

PARKIN, Frank, Strategien sozialer Schließung und Klassenbildung, in: Reinhard Kreckel (Hg.), Soziale Ungleichheiten, Soziale Welt, Sonderband 2, Göttingen 1983, S. 121-135

PFAU-EFFINGER, Birgit, Geschlechtsspezifische Unterschiede auf dem Arbeitsmarkt: Grenzen segmentationstheoretischer Erklärung, in: Autorinnengemeinschaft, Arbeitskreis Sozialwissenschaftliche Arbeitsmarktforschung (SAMF) (Hg.), Erklärungsansätze zur geschlechtsspezifischen Strukturierung des Arbeitsmarktes, Paderborn 1990, S. 3-21

PFAU-EFFINGER, Birgit, Macht des Patriarchats oder Geschlechterkontrakt? in: PROKLA 4, 1993, S. 633-663

QUACK, Sibylle, Dynamik der Teilzeitarbeit. Implikationen für die soziale Sicherung von Frauen, Berlin 1992

QUACK, Sibylle u.a., Berufliche Segregation in der BRD und in der ehemaligen DDR 1980-1989, Bericht an die Europäische Kommission, Netzwerk »Lage der Frauen auf dem Arbeitsmarkt«, Berlin 1992

RABE-KLEBERG, Ursula, Verantwortlichkeit und Macht. Ein Beitrag zum Verhältnis von Geschlecht und Beruf angesichts der Krise traditioneller Frauenberufe, Bielefeld 1993

REGENHARD, Ulla/Angela FIEDLER, Frauenlöhne – Resultat rationalen Optimierungsverhaltens? In: Ulla Regenhard/Friederike Maier/Andrea H. Carl (Hg.): Ökonomische Theorien und Geschlechterverhältnis. Der männliche Blick der Wirtschaftswissenschaft, Berlin 1994, S. 41-66

RESKIN, Barbara F., Sex Segregation: Explaining Stability and Change in the Sex Composition of Work, in: Petra Beckmann/Gerhard Engelbrech (Hg.): Arbeitsmarkt für Frauen 2000 – Ein Schritt vor oder ein Schritt zurück? BeitrAB 179, Nürnberg 1994, S. 97-115

Robak, Brigitte, Schriftsetzerinnen und Maschineneinführungsstrategien im 19. Jahrhundert, in: Angelika Wetterer (Hg.), Profession und Geschlecht. Über die Marginalität von Frauen in hochqualifizierten Berufen, Frankfurt am Main/New York 1992, S. 83-100

Rosenbaum, Heidi, Formen der Familie, Frankfurt am Main 1982

Rubery, Jill/C. Fagan, Geschlechtertrennung im Beruf in der Europäischen Gemeinschaft. Soziales Europa, Beiheft 3/93 (Kommission der Europäischen Gemeinschaften) Brüssel 1993

Schenk, Sabine/ U. Schlegel, Frauen in den neuen Bundesländern – Zurück in eine andere Moderne? In: Berliner Journal für Soziologie, Heft 3, 1993, S. 369-384

Schiersmann, Christiane, Computerkultur und weiblicher Lebenszusammenhang. Zugangsweisen von Frauen und Mädchen zu neuen Technologien, Schriftenreihe Studien zur Bildung und Wissenschaft, Bonn 1987

Schunter-Kleemann, Susanne, Wohlfahrtsstaat und Patriarchat – Ein Vergleich europäischer Länder, in: Susanne Schunter-Kleemann (Hg.), Herrenhaus Europa – Geschlechterverhältnisse im Wohlfahrtsstaat, Berlin 1992a, S. 141-327

Schunter-Kleemann, Susanne (Hg.), Herrenhaus Europa – Geschlechterverhältnisse im Wohlfahrtsstaat, Berlin 1992

Sengenberger, Werner, Der gespaltenen Arbeitsmarkt – Probleme der Arbeitsmarktsegmentation, Frankfurt am Main/New York 1978

Sengenberger, Werner, Struktur und Funktionsweise von Arbeitsmärkten. Die Bundesrepublik Deutschland im internationalen Vergleich, Frankfurt am Main/New York 1987

Sterner, M./Gunilla Fürst-Mellström, Das schwedische Experiment. Beschäftigungsförderung für Frauen im öffentlichen Dienst, Bonn 1985

Strober, Myra/L.M. Cantazarite, The Relative Attractiveness of Occupational Segregation by Gender, in: Petra Beckmann/Gerhard Engelbrech (Hg.), Arbeitsmarkt für Frauen 2000 – Ein Schritt vor oder ein Schritt zurück? BeitrAB 179, Nürnberg 1994, S. 116-139

Teubner, Ulrike, Neue Berufe für Frauen – Modelle zur Überwindung der Geschlechterhierarchie im Erwerbsbereich, Frankfurt am Main/New York 1989

Teubner, Ulrike, Geschlecht und Hierarchie, in: Angelika Wetterer (Hg.), Profession und Geschlecht. Über die Marginalität von Frauen in hochqualifizierten Berufen, Frankfurt am Main/New York 1992, S. 45-50

Tyrell, Hartmann, Geschlechtliche Differenzierung und Geschlechterklassifikation, in: Kölner Zeitschrift für Soziologie und Sozialpsychologie 3, 1986, S. 450-489

Wagner, Petra, Die Organisation weiblicher Erwerbsarbeit im Umbruch, in: Gerhard Engelbrech u.a. (Hg.), Bedingungen der Frauenerwerbsarbeit im deutsch-deutschen Einigungsprozeß, Beiträge zur Arbeitsmarkt- und Berufsforschung 167, Nürnberg 1992, S. 74-85

Wetterer, Angelika, Theoretische Konzepte zur Analyse der Marginalität von Frauen in hochqualifizierten Berufen, in: Angelika Wetterer (Hg.), Profession und Geschlecht. Über die Marginalität von Frauen in hochqualifizierten Berufen, Frankfurt am Main/New York 1992, S. 13-40

Wetterer, Angelika, Professionalisierung und Geschlechterhierarchie. Vom kollektiven Frauenausschluß zur Integration mit beschränkten Möglichkeiten, Schriftenreihe der Interdisziplinären Arbeitsgruppe Frauenforschung an der Gesamthochschule Kassel, Kassel 1993

WILLMS-HERGET, Angelika, Frauenarbeit. Zur Integration der Frauen in den Arbeitsmarkt, Frankfurt am Main/New York 1985

YOUNG, Brigitte, Deutsche Vereinigung. Der Abwicklungsskandal an ostdeutschen Universitäten und seine Folgen für Frauen, in: Feministische Studien 1, 1993, S. 8-20

Gudrun-Axeli Knapp

Unterschiede machen: Zur Sozialpsychologie der Hierarchisierung im Geschlechterverhältnis

»It makes a difference knowing Nelly
from Frank and vice versa«
(Gertrude Stein, Sentences)

1. Einleitung

Die traditionsreiche Frage »wer ist wie?«, die den Ausgangspunkt der Forschungen zu Unterschieden zwischen den Geschlechtern markiert, holte – feministisch reformuliert – mit der »Differenz« die Macht in den Blick. Aussagen über Differentes setzen stets Vergleichsprozesse und Verhältnisbestimmungen voraus, in die historisch-kulturelle Wertmaßstäbe immer schon eingelassen sind. Schon die Etymologie der Begriffe ›Unterschied‹/›Unterscheidung‹ deutet auf den engen Zusammenhang von Macht und Differenz. ›Unterscheiden‹ heißt, beim Wort genommen, auseinandertragen und herabsetzen, differenzieren und diskriminieren, Trennen und Festsetzen im Sinne des Klassifizierens – aber auch Erklären, Auseinanderlegen.[1] Sozialwissenschaftlerinnen haben aus den Perspektiven ihrer jeweiligen Disziplinen heraus unterschiedliche Facetten des Zusammenhangs von Macht und Geschlechterdifferenz entfaltet. Das gilt auch für die sozialpsychologische Frauenforschung, auf die sich dieser Beitrag bezieht. Im Kreuzungsbereich von Sozialpsychologie und Soziologie steht das Problem der Vermittlung von Geschlechterverhältnis und -verhalten im Zentrum: Wie sind Phänomene der Geschlechtersegregation zu erklären, in welcher Verbindung stehen Geschlechtertrennung, hierarchische Verhältnisse zwischen den Genus-Gruppen und spezifische Vorstellungen von Geschlechterdifferenz? Wie gehen kulturelle Deutungen und Codierungen von ›Weiblichkeit‹ und ›Männlichkeit‹ ein in Erfahrungen und Wahrnehmungen, in (Selbst)Kategorisierungen und Interaktionen von Frauen und Männern, wie werden sie zu konstitutiven Momenten sozialer Strukturierung und Hierarchisierung? Wie funktionieren die Mikropolitiken stereotyper Unterscheidung? Was treibt sie an?

Die Frauenforschung hat vor allem in den Bereichen Sexualität, Körperlichkeit, Generativität und Arbeit Prozesse und Formen der Normierung und Geschlechtertypisierung untersucht. Insbesondere im letztgenannten Feld sind eine Reihe aufschlußreicher empirischer Studien entstanden. Anhand einschlägiger Befunde zur Vergeschlechtlichung von Arbeit, Arbeitsvermögen und Berufshierarchien soll im folgenden exemplarisch der Zusammenhang von Geschlechterverhältnis, Codierung von »Geschlechterdifferenz« und sozialer Segregation dargestellt werden. Im Zuge der Argumentation »am Gegenstand« werden Entwicklungslinien der feministischen Diskussion skizziert und die spezifischen Erklärungspotentiale, aber auch Grenzen von sozialpsychologisch-mikrosoziologischen sowie diskursanalytischen Ansätzen beleuchtet, die Fragen nach der sozialen Konstruktion und Hierarchisierung der Geschlechter nachgegangen sind.

2. Geschlechtertrennung – Geschlechterdifferenz

Die empirische Ausgangssituation: Die Berufswelt ist nahezu durchgängig in »weibliche« und »männliche« Bereiche aufgeteilt. Die Tatsache, daß Frauen und Männer in unterschiedlichen Berufen, Branchen und Tätigkeitsfeldern (horizontale Segregation) und auf unterschiedlichen Hierarchieebenen (vertikale Segregation) beschäftigt sind, hat sich seit Beginn der Industrialisierung kaum geändert. Diese Zuordnungen sind gleichwohl nicht statisch und auch nicht in allen Ländern dieselben, überdies haben ganze Berufe in den vergangenen hundert Jahren eine Art »Geschlechtswechsel« durchgemacht. (Sämtliche Angaben aus: *Maier*, 1990)

Darüber, wie die hier skizzierte Struktur von Geschlechtertrennung und -hierarchisierung mit all ihren Konsequenzen in Bezug auf Einkommen, Status, Anerkennungschancen usw. zu erklären sei, gibt es in der Wissenschaft unterschiedliche Auffassungen. (Siehe K. *Gottschall* und H. *Krüger* in diesem Band.) Für die hier verfolgte sozialpsychologisch akzentuierte Fragestellung genügt es, zwei Grundrichtungen der Erklärung zu benennen, die sich in unterschiedliche Konzepte aufgefächert haben: Zum einen Ansätze, die das Ausbildungs- und Berufswahlverhalten von Frauen und Männern als Ausdruck geschlechtsspezifischer Orientierungen und Motivlagen ins Zentrum rücken; zum anderen Zugangsweisen, die sich um eine integrierte Perspektive bemühen, indem sie Segregationsprozesse im Zusammenhang struktureller Rahmenbedingungen sowie Macht- und Interessenkonstellationen der betrieblichen Akteure untersuchen und in diesem Kontext der legitimatorischen Funktion von Geschlechterstereotypen und Differenzkonstruktionen nachgehen.

VertreterInnen der erstgenannten Richtung tendieren dazu, vorfindliche Verhältnisse von Arbeitsteilung und Geschlechtertrennung schwerpunktmäßig aus dem differenten Verhalten, aus geschlechtstypischen Präferenzen, Motivationen, Eignungen und Eigenschaften von Frauen und Männern abzuleiten. In der Regel unterstellen diese Ansätze einen inhaltlichen Zusammenhang zwischen Frauenarbeit (im Beruf wie im Privaten) und geschlechtstypischen Eigenschaften bzw. -orientierungen, die in Sozialisationsprozessen erworben wurden. (Dazu ausführlicher K. *Gottschall* in diesem Band.)

Diese in den frühen Jahren der Frauenforschung verbreitete Erklärungsperspektive greift stark entweder auf differentiell-psychologische oder sozialisationstheoretische Annahmen über Geschlechtseigenschaften und Fähigkeitspotentiale zurück. Es waren theoretische und empirische Unzulänglichkeiten der Konzeptualisierung und entsprechende Probleme der Verallgemeinerbarkeit von Aussagen über geschlechtsdifferentielle Verhaltensdispositionen, die in den vergangenen Jahren zu einer deutlichen Veränderung der Untersuchungsperspektiven geführt haben: weg von der Suche nach individuellen Ausprägungen von »Männlichkeit« und »Weiblichkeit« und korrespondierenden Eigenschaften hin zur Konzeptualisierung von Geschlecht als sozio-symbolischem Deutungs- und Strukturzusammenhang, innerhalb dessen Individuen sich und andere als Männer und Frauen wahrnehmen und nach dessen Maßgaben sie interagieren, sowie zur Untersuchung der Prozesse und Mechanismen seiner Tradierung und Veränderung.

Differenzen werden nicht mehr, oder nicht mehr vorrangig, in den Verhaltenspotentialen der Subjekte aufgesucht, sondern im Zusammenhang unterschiedlicher Realisationschancen, Macht- und Deutungskonstellationen betrachtet. Dies lenkt die Aufmerksamkeit auf die soziokulturellen Bedingungen und Prozesse der Geschlechtertypisierung. Vergeschlechtlichte soziale Kontexte, die stets in einem mehr oder weniger ausgeprägten hierarchischen Gefälle zueinander stehen, legen typisierende Ausdeutungen der in ihnen agierenden Personen nahe, aber auch wenn Frauen und Männer sich in ähnlichen Situationen befinden, sind sie mit unterschiedlichen Vorschriften und Wertungen konfrontiert. Dieser wechselseitig reflexive Charakter von sozialem Kontext und Geschlechtskategorie steht im Zentrum der neueren sozialpsychologischen Forschung.

Zwei der im Zuge dieser Entwicklung in den vergangenen Jahren, u.a. durch verstärkte Rezeption englischsprachiger Forschungen, relevant gewordenen Analyserichtungen und einige ihrer Befunde sollen zunächst etwas ausführlicher vorgestellt und diskutiert werden:

- zum einen diskursanalytisch orientierte Ansätze der Sozialpsychologie, die den flexiblen und inhaltlich variablen Charakter von Geschlechterkonstruktionen hervorheben und sich dabei auf deren sprachlich-rhetorische Dimension konzentrieren;

- zum anderen die von der Ethnomethodologie, dem Symbolischen Interaktionismus und der phänomenologischen Soziologie inspirierte Forschung, die Phänomene des »doing gender« (*West/Zimmermann*, 1987), der interaktiven Herstellung sexuierter Individuen und Geschlechterarrangements – hier anhand der geschlechtsdifferenten Zuordnung von Tätigkeiten und Praxisfeldern – als Prozesse sozialer Strukturierung untersucht.

3. Diskursanalyse in der Sozialpsychologie

Unter dem weiten Etikett der Diskursanalyse, die seit der zweiten Hälfte der 80er Jahre zu einer schnell wachsenden Strömung der Sozialpsychologie geworden ist, sammeln sich recht unterschiedliche Zugangsweisen, was zu einer gewissen Unübersichtlichkeit – und auch theoretischen Unschärfe – in der Diskussion geführt hat. Die Ansätze reichen von Weiterentwicklungen der Kognitionswissenschaften, die den Zusammenhang von kognitiven Kategorisierungen und Sprache erforschen, über diverse Formen der Konversationsanalyse bis hin zu Varianten, die sich auf poststrukturalistische Konzeptionen von Sprache und Diskurs beziehen. Gemeinsam ist ihnen das Interesse an der sprachlichen Verfaßtheit sozialer Sinngebungs- und Repräsentationsprozesse und an der Art und Weise, in der Menschen die Realität »konstruieren«, in der sie sich bewegen. Im Zusammenhang feministischer Forschung stehen dabei Konstruktionen von Geschlechterdifferenz im Mittelpunkt des Interesses.

Der Begriff der »Konstruktion« bezieht sich in dieser Theorietradition zunächst auf die referentielle Eigentümlichkeit von Sprache. Jeder referentielle Term oder deskriptive Satz »konstruiere« ein Objekt in dem Sinne, daß die Sprechenden oder Hörenden sich nicht auf das Wort als

Wort beziehen, sondern auf die darin angerufenen Objekte. Vor allem in der poststrukturalistisch inspirierten Diskursanalyse geht es um die Frage, durch welche Mechanismen Formen von Sprechen und Schreiben Effekte von Realismus produzieren: »This post-structuralist perspective gives one account of the workings of interpretative repertoires to construct real-seeming versions.« (*Potter/Whetherell*, 1992, S. 94) Untersucht wird hier die Art und Weise, in der Texte und Sprechen organisiert sind, um eine spezifische Realität solide, faktisch und stabil erscheinen zu lassen. In Abgrenzung gegenüber der in der kognitiven Sozialpsychologie betonten Auffassung, daß Kategorisierung und Stereotypisierung grundlegende und gleichsam automatisch sich vollziehende mentale Prozesse menschlicher Wahrnehmung und »Informationsverarbeitung« seien, ohne die keine Orientierung möglich sei, haben VertreterInnen der Diskursanalyse darauf hingewiesen, daß in dieser engen Perspektive die Vielfältigkeit und der propositionale Charakter von Prozessen der Unterscheidung nicht erfaßt werden könne: Menschen würden nicht nur »generalisieren«, sondern auch »partikularisieren« und differenzieren. Anstatt Kategorisierungen als semantische faits accompli zu betrachten, heben sie die Kontextbezogenheit (Indexikalität) und argumentative Organisation (Rhetorik) von Sinngebungsprozessen hervor (*Edwards*, 1991, S. 525).

Ein in der Diskussion häufig auftauchendes Kriterium zur Unterscheidung der diskursanalytischen Ansätze in der Sozialpsychologie ist die Konzeption des Zentralbegriffs »Diskurs«.

Während die einen (z.B. *Potter/Whetherell/Gill/Edwards*, 1990) von einem sehr weiten Diskursbegriff ausgehen und darunter »all forms of spoken interaction, formal and informal, and written texts of all kinds« (*Potter/Wetherell*, 1987, S. 7) verstehen und ihre empirischen Analysen auf diskursive *Praktiken* konzentrieren – z.B. in Interviews und alltäglichen Interaktionen – , definieren andere (so z.B. Ian *Parker*) Diskurs als »*system* of statements which constructs an object« (*Parker*, 1990, S. 189). Die Betonung des systematischen Aspekts eines Diskurs*zusammenhangs* ist bei *Parker*, in einer spezifischen Lesart von *Foucault*, verbunden mit dem Versuch der Rückbindung seiner Definition von Diskurs an gesellschaftliche Machtverhältnisse und die institutionellen Organisationsformen von Diskursen. Gegenüber diesem eher ›tektonischen‹, auf großräumige Einheiten bezogenen, Verständnis von Diskurs wenden Potter u.a. ein, daß dieses Modell wenig geeignet sei, den flexiblen und konstruktiven Charakter diskursiver Prozesse, z.B. »the nitty-gritty of everyday-talk« (*Marshall/Wetherell*, 1989, S. 107) zu erfassen.

Im Vergleich zu den überkommenen Sichtweisen sozialpsychologischer Forschung zeigt sich auch hier die oben skizzierte Umzentrierung:

nicht mehr Individuen und ihre Eigenschaften oder kognitive Mechanismen der Wahrnehmung und Kategorisierung stehen im Zentrum des Interesses, sondern die rhetorischen Strategien und die interpretativen Ressourcen, die angewandt werden in Prozessen der Selbstverortung und Herstellung von Sinn. Diese gelten als zentrale Arenen der Reproduktion sozialer Strukturen. Margaret *Wetherell* u.a., die in dieser Tradition einige empirische Analysen von Geschlechterdiskursen vorgelegt haben (*Wetherell*, 1986; *Wetherell/Stiven/Potter*, 1986; *Marshall/Wetherell*, 1989; *Wetherell/Griffin*, 1992), heben vor allem den fragmentarischen, variantenreichen, inkohärenten und widersprüchlichen Charakter dieses Konstruierens im Gesprächsverlauf hervor und die unterschiedlichen »interpretativen Repertoires«, auf die dabei zurückgegriffen wird. In ihrer Studie zum beruflichen und persönlichen Selbstverständnis von angehenden JuristInnen beschreiben Harriette *Marshall* und Margaret *Wetherell*, wie die InterviewpartnerInnen sowohl »essentialistische« als auch »nichtessentialistische« Konzepte von Geschlecht verwendeten und daß sich diese Bezugnahmen je nach Kontext veränderten: »They might argue that women and men are different in fundamental and intrinsic ways, that women are more emotionally inclined, for instance, and then also argue that there are no important or crucial differences between women and men. The interpretative resource is our unit of analysis in this case, and we are interested in the ideological implications, the possibilities and constraints, of one construction or version of self versus another.« (1989, S. 111)[2]

Marshall und *Wetherell* identifizierten in ihrem Projekt, wie sie angeben, folgende diskursive »Repertoires«: »essentielle Geschlechtsunterschiede«, »Geschlechterähnlichkeit«, »Weiblichkeit als Mangel«, »Feminität als Stärke, die das Berufsfeld verändern kann«, »Abwertung des Hausfrauendaseins«. Die Autorinnen heben hervor, daß in den unterschiedlichen Kombinationen dieser »Repertoires« verschiedene Effekte und Strategien der Sinngebung zutage treten, die auch unterschiedliche ideologische Gehalte haben. Gleichwohl erwiesen sich essentialistische Konzepte von Geschlecht und eine Abwertung von Frauen als die prädominanten Muster der Zuschreibung und Selbstrepräsentation. Diese tragen, so *Marshall* und *Wetherell* in ihrem Resümee, zu einer Fortschreibung der Unterdrückung von Frauen bei (1989, S. 125).

Der Verweis auf prädominante Muster, die sich durch die heterogenen und flexiblen Konstruktionsweisen von Geschlecht durchhalten, macht die Notwendigkeit deutlich, beide oben genannten Konzeptionen von Diskurs aufeinander zu beziehen und sie zu spezifizieren in Bezug auf gesellschaftlich-institutionelle Organisationsformen des Geschlechterverhältnisses und mögliche Ungleichzeitigkeiten auch in Geschlechterdiskursen. Systematisch ginge es hier um das Verhältnis von Statik und Dynamik in den Deutungsrepertoires von Geschlechterdifferenz und Geschlechterverhältnis, deren historische Lokalisierung und gesellschaftstrukturierenden Implikationen.

Eine mögliche Zugangsweise hat *Foucault* in einem theoretischen Aufriß eröffnet: »Zwischen Meinung und wissenschaftlicher Erkenntnis läßt sich die Existenz einer besonderen Ebene ausmachen, für die hier die Bezeichnung Wissen vorgeschlagen wird. Dieses Wissen nimmt nicht nur in theoretischen Texten oder Erfahrungsinstrumenten Gestalt an, sondern in einem ganzen Komplex von Praktiken und Institutionen; es ist keineswegs immer deren reines und einfaches Resultat, ihr halbbewußter Ausdruck; es enthält in der Tat Regeln, die ihm und nur ihm zugehören und damit seine Funktionsweise und seine Geschichte charakterisieren; manche dieser Regeln sind für einen einzigen Bereich bezeichnend, andere für mehrere; es kann sein, daß wieder andere für eine ganze Epoche verbindlich sind; die Entwicklung dieses Wissens und seine Transformationen bringen schließlich komplexe Kausalitätsbezüge ins Spiel(...)« (*Foucault*, 1969, zit. n. *Eribon*, 1993).

Dieses »Wissen« und die unterschiedlichen Formen des »Wissens« um die Geschlechterdifferenz in seiner frappierenden Gleichzeitigkeit von beharrenden, gleichsam ahistorisch erscheinenden Deutungskernen und seinen (bereichsspezifischen) Transformationen sind ein wichtiges Feld feministischer Forschung. Um seine Funktionsweisen und Veränderungen erschließen zu können, bedarf es jedoch einer Erweiterung bzw. Spezifizierung des Blicks:

- auf die historische Herkunft und institutionenbezogene »Zusammensetzung« dieses »Wissens« im Zusammenhang mit Fragen nach der Verteilung von Definitionsmacht und Definitionsmodi;
- auf die Beziehungen der Subjekte selbst zu den kulturell angebotenen normativen Repertoires von Geschlechterdifferenz und Geschlechterverhältnis unter der Frage, welche Möglichkeitsräume sie (in ihrer Sicht) eröffnen und welche sie restriktiv verschließen. Hier geht es um die theoretische und empirische Auslotung des konfliktreichen Verhältnisses von Identitätszwängen, Angeboten zur Identifikation bzw. Selbstverortung und individuellen Potentialen und um die spezifische Positionierung von Frauen und Männern in diesem Zusammenhang;
- auf interaktive Prozesse der Vergeschlechtlichung, von Zuschreibungen, Selbstdefinitionen und -darstellungen in ihrer Bindung an spezifi-

sche Handlungskontexte und -bedingungen sowie – vom Resultat her gesehen –

– auf die soziale Funktion und Funktionalisierbarkeit von Geschlechtercodes im Zusammenhang gesamtgesellschaftlicher Macht-und Herrschaftsverhältnisse.

Vor diesem Hintergrund läßt sich ein Zwischenresümee formulieren: Die knapp skizzierten Einsichten aus der diskursanalytischen Diskussion innerhalb der Sozialpsychologie haben insofern zu einer Differenzierung der Perspektiven beigetragen, als sie die sprachlich-rhetorische Dimension in Geschlechterkonstruktionen näher beleuchteten, als dies etwa in der klassischen Stereotypenforschung der Fall war; sie haben darüberhinaus in die traditionell stark quantitativ und experimentell ausgerichtete Forschung der Hauptströmungen dieses Fachs wichtige Impulse für qualitative empirische Untersuchungsverfahren eingebracht.

Ein gravierender Mangel liegt in der unzureichenden Rückbindung der vorgefundenen Ambivalenzen und – vermeintlichen – Inkonsistenzen der Argumentationen an die widersprüchlichen Erfahrungsbedingungen, auf die sich die Schilderungen der Frauen und Männer beziehen. Die objektiven Bezugshintergründe, die als »points of reference« strukturierende Momente der Erzählungen und Einschätzungen sind, spielen eine untergeordnete Rolle. Dies hängt möglicherweise mit dem konstruktivistischen Verständnis sozialer Realität zusammen, wonach die Variabilität von Aussagen nicht erklärt werden kann aus den unterschiedlichen Perspektiven auf eine widersprüchliche Realität: »Variability is an important cue to the rhetorical organization of versions« (*Potter/Wetherell*, 1987), »rather than an indication of multiple perspectives, the inconsistency of folk theories or of methodological difficulties« (*Edwards*, 1991, S. 535).

Mit der Verschiebung der Aufmerksamkeit der Diskursanalyse weg vom wahrnehmenden und Realität erfahrenden, sie unter spezifischen Verhältnissen aneignenden und deutenden Subjekt hin zur rhetorischen Pragmatik des kommunizierenden »Intersubjekts« rückt auch die Frage nach Prozessen der Konstitution von Subjektivität und nach lebensgeschichtlichen Erfahrungen und Konflikten, die bestimmte Formen des Selbstverständnisses nahelegen mögen, eher an den Rand des Horizonts dieser Forschungsrichtung. Symptomatisch unterbelichtet bleibt schließlich auch die rhetorische Position und diskursive Situierung der forschenden InterpretInnen selbst, die einbezogen werden müßte in die methodische Reflexion von »gendering«-Prozessen.

4. »Doing gender«: Zur interaktiven Konstruktion von Zweigeschlechtlichkeit

Während die oben skizzierten Varianten der diskursanalytischen Sozialpsychologie sich auf die Formen der sprachlich-diskursiven Konstruktion von Geschlechterdifferenz und die dabei in Anspruch genommenen Deutungsrepertoires konzentrieren, richtet die ethnomethodologisch-mikrosoziologische Forschungstradition den Blick auf die alltäglichen Praktiken der »Herstellung« von Zweigeschlechtlichkeit: Wie kommt es zu der binären und wechselseitig exklusiven Klassifikation von zwei Geschlechtern, und wie funktioniert die praktische Aufrechterhaltung dieser Exklusivität? Die Evidenz, die Voraussetzung, daß es zwei Geschlechter ›gibt‹, die sich nach Körpergestalt und Physiologie klar unterscheiden, wird zum systematischen Ausgangspunkt des Nachdenkens, um den wechselseitig reflexiven Charakter zwischen körperlichem Geschlecht und sozialer Geschlechtszuordnung verdeutlichen zu können. Die hier eingenommene heuristische Position basiert, wie Stefan *Hirschauer* hervorhebt, auf der Kritik an sozialwissenschaftlichen Erklärungsstrategien, die »naiv auf das Alltagswissen als Plausibilitätsressource zurückgreifen, anstatt es zum Gegenstand zu machen. Diese Verwechslung von ›topic‹ und ›resource‹ beruht auf einem tiefsitzenden methodologischen Vorurteil, dem SoziologInnen, anders als Anthropologie oder Geschichte Treibende, leichter aufsitzen: daß sie die Gesellschaft, die sie beschreiben, kennen.« (*Hirschauer*, 1993, S. 57) Bezogen auf das Geschlechterverhältnis führe dieses Vorurteil zu einem immensen Mißverhältnis zwischen dem alltagspraktischen Wissen, wie Frauen und Männer zu unterscheiden, zu behandeln und zu betrachten seien, und dem empirischen Wissen über diese Prozesse: »Wir wissen, wie es zu tun ist, aber nicht, wie wir es tun.« (a.a.O.)

Die englische Sprache ermöglicht es, mit der schwer übersetzbaren Begriffsschöpfung des »doing gender« den (inter)aktiven Charakter dieser Reproduktion von Geschlechterdifferenzierungen zu betonen.

»Doing gender«, so Candace *West* und Don *Zimmermann*, »involves a complex of socially guided perceptional, interactional, and micropolitical activities that cast particular pursuits as expressions of masculine and feminine ›natures‹.« (1987, S. 126)

Damit verweist der »prozessualisierte Geschlechtsbegriff des ›doing gender‹ auf eine fortlaufende Praxis der Herstellung sexuierter Individuen und sozialer Arrangements, die den (unbequemen) Gedanken der ›Mittäterschaft‹ noch radikalisiert. Die ›Strukturen‹ der Persönlichkeit und der

Gesellschaft bestehen aus mikrosoziologischer Sicht in den Praktiken durchaus erwachsener Menschen, die sich in ihrem Alltagsleben kontinuierlich zu Frauen und Männern machen und machen lassen.« (*Hirschauer*, 1993, S. 56)

Auf die weitverzweigten Debatten, die sich im Zuge dieser Infragestellung natürlicher Zweigeschlechtlichkeit entwickelt haben und insbesondere im Umfeld poststrukturalistischer Dekonstruktionen von Geschlecht und Begehren in den Queer Studies noch einmal politisch pointiert wurden, kann hier nicht eingegangen werden. (Vgl. dazu *Butler*, 1991 sowie die Diskussionsbeiträge im Schwerpunktheft der Feministischen Studien »Kritik der Kategorie ›Geschlecht‹«, November 1993.)

Für unsere Fragestellung nach Mikropolitiken der Gechlechterunterscheidung im Zusammenhang sozialer Hierarchisierungs- und Segregationsprozesse genügt zunächst der Hinweis, daß die Ethnomethodologie aufzeigt, daß es letztlich »unmöglich ist, dem ›doing gender‹ handlungspraktisch zu entkommen« (*Wetterer*, 1993b). Die Existenz von zwei Geschlechtskategorien geht als »unhintergehbare« Voraussetzung in sie ein. Diese »Unhintergehbarkeit« äußert sich kulturell in einem »Imperativ der (geschlechtlichen) Identifizierbarkeit« (*Wetterer*, 1993, S. 99), der eindeutigen Zurechenbarkeit zu einer der beiden Genus-Kategorien.

Judith *Lorber* spricht in diesem Zusammenhang von einer Art »sameness taboo« (*Lorber,* 1991)[3], das jene »Überschußproduktion an Binarität« (*Tyrell*, 1986) in der Geschlechterordnung anstifte, in welcher sich immer wieder der identitätslogische Konstruktionsmodus von Differenz, das Entweder-Oder, gegen die übergangsreichen Mehr-oder-Weniger- und Sowohl-als-auch-Verhältnisse durchsetzt.

In der feministischen Forschung, auch derjenigen, die nicht im strikten Verständnis ethnomethodologisch argumentiert, sind die hier angesprochenen Prozesse in einem weiten Problemspektrum untersucht worden, insbesondere aber im Feld der Arbeitsmarkt- und Berufsforschung, auf die ich mich deshalb im folgenden konzentriere.

Diese Studien lassen sich nach zwei Zentralperspektiven unterscheiden: einer eher diachronischen oder synchronischen Ausrichtung.

- Historisch angelegte Untersuchungen haben die langfristige Prozeßlogik der Vergeschlechtlichung von Tätigkeiten untersucht und dabei insbesondere das Phänomen des »Geschlechtswechsels« von Berufen studiert. Dieser wird in zwei Grundformen beschrieben: Zum einen verschiedene Varianten des Wechsels eines Männerberufs zum Frauenberuf (etwa vom Sekretär zur Sekretärin, vgl. *Frevert*, 1979; *Hausen*, 1987; *Nienhaus*, o.J.; *Pringle*, 1989), die durchgängig mit einer Statusminderung dieser Tätigkeiten verbunden sind. Zum anderen die Umwandlung einer als weiblich geltenden in eine als männlich geltende Tätigkeit, die auf vielfältige Weise verquickt ist mit sozialen Prozessen der Professionalisierung und veränderten Formen der Institutionalisierung dieser Tätigkeiten. (Vgl. zusammenfassend *Gildemeister/Wetterer*, 1992; *Wetterer*, 1992; *Wetterer*, 1993.) Diese Richtung des Geschlechtswechsels ist regelmäßig mit einer Statuserhöhung assoziiert. Unter sozialpsychologischen Gesichtspunkten von Interesse ist dabei, wie derartige Prozesse der Re-Formierung der hierarchischen Struktur des Geschlechterverhältnisses auf der Ebene der Legitimation und der kulturellen Sinngebung verknüpft sind mit sich verändernden Auslegungen von Geschlechtsadäquanz und -eignung; ein Prozeß, den Angelika *Wetterer* in Anlehnung an Regina *Becker-Schmidt* als kontinuierliche »Umschrift der Differenz« bezeichnet hat. (*Gildemeister/Wetterer*, 1992, S. 223). Die Langfristperspektive dieser Untersuchungen wirft dabei Licht auf Prozesse der Entgeschichtlichung, in deren Verlauf vorgängige Codierungen und Geschlechtskonnotationen von Tätigkeiten aus dem sozialen Gedächtnis getilgt werden. Dieses »Vergessen« ist nicht nur eine Wirkung der zunehmenden zeitlichen Distanzen und der normativen Macht des gegenwärtig Faktischen, sondern wird von Interessengruppen aktiv betrieben, wie Brigitte *Robak* (1992) am Beispiel der Geschichte der Schriftsetzerinnen und Ute *Hoffmann* (1987) für die Bedeutung von Frauen in der Computergeschichte belegt haben.

– Synchronisch orientierte Untersuchungen von Prozessen der Vergeschlechtlichung haben sich vor allem mit den Konflikten von Frauen und Männern in Berufen befaßt, die für ihr Geschlecht als »untypisch« gelten. (*Williams*, 1989; *Wetterer*, 1993) Ein zentrales Untersuchungsfeld war hierbei die Marginalisierung von Frauen in gewerblich-technischen und naturwissenschaftlichen Berufsfeldern.

Besonders aufschlußreich ist in diesem Zusammenhang Cynthia *Cockburns* Untersuchung der »Herrschaftsmaschine«, auf die hier etwas ausführlicher eingegangen werden soll.

Cockburn begleitete in elf britischen Betrieben Vorgänge der Einführung neuer Technologien und Rationalisierung, in deren Zuge neue Tätigkeiten entstanden, die bislang nicht geschlechtlich konnotiert waren. Anhand von Beobachtungen, Interviews und Expertengesprächen verfolgte sie, wie die veränderten Arbeitsplätze auf die Geschlechter verteilt wurden und wie dies von den Beteiligten begründet und interpretiert wurde.

Ihre zentralen Befunde kurz zusammengefaßt:
1. Geschlechtertypisierung und Geschlechtertrennung sind die wesentlichen Mechanismen, durch die Männer sich ihre Kontrolle über technisch qualifizierte Tätigkeiten sichern. Prozesse der aktiven Vergeschlechtlichung von Arbeiten und Menschen gehen einher mit einer fortgesetzten Fragmentarisierung der Arbeitsprozesse und Schaffung hierarchisierter Tätigkeitsfelder. Frauen werden »auf Distanz« gehalten, indem durch horizontales oder vertikales »Ausweichen« Möglichkeiten des direkten Vergleichs »unterlaufen« werden.
2. Unternehmer, männliche Beschäftigte und Gewerkschaften verfolgen ihre jeweiligen Interessen – in durchaus unterschiedlichen Konfliktkonstellationen – unter Ausnutzung kultureller Geschlechterstereotype. Auch Konkurrenzen unter Männern und unterschiedliche Klasseninteressen ändern nichts am Resultat, daß Männer »als Geschlecht [...] stets auf Seiten der Gewinner geschlechtsspezifischer Spaltungen stehen.« (*Cockburn*, 1988, S. 229)
3. Die »machinery of dominance«, so der Originaltitel der Studie, vermittelt sich – auf dem strukturellen Hintergrund geschlechtlicher Arbeitsteilung im Betrieb wie im Privaten – wesentlich über bestimmte pauschale Vorstellungen über Frauen als entweder defizitäre oder für bestimmte Tätigkeiten besonders geeignete Arbeitskräfte. Die Deutungselemente, die von *Cockburns* Gesprächspartnern zur Erklärung oder Rechtfertigung von Trennungs- und Hierarchisierungsphänomenen herangezogen werden, erweisen sich innerhalb eines überschaubaren Bestands an Oppositionspaaren (hart/weich, körperlich/geistig etc.) als relativ variabel. Je nach der Art der technologischen Veränderung und der konkreten Tätigkeit verändern sich die Kriterien, vermittels derer die sozio-symbolische Segregation von Frauen und Männern erfolgt.

Cockburn beschreibt die Vergeschlechtlichung als zweibahnigen Definitionsvorgang: »Die Menschen haben ein biologisches Geschlecht, und ihr Geschlecht färbt auf die Tätigkeiten ab, mit denen sie in erster Linie beschäftigt sind. Umgekehrt haben die Tätigkeiten einen geschlechtsspezifischen Charakter, der auf die Menschen, die sie verrichten, abfärbt.« (1988, S. 171)

Im Gegensatz zu Untersuchungen, die sich auf die Analyse der Stereotypien in Deutungs- und Interpretationsmustern der Befragten beschränken, besteht der Vorzug von *Cockburns* Studie darin, daß sie diese rückbezieht auf betriebliche und außerbetriebliche Strukturen von Arbeitsteilung.

Robin *Leidner* warnt in ihrer Diskussion von *Cockburns* Studie (1991) jedoch davor, die Rigidität der kulturellen Geschlechtstypisierung von Tätigkeiten zu übertreiben und damit die Beweglichkeit von Interpretationsmöglichkeiten zu unterschätzen. In ihrer Untersuchung routinisierter Dienstleistungstätigkeiten konnte sie zeigen, daß Männer selbst in Tätigkeiten, die im herkömmlichen Verständnis als »weiblich« gelten würden, Aspekte finden und hervorheben, die es ihnen erlaubten, sie mit ihrer »Geschlechtsidentität« zu vereinbaren. Ihre Untersuchung »Serving Hamburgers and Selling Insurance: Gender, Work and Identity in Interactive Service Jobs« wirft Licht auf ein zentrales Paradox der Vergeschlechtlichung: Die beträchtliche Flexibilität der Vorstellungen von geschlechtsadäquatem Verhalten setzt den Anschein von Unausausweichlichkeit und Natürlichkeit geschlechtlicher Arbeitsteilung nicht außer Kraft. Obwohl die Tätigkeit der männlichen Versicherungsagenten, die sie untersuchte, viele Anforderungsmerkmale aufwies, die gemeinhin als ›weiblich‹ gelten, (Kommunikativität, Einfühlung, Überzeugen etc.), interpretierten sie ihre Arbeit als reine Männersache. Dies geschah im Zuge einer partiellen Umdeutung, indem sie die interaktiven, kommunikativen Dimensionen der Tätigkeit anstatt in Begriffen von Sich-Einlassen, auf die Kunden eingehen, in Begriffen von Situationsbeherrschung und »Kontrolle« interpretierten. Unterstützt wurden diese Möglichkeiten durch spezifische Betriebsphilosophien und Verhaltenstrainings, die selber geschlechtlich konnotiert waren.

Leidner beschreibt in diesem Zusammenhang verschiedene Facetten und Funktionen solcher »Maskulinisierung«: Vorstellungen von Maskulinität und »männlicher Arbeit« können dazu dienen, routinisierte Arbeiten aufzuwerten und sie damit erträglich zu machen. Sogar ausgesprochen negative Aspekte eines Jobs – Gefährlichkeit, Schmutz, hohe körperliche Anforderungen – könnten auf diese Weise zu Auszeichnungen (»badges of honor«) werden (*Leidner* 1991, S. 173). In wieder anderen Konstellationen werden Tätigkeiten mit »Männlichkeit« assoziiert, *weil* sie hochqualifiziert, verantwortlich, kurz: wichtig sind. Die »Maskulinisierung« kann also sowohl eine kompensatorische Funktion im Zusammenhang belastender und intrinsisch wenig befriedigender Formen der Arbeit übernehmen; sie kann aber auch Privilegien und Schließungsprozesse rechtfertigen.

Leidner verweist nicht nur auf die Plastizität der Geschlechts-Idiomatik, sondern auch auf deren Asymmetrie und unterschiedlichen Machtimplikationen. Eine Arbeit als »männlich« definieren zu können, hat eine andere Bedeutung für männliche Beschäftigte, als es für Frauen relevant ist, ihre Arbeit als »weiblich« bezeichnen zu können. Hier stoßen wir auf ein grundsätzliches Phänomen im Geschlechterverhältnis: die Geschlechter verhalten sich *ungleich* zur »Differenz«.

Dies deutet auf den übergreifenden Zusammenhang des sozio-symbolischen Ordnungs- und Wertesystems und der gesellschaftlichen Organisation des Geschlechterverhältnisses, in dem – bei aller möglichen Flexibilität und Variabilität der ›gender‹-Konstruktionen im Einzelnen – der Ort des »Weiblichen« beharrlich mit dem Zeichen eines Mangels versehen ist.

Diese enge Verknüpfung von »Weiblichkeit« mit Mangel und die implizite Gleichsetzung von »Weiblichkeit« und »Differenz« ist in der feministischen Diskussion auf unterschiedlichen Ebenen reflektiert und erklärt worden (vgl. z.B. *Butler*, 1991); insbesondere auf den Analyseebenen Sprachsystem, Struktur der symbolischen Ordnung, historische Diskursformationen und Geschlechtercodierungen. Eine besonders dezidierte Variante der Kritik und Erklärung dieses Verständnisses von »Weiblichkeit« stammt von der französischen Philosophin und Psychoanalytikerin Luce *Irigaray*. Sie sieht den Grundmechanismus, der den Schein einer symmetrischen Differenz erzeugt, in der Konstruktionslogik der Symbolischen Ordnung verankert, die dem »Gesetz des Vaters« (*Lacan*) folgt. Im Diskurs der Zweigeschlechtlichkeit sieht sie eine Logik am Werk, die »alles Andere in die Ökonomie des Gleichen zurückzuführen sucht.« (*Irigaray*, 1990, S. 123f.) In den vorgeblich neutralen binären Oppositionen, mit denen Differenz beschrieben wird (männlich – weiblich, aktiv – passiv, rational -irrational, hart – weich usw.), sieht sie eine »phallozentrische« Ökonomie der Repräsentation am Werk, die Machtbeziehungen verschleiert, indem sie die Abhängigkeit der dominanten von den subordinierten Begriffen unsichtbar macht.[4]

Es liegt auf der Hand, daß auf dieser Analyseebene weder die historisch-kulturellen Spezifika von Geschlechtercodierungen noch Prozesse der Veränderung in den Blick geraten können. Gleichwohl wirft *Irigarays* Analyse – auch wenn man ihre politischen Schlußfolgerungen nicht teilt – Licht auf wichtige Konstruktionsmerkmale von Geschlechterdifferenz, die allerdings historisch (vgl. *Duden*, 1987; *Honegger*, 1991; *Laqueur*, 1992) und in ihrer kulturspezifischen Geltung (vgl. F. *Weiss* und I. *Lenz* in diesem Band) zu konkretisieren wären: Trennung und Bezogenheit, exklusive Polarität und Schein von Komplementarität, differente Situierung von Männern und Frauen in Bezug auf »Differenz«, differente Vergesellschaftung von Frauen und Männern im Geschlechterverhältnis.

5. Versperrte Gleichheit – tabuisierte Differenz

Fassen wir die wesentlichen Befunde der oben zitierten Analysen zur sozialen Fabrikation von Geschlechterdifferenz zusammen: deutlich wurde zum einen der kontextbezogene und zugleich erstaunlich variable Charakter im alltagspraktischen Rekurs auf Geschlechtertopoi; zum anderen die enge und wechselseitig reflexive Beziehung zwischen körperlichem/r Geschlecht/Geschlechtszugehörigkeit und der sozialen Verortung in spezifischen Kontexten, in denen Geschlechtertrennung und -hierarchisierung unmittelbar verknüpft sind; auffällig war in diesem Zusammenhang, daß die Deutungscodes von »Geschlecht« eher etwas sind, worin Menschen sich bewegen, von wo aus sie sich und andere vorstellen und wahrnehmen als Konzeptionen, die sie entwickeln und dann anwenden: d.h. die Deutungscodes haben eher operativen als instrumentalen Charakter; schließlich der Hinweis auf eine gewisse Vielfältigkeit der interpretativen Ressourcen bei gleichzeitiger Prädominanz bestimmter Vorstellungen substantieller Weiblichkeit und Männlichkeit, wobei »Weiblichkeit« mit einem Malus versehen war.

Diese in der Diskussion als prädominant beschriebenen Vorstellungen verweisen zurück auf den historischen Entstehungszusammenhang des machtvollen modernen Diskurses der Geschlechterordnung, den Claudia *Honegger* (1991) in Anlehnung an Foucaults ärchologisches Konzept der Formation von »Wissen« für unseren Kulturraum untersucht hat. In ihrem Buch »*Die Ordnung der Geschlechter. Die Wissenschaften vom Menschen und das Weib*« beschreibt sie, wie sich im Zuge der modernen Wissenschaftsentwicklung und gesellschaftlicher Umbruchprozesse, in der Zeit zwischen 1750-1850 die moderne bürgerliche Auffassung vom weiblichen Geschlechtscharakter in ihrer Amalgamierung von Biologie und essentiellen Eigenschaften herauskristallisiert hat. Strukturell abgesichert wurde die soziale Geltung dieses Amalgams durch die zunehmende Ausdifferenzierung und Umstrukturierung der Sphären gesellschaftlicher Reproduktion: Die Herausbildung einer »öffentlichen« Sphäre von Arbeit und Politik und die Entstehung einer »Privatsphäre«, die mit der Durchsetzung und Verallgemeinerung des bürgerlichen Familienmodells (vgl. *Becker-Schmidt*, 1992; *Beer*, 1990; *Gerhard*, 1978; *Wolde* in diesem Band) und der »Verhäuslichung« der (bürgerlichen) Ehefrau verbunden war.

Das »Aussagesystem der Geschlechtscharaktere« (*Hausen*) mit seinen stereotypen Entwürfen von Männlichkeit und Weiblichkeit wurde zum normativen Modell, das bis in die wissenschaftlichen und identitätspolitischen Diskurse der Gegenwart reicht, wenngleich es praktisch nie umfassend realisiert wurde.[5]

Bei der näheren Betrachtung dieser Diskursformation und des darin angebotenen Deutungsfundus von Geschlechterdifferenz zeigt sich eine Eigentümlichkeit, die ich kurz skizzieren und interpretieren möchte: Das Feld der Eigenschaften, mit denen die Geschlechterdifferenz ausgemalt ist, besteht offenbar nicht nur, wie in der Regel argumentiert wird, aus den zwei komplementären wechselseitig exklusiven Häften (männlich = nicht-weiblich; männlich = rational, agonal, stark etc. – weiblich = emotional, empathisch, anlehnungsbedürftig etc.). Es läßt sich in ein Vierfelderschema übertragen, das auch Differenzbestimmungen innerhalb der Geschlechtergruppen aufnimmt.

Auch in diesem *geschlechtsimmanenten* Bezugsrahmen finden sich kulturelle Eigenschaftsverteilungen und damit Klassifikationsangebote, die binär organisiert sind: Heilige/Hure; Engel/Xantippe; naiv/berechnend; rein/unrein, »echte Frauen«/Mannweiber usw.[6]

Meine These ist, daß diese *geschlechtsimmanente* Polarisisierung eine doppelte Funktion hat: sie stützt – nehmen wir das auf Frauen bezogene Feld – das normative Ideal des Weiblichen als Legitimationsgrundlage männlicher Dominanz, indem ein davon abweichendes »anderes« konstruiert und negativ konnotiert wird; zugleich macht die immanente Polarisierung Zugeständnisse an die »Empirie der wirklichen Verhältnisse« (*Negt*). Das heißt: sie erlaubt es, vorfindliche Abweichungen vom normativen Weiblichkeitsideal zur Kenntnis zu nehmen, sie aber zugleich im Rahmen des binären Schemas als Negation des Ideals differenzverstärkend zu vereinnahmen. Damit stützt diese Konstruktion bestimmte Normalitätsvorstellungen.

Das Zur-Kenntnis-Nehmen eines Moments von Realität ist dabei selber Bedingung der Möglichkeit der Zirkulation und des Bestandserhalts von Stereotypen. Ohne jeglichen Haftgrund in der Erfahrung wären sie unglaubwürdig und würden »veralten«: ihre Geltungsansprüche begründet das berühmte »Körnchen Wahrheit« (*Allport*, 1991), das in dem hier erörterten Zusammenhang die Möglichkeit des Abweichens von der Norm zugleich aufblitzen und abblitzen läßt.

In beiden Feldern wird Differenz erzeugt, werden über Affirmation und vereinnahmte Negation, Projektionsräume eröffnet:

– im Bezugsrahmen der Geschlechterdifferenz erscheint und fungiert Weiblichkeit als Entgegensetzung und Komplement zum Männlichen; stereotypes Zeichen der Trennung wie der Bezogenheit;

– im geschlechtsimmanenten Bezugsfeld erscheint und fungiert Weiblichkeit (bei Frauen) als Entgegensetzung zur Abweichung vom normativen Ideal; hier ist das stereotype Zeichen von Identität gestützt durch ein verworfenes Anderes.

Derartige normative Figurationen scheinen sich historisch mit »Erfahrungen« und Diskurselementen aufzufüllen und Ungleichzeitigkeiten können entstehen: etwa die neueste Entgegensetzung von Superfrau (Allroundfrau) und »Heimchen«. In ihr scheint die Hierarchisierung noch einigermaßen unentschieden. Hier koexistiert ein normatives Traditionsmodell mit einem Ideal, in dem vorgreifend ein Moment der Modernisierungsdynamik aufgenommen ist, das allerdings, wie sich in der gegenwärtigen ökonomischen Krise zeigt, höchst konjunkturanfällig und gesellschaftlich umstritten ist.

Auf den ersten Blick scheint dieses historische Element in Widerspruch zu stehen zum Begriff des Stereotyps selber, der ja wesentlich durch Übergeneralisierung und Entgeschichtlichung gekennzeichnet ist. Vielleicht ist aber auch der herkömmliche Begriff vom Stereotyp – insbesondere der Geschlechterstereotype – selber zu eng und stereotyp und müßte auch in Bezug auf seine implizite Historizität, seine Erfahrungskerne und die Grundstruktur seiner Organisationsform stärker als bisher bedacht werden. Dies eröffnet Übergänge zur Diskursanalyse im obengenannten *Foucaultschen* Sinne und ist gleichzeitig anschlußfähig für ethnomethodologisch-konstruktivistische Fragestellungen. Erklärungsbedürftig ist im Zusammenhang der Frage nach der Funktion geschlecht*simmanenter* Differenzkonstruktionen deren relative Spärlichkeit in Bezug auf Männer. Zwar gibt es auch hier den – sogleich mit Homosexualität assoziierten – Schlappschwanz, den Pantoffelhelden, Weichling oder »Müslifresser«, aber die weiblichen Oppositionspaare sind deutlich ausgeprägter.

Für diese vergleichsweise Unterbesetzung des »männlichen« Feldes mit Differenzkonstruktionen gibt es unterschiedliche Interpretationsmöglichkeiten. Sie könnten, etwa im Sinne Rosa *Mayreders* (1905), als normative Freiheitsgrade verstanden werden. In ihren Überlegungen zur Tyrannei der Norm schreibt *Mayreder* um die Jahrhundertwende, der »normative Typus« des Männlichen berechtige »den Mann so weit zu allen Freiheiten und Vorteilen seiner Klasse, [...] wie Staat und Gesellschaft in ihrer gegenwärtigen Form sie überhaupt gewähren. Dieser Typus kann einem geräumigen Panzer verglichen werden, der nach dem größten Maße zugeschnitten ist, vielleicht für den Schwächeren unbequem, doch für den Starken kein Hindernis seines Wachstums. Der normative Typus des Weibes hingegen gestattet der Entfaltung des Individuellen viel geringeren Spielraum: er ist privativ in seinen Wirkungen, ein beengendes Mieder, das von der Individualität zersprengt werden muß, wenn sie nicht ersticken will.« (*Mayreder*, 1905, S. 90)

Umgekehrt und gleichzeitig könnte die Spärlichkeit geschlechtsimmanenter Differenzkonstruktionen geradezu Indiz für den Identitätszwang sein, der auf Männern lastet: normativer Überdruck als Preis für superiore Geltung. Offenkundig scheint dabei, daß die Abweichung vom Maskulinitätsideal hochgradig tabuisiert ist, so stark, daß Abweichungen in Richtung »Feminität« selbst als Möglichkeit verschwiegen werden müssen: ein echter Mann, so die Beschwörungsformel für maskuline Identität, darf nicht »anders« sein. Für diese Interpretation spricht auch der – bis in strafrechtliche Dimensionen hinein – verbreitete differente gesellschaftliche Umgang mit männlicher und weiblicher Homosexualität.

Was hier als (geschlechtsimmanentes und geschlechtsspezifisch verfaßtes) Differenz-Tabu aufkreuzt, kann als eine Art asymmetrischer Entsprechung zum oben erwähnten »sameness taboo« (*Lorber*) gedeutet werden, wonach Männer und Frauen sich prinzipiell zu unterscheiden haben. Für Männer ist es anscheinend wichtiger, nicht mit dem Makel des Weiblichen behaftet zu sein als es für Frauen ist, etwas von den kulturell höhergeschätzten Konnotationen von Männlichkeit zu übernehmen – obgleich auch dies für Frauen nicht konfliktfrei ist. (Vgl. *Morschhäuser*, 1993)

Abweichungen vom Männlichkeitsideal müssen schließlich auch unterdeterminiert bleiben, um die »hom(m)osexuellen« (*Irigaray*) Bindungskräfte unter Männern, die Kohäsionskraft männlicher Allianzen oder Bünde (vgl. E. *Kreisky* in diesem Band) nicht zu tangieren, die sich ja ausdrücklich auf den Ausschluß des Weiblichen stützen, der nach Auffassung einiger Autorinnen (z.B. *Irigaray*, 1979; *Becker-Schmidt*, 1987) abgesichert ist durch Formen des »symbolischen Frauentauschs«. Was dies jenseits kulturtheoretischer Annahmen, wie sie etwa Luce *Irigaray* formuliert, praktisch heißen kann, zeigt sich z.B. in der Studie über »*Frauen in Männerdomänen*« von Martina *Morschhäuser* (1993). Darin beschreibt sie die Konflikte, die aufbrachen, als im Rahmen von Modellprojekten ausgebildete Facharbeiterinnen in Abteilungen eingesetzt wurden, in denen bislang die »Männer unter sich« waren. Viele Kollegen fühlten sich gestört, u.a. deshalb weil das »Kollegiale« stark bestimmt war über (hetero)sexuell eingefärbte Kommunikation: »Frauen, real nicht anwesend, spielen symbolisch eine große Rolle. Als ›Weiber‹ nackt abgelichtet, hängen sie an der Wand oder kursieren in Heftform. ›Frauen‹ und ›Sex‹ sind hier identische Begriffe. Darüber kreisen viele der Männerwitze, die wichtiger Bestandteil des gemeinsamen Austauschs und der gegenseitigen männlichen Bestätigung sind.« (1993, S. 65)

Zurück zum »Differenz-Tabu«: Auf der Ebene der Geschlechterstereotype findet sich etwas vom ungleichen Verhalten der Geschlechter gegenüber der Geschlechterdifferenz wieder, auf die mehrfach hingewiesen wurde. Hartmann *Tyrell* faßt in seinen Darlegungen zur Universalität geschlechtlicher Differenzierung diesbezügliche Beobachtungen zusammen, wenn er schreibt, »daß die männliche Seite vielfach das stärkere Unterscheidungsbedürfnis hat, also stärker auf die Differenz zum Weiblichen drängt, und diese damit teils stimuliert, teils dramatisierend verstärkt.« (*Tyrell*, 1989, S. 68). Diese Unterscheidungsbedürfnisse hätten eine hierarchische Ambition und zielten auf Überlegenheitsdarstellung ab, wobei zu beobachten sei, daß gerade auch Nähe polarisierend wirke (ebenda). Entsprechende Befunde dokumentiert Angelika *Wetterer* in ihrem Forschungsüberblick »Professionalisierung und Geschlechterhierarchie« (1993). Auch sie kommt zu dem Fazit, daß dem »›überlegenen Geschlecht‹ stets die Rolle des Differenz-Verstärkers zufällt, denn an der Sichtbarkeit der Differenz hängt auch die Aufrechterhaltung des Statusunterschieds« (1993, S. 99).

Empirische Untersuchungen haben im Detail die Strategien und sozialpsychologischen Mechanismen beschrieben, die bei diesen Prozessen im Spiel sind. Die beiden häufigstgenannten sind: »Grenzüberhöhung« und »Partikularisierung«.

Rosabeth *Moss-Kanter* (1977) analysierte Erfahrungen von Frauen in »frauenuntypischen« Berufen. Diese »token-women« berichteten, daß die Unterschiede zwischen ihnen und den männlichen Kollegen von diesen ständig überbetont und übertrieben wurden, wodurch die Gleichwertigkeit ihrer Leistungen partiell wieder unsichtbar gemacht wurde. *Moss-Kanter* nennt dieses Phänomen »boundary hightening«. (Vgl. auch *Sieverding*, 1990; *Morschhäuser*, 1993). Derartige Prozesse der Grenzüberhöhung machen sich fest an Kompetenzzuschreibungen, in denen schlichte Vorurteile über Eignungen, übergeneralisierte Erfahrungen und sexualisierte Klischees trübe Legierungen eingehen: »Zum einen traut man(n) den Frauen die Ausübung qualifizierter Facharbeit doch nicht so recht zu. Zum anderen werden ihnen – da sind sich Managementvertreter und Betriebsräte einig – gerade besondere Kompetenzen zugeschrieben, nämlich Sorgfalt und Fingerfertigkeit, was sie als hochgradig geeignet für Montage- und Kontrolltätigkeiten erscheinen läßt. Diese attestierten spezifisch weiblichen Fähigkeiten, von manchen als ›Vorteile der Frau‹ tituliert, liefern die Rechtfertigung für die geschlechtsspezifische Einsatzpraxis. Insbesondere Fachvorgesetzte lehnen eine mögliche Beschäftigung von Frauen in ›ihren‹ Fachabteilungen ab. Als Argumente werden immer wieder körperliche Einsatzgrenzen, ein vermeintlich höherer Krankenstand und das ›Schwangerschaftsrisiko‹ angeführt.« (*Morschhäuser*, 1993, S. 43) In einigen der von *Morschhäuser* zitierten Abwehrargumenten wird der Stellenwert von Sexualklischees und Rationalisierungen eigener Unsicherheit besonders deutlich: »›Ich habe nichts gegen Frauen‹, sagt ein Kolonnenführer, ›Ich habe selbst drei Stück [!] zu Hause. Aber wir wollten keine Frauen am Arbeitsplatz haben. Die haben wir aufgedrückt bekommen. Wir wollten das einfach nicht!‹«. In ihrer Begründung sprechen Meister und Kolonnenführer – getrennt interviewt – wie aus einem Munde. »›Nichts gegen weibliche Wesen‹, meint der Meister, ›aber ein weibliches Wesen hat immer eine andere Verhaltensweise als ein Mann, und wir sind eben ein Betrieb, der rein auf Männern aufgebaut ist. [...] Das Verhalten einer Frau gegenüber ist etwas anderes als gegenüber einem Mann, rein von meinem persönlichen Gefühl her, und so wird das auch sein. Man muß sich schon überlegen, was man sagt‹«. Und der Kolonnenführer führt Verhaltensschwierigkeiten bei der Krankmeldung einer Frau an: »Wenn die morgen anruft und sagt mir: Mir ist nicht gut. Was sage ich dann? Sage ich: Ist gut. Bei einem Mann würde ich da was anderes sagen!‹ [...] Des weiteren bringen Meister und Kolonnenführer die Problematik der sexuellen Belästigung am Arbeitsplatz am vehementesten von allen Befragten zur Sprache – als Problem der Männer. Der Kolonnenführer sieht das ›Hauptproblem‹ darin, daß die Facharbeiterin ›eine Frau ist, nicht ein Mensch, sondern eine Frau – nicht negativ gesehen – sondern immer im Vergleich: auf der einen Seite die Frau, auf der anderen der Mann. Das sind nun einmal zwei Geschlechter, die kann man nicht aus der Welt diskutieren. Das Thema Sexualität darf man nicht außer acht lassen. Es sind da eben Spannungen. Es ist bestimmt für die Männer schwer, mit den Frauen zusammen zu arbeiten. Es ist ein Unterschied, ob ich in einem Büro mit einer Kollegin zusammensitze oder in der Werkstatt körperlich nahe zusammenarbeite.‹« (*Morschhäuser*, 1993, S. 79)

In derartigen Argumenten wird das Oszillieren zwischen unterschiedlichen Deutungshorizonten von Geschlechterdifferenz deutlich: der körperliche Charakter der eigenen Tätigkeit, ein traditionell gewichtiges Abgrenzungskriterium für Arbeiter gegenüber Angestellten und Frauen, wird hier assoziativ verknüpft mit Sexualität und den Schwierigkeiten, sich (als Mann, der man ist) unter Kontrolle zu halten, sobald eine Frau in die Nähe kommt. Das Beispiel wirft überdies methodische Fragen sowohl in Bezug auf die Formen der Erhebung, die Settings der Gespräche, die Intentionen, die sich über die Fragen mitteilen, und nicht zuletzt das Geschlecht der Interviewenden auf. Auch sie können dazu beitragen, systematisch Brüche, Ambivalenzen, Unsicherheiten der GesprächspartnerInnen unsichtbar zu machen, anstatt ihre Artikulation zu ermöglichen. (Vgl. *Knapp*, 1993; *Welzer*, 1993)

Eine zweite Möglichkeit der Abstandmarkierung beschreibt der Mechanismus der Partikularisierung. Wenn es unumgänglich wird, Fähigkeiten und Eignungen von Kolleginnen zur Kenntnis zu nehmen, werden derartige Frauen als Ausnahme akzeptiert, in Relation zur Regel. Dieser Mechanismus erhält die abwertende Gesamteinschätzung der »regulären« Frau aufrecht, ermöglicht aber ein Stück »Realismus«. Die Partikularisierung kann überdies einen implizit negatorischen Aspekt enthalten: eine Ausnahme im Beruf zu sein, kann assoziiert sein mit dem Makel, nicht vollkommen weiblich zu sein. Hochleistungsfrauen, die den Ausnahmestatus errungen haben, geraten in eine widerspruchsvolle, häufig überfordernde Situation, in der sie – gegen die ihnen entgegengebrachte Skepsis – fachliche Qualität demonstrieren müssen, ohne sich dabei in den Verdacht der Unbescheidenheit oder Überheblichkeit, d.h. »Unweiblichkeit« zu setzen. (Vgl. *Morschhäuser*, 1993, S. 50ff.)

Die oben formulierte These, daß sich gerade in dem differentiellen Umgang mit der Geschlechterdifferenz das relationale Moment im Geschlechterverhältnis ausdrückt, stützt sich auf folgende Überlegungen: Für beide Geschlechter sind – wie vielfältig belegt – Geschlechterdifferenz, Geschlechtertrennung und Geschlechterhierarchie untrennbar miteinander verwoben. Allerdings ergeben sich aus den unterschiedlichen Positionierungen innerhalb dieses Gefüges spezifische Konsequenzen. Männer halten mit dem Beharren auf Grenzziehungen zum Weiblichen zugleich ihre Eminenz und – strukturell gesehen – Statusdifferenzen aufrecht.

Wenn Frauen gegen ihre Abwertung und Minderstellung aufbegehren wollen, können sie nicht umhin, die Geschlechtertrennungen als solche in Frage zu stellen; es gibt sie unter gegebenen Verhältnissen kaum als nicht-hierarchisierte. Der Anspruch von Frauen auf Anerkennung von Gleichwertigkeit betrifft dann Männer immer doppelt: sowohl in Bezug auf ihren relativen Status, ihre Dominanzposition, als auch in Bezug auf die affektiv befrachtete Eminenz der »Differenz«, d.h. hinsichtlich dessen, was als »Männlichkeit« oder männliche Identität gilt. Intrusion von Weiblichem bedroht oder tangiert beides zugleich – und zwar sowohl auf der Ebene tatsächlicher Privilegien als auch, wie oben dokumentiert, auf der Ebene der phantasmagorischen sexualisierten »Differenz«. Ex negativo drückt sich die emotionale Aufladung dieser Konfiguration in der gängigen Supplementierung von Gleichwertigkeit und Gleichartigkeit (Gleichmacherei) aus, die für beide Geschlechter angstbehaftet ist, wenn auch aus unterschiedlich kombinierten Gründen.

Auch für Frauen, die in männliche Praxisfelder vordringen, ergeben sich Verunsicherungen und Konflikte in Bezug auf ihr Selbstverständnis »als Frau«. Die Grenzüberschreitungen sind deshalb häufig, vielleicht meistens, ambivalent; anders aber als für Männer sind sie zumindest mit dem Versprechen auf einen Zugewinn an Geltung verbunden. Dieser Zugewinn an Geltung zehrt jedoch auch von der Abgrenzung gegenüber anderen Frauen, wie *Morschhäuser* zeigen konnte: »›Gerade in so einem Frauenbetrieb wie hier, da wird das so gesehen: na ja, die (Arbeiterinnen) machen niedere Tätigkeiten. Wenn man dann die gleichen Tätigkeiten wie die Männer macht, wird man doch anders angesehen. Das Ansehen, das man von den Männern bekommt steigt.‹« (1993, S. 53)

Angesichts dieser widersprüchlichen Interdependenzverhältnisse zwischen den Geschlechtern sind Konflikte angesagt, sobald Frauen sich in Bewegung setzen. In Bezug auf die Weiblichkeitsstereotype und deren möglichen historischen Erfahrungsgehalt läßt sich formulieren: Die gegenwärtigen Formen der Einbindung von Frauen in die Gesellschaft schlagen sich auf der Ebene des Deutungsreservoires von Geschlechterdifferenz in spezifischer Weise nieder. Weiblichkeitsklischees werden ständig sowohl bestätigt (beim Blick auf die vergleichsweise beharrliche häusliche Arbeitsteilung, auf Mutterschaft und – in Grenzen – auch beim Blick auf die als »weiblich« konstruierten Berufsfelder) als auch partiell durchkreuzt und transformiert (beim Blick auf die zunehmende Präsenz von Frauen in allen möglichen sozialen Bereichen und die Qualifikations- und Statusdifferenzen unter Frauen). Angesichts des oben beschriebenen grundlegenden und überdeterminierten Charakters von ›gendering‹-Prozessen scheint die Affirmation der Klischees ausgeprägter zu sein als die der Durchkreuzung und Relativierung. Gleichwohl läßt sich eine Art »Aushöhlung« oder Verlust an Substantialität und damit Plausibilität in westlich-kapitalistischen Gesellschaften nicht übersehen.

Dabei hat sich möglicherweise auch die *Funktion* von Weiblichkeitsklischees ein Stück weit verschoben: sie werden – von Frauen, aber in Grenzen auch von Männern – weniger ernst genommen als inhaltliche Indikatoren und normative Prädikatoren eines weiblichen Geschlechtscharakters, zumindest für Frauen scheint sich der Identitätszwang, soweit er auf Vereigenschaftlichung von Weiblichkeit gerichtet war, etwas gelockert zu haben. Gleichzeitig fungieren die Stereotype in bestimmten Interessen- und Machtkonstellationen jedoch beharrlich als »Verdecker durch Naturalisierung«. Ihre Verdeckungsfunktion resultiert aus einer Doppelbewegung, in der das Beschwören von Wunschbildern einhergeht mit einem stetigen Ungeschehenmachen und Ungesehenmachen von Realerfahrung. Daß Frauen nach wie vor den Großteil der Familienarbeit leisten, auch wenn sie erwerbstätig sind, müssen Männer nicht als ›ihr‹ Problem an sich heranlassen, sondern können es mit Hilfe stereotyper Konstruktionen (»Frauensache«) von sich fernhalten.[7] Was als Ausdruck der »Natur der Frau« rationalisierbar ist, kann nicht legitimer Gegenstand von Verteilungsauseinandersetzungen sein. Frauen selber spielen bei der Fortschreibung dieser Stereotype mit, wenn sie zu eigenen Lasten – als Strategie der Konfliktvermeidung – Männern die Zerreißproben und Kosten unterschlagen, die für sie mit der Einbindung in zwei Praxisfelder in der Regel verbunden sind. In der Kompromißbildung selbst wird der Anschein von Naturwüchsigkeit geschlechtlicher Arbeitsteilung reproduziert. Gleichzeitig gibt es so etwas wie ein »implizites Wissen« (*Polanyi*, 1985, S. 29) darum, daß Klischees nicht die ganze Wahrheit sagen. Sie halten gleichermaßen die Möglichkeit aufrecht, sich miteinander zu arrangieren, als auch ein unterschwelliges Bewußtsein von der in ihnen abgedrängten Realitätserfahrung. Frauen »wissen« implizit, daß und worin sie den Klischees nicht entsprechen – auch Männer stehen häufig in einem Verhältnis des Leistungszwangs oder des Zweifels zur »Männlichkeit«, wie u.a. Joseph *Pleck* (1981) in seinen Analysen zum Mythos der Maskulinität belegt. (Vgl. auch *Connell*, 1987) In Bezug auf die Formen »impliziten Wissens« gibt es gleichwohl geschlechtstypische Verteilungen, der Zugang zu den durch Überakzentuierung und Schematisierung der Differenz in die Latenz gedrückten Erfahrungen ist durch die Positionierung im Geschlechterverhältnis und dessen Einbettung in gesamtgesellschaftliche Reproduktionsprozesse mit bestimmt.

Gewiß kann diese Skizze der Variationsbreite beruflicher Erfahrungen von Männern und Frauen, die ja auch sachliche Dimensionen von Zusammenarbeit und Möglichkeiten solidarischen Einvernehmens als Kollegen und Lohnabhängige beinhalten, nicht vollends gerecht werden. Stärker als es hier im Zusammenhang der Darstellung der einschlägigen Forschung ausgeführt werden konnte, müßten weitere Differenzierungs- und Demarkationslinien innerhalb der Genus-Gruppen – der Frauen wie der Männer – aufgenommen werden. Ich denke hier an Unterschiede, die sich aus der kapitalistischen Trennung und Hierarchisierung von Kopf- und Handarbeit ergeben oder aus Konstruktionen ethnischer Differenz und deren faktischen Konsequenzen. In empirischen Untersuchungen wäre darüberhinaus stärker als bisher nach gegenläufigen Erfahrungen und den Formen und Möglichkeiten ihrer Diskursivierung zu fragen. *Morschhäusers* Untersuchung gibt hier einige Impulse: anders als *Cockburns* Studie, die ein nicht weiter spezifiziertes und rationalistisch anmutendes Konzept von männlichen Herrschafts- und Kontrollinteressen unterstellt, eruiert sie auch Bedingungskonstellationen, die der beruflichen Integration von Frauen in traditionellen »Männerdomänen« förderlich sind.

Zur kritischen Selbstreflexion gerade der ›gendering‹-Forschung gehört deshalb die Frage, ob nicht das spezifische feministische Interesse an Prozessen der Vergeschlechtlichung möglicherweise selbst deren Gewicht erhöht, indem andere Aspekte außer acht geraten, die gleichwohl Erfahrung mitstrukturieren können. Methodisch ergibt sich hieraus die Konsequenz, nicht nur auf die Reproduktion von Geschlechtercodierungen zu achten, sondern auch auf deren Relativierung.

Dies betrifft zum Beispiel Prozesse des realen Abstrakterwerdens von Arbeit im Zuge der technologischen Entwicklung und Veränderungen der kapitalistischen Produktionsweise. Damit verschieben sich auch die objektiven Anknüpfungsmöglichkeiten für Differenz-Konstruktionen, was die Bedeutung des Geschlechtsunterschieds in bestimmten Zusammenhängen ein Stück weit umgewichten oder doch spezifische Umakzentuierungen nahelegen kann.

Einige Autoren, z.B. J.F. *Lyotard* (1977, S. 61f.) oder – in anderer Weise – I. *Illich* (1983), gehen so weit zu behaupten, daß das kapitalistische Gesetz der universellen Austauschbarkeit zunehmend alle Differenzen, also auch die Geschlechterdifferenz, nivelliere. Diese Prognose halte ich angesichts des oben beschriebenen Verdichtungs- und Verweisungszusammenhangs zwischen Geschlechterkategorie, Arbeit, (Hetero-)Sexualität und Generativität für überzogen. Zumindest zeigt sich einstweilen – auch durch derartige Ökonomisierungs- und Homologisierungsprozesse hindurch – eher die beharrliche Relevanz der Polarisierung und Hierarchisierung der Geschlechter, ihre psychosexuelle Bedeutung und affektive Aufladung. In Anbetracht der nach wie vor verbreiteten Unterbelichtung der »technologies of gender« (de *Lauretis*, 1987) außerhalb der Frauenforschung, insbesondere hierzulande, kam es in diesem Beitrag vor allem darauf an, die grundlegende Bedeutung des Geschlechterverhältnisses auch für die Untersuchung außerfamilialer Praxisfelder – den vorgeblichen Reichen des Sachzwangs und der ökonomischen Rationalität – einsichtig zu machen. Aus der Perspektive des Geschlechterverhältnisses betrachtet, erweisen sich Sachzwänge und »Rationalität« selber in einem Ausmaß als Formen von »Rationalisierung« (*Becker-Schmidt*, 1992), zu dem erst die feministische Forschung Zugänge eröffnet hat.

6. Resümee

Sowohl die diskursanalytischen als auch in besonderer Weise die ethnomethodologisch-mikrosoziologisch inspirierten Untersuchungen zur »Konstruktion« von Geschlechterunterscheidungen haben aufschlußreiche Einsichten in die komplexen mikropolitischen Prozesse der Geschlechtersegregation und -hierarchisierung hervorgebracht. Es bleiben jedoch eine Reihe methodischer und theoretischer Probleme, die – so das vorläufige Fazit – innerhalb der jeweiligen Paradigmen nicht gelöst werden können. Der rekonstruierende Nachvollzug von Prozessen der Geschlechtertrennung und -hierarchisierung – die Beantwortung der Frage nach dem ›Wie‹ der Konstruktionsprozesse –, so hoch auch hier der empirische Klärungsbedarf nach wie vor ist, bleibt letztlich unzureichend, wenn nicht Fragen nach dem ›Wer‹, ›Warum‹ und ›von wo aus‹ mitreflektiert werden. Diese Fragen würden das Forschungsfeld sowohl in gesellschaftstheoretischer wie subjektbezogener Richtung erweitern.

So ist die »Funktionalität« oder »Rationalität« von Geschlechterkonstruktionen nicht *gleichsinnig*, wenn man sie aus der Perspektive der Subjekte anvisiert oder aus der Perspektive gesellschaftlicher Machtverhältnisse und Disparitäten.

Was von der Warte männlicher oder weiblicher Individuen aus gesehen psychisch »funktional« sein mag, weil es ihrer subjektiven Verfaßtheit mehr oder weniger angemessen ist[8], kann etwas anderes sein, als das, was in Interaktionen, in sozialen Arrangierungsprozessen innerhalb spezifischer Praxiskontexte (für wen?) »funktional« ist – oder aus der Perspektive gesellschaftlicher Veränderungen bzw. der Reproduktion des gesellschaftlichen status quo jeweils als »rational« erscheint. Die des öfteren notierte Flexibilität der Konstruktionen von »Männlichkeit« und »Weiblichkeit« kann ihre Anstöße beziehen aus allen drei Hintergründen, orientiert sein auf alle drei Bezugsfelder und daher nur im Rekurs auf sie erschlossen werden.

Das Geschlechterverhältnis in seinen gesellschaftlich-spezifischen Organisationsformen ist nicht nur etwas sprachlich-diskursiv »Konstruiertes« oder in interaktiven Beziehungen »Gemachtes«, wie der Begriff des »doing gender« betont, sondern »auch etwas Gewordenes, d.h. es ist Resultat historischer Strukturierungs- und Sedimentierungsprozesse, die als geschichtlicher Überhang gegenüber dem menschlichen Handeln ihr Eigengewicht und ihre Eigengesetzlichkeit haben. Diese gesellschaftliche Objektivität tritt den Handelnden als sozialer Zwang in Form von institutionalisierten Handlungsbedingungen gegenüber.« (*Becker-Schmidt,*

1993, S. 42) Diese haben ihr eigenes »spezifisches Gewicht«, eigene Verbindlichkeiten und Schwerkräfte in Bezug auf die Handlungsmöglichkeiten der Individuen.

Vergeschlechtlichte Berufsstrukturen, der Gegenstand, um den es hier ging, lassen sich nicht allein aus Interaktionen heraus erklären; und umgekehrt lassen sich auch Resultate aus Interaktionen »von Angesicht zu Angesicht« nicht in jedem Fall in mikrosoziologischen Termini fassen, wie Nicos *Mouzelis* an einem drastischen Beispiel demonstriert: Die Begegnung zwischen Churchill, Roosevelt und Stalin 1945 in Jalta hat zu Entscheidungen geführt, die – unter anderem – die Nachkriegslandkarte von Europa veränderte und das Leben von Millionen von Menschen veränderte (*Mouzelis*, 1993, S. 679). Dies Beispiel verdeutlicht die Notwendigkeit einer Verortung der Interaktionen wie der Akteure innerhalb sozialer Macht-und Herrschaftsverhältnisse.

Auch das vergeschlechtlichte Subjekt geht nicht allein aus sexuierten Wahrnehmungs-, Zuschreibungs- und Interaktionsroutinen hervor – und ebensowenig darin auf, wie – im Gegensatz zu stromlinienförmig ausgerichteten Konzepten geschlechtstypischer Sozialisation – vor allem die Psychoanalyse deutlich gemacht hat. (Vgl. *Becker-Schmidt* in diesem Band) Aber auch ohne Rekurs auf die empirisch schwer zugänglichen, innerpsychischen Konstellationen und -dynamiken läßt sich m.E. – aus sozialpsychologischer Sicht – zeigen, wie komplex und konfliktbehaftet lebensgeschichtliche Prozesse des »Geschlecht-Werdens«, genauer: des zum Mann oder zur Frau-Werdens sind. Die – Mädchen betreffende – Nötigung zur Selbstverortung innerhalb einer widersprüchlichen Triade sozialer Geltung von »Weiblichkeit« als »Besonderem – Minderem – Anderem« und die damit verbundenen Aneignungs-, Enteignungs-, Trennungs- und Identifikationsprozesse sind, wie vielfach dokumentiert, von erheblichen Ambivalenzerfahrungen begleitet. Diese können in Konflikten, beispielsweise am Arbeitsplatz, immer wieder evoziert und durch neue Erfahrungen und Deutungsmöglichkeiten angereichert und umgeschrieben werden. (Vgl. *Becker-Schmidt* u.a., 1993; *Becker-Schmidt/ Knapp*, 1985; *Becker-Schmidt*, 1990). Auch gegenwärtige Prozesse sowohl der Vergeschlechtlichung wie deren Veränderung oder Variation, wie sie in den erwähnten empirischen Untersuchungen anvisiert wurden, sind dynamisch stets mehrfach bestimmt: durch den lebensgeschichtlichen Hintergrund, durch Spezifika der aktuellen Situation und durch Transfers von Erfahrungen aus unterschiedlichen Bereichen. Die kulturell vorfindlichen Deutungsrepertoires, auf die zur Selbstauslegung zurückgegriffen werden kann, gehen als konstitutive Elemente ebenfalls in diesen Zusammenhang ein.

Die diskursanalytisch orientierte Sozialpsychologie betrachtet sprachliche Äußerungen und Figuren der Sinngebung schwerpunktmäßig mit Blick auf die ihnen immanenten Konstruktionslogiken und legt, in der oben vorgestellten Variante, besonderes Gewicht auf ihre rhetorischen Implikationen. Die ethnomethodologische Gendering-Forschung bewegt sich – mit einem besonders entwickelten Wahrnehmungspotential für Alltagspraktiken der Vergeschlechtlichung – im gleichwohl eingeengten Zwischenfeld einer Sozialpsychologie ohne Psychologie bzw. Subjekttheorie und einer Soziologie ohne Gesellschaftstheorie. Beide haben in ihrer jeweiligen Spezialisierung die feministische Forschung bereichert. Deren Weiterentwicklung in diesem Feld ist jedoch daran gebunden, die theoretischen Perspektiven im beschriebenen Sinne zu erweitern. Dies ist gewiß leichter gesagt als getan. Dennoch scheint die zur Zeit wahrnehmbare Öffnung in der wissenschaftlichen Diskussion über die Grenzen spezifischer Theorietraditionen und z.T. auch Fächergrenzen hinweg[9], günstige Voraussetzungen zu bieten, neue Theorie-Empirie-Kombinationen auszudenken und zu erproben.

Anmerkungen

1 In dem gemeingermanischen Wort »unter« sind zwei ursprünglich verschiedene Wörter zusammengefallen: 1. ein mit altindisch »antar« (zwischen) und mit lat. »inter« verwandtes Wort und 2. ein mit lat. »infra« (unterhalb) verwandtes Wort. Beide Bedeutungen leben noch heute in »unter« weiter. »Unterscheiden« bedeutet im Mittelhochdeutschen: trennen, festsetzen, erklären; »differieren«: »abweichen, verschiedensein«, im 16. Jh. (vielleicht durch Vermittlung von frz. différer) aus gleichbedeutend lat. differre (transitive Grundbedeutung: »auseinandertragen«) entlehnt. Vgl.: *Duden*, Das Herkunftwörterbuch, 1963, die Angaben zu »unter«, »scheiden«, »Differenz«, »differieren«.

2 Aussagen über Ideologieträchtigkeit, dies sei an dieser Stelle angemerkt, lassen sich ohne Kenntnis der Erfahrungs- und Bezugshintergründe dieser Konzeptualisierungen von Geschlecht allerdings kaum treffen. So ist gewiß nicht jede Äußerung über größere Emotionalität von Frauen per se als »essentialistisch« zu bezeichnen; sie kann auch auf kontextgebundene Erfahrungen verweisen. »Essentialistisch« wird sie erst in der Form übergeneralisierter Vereigenschaftlichung.

3 »Women and men have to be distinguishable« (*Lorber/Farrell*, 1991, S. 1).

4 Elizabeth *Grosz* faßt diesen Repräsentationsmodus zusammen: »Frauen sind hier auf drei Möglichkeiten beschränkt, von denen jede den Primat des Maskulinen und die Subordination des Femininen bestätigt. Wann immer Frauen oder Weiblichkeit gefaßt werden, in Begriffen von Identität oder Gleichheit mit Männern,

als Gegenteil bzw. Umkehrung des Männlichen oder als Komplementäres, ist ihre Repräsentation phallozentrisch.« (*Grosz*, 1990, S. 147)

5 Aufschlußreich sind hier die Polemiken von Protagonistinnen der ersten Frauenbewegung gegen den Klassencharakter dieses Modells, insbesondere die von Hedwig *Dohm*: »O über dieses Geschwätz von der Sphäre des Weibes, den Millionen Frauen gegenüber, die auf Feld und Wiese, in Fabriken, auf den Straßen und in Bergwerken, hinter Ladentischen und in Bureaus im Schweiße ihres Angesichts ihr Brot erwerben. Wenn die Männer vom weiblichen Geschlecht sprechen, so haben sie dabei nur eine ganz bestimmte Klasse von Frauen im Sinn: Die *Dame* [...]. Geht auf die Felder und in die Fabriken und predigt eure Sphärentheorie den Weibern, die die Mistgabel führen und denen, deren Rücken sich gekrümmt hat unter der Wucht centnerschwerer Lasten!« (*Dohm*, 1986, S. 126)

6 Auch in *Cockburns* Untersuchung tauchten derartige Spaltungen auf. Beispielsweise in der Feststellung eines leitenden Angestellten: »Es gibt nur zwei Arten von Frauen. Herrische Frauen, die sich das ihre holen, und weiche, anschmiegsame Frauen, die sich das ihre holen.« Oder, ein anderer Angestellter: »Es gehört zu meiner Aufgabe, daß ich weiß, welche Frau der Typ ist, der gerne mal in den Hintern gekniffen wird, und welche der Typ ist, die getreten werden muß.« (*Cockburn*, 1988, S. 80)

7 Prototypisch dafür zwei weitere Aussagen aus der *Morschhäuser*-Studie, die frappierend sind in ihrer Ungebrochenheit: ›Wenn eine Frau berufstätig sein will, soll sie wenigstens keine Kinder kriegen‹, meint ein Betriebsrat im Interview und ein anderer fügt noch hinzu: ›Für Frauen ist es doch besser, zu Hause zu bleiben und dort, statt so vielen, nur einem zu dienen, den sie lieben.‹ [...] Und ein Elektroniker antwortet auf die Frage, wie er die Vereinbarkeit von Beruf und Familie einschätzt: ›Gut, am Anfang ist es wohl wichtiger, wenn die Mutter da ist. Aber später kann man das natürlich auch vereinbaren, wenn die Frau dann hingeht und ihrem Beruf auch nachgeht... Dann kann man doch vereinbaren, daß die Frau sich das eben einteilt, vielleicht nur vier Stunden am Tag arbeitet. Wie gesagt, es kommt auch auf die Frau selber an, ob die das will. Ich würde das auf jeden Fall akzeptieren, wenn sie sagt, ich will weiter arbeiten gehen.‹« (*Morschhäuser*, 1993, S. 143)

8 Aus der psychologischen Forschung ist bekannt, daß gleiches manifestes Verhalten von Individuen unterschiedlich motiviert sein kann; umgekehrt können sich vergleichbare intrapsychische Motive oder Konfliktkonstellationen in unterschiedlicher Form Ausdruck verschaffen (*Wacker*, 1979, S. 122ff.). Darüberhinaus können identische Aussagen Unterschiedliches meinen, je nach sozialem Hintergrund von Erfahrungen.

9 In dieser Hinsicht exemplarische und ermutigende Erfahrungen waren für mich die Diskussionen in der von Angelika *Wetterer* initiierten Arbeitsgruppe »Profession und Geschlecht«.

Literatur

ADORNO, Theodor W., Negative Dialektik, Frankfurt am Main 1970

ALLPORT, Gordon W., Die Natur des Vorurteils, Köln 1991

BECKER-SCHMIDT, Regina u.a., Arbeitsleben – Lebensarbeit, Konflikte und Erfahrungen von Fabrikarbeiterinnen, Bonn 1982

BECKER-SCHMIDT, Regina/Gudrun-Axeli KNAPP, Arbeiterkinder gestern – Arbeiterkinder heute, Bonn 1985

BECKER-SCHMIDT, Regina, Zum Konzept der Nachträglichkeit, in: Ingrid N. Sommerkorn (Hg.), Soziologie in der Lehre, Hamburg 1990

BECKER-SCMIDT, Regina, Verdrängung Rationalisierung Ideologie. Geschlechterdifferenz und Unbewußtes, Geschlechterverhältnis und Gesellschaft, in: Gudrun-Axeli Knapp/Angelika Wetterer (Hg.), Traditionen Brüche. Entwicklungen feministischer Theorie, Freiburg i. Brsg. 1992, S. 65-115

BECKER-SCHMIDT, Regina, Geschlechterdifferenz – Geschlechterverhältnis: soziale Dimensionen des Begriffs »Geschlecht«, in: Institut Frau und Gesellschaft (Hg.), Zeitschrift für Frauenforschung, 11. Jg., Heft 1 u. 2, 1993, S. 37-47

BEER, Ursula, Geschlecht, Struktur, Geschichte. Soziale Konstituierung des Geschlechterverhältnisses, Frankfurt am Main/New York 1990

BILLIG, Michael, Prejudice, Categorization and Particularization: From a Perceptual to a Rhetorical Approach, in: European Journal of Social Psychology, 1985, 15, S. 79-103

BILLIG, Michael, The notion of »prejudice«: Some rhetorical and ideological aspects, in: Text, 8 (1-2), 1988, S. 91-110

BUTLER, Judith, Das Unbehagen der Geschlechter, Frankfurt am Main 1991

COCKBURN, Cynthia, Die Herrschaftsmaschine, Hamburg/Berlin 1988

CONELL, Robert W., Gender and Power: Society, the Person and Sexual Politics, Stanford 1987

DEAUX, Kay, From Individual Differences to Social Categories. Analysis of a Decade's Research on Gender, in: American Psychologist, Jg. 39, Nr. 2, 1994, S. 105-116

DEAUX, Kay/L.L. LEWIS, Structure of Gender Stereotypes: Interrelationships Among Components and Gender Label, in: Journal of Personality and Social Psychology, Jg. 46, Nr. 5, 1984, S. 991-1004

DOHM, Hedwig, Der Frauen Natur und Recht, 1876, Reprint: Neunkirch 1986

DUDEN, Barbara, Geschichte unter der Haut, Stuttgart 1987

EDWARDS, Derek, Categories Are for Talking. On the Cognitive and Discoursive Bases of Categorization, in: Theory and Psychology, 1 (4), 1991, S. 515-542

ERIBON, Didier, Michel Foucault, Frankfurt am Main 1993

FREVERT, Ute, Vom Klavier zur Schreibmaschine – Weiblicher Arbeitsmarkt und Rollenzuweisungen am Beispiel der weiblichen Angestellten in der Weimarer Republik, in: Annette Kuhn/Gerhard Schneider (Hg.), Frauen in der Geschichte, Bd. 1, Düsseldorf 1979, S. 82-112

GARFINKEL, Harold, Studies in Ethnomethodology, New York 1967

GERGEN, Kenneth J., The social constructionist movement in modern psychology, in: American Psychologist 40, 1985, S. 166-175

GERHARD, Ute, Verhältnisse und Verhinderungen. Frauenarbeit, Familie und Rechte der Frauen im 19. Jahrhundert, Frankfurt am Main 1978

GILDEMEISTER, Regine, Geschlechtlichkeit als soziale Strukturkategorie. Einige Überlegungen anhand von Beispielen aus den Bereichen Arbeit und Beruf, in: Bundesministerium für Arbeit und Soziales. Abteilung für grundsätzliche Angelegenheiten der Frauen (Hg.), Beruf ungelernt. Arbeitsbiographien von Frauen, Tagungsdokumentation, Wien 1991

GILDEMEISTER, Regine/Angelika WETTERER, Wie Geschlechter gemacht werden. Die soziale Konstruktion der Zweigeschlechtlichkeit und ihre Reifizierung in der Frauenforschung, in: Gudrun- Axeli Knapp/Angelika Wetterer (Hg.), Traditionen Brüche. Entwicklungen feministischer Theorie, Freiburg i. Brsg. 1992

GROSZ, Elisabeth, Philosophy, in: GUNEW, Sneja (Hg.), Feminist Knowlede. Critique and Contstruct, London 1990

HAGEMANN-WHITE, Carol, Sozialisation: Weiblich -Männlich? Opladen 1984

HAGEMANN-WHITE, Carol/Maria S. RERRICH (Hg.), FrauenMännerBilder. Männer und Männlichkeit in der feministischen Diskussion, Bielefeld 1988

HARK, Sabine, Queer Interventionen, in: Feministische Studien 2/93, 1993, S. 103-110

HAUSEN, Karin, Technischer Fortschritt und Frauenarbeit im 19. Jahrhundert. Zur Sozialgeschichte der Nähmaschine, in: Geschichte und Gesellschaft, 4/2, 1978, S. 148-169

HIRSCHAUER, Stefan, Die interaktive Konstruktion von Geschlechtszugehörigkeit, in: Zeitschrift für Soziologie, 18/2, 1989, S. 100-118

HIRSCHAUER, Stefan, Die soziale Konstruktion der Transsexualität, Frankfurt am Main 1993

HIRSCHAUER, Stefan, Dekonstruktion und Rekonstruktion. Plädoyer für die Erforschung des Bekannten, in: Feministische Studien 2/93, 1993, S. 55-67

HOFFMANN, Ute, Computerfrauen. Welchen Anteil haben Frauen an der Computergeschichte? München 1987

HONEGGER, Claudia, Die Ordnung der Geschlechter. Die Wissenschaften vom Menschen und das Weib, Frankfurt am Main/New York 1991

ILLICH, Ivan, Genus. Zu einer historischen Kritik der Gleichheit, Reinbek bei Hamburg 1983

IRIGARAY, Luce, Das Geschlecht, das nicht eins ist, Berlin 1979

IRIGARAY, Luce, Speculum. Spiegel des anderen Geschlechts, Frankfurt am Main 1980

IRIGARAY, Luce, Ethik der sexuellen Differenz, Frankfurt am Main 1991

KESSLER, Suzanne J./Wendy MCKENNA, Gender: An Ethnomethodological Approach, Chicago/London 1978

KEUPP, Heiner, Das Subjekt und die Psychologie in der Krise der Moderne. Die Chancen postmoderner Provokationen, in: Psychologie und Gesellschaftskritik, 16. Jg., Heft 3/4, 1992, S. 17-43

KNAPP, Gudrun-Axeli/Angelika WETTERER (Hg.), Traditionen Brüche. Entwicklungen feministischer Theorie, Freiburg i. Brsg. 1992

KNAPP, Gudrun-Axeli, Der »weibliche Sozialcharakter« – Mythos oder Realität? in: Marlis Krüger (Hg.), Was heißt hier eigentlich feministisch? Bremen 1993a

KNAPP, Gudrun-Axeli, Segregation in Bewegung: Einige Überlegungen zum »gendering« von Arbeit und Arbeitsvermögen, in: Karin Hausen/Gertraude Krell (Hg.),

Frauenerwerbstätigkeit. Forschungen zu Geschichte und Gegenwart, Stuttgart 1993b

KRELL, Gertraude, Das Bild der Frau in der Arbeitswissenschaft, Frankfurt am Main/New York 1984

LACAN, Jacques, Funktion und Feld des Sprechens und der Sprache in der Psychoanalyse (Rede von Rom), in: Haas, N./H.J. Metzger (Hg.), Lacan, Schriften I, S. 71-170, Olten und Freiburg i. Br. 1973

LAURETIS, Teresa de, Technologies of Gender, London 1987

LEIDNER, Robin, Serving Hamburgers and Selling Insurance: Gender, Work and Identity in Interactive Service Jobs, in: Gender and Society, Jg. 5, Nr. 2, 1991, S. 154-177

LORBER, Judith/Susann A. FARELL (Hg.), The Social Construction of Gender, London 1991

LYOTARD, Jean François, Das Patchwork der Minderheiten, Berlin 1977

MAIER, Friederike, Arbeitsmarktsegregation und patriarchalische Gesellschaftsstruktur – Thesen zu einem gesellschaftssystem-übergreifenden Zusammenhang, in: Autorinnengemeinschaft des Arbeitskreises Sozialwissenschaftliche Arbeitsmarktforschung (SAMF), Erklärungsansätze zur geschlechtsspezifischen Strukturierung des Arbeitsmarktes, Paderborn 1990, S. 54-91

MARSHALL, Harriette/Margaret WETHERELL, Talking about Career and Gender Identities: A Discourse Analysis Perspective, in Suzanne Skevington/Deborah Baker (Hg.), The social identity of women, London u.a. 1989, S. 106-113

MAYREDER, Rosa, Zur Kritik der Weiblichkeit, Jena 1905

MORSCHHÄUSER, Martina, Frauen in Männerdomänen, Köln 1993

MOSS-KANTER, Rosabeth, Men and Women of the Corporation, New York 1977

MOUZELIS, Nicos P., The Poverty of Sociological Theory, in: Sociology, 27/4, 1993, S. 675-695

NIENHAUS, Ursula, Berufsstand weiblich, Berlin o. J.

ORTNER, Sherry B./Harriet WHITEHEAD (Hg.), Sexual Meanings. The Cultural Construction of Gender and Sexuality, Cambridge 1989

PARKER, Ian, Discourse and Power, in: John Shotter/Kenneth J. Gergen (Hg.), Texts of Identity, London 1989

PARKER, Ian, Discourse: definitions and contradictions, in: Philosophical Psychology, Jg. 3, Nr. 2, 1990, S. 189-204

PARKER, Ian, Discourse Dynamics. Critical Analysis for Social and Individual Psychology, London/New York 1992

PLECK, Joseph H., The Myth of Masculinity, Cambridge, Massachusetts 1981

POLANYI, Michel, Implizites Wissen, Frankfurt am Main 1985

POTTER, Jonathan/Margaret WETHERELL, Discourse and Social Psychology: Beyond Attitudes and Behavior, London 1987

POTTER, Ian u.a., Discourse: noun, verb or social practice? in: Philosophical Psychology, Jg. 2, Nr. 2, 1990, S. 205-217

POTTER, Ian/Margaret WETHERELL, Mapping the Language of Racism, London 1992

PRINGLE, Rosemary, Secretaries Talk: Sexuality, Power and Work, London 1989

ROBAK, Brigitte, Auf der Suche nach der weiblichen Facharbeit. Das Beispiel Schriftsetzerin, in: Wissenschaft ist Frauensache, Heft 2, Kassel 1989

ROBAK, Brigitte, Schriftsetzerinnen und Maschineneinführungsstrategien im 19. Jahrhundert, in: Angelika Wetterer (Hg.), Profession und Geschlecht, Frankfurt am Main/New York 1992, S. 83-100

SHERIF, Carolyn W., Needed Concepts in the study of gender identity, in: Psychology of Women Quarterly, 6, 1982, S. 375-398

SIEVERDING, Monika, Psychologische Barrieren in der beruflichen Entwicklung von Frauen. Das Beispiel der Medizinerinnen, Stuttgart 1990

SKEVINGTON, Suzanne/Deborah BAKER (Hg.), The Social Identity of Women. London u.a. 1989

STRECKEISEN, Ursula, Die Sozialwissenschaften und das soziale Geschlecht. Aspekte einer problematischen Beziehung, in: Walter Herzog/Ernst Violi (Hg.), beschreiblich weiblich. Aspekte feministischer Wissenschaft und Wissenschaftskritik, Zürich 1991

TAJFEL, Henri, Gruppenkonflikt und Vorurteil. Entstehung und Funktion sozialer Stereotypen, Bern u.a. 1982

TAJFEL, Henri, The Social Dimension, 2 Bde., Cambridge 1984

TRAUTNER, Hanns Martin, Lehrbuch der Entwicklungspsychologie, Bd. 2, Hamburg 1991

TURNER, Jonathan, Towards a Cognitive Redefinition of the Social Group, in: Henri Tajfel (Hg.), Social Identity and Intergroup Relations, Cambridge 1982

TYRELL, Hartmann, Geschlechtliche Differenzierung und Geschlechterklassifikation, in: Kölner Zeitschrift für Soziologie und Sozialpsychologie, 38, 1986, S. 450-489

TYRELL, Hartmann, Überlegungen zur Universalität geschlechtlicher Differenzierung, in: Jochen Martin/R. Toepfel (Hg.), Frau und Mann. Historische Anthropologie, Freiburg i. Br./München 1989, S. 37-79

WELZER, Harald, Transitionen. Zur Sozialpsychologie biographischer Wandlungsprozesse, Tübingen 1993

WEST, Candace/ Don ZIMMERMAN, Doing Gender, in: Judith Lorber/Susan A. Farrell (Hg.), The Social Construction of Gender, London 1991

WEST, Candace/Don ZIMMERMAN, Doing Gender, in: Gender and Society, Jg. 1, 1987, S. 125-151

WETHERELL, Margaret/C. GRIFFIN, Feminist Psychology and the Study of Men. Part I: Assumptions and Perspectives, in: Feminism and Psychology, Jg. 1(3), 1991, S. 361-291

WETHERELL, Margaret, Linguistic Repertoires and Literary Criticism: New Directions for a Social Psychology of Gender, in: Sue Wilkinson (Hg.), Feminist Social Psychology: Developing Theory and Practice, Milton Keynes 1986

WETHERELL, Margaret u.a., Unequal Egalitarism: A Preliminary Study of Discourses Concerning Gender and Employment Opportunities. In: British Journal of Social Psychology, 26, 1986, S. 59-71

WETTERER, Angelika (Hg.), Profession und Geschlecht. Über die Marginalisierung von Frauen in hochqualifizierten Berufen, Frankfurt am Main/New York 1992

WETTERER, Angelika, Professionialisierung und Geschlechterhierarchie. Vom kollektiven Frauenausschluß zur Integration mit beschränkten Möglichkeiten, Kassel 1993

WILLIAMS, Christine L., Gender Differences at Work: Women and Men in Nontraditional Occupations, Berkeley 1989

WITZ, Anne, Professions and Patriarchy, London 1992

Helga Krüger

Dominanzen im Geschlechterverhältnis: Zur Institutionalisierung von Lebensläufen

1. Einleitung

Zwei Ratschläge mochte mein Großvater meinem Bruder und mir nicht vorenthalten. Der eine: »Junge, wenn Du heiratest, ist die Mark nur noch 50 Pfennig wert!« Der andere: »Mädchen, die pfeifen, und Hühnern, die krähen, soll man beizeiten die Hälse umdrehen!« Seine Sorge um unsere Lebensführung trifft mitten in den Kern meiner Ausführungen – den Zusammenhang von Lebenslauf, Geschlecht und Geschlechterverhältnis:

Die erste Aussage unterstellt die »traditionale« (moderne) Geschlechterbeziehung mit haustätiger Frau und familienernährendem Mann. Die Warnung des Großvaters gilt dem männlichen Part unter dem Aspekt, daß *Familie haben* für ihn die doppelte Verpflichtung auf eine sichere Position im *Arbeitmarkt* bedeutet – eine Verpflichtung, für sich und seine Angehörigen zu sorgen. Und in der Tat, ob traditionell oder nicht: Privatverhältnisse umschließen auch Verknüpfungen von Familie und Arbeitsmarkt als *Institutionen*, die sich in ihrer organisatorischen Verfaßtheit aufeinander beziehen.

Die zweite Bemerkung meines Großvaters nimmt Bereichszuordnungen zwischen den Geschlechtern vor. Das Bild von den krähenden Hühnern, denen man beizeiten, d.h. ehe sie denaturiert erwachsen werden, die Hälse umdrehen soll, unterstreicht die *biologische Fundierung* solcher Zuweisungen, die kulturelle Normalität festschreiben. Ein Mädchen kann sie nicht einfach dadurch außer Kraft setzen, daß es lernt, auch das zu beherrschen, was Jungen tun. Gesellschaftlich definierte Kompetenzbereiche zwischen den Geschlechtern sind selbst bei individueller Überschreitung wirksam – und nach diesem Sprichwort ist solche Kompetenzerweiterung nicht einmal als Ausnahme zugelassen.

Im anglo-amerikanischen Raum stellt sich die sprachliche Unterscheidung zwischen ›sex‹ und ›gender‹ in diesem Kontext als wichtiges Differenzierungsinstrument heraus. »*Sex does not equal gender*« – so der Titel von J.M. *Gerson* (1993); das biologische Geschlecht legt hiernach kein Verhaltensrepertoire fest, dient aber als Bezugspunkt für geschlechtsspezifische Konstruktionen von Weiblichkeit und Männlichkeit: »What cultures make of sex differences is almost infinitely variable, so that biology cannot be playing a determining role. Women and men are products of social relations. If we change the social relations we change the categories ›woman‹ and ›man‹« (*Brown/Jordanova*, 1982, S. 393).

Dieser Beitrag handelt von Institutionen und Kompetenzbereichen in ihrer Bedeutung für das Geschlechterverhältnis im Lebenslauf – und von Ansätzen der Lebenslaufforschung, die aus diesem Blickwinkel kritisch betrachtet werden. Einbezogen werden aber auch Fragen des sozialen Wandels. Die Ratschläge meines Großvaters sind heute veraltet – und zwar beide. Daß der Mann die Familie allein ernährt, und auch noch über die gesamte Zeitspanne ihrer Existenz, wird zur Ausnahme (*Strohmeier*, 1993); daß Mädchen pfeifen, wenn es ihnen gefällt, ist inzwischen akzeptiert. Doch es ist nicht zufällig, daß das zweite Sprichwort das *weibliche* Geschlecht vor dem Eindringen in Bereiche warnt, die dem männlichen vorbehalten bleiben sollen. Es sind vor allem Frauen die versuchen, traditionelle Grenzziehungen zu überwinden. Weibliches Unbehagen an vorgegebenen Beziehungsmustern trifft aber zugleich das männliche Geschlecht, da beide Lebensläufe miteinander verflochten bleiben. Und Veränderungen stoßen sich zugleich an eingefahrenen und vielfach strukturell verfestigten Bahnen.

So geht es im folgenden zunächst um die Frage, wie bedeutungsvoll und weitreichend einzelne Institutionen für die geschlechtsspezifische Gestaltung des Lebenslaufs sind. Ich befasse mich dann damit, warum die ihnen inhärente Geschlechterordnung v.a. im weiblichen Lebenslauf Veränderungsdynamiken hervorbringt. Dabei rücke ich das Verhältnis der Segmentationslinien zwischen den Geschlechtern innerhalb der Institutionen ins Zentrum, aber auch die Verbindungslinien zwischen institutionengestalteten Lebensphasen im Lebensverlauf, ihre Kontinuitäts-/Diskontinuitätsmuster auf der biographischen Zeitachse also.

Damit ist ein theoretischer Zugang gewählt, der die Geschlechterfrage weniger aus sozialisationstheoretischer oder sozialpsychologischer Sicht angeht. Im Mittelpunkt steht vielmehr die soziologische Betrachtung der organisatorischen Verfaßtheit gesellschaftlicher Institutionen. Ausgangspunkt ist die Erkenntnis, daß Institutionen wie z.B. Familie, Arbeitsmarkt, Bildung, Recht usw. nicht nur *kulturelle Leitbilder* transportieren, sondern sich in Form historisch *spezifischer Organisationen* (z.B. als Kleinfamilie, Berufe, Allgemein- und Berufsbildungssysteme usw.) materialisieren, die ihrerseits Handlungsrahmungen, Begrenzungen für Alternativentwürfe und Entscheidungschancen/-zwänge vorgeben. Zudem gilt es zu bedenken, daß Institutionen über zwei Ebenen wirken: Sie bieten den Hintergrund für Sinnbezüge und Handeln auf der Individualebene, d.h. in der einzelnen Biographie. Aber sie reproduzieren auch durch die Form ihrer organisatorischen Verfaßtheit die Sozialstruktur einer Gesellschaft. Für meine Ausführungen greife ich also die in der Frauenforschung bereits verankerte These von Regina *Becker-Schmidt* (1987) auf, wonach Geschlecht als Strukturkategorie zur Analyse der Gesellschaft aufzufassen ist, und frage konkret, ob, wo und wie sich Geschlecht in deren organisatorischer Gestaltung wiederfindet und wieweit diese organisationsspezifischen Ordnungen sich zu einem Ordnungsgefüge untereinander verknüpfen, das dann wiederum auch das Geschlechterverhältnis – jenseits subjektiver Entwürfe – strukturiert und perpetuiert.

Diese Betrachtungsweise erscheint mir vor allem für Fragen des sozialen Wandels bedeutsam. Sozialer Wandel im Geschlechterverhältnis entschlüsselt sich in dieser Perspektive weniger als Wandel von Normen und Orientierungen, sondern vielmehr über die Auseinandersetzung mit konkret erfahrbaren, aber in der Gesellschaftsstruktur verfestigten Handlungschancen und -bedingungen, die den Lebenslauf sozial standardisieren. Diese wurden in der empirischen Forschung – auch in der Frauenforschung – bisher wenig betrachtet.

2. Lebenslauftheorien und Sozialstruktur des Lebenslaufs

Verzeitlichung

Daß Menschen einen in unserem heutigen Verständnis verzeitlichten Lebenslauf haben, der sich in lebensbiographisch wichtige Abschnitte untergliedern läßt, ist Ergebnis der gesamten Entwicklung der Moderne. Mit der Industrialisierung entstand die Kindheit als Zeitspanne mit eigener Qualität, die (sich stetig verlängernde) Jugendphase bis zum Eintritt in das Erwachsenenleben und die noch einmal getrennt davon Eigenleben entwickelnde Altersphase. Diese noch stark von der biologischen Altersachse her beschriebene Strukturierung des Lebenslaufs ist selbst unterteilt und standardisiert durch gesellschaftliche Organisationen, die jeweils bestimmte Etappen des Lebenslaufs gestalten: der Kindergarten, die Schule, das Berufsbildungssystem, der Arbeitsmarkt und die Familie, Einrichtungen der Altersversorgungen (vgl. *Kohli*, 1985; *Weymann*, 1989).

Historisch parallel zum tendenziellen Auseinandertreten der Lebensführung der Geschlechter in einen männlichen, öffentlichen, marktzentrierten, und einen weiblichen, in den Privatbereich der Familie inkorporierten Strang (*Beer*, 1984), kristallisierte sich also die institutionenvermittelte Zeitdimensionierung heraus, d.h. die Gestaltung einzelner Etappen und Abschnitte des Lebenslaufs durch für je biographische Phasen relevante Institutionen. Die Lebenslaufforschung – selbst erst kaum 15 Jahre alt – rückt die Standardisierung der Individualbiographien durch diese Institutionen in den Mittelpunkt, aber auch soziale Risiken in der Gestaltung der Übergänge von einem institutional strukturierten Lebensabschnitt in den nächsten (*Heinz*, 1991). Damit werden zugleich Schnittstellen zwischen subjektivem Handeln und sozialer Verfaßtheit einer Gesellschaft akzentuiert. *Kohli* führt aus, daß der Lebenslauf selbst zu einer Institution geworden sei: »Nicht mehr eine stabile Lebenslage verbürgt soziale Ordnung bzw. Kontrolle, sondern ein regelhafter – und damit verläßlich erwartbarer Lebenslauf. Der Lebenslauf (als Ereignissequenz und zeitliche Perspektivität) konstituiert ein Vergesellschaftungsprogramm, das an den Individuen als den neuen sozialen Einheiten ansetzt.« (*Kohli*, 1989, S. 251)

Über seine durch Organisationen mit Ablaufprogrammen (wie Schule, Ausbildung) gestaltete Struktur erhält der Lebenslauf Momente subjektiver Planungsgewißheit, Perspektivität, Kontinuität, verweist aber die Subjekte zugleich auf Eigenleistung, Eigenverantwortlichkeit und den aktiven Umgang mit Verzeitlichungsmustern in der eigenen Lebensführung. Erwartet wird die optimale Nutzung der angebotenen Chancen in aufeinander aufbauenden Institutionen, um entsprechende Ausgangspositionen für die nächste Lebenslaufetappe zu erreichen. Jede Vorläuferinstitution nämlich bietet Handlungsressourcen für die nächste, daran anschließende. Obwohl nicht unterstellt werden kann, daß die verschiedenen Institutionen biographisch reibungs- und nahtlos miteinander verknüpfbar sind, verlangen die institutionellen Abfolgemuster doch individuelle Syntheseleistungen in Lebensplanung und Selbstentwürfen.

Mit dieser Betrachtungsweise tun sich aber auch Erkenntnisfallen auf. Durch die Betonung individueller Verantwortung – *Beck* (1986) bezeichnet den modernen Menschen als den Manager seiner eigenen Biographie – verflüssigt sich allzu leicht die Bedeutung des sozialstrukturellen Kontextes für die Nutzung institutionaler Chancen; zu fragen ist auch, inwieweit die in der klassischen Ungleichheitsforschung vernachlässigte (*Kreckel*, 1992) Kategorie ›Geschlecht‹ in der Lebenslaufforschung eine Chance erhält.

Kohli – und mit ihm der mainstream der Lebenslaufforschung (vgl.

Weymann, 1989; K.U. *Mayer*, 1990) – konzentriert sich offensichtlich auf Gestaltungsprinzipien und Daten zur Kontinuität im *männlichen* Lebenslauf. Die These nämlich ist, daß sich der Lebenslauf v.a. über das Erwerbssystem strukturiere, mit einer vorarbeitsmarktlichen Phase (Bildung/Ausbildung), die die Erwerbsposition vorbereite, und einer nacharbeitsmarktlichen (Verrentung), und auch diese werde erneut erheblich definiert über die voher auf dem Arbeitsmarkt erreichte Position. Die lebensbiographischen Zwickmühlen, in die *Frauen* nicht nur bezüglich ihrer Lebensplanung, sondern auch der biographischen Gestaltung zwischen Arbeitsmarkt und Familie geraten, werden allenfalls in Exkursen abgehandelt. Im Theorieansatz verschwindet aber nicht nur der weibliche Lebenslauf aus der Analyse, sondern mit ihm die Familie als Institution selbst. Beides, Frau und Familie, läßt sich wegdenken, ohne daß dies der Theorie vom Lebenslauf als Institution Abbruch täte.

Die Frage drängt sich auf, ob Familie für die gesellschaftliche Strukturierung des Lebenslaufs in der Tat irrelevant ist oder ob – wie von der Frauenforschung bezüglich der Geschlechtsblindheit oder des Androzentrismus anderer Theorien oft nachgewiesen –, auch hier unüberlegt nur über die männliche Hälfte der Gesellschaft generalisiert wurde.

Konfigurationen

Einen grundlegenden Ansatz zur Betrachtung des Lebenslaufs unter Einschluß von Familie entwickelte *Levy* (1977), der den »Lebenslauf als Statusbiographie« (so der Titel des Buches) auffaßt. Er versteht ihn vom theoretischen Ausgangspunkt her als Konfigurationsverlauf, d.h. als Sequenz von Beteiligungsmodi oder Partizipationen an Institutionen, die durchaus biographisch zeitgleich Statusrollen und Interaktionsfelder zur Verfügung stellen (vgl. auch *Streckeisen*, 1991). Hiernach zeigt sich der Lebenslauf als gegliedert in biographische Phasen mit geschlechtsdifferenter Verknüpfung von Beteiligungen an Organisationen, die geschlechtstypische Statusbiographien hervorbringen. Auf dieser Basis formuliert *Levy* die vieldiskutierte These von der männlichen und weiblichen ›Normalbiographie‹, zwei nebeneinanderstehenden Biographiemodellen also, die aufgrund der unterschiedlichen Verschränkung von Familie und Arbeitsmarkt im männlichen und weiblichen Lebenslauf unterschiedliche Phasenstrukturierungen in beiden Lebensführungen aufweisen.

Familie und Arbeitsmarkt werden hier als lebenslaufrelevante Institutionen strukturell gleichwertig zugrundegelegt und die »weibliche Normalbiographie« als im Erwachsenenstatus dreiphasig strukturiert angesehen. Betrachtet man nun den ganzen Lebenslauf im Sinne von *Kohli* als Institution, so erweitert sich die dort unterstellte (männliche) Dreiphasigkeit des Lebenslaufs (Vorarbeitsmarktphase, Arbeitsmarktphase, Ruhestand) in eine lebensbiographische Fünf-Phasigkeit (vorarbeitsmarktlich, arbeitsmarktlich, familial, arbeitsmarktlich und familial, Ruhestand). Wie unsere empirische Studie über Lebensverläufe von heute rund 60jährigen Ehefrauen mit Berufsausbildung zeigt, ist aber auch dieses schon eine unzulässige Glättung weiblicher Erwerbsbiographien. Im je individuellen Verlauf lagen bis zu 12 Ein-/Ausstiege in die/aus der Erwerbsarbeit vor (*Krüger/Born*, 1991). Woran macht sich dann der Lebenslauf als Institution noch fest? Was stützt sein Programm als geordnetes, gesellschaftlich standardisiertes Abfolgemuster? Um dieses zu klären, scheint es ratsam, die Analyse der organisationsbedingten Verzeitlichung des Lebenslaufs um die strukturtheoretische Frage nach der Institutionenstrukturiertheit geschlechtsspezifischer Arbeitsteilung und ihrer Bedeutung für das bestehende gesellschaftliche Ordnungsgefüge zu erweitern.

Verknüpfungen

Die vereinfachende wissenschaftliche Annahme von der Drei-Phasigkeit des weiblichen Erwachsenenlebens ist unter anderem dem Abstraktionsniveau von Massendaten geschuldet, da die Unterbrechungen rund um die Geburt kleiner Kinder anhand der Altersbindungen dieser Ereignisse in einer bestimmten Phase des Lebenslaufs kumulieren. Die übrigen Unterbrechungen/Rückkehrprozesse in den Arbeitsmarkt variieren im je individuellen Verlauf über eine sehr viel größere Zeitspanne und sind biographisch weder vorhersehbar, noch kumulativ, d.h. über den Abgleich vieler Lebensläufe von Frauen, biographisch eingrenzbar. Der Mythos von der Drei-Phasigkeit verdankt sich also altersbedingten Kumulationseffekten unter Ausklammerung weiterer Unterbrechungsparameter im weiblichen Familien- und Erwerbsverlauf (*Born*, 1994).

Auch die mit der Entstehungsgeschichte der Industriegesellschaft verbundene und in der Arbeitsmarkt- und Familienforschung weit verbreitete Annahme, wonach der männliche Lebenslauf sich über den Arbeitsmarkt erklären lasse und der weibliche über Familie, Geschlechtsspezifika in Lebensläufen also über jeweils eine Institution interpretiert werden, ist der spezifischen Doppelstrukturiertheit der Lebensläufe *beider* Geschlechter unangemessen. Erinnert sei daran, daß nicht nur Frauen an Arbeitsmarkt und Familie in relativ unvorhersehbarer Verknüpfung partizipieren – und dies nicht erst in jüngster Zeit, sondern daß auch Männer i.d.R. beides haben, Familie *und* Beruf. Aber: Die interne Arbeitsteilung zwischen den Geschlechtern in der Familie bringt diese in ihrer faktischen Bedeutung für das männliche, marktvermittelte Kontinuitätsmuster der Lebensführung zum Vergessen, nicht nur in der Theorie von *Kohli*. Familie erscheint für männliche Planungssicherheit bzw. -risiken in der Tat irrelevant: Ob verheiratet oder nicht, ob Vater geworden oder nicht, Familie ist unter der Verzeitlichungsperspektive des männlichen Lebenslaufs realiter kein Strukturgeber. Aber unter dem Primat geschlechtlicher Arbeitsteilung wird sie zur *Support-Institution* männlicher Arbeitsmarktkontinuität, ähnlich der Sozialpolitik. Denn die männliche familiale Rolle, als *Ernährerrolle* gefaßt (erinnert sei an den Spruch meines Großvaters), verknüpft sich dann zwingend mit der Erwerbsarbeitsrolle, und hierüber erhalten beide Institutionen – Arbeitsmarkt/Familie –, als eine Konfiguration einer langen Lebensphase beschreibbar, für die männliche Lebensführung *strukturelle Deckungsgleichheit*. Beide stützen sich normativ und faktisch wechselseitig; sie überlagern sich inhaltlich zu einem in sich konsistenten Partizipationsmuster, in dem Familie und Arbeitsmarkt sowohl von der Zeitperspektive als von der inneren Handlungslogik her integriert sind. Der männliche Beteiligungsmodus an Familie und Arbeitsmarkt wird hier, da biographisch gleichsinnig, zu *einem Zeitmuster* der Lebensführung.

Der weibliche Lebenslauf hingegen balanciert zwischen zwei Strukturgebern in der Lebensführung, mit zwei Planungsperspektiven und zwei für die Phasengestaltung relevanten Partizipationsmustern. Und selbst wenn man die Familie als dominant für den weiblichen Lebenslauf setzte, gälte Gleiches oder Reziprokes für das Verhältnis von Arbeitsmarkt und Familie im weiblichen Lebensverlauf nicht: Der Arbeitsmarkt bleibt sehr wohl, schon wegen der Bedeutung von Bildungsabschlüssen in der vorarbeitsmarktlichen Phase, der Schulzeit also, für spätere Arbeitsmarktpositionen auch im weiblichen Lebenslauf ein Strukturgeber für dessen späteren Verlauf. Die Familie tritt hinzu, aber als ›strukturlose Strukturierung‹, da sie relativ unvorhersehbare Diskontinuitäten in der Erwerbsarbeit und damit in der biographischen Lebenslaufgestaltung hervorbringt.

Auch dieses hat mit der internen Organisation familialer Arbeitsteilung zu tun. Für Frauen stellt sich die Partizipation an der Institution Familie in ihrer Rolle als *Familienerhalterin* zugleich als Widerpart zu ihrer Partizipation am Arbeitsmarkt dar, da beide nicht, wie im männlichen Lebenslauf, *monetär*, d.h. per Geldleistung, miteinander verknüpft sind, sondern wechselseitig Kosten einfordern und die Leistung in einem Bereich nicht gleichzeitig die im anderen mitträgt. Familie und Arbeitsmarkt machen sich den Zugriff auf den weiblichen Lebenslauf untereinander streitig. Die gleichzeitige Partizipation verwandelt sich in eine normative und zeitliche Zwickmühle mit wechselseitigen Folgen für die je eingenommene Position. Die Lebensführung der Frau spaltet sich nicht nur in zwei Stränge auf (*Jurczyk/Rerrich*, 1993), sondern diese fordern je eigene Kontinuitäts- und Zeitmuster. Der Status als *Mutter* und der Status als *Arbeitnehmerin* lassen sich lebensbiographisch keineswegs in einem zeitlich und normativ stabilen sowie konsistenten, weiblichen Lebensentwurf/Lebenslauf zusammensetzen. Subjektiv belastender noch: Verbindungs- und Abfolgemuster müssen zwischen den Partnern je individuell ausgehandelt werden.

Wenn aber die ›Institution Lebenslauf‹ das ›Lebenslaufprogramm‹ des weiblichen Parts zur *Verhandlungsmasse zwischen Individual-Partnern* im Institutionenpuzzle macht, reicht es nicht aus, auf entweder Familie oder Arbeitsmarkt zu schauen, um den Lebenslauf von Frauen und Männern zu erfassen. Hinzukommen muß die Analyse ihrer gesellschaftlichen Verknüpfungsprinzipien, d.h. der Art und Weise, wie die Institutionen aufeinander bezogen sind. Das bedeutet aber, nicht nur vom Lebenslauf her die innere Logik seiner Gestaltung verstehen zu wollen, sondern umgekehrt, von den Institutionen her die in ihnen je organisatorisch verfestigten Geschlechterverhältnisse zu erfassen.

3. Die Geschlechterstruktur der Institutionen

Herbert *Marcuse* bezeichnet Institutionen als ›geronnene Gewalt‹ der Geschichte, da sie die Leitbilder, Normen und Wertsysteme einer Gesellschaft strukturell verfestigen. Hiernach ist davon auszugehen, daß seit der historischen Trennung von Arbeitsmarkt und Familie und ihrer Unterlegung mit geschlechtsspezifischer Arbeitsteilung (vgl. ausführlich *Beer*, 1984) sich diese als Segregationsprinzip in alle gesellschaftliche Organisationen eingelagert hat.

Entsprechend beschreibt z.B. Elisabeth *Beck-Gernsheim* (1980) die Struktur des Arbeitsmarktes als auf anderthalb Personen angelegt. Hiernach fordert der Arbeitsmarkt den Mann ganz – und mehr: berufliche Beanspruchung und Karrieremuster setzen, so die *Beck-Gernsheim*'sche These, zugleich eine mindestens halbe weitere Person voraus, die die volle Verfügbarkeit des Mannes auf dem Arbeitsmarkt reproduktiv unterstützt und sichert. Der (männliche) Normalarbeitstag (*Mückenberger*, 1985) inkorporiert also die *weibliche* Arbeit zu Hause.

Was *Beck-Gernsheim* nicht betont, da uns alltäglich allzu selbstverständlich: Auch die Struktur der Familie setzt ihrerseits mehr als eine Person für ihre Belange voraus – wenn auch nicht (wie der ›Normalarbeitstag‹ des Mannes) täglich. Die Verfügbarkeit für familiale Aufgaben verlangt nämlich das familienernährende Einkommen einer weiteren Person – und zwar im Prinzip für die gesamte Dauer des Bestehens der Familie: Neben die Kleinkindphase mit zeitlich verdichtetem Versorgungsanspruch an die Mutter treten andere Anwesenheitsverpflichtungen hinzu, wie etwa durch Unterrichtsausfall in der Schule, Krankheit eines Familienmitgliedes, v.a. Versorgung der alten Generation, die sich durch die Eheschließung für Frauen zahlenmäßig verdoppelt. Manchmal volle Verfügbarkeit, aber auch in Phasen halber Freisetzung für den Arbeitsmarkt wird stetige Abrufbarkeit aus möglicherweise aufgenommener Erwerbsarbeit vorausgesetzt. Die – im Bild von *Beck-Gernsheim* – bei modernem Lebensstandard mit entsprechender Technisierung der Hausarbeit übrigbleibende »halbe Person« kann sich also nicht zeitlich gesichert auf dem Arbeitsmarkt verankern. Ihre Arbeitskraft ruht auf der des Mannes auf.

Wesentliche Ursache hierfür liegt in der Verknüpfung von Familie wiederum mit Institutionen der Bildungs- und Sozialpolitik und deren Organisationsprinzipien. *Kaufmann* (1990) führt aus, daß männliche Leistung durchgehend monetarisiert und damit – bei Erwerbsausfall – durch staatlichen Geldtransfer auszugleichen ist. Weibliche familiale Leistung hingegen nicht. Sie erfordert ganze staatliche Organisationsgebilde (Heime, Schulen usw.), mit denen sie sich wiederum ihre Aufgaben teilt. Die Bereitstellung dieser Organisationen aber folgt einer anderen Logik als die monetären Ausfallbürgschaften im männlichen Erwerbsverlauf. Und in der Tat: Die staatlich eingerichteten Institutionen zur Betreuung von Kindern und Kranken sind nicht als Unterstützung weiblicher Lebenslaufkontinuität konzipiert, sondern begründen sich aus der Eigenlogik von Pädagogik und Medizinsystem und beinhalten keine Ausfallkalkulation bei Nichtverfügbarkeit für familiale Arbeit (es sei denn, in Abstrichen, für Alleinerziehende, Personen also mit keinem eindeutigen Status, auf ein halb familial und halb arbeitsmarktseitig organisiertes Leben verpflichtet). Im Gegenteil: Durch die Überalterung der Bevölkerung und sowohl konjunkturell als auch strukturell bedingte Krisen des Sozialstaates werden immer mehr dieser Pflege- und Sozialaufgaben erneut in die Familie zurückgelagert (*Offe*, 1984). Mit anderen Worten: Selbst die Organisation sozialer Einrichtungen folgt dem Muster einer geschlechtsdifferenten Lebensführung in der Familie. Indem sie sich wiederum komplementär hierauf stützt, unterstreicht sie Familie als Verbindung zweier Lebensläufe zu einer Paarbeziehung mit getrennter Aufgabenzuweisung.

Hiernach sind Institutionen wie Familie, Erwerbssystem und Sozialpolitik nicht nur für jede der Genus-Gruppen lebensbiographisch relevant, sondern sie verknüpfen sich zu einem historisch gewachsenen Organisations*gefüge*, über das sich geschlechtsspezifische Segregationen pro Institution als funktional für die je anderen Institutionen ausweisen. Die Institutionenstrukturiertheit des Lebenslaufs basiert hiernach nicht nur auf der Tatsache, daß Organisationen ihm ein bestimmtes, biographisches Abfolgeprogramm aufdrücken, sondern zugleich darauf, daß jede der Institutionen für die eigenen Belange Geschlechter und geschlechtstypische Lebensführung voraussetzt. Auch Institutionen rund um die Familie – und nicht nur diese selbst oder der Arbeitsmarkt – unterstellen als Basis des eigenen Funktionierens einen männlichen und weiblichen *Masterstatus* (*Gerson*, 1993), einen Status also, der alle im Lebenslauf erwerbbaren Statuspositionen überlagert. *Hughes* (1945) verwies schon zu Beginn der Debatte um die Bedeutung von Statuspositionen für die soziale Struktur einer Gesellschaft auf den gesellschaftlichen Tatbestand, daß askriptive Merkmale wie Hautfarbe oder Geschlecht so dominant die Lebenslage und Handlungschancen von Personengruppen fixieren können, daß erworbene Statuspositionen in der Gesellschaft hierüber quasi hinterrücks in ihrer Gewichtung verschoben, unterlaufen, entwertet und ausgehebelt werden können. Er beschreibt dieses Phänomen als sozialpsychologische Problematik. Doch die Analyse des relationalen Verhältnisses der lebenslaufgestaltenden Institutionen zeigt, daß ›Geschlecht‹ als Masterstatus zum Organisationsprinzip verfestigt ist, zur ›geronnenen Gewalt der Geschichte‹ gegenüber den Freiheitsgraden individueller Gestaltung. Nicht nur Sozialisationsprozesse, nicht nur Verhaltenserwartungen und Zuschreibungsprozesse in der Interaktion zwischen Frauen und Männern reproduzieren und perpetuieren Geschlechtsstereotypien, sondern die organisatorische Verfaßtheit der Institutionen und ihr Verhältnis zueinander geben dem Lebenslauf seine geschlechtsspezifisch standardisierte Gestalt. Das »gendering« (*West/Zimmermann*, 1987; Gottschall, Knapp in diesem Bd.) resultiert demnach nicht nur aus gesellschaftlichen Normen, die in der unmittelbaren Interaktion zwischen den Geschlechtern eine Rolle spielen, sondern ist vermittelt über Ordnungsprinzipien der Organisationen selbst. Und weiter noch: Institutionen produzieren nicht nur die Sozialstruktur eines männlichen und eines weiblichen Lebenslaufs, sondern sie konstituieren ihn als relationalen, indem sie Geschlecht als Masterstatus mit privat vermittelter Geschlechterbeziehung für jedes der Geschlechter voraussetzen und hierüber das je andere Geschlecht in die eigenen Organisationsprinzipien inkorporieren.

Durch die hierüber hergestellte Verbindung zweier geschlechtsdifferenter Lebensläufe zu einer Konfiguration reproduziert sich die Geschlecht definierende Institutionenordnung in modernen Gesellschaften immer wieder neu. Und nicht eine alleine (etwa: Familie), aber auch nicht nur das komplementäre Zusammenspiel von Arbeitsmarkt und Familie, sondern dieses in Verknüpfung mit den übrigen Anliegerinstitutionen produzieren das, was unsere Kultur als ›Geschlecht‹ festlegt, und zwar für Frauen *und* Männer – auch jenseits individueller Grenzüberschreitungen.

Eine weitere Übertragung sozialpsychologischer Erklärungsansätze für die Geschlechterbeziehung auf die Institutionenstrukturiertheit der Gesellschaft wird notwendig: die des unterschiedlichen *Werts* von männlich und weiblich und die daraus resultierenden Machtverhältnisse (vgl. *Connell*, 1987), die sich in den jeweiligen Masterstatus der Geschlechter einlagern. Ein Blick auf die gesellschaftliche Machtdifferenz zwischen Institutionen, die den geschlechtsdifferenten Beteiligungsmodus zugleich als *hierarchische* Geschlechterordnung entschlüsselt, zeigt, daß Arbeitsmarkt und Familie über unterschiedliche Ressourcen zur Durchsetzung ihrer je institutionalen Eigenlogiken gegenüber der *Komplementär-Institution* verfügen. *Levy* (1991), *Schülein* (1987) und *Douglas* (1986) verweisen in ihren Analysen mit Nachdruck auf hierarchische Prinzipien im Verhältnis von Institutionen untereinander, ihre unterschiedliche Ausstattung mit gesellschaftlicher Macht und daraus resultierenden Durchsetzungschancen für eigene Organisationsprinzipien in die Verfaßtheit anderer Organisationen hinein. Während z.B. die Familie die reduzierte Verfügbarkeit von Männern für Familienarbeit nach den Vorgaben ihrer Arbeitsmarkteinbindung hinnehmen muß, da sie in der Hierarchie sozialer Sphären der Erwerbssphäre nachgeordnet ist, scheint der Arbeitsmarkt die familial bedingt labilisierte Verfügbarkeit der weiblichen Arbeitskraft nicht nachsehen zu müssen.

Die in ihm inkorporierten Karrieremuster verlangen Kontinuität und den Normalarbeitstag. Bei jeder familienbedingten Unterbrechung verdoppelt sich für Frauen das Risiko, unterqualifiziert wieder eingestellt zu werden (*Brinkmann*, 1990; *Engelbrech*, 1991). Ältere Arbeitnehmerinnen gelten durchweg als unqualifiziert (*Naegele*, 1984), ohne daß bisher untersucht worden wäre, wieweit erworbene, zertifizierte und bereits arbeitsmarktrelevant eingesetzte Qualifikationen, lebensbiographisch bedingt, verlorengegangen sind.

Bereits die Vorwegnahme späterer möglicher Unterbrechungsrisiken im weiblichen Lebenslauf, oftmals als strukturelle Gewißheit bei der Vergabe schon von Lehrstellen formuliert (*Born*, 1987), legitimieren die Benachteiligungen von Frauen auf dem Arbeitsmarkt als Abweichungsfall von der männlichen Norm. Das institutionalisierte Wissen um die Konstitutionsbedingungen der weiblichen Arbeitskraft begründet also zugleich Arbeitsmarktsegmentierungen – und diese benachteiligen auch Frauen, die keine Familie gründen. Mehr noch: sie lassen die Nichterreichbarkeit des männlichen Lebenslaufmusters als normal und berechtigt erscheinen.

Nur der Masterstatus des Mannes umfaßt Arbeitsmarkt und Familie, weil als Über- und Unterordnungsverhältnis institutionalisiert, in einem sich ergänzenden Modell. Für den weiblichen Lebenslauf hingegen liegt kein entsprechendes Über- und Unterordnungsverhältnis vor. Es bricht sich an der Durchsetzungsschwäche der Familie gegenüber Arbeitsmarktvorgaben. Dies hat gravierende Folgen für die Lebenslage beider Geschlechter: Im männlichen Lebenslauf, in der Tat marktvermittelt und familiengetragen, addieren sich ›Geschlecht‹, ›Arbeitsmarkt‹ und ›Familie‹ positiv auf; im weiblichen, markt- und familiengebrochen, bedeutet ›Geschlecht‹ das Aufaddieren von Benachteiligungen in der Nutzung von Ressourcen zur individuellen Existenzabsicherung. Die je internen Positionen auf dem Arbeitsmarkt und in der Familie, die sich von Beginn an als Statusdifferenz auffassen lassen, verfestigen sich zu einer Statushierarchie zwischen den Geschlechtern mit zunehmendem Abstand (*Ott*, 1993).

Folgen wir aber noch einmal der These vom Lebenslauf als Institution und schauen auf seine institutionenvermittelte Struktur *vor* Eintritt in Arbeitsmarkt und eigene Familiengründung, so bleibt zu fragen, wieweit sich der weibliche und männliche Masterstatus bereits hier durchsetzen. Unter der in Bildungs- und Lebenslaufforschung gleichermaßen unterstrichenen Annahme, daß dem Bildungssystem entscheidende Funktion für die Arbeitsmarktzuweisung zukommt, lassen sich für den weiblichen Lebenslauf lebensbiographische Inkonsistenzen vermuten, d.h. Spannungen und Brüche möglicherweise schon in jenem Institutionenregime selbst, das den Erwachsenenstatus vorbereitet, oder auch verdeckte Anschlüsse/Nicht-Passungen zwischen den einzelnen institutional strukturierten Perioden des Lebenslaufs. Kommen wir also in diachronischer Betrachtung noch einmal auf die geschlechtsspezifische Lebensführung zurück.

Die in vorberuflichen Einrichtungen, vom Kindergarten bis zum Übergang in den Arbeitsmarkt, ins Zentrum gerückte Zwecksetzung von Leistung als Voraussetzung für die berufliche Karriere orientiert auch den weiblichen Lebenslauf in Kindheit und Jugend auf marktrelevante Zertifikate mit der Folge, daß die Bedeutung von Bildung für den Beruf sich in weibliche Selbstkonzepte einlagert (*Seidenspinner/Burger*, 1982; *Allerbeck/Hoag*, 1985; *Baethge* u.a., 1988) – und mit ihm der Glaube an Chancengleichheitsversprechen. Doch tun sich vielfältig erlebbare Diskrepanzen auf zwischen vorberuflichen Instanzen, die Leistung als Basis für den späteren Lebenslauf definieren, und Weiblichkeitszuschreibungen. Oder anders formuliert: Das Ablaufprogramm der Institutionen, die den Erwachsenenstatus vorbereiten (Bildung und Berufsbildung), und das Geschlechterregime der Erwachsenenstatus-Institutionen (Familie und Arbeitsmarkt) verhalten sich paradox zueinander. Einerseits setzt letzteres das erstere als Basis für (erwerbbare) Statuspositionen im Arbeitsmarkt voraus, gleichzeitig ist aber Geschlecht als (zugeschriebener) Masterstatus unterstellt – und erneut wird dieses nur für Frauen zum Widerspruch. Um dieses zu erkennen, gilt es wiederum, subjektiv virulent werdende Ärgernisse an männlicher Vorzugsstellung und strukturell tiefergreifende Mechanismen geschlechtsspezifischer Lenkung im Übergang in den Erwachsenenstatus voneinander zu unterscheiden.

Die einschlägigen Studien zur geschlechtsspezifischen Sozialisation belegen, daß seit Einführung der Koedukation und der Entwicklung chancengleichheitsorientierter Vorschulprogramme kulturell tradierte Zuordnungen von Spiel- und Lernangeboten zu Geschlecht bewußt reduziert wurden (vgl. *Krüger* u.a., 1984). Dies gilt nicht nur für Kindergarten und Schule, sondern auch für das Elternhaus. Dennoch wirken normative Zuschreibungen über subtile und weniger subtile Prozesse der Differenzbetonung (vgl. *Knapp* in diesem Bd.), und bei kritischer Betrachtung der vorliegenden empirischen Beobachtungen zeigt sich ein auffälliger ›gender gap‹ in der je geschlechtsspezifischen Kompetenzerweiterung. Hiernach suchen v.a. Mädchen ihr Handlungsrepertoire und ihre Orientierungen durch die Beteiligung an weiblichen und männlichen Sozialisationsfeldern zu erweitern, während Jungen z.B. auf Bodengewinn in sogenannten weiblichen Bereichen der Kompetenzentwicklung verzichten. Mädchen bleiben im Kindergarten z.B. Bauecken und Handwerkszeug, Technik und Computerspiele keineswegs mehr verschlossen, aber Jungen interessieren sich sehr viel seltener fürs Puppenspielen, Pflegen und Kochenlernen.

Hier trifft der Erklärungsansatz des »doing gender« (*Hagemann-White*, 1984; *West/Zimmermann*, 1987) als sozialpsychologischer Prozeß der aktiven Gestaltung von männlichen/weiblichen Leitbildern durch die Betroffenen selbst. Im Kindergarten und in der Schule verbinden sich diese Zuweisungen mit Wertungen, Über- und Unterordnungserwartungen zwischen den Geschlechtern und entsprechender Macht/Abhängigkeit. Trotz formal gleichen Angebots suchen Jungen schon ab dem 4. Lebensjahr ihren Dominanzanspruch zu sichern, indem sie auf männlich stereotypisierte Territorien und Kompetenzen beharren und Felder, die als

›weiblich‹ gelten, abwehren (*Preissing*, 1985; *Naundorf/Wildt*, 1986). Trotz Erweiterung des weiblichen Kompetenzspektrums hat sich die soziale Bewertung von männlichen und weiblichen Praxisfeldern nämlich keineswegs verschoben. Sie verbindet sich mit männlichen Überlegenheitsmustern gegenüber weiblichen Zuständigkeitsfeldern – und es sind die männlichen Fähigkeiten und Verhaltensweisen, die schon in der Familie, im Kindergarten und der Schule individuelle Durchsetzungschancen erhöhen und Statuszugewinn versprechen. Sie stützen und tragen auch das offizielle Lebenslaufprogramm mit seinen auf individuelle Gestaltungs- und Durchsetzungskompetenzen abzielenden Anforderungen.

Das um Arbeitsmarkt und Beruf zentrierte Wertsystem und die Notwendigkeit individueller Leistung als Weg zum gesellschaftlichen Erfolg verbindet sich bei Mädchen sehr früh schon mit Ambivalenzen und Verunsicherungen des Selbst (vgl. auch *Becker-Schmidt* in diesem Bd.). Der Stachel der Beschädigung durch Abwertung bzw. die Kosten der Selbstverleugnung im Zuge der Eroberung männlicher Gebiete, die zugleich die dominanten Werte der Gesellschaft verkörpern, bleiben für Mädchen selbst bei erworbenem breiterem Kompetenzspektrum gegenüber den Jungen erhalten. Sie erleben, daß das Interesse an Grenzüberschreitungen Jungen und männliche Jugendliche nicht gleichermaßen erfaßt, da diese qua Geschlecht schon im dominanten Wertsystem aufgehoben sind.

Diese Erfahrungen setzen Mädchen in vermehrte Anstrengungen um, äußeren Leistungsanforderungen zu genügen. Wie sehr Mädchen diesen im Kindergarten und Allgemeinbildenden Schulen entsprechen, zeigt sich darin, daß sie die Jungen auf der Ebene unterer und mittlerer Bildungsabschlüsse zahlenmäßig bereits überholt haben (*Klemm/Rolff*, 1988); im Gymnasialbereich glänzen sie durch bessere Abschlüsse (*Ulich*, 1989). Doch dann versinkt dieser Bildungsvorsprung in einem »Bermuda-Dreieck« auf dem Weg in den Arbeitsmarkt, was zu Unrecht subjektiver Fehlplanung angelastet wird.

In der Bundesrepublik und auch im übrigen deutschsprachigen Raum Europas stellt das Berufsbildungssystem ein zentrales Bindeglied zwischen Allgemeinbildung und Arbeitsmarkt dar. Diese Institution hat jedoch – in der Bildungsforschung bisher wenig beachtet – das »gender-Prinzip« von Arbeitsmarkt und Familie bereits organisatorisch – und d.h. *strukturell* – in sich aufgenommen: hier finden wir die Geschlechterordnung als gesellschaftlich geronnenes Prinzip in – angesichts der Chancengleichheitsdebatte gerade im Bildungsbereich – überraschender Reinkultur. Während das Bildungsprogramm des Staates im Kindergarten und Allgemeinbildungssystem noch gleiche Lernbedingungen für beide Geschlechter bereitzuhalten sucht, orientiert sich das Berufsbildungssystem relativ ungebrochen am Prinzip des Lebenslaufs als (vorne beschriebene) Paarbeziehung.

Das hat historische Ursachen:
Das heutige Berufsbildungssystem entstand in seinem Ordnungsgefüge um die Jahrhundertwende, einer Epoche mit heftigsten Auseinandersetzungen um die Frage, wie Jugendliche zwischen Schule und Erwachsenenleben gesellschaftlich so integriert werden könnten, daß sie weder radikalen politischen Strömungen noch der Straßenverwahrlosung anheimfallen. Die seinerzeit wichtigste Schrift zu seiner Etablierung charakterisiert die Berufsausbildung explizit als Steuerungsinstrument des Übergangs in den Erwachsenenstatus (*Kerschensteiner*, 1901). Hierarchisch nach Leistung und horizontal nach Berufsbildern gestaltet, sollte es der Verteilung der nachwachsenden Generation auf unterschiedliche Positionen des Arbeitsmarktes dienen. Schon damals also wurde dieser Institution bewußt große Bedeutung für die Sicherung gesellschaftlicher Ordnung beigemessen. Das durch die Industrialisierung weitestgehend zusammengebrochene Lehrlingssystem des Handwerks mit seiner klassischen Übergangsstruktur in entsprechende Segmente des Arbeitsmarktes lebte wieder auf – jedoch nur für männliche Jugendliche.

Die Entstehungsgeschichte der beruflichen Bildung verbindet sich nämlich auch auf das engste mit den damals heftigen Auseinandersetzungen um den männlichen und weiblichen Sozialcharakter. Der gleiche Autor *Kerschensteiner*, der als Begründer des heutigen Berufsbildungssystems gilt, verfaßte, um Mißverständnissen vorzubeugen, ein Jahr nach Erscheinen seiner preisgekrönten Schrift zur Frage, wie die »männliche Jugend von der Entlassung aus der Volksschule bis zum Eintritt in den Heeresdienst am zweckmäßigsten für die bürgerliche Gesellschaft zu erziehen« sei, eine zweite Schrift. In dieser betonte er auch die Notwendigkeit für weibliche Jugendliche, in staatlicher Obhut gelenkt in das Erwachsenenleben überzutreten, und er siedelte auch diese Funktion im Berufsbildungssystem an (1902). Explizit jedoch stellte er in den Vordergrund, daß es für Mädchen um die Erziehung und Bildung »für ihren natürlichen Beruf« gehe (Ch. *Mayer*, 1992, S. 3). Berufliche Bildung für junge Mädchen dürfe deshalb nicht die Merkmale des männlichen Berufsbildungssystems tragen, sondern im Gegenteil: Sie habe beruflichen Orientierungen bei Mädchen bewußt vorzubeugen und dafür Sorge zu tragen, »daß die staatsbürgerliche Erziehung des Mädchens mit der Erziehung zum Weibe zusammenfällt« – so der Titel von Christine *Mayer* zu *Kerschensteiners* Konzept einer Mädchenerziehung. Zu diesem ›natürlichen Beruf‹ der Frau gehören neben der Vorbereitung auf familiale Tätigkeiten auch außerhäusliche Aufgabenfelder, soweit sie ihrer traditionellen

Rolle nicht widersprechen; so z.B. vor allem soziale Aufgaben, die allerdings nicht in Karrierewege und familienernährende Muster umzuwandeln seien, sondern eher auf ehrenamtliche Tätigkeiten vorbereiten sollten (vgl. auch *Brinker-Gabler*, 1979; *Nienhaus*, 1982; *Schlüter*, 1987).

Nicht übersehbar ist, daß sich hier explizit als Lebenslaufprogramm materialisiert vorfindet, was sich im späteren Lebensweg verfestigen soll: die geschlechtsdifferente Zuordnung von Mädchen und Jungen zu Familie und Arbeitsmarkt.

Dies kritisierten schon Aktivistinnen der ersten Frauenbewegung, wie etwa Maria *Lischnewska*: »Leider wandte man dasselbe [Ausbildungsprinzip für männliche Jugendliche] auf die sog. weiblichen Handwerke gar nicht oder nur in den seltensten Fällen an. Man argumentierte nämlich so: Die ›Damenschneiderei‹, ›Putzmacherei‹, das ›Wäschenähen‹ und ›Frisieren‹ der Frauen stellt ein ›Handwerk‹ im eigentlichen Sinne, d.h. ›Beruf auf Lebenszeit‹ nicht dar. Es handelt sich bei dieser Frauenarbeit nur um eine voreheliche ›Beschäftigung‹ oder um ein ganz bescheidenes Lernen ›für den Hausbedarf‹. Aus diesem Grunde eignet sich das ganze Gebiet des ›weiblichen Handwerks‹ für eine strenge, gesetzliche Erfassung nicht. Aus dieser Auffassung der berufenen Behörden ist die Verwahrlosung der Frauenbildung erwachsen, die wir heute sehen.« (*Lischnewska*, 1910, S. 233)

Die Konflikte zwischen Frauenverbänden und berufsständischen Organisationen, aber auch die Positionen der am männlichen Facharbeiterideal mit haustätigen Familienfrauen orientierten Gewerkschaften, belegen die Interessenskonvergenz mit dem Staat bezüglich der Etablierung eines männlichen und weiblichen Wegs in die Zukunft. Die bürgerliche Frauenbewegung, den Gedanken des ›natürlichen Berufs‹ von Frauen aufgreifend, unterstützte schließlich die Einrichtung privater Ausbildungsstätten als ›Bildungsanstalten für Frauenberufe‹, um dem Anspruch von Frauen auf Bildung überhaupt Geltung zu verschaffen. Die wesentliche Differenz zum männlichen Organisationsprinzip der beruflichen Bildung lag auch hier inhaltlich in der Verbindung von Bildung mit Vorstellungen vom ›Wesen‹ der Frau, formal im Verzicht auf Zertifikate mit tarifrechtlicher Relevanz und – nicht zuletzt – in der Hinnahme privater Finanzierung der Ausbildung, alle drei Prinzipien durchaus auch verstanden als Versuch, ihrerseits zu vermeiden, daß Mädchen in männliche Fußstapfen treten.

Das Prinzip der Polarisierung der Geschlechter als geschlechtsspezifischer Lebensweg setzte sich durch – und hat in allen Ländern, die am deutschen Berufsbildungssystem orientiert sind, bis heute seine Folgen (*Krüger*, 1992):

a. Die Berufsausbildung für traditionelle Frauenberufe erfolgt jenseits des männlich organisierten bundeseinheitlichen Systems Beruflicher Bildung in sogenannten ›Vollzeitschulischen Ausbildungsgängen‹. Diese unterliegen nicht dem Berufsbildungsgesetz, sondern der Kulturhoheit der einzelnen Länder, d.h. die Ausbildung ist auch heute noch formal Kulturaufgabe, nicht Berufsbildungsaufgabe.

b. Die im Vergleich zu entsprechenden, historisch männlichen Ausbildungen mit Facharbeiterabschluß i.d.R. erheblich längeren Ausbildungszeiten und höheren Allgemeinbildungsvoraussetzungen bringt junge Frauen bildungsbiographisch bereits nahe an das heiratsfähige Alter heran, entläßt sie also wesentlich später auf den Arbeitsmarkt als Männer.

c. Die Bezahlung unterliegt unterschiedlichen Sonderregelungen, die konjunkturell schwanken. Der Zugang zu darauf aufbauenden Bildungsinstitutionen oder höheren Berufspositionen bleibt i.d.R. versperrt.

d. Ein großer Teil der Ausbildungen für das sich immer weiter verzweigende Berufssystem im Bereich personenbezogener sozialer Dienste bleibt auch heute noch privat organisiert (Ausbildungen zur Logopädin, Physiotherapeutin, Fußpflegerin, Kosmetikerin, Unterrichtsschwester usw.), d.h. Mädchen müssen auch heute noch sehr viel mehr Zeit und Geld in ihre berufliche Qualifizierung investieren, die dennoch jenseits der üblichen Karrieremuster des Berufssystems bleiben.

Die bis heute nicht aufgehobenen Segregationslinien des Berufsbildungssystems folgen geschlechtsspezifischen, territorialen Zuordnungen und präformieren für diejenigen, die in traditionelle Frauenberufe münden, entsprechend erwerbsarbeitlich benachteiligende Lebenswege. Debatten um die Orientierung von Mädchen auf sogenannte Männerberufe aber lenken von dieser Problematik traditioneller Frauenberufsausbildungen ab, und es ist bemerkenswert, wie wenig dieser Teil des Berufsbildungssystems überhaupt im Bewußtsein der Öffentlichkeit ist (*Rabe-Kleberg* u.a., 1991; *Krüger*, 1992). Wie schon in der Theorie bei *Kohli* die Familie als lebenslaufstrukturierende Institution beider Geschlechter insgesamt verschwunden ist, scheint das weibliche Segment des Berufsbildungssystems nur für jene wenigen Berufe auf, die nach männlichem Prinzip umorganisiert wurden. Es sind die wenigen, die ins duale System, der Lehrlingsausbildung mit ihrer Betriebseinbindung, überführt wurden. Das vollzeitschulische Berufsbildungssystem hingegen, das zahlenmäßig bedeutsamere für Mädchen, wird übersehen (*Krüger*, 1989). Und selbst bei der Entstehung neuer technologisch anspruchsvoller Berufe wird die Lösung für Frauen auch heute noch in vollzeitschulischen Ausbildungsgängen gesucht, etwa den neu entstehenden Ausbildungen zur Informatik-Assistentin, Elektrotechnischen Assistentin, Elektronik-Assistentin, Physikalisch-Technischen Assistentin, Biologisch-Technischen Assistentin usw., die zu den traditionsreichen Assistentinnenberufen (Medizinisch-Technische Assistentin, Chemisch-Technische Assistentin) nach altem Muster und in Kulturhoheit der Länder weiter ausgebaut werden (*Frackmann/Schild*, 1988).

Die daran anschließenden Positionen auf dem Arbeitsmarkt liegen in den sogenannten Sackgassen ohne Karriereanschluß. Selbst die innerbetriebliche Weiterbildung berücksichtigt weibliche Quereinsteigerinnen auf Assistentenpositionen nicht (vgl. *Bednarz-Braun*, 1982), da Weiterbildungen entsprechende Erstausbildungen im dualen, männlichen Ausbildungssystem voraussetzen. Dort, wo jeweils in Zeiten hohen Arbeitskräftemangels Frauenberufe in männliche Ausbildungsstrukturen integriert wurden, führen diese Wege in den geschlechtsspezifisch geteilten Arbeitsmarkt, der wiederum Frauen aus Karriereleitern des berufsfachlichen Segments ausschließt (Friseurin, Verkäuferin, Arzt-/Zahnarzthelferin usw.) (vgl. *Lemmermöhle-Thüsing* u.a., 1993; *Gottschall* in diesem Bd.).

Bei der Vorbereitung und Gestaltung des geschlechtsdifferenten Beteiligungsmodus im Erwachsenenalter greifen also Berufsbildungspolitik, Familien- und Arbeitsmarktpolitik ineinander, mit sich jeweils stützenden Effekten. Bildung, zeitliche und ökonomische Bildungsinvestitionen zahlen sich für Frauen auch ohne Familiengründung sehr viel geringer aus als für Männer. Und es handelt sich hierbei nicht um ein unergründliches ›Bermuda-Dreieck‹, sondern um präzise beschreibbare Effekte eines gesellschaftlich weitgehend nicht bewußten, jedoch strukturell verankerten Geschlechter-Prinzips.

Es ist bemerkenswert, wie durch die Übernahme von Geschlecht als Masterstatus in die Organisation von beruflicher Bildung und die danach gestalteten Übergangswege bereits vor dem Erwachsenenstatus strukturelle Unentrinnbarkeit in der Benachteiligung von Frauen entsteht. Diese ist schon in der vorerwerblichen Phase der Biographie nicht mehr per Leistung aufzuheben, da sie nicht mehr nur als Normalitätsunterstellung die weibliche Rolle definiert, sondern als strukturelle Setzung selbst für nicht verheiratete Frauen/Nicht-Mütter geschlechtsspezifische Ungleichheit einleitet. Der postulierte Grundwert von Gleichheit verschiebt sich also bereits innerhalb des Bildungssystems beim Übergang von der Allgemeinbildung in die Berufsbildung, durch die Vorwegnahme institutionaler Ordnungsprinzipien des Erwachsenenstatus. Erneut verschränken sich die Institutionen, aber dieses Mal nicht durch den zeitgleichen Zugriff auf den Lebenslauf, sondern in der Verbindung lebensbiographischer Phasen.

Die Analyse der Widerspruchserfahrungen und -strukturierungen zeigt jedoch auch, daß diese nur für Frauen strukturell zum Problem werden. Das männliche Selbstkonzept, ob nun erweitert um soziale Kompetenzen der Gestaltung zwischenmenschlicher Beziehungen oder nicht, bleibt konsistent verwiesen auf die Orientierung am Arbeitsmarkt, und diese schließt die Familiengründung in ihren Status mit ein. Während Frauen durch die strukturelle Erzeugung von Diskontinuitäten, Chancenversprechungen und ihrer subtilen Aushebelung, normativ und strukturell mit soviel Widersprüchlichem konfrontiert sind, daß sie immer wieder auf die Kategorie Geschlecht als Auslöser für innovatives Handeln für sich gestoßen werden, besteht für Männer – außer über Einsicht – keine entsprechende Notwendigkeit, die gesellschaftliche Konstruktion von ›Geschlecht‹ ihrerseits zu problematisieren. Im Gegenteil, sie profitieren davon, ob gewollt und bewußt oder nicht.

Dadurch entsteht zugleich ein geschlechtsspezifisch unterschiedlicher Modernisierungsdruck. Und das strukturelle Auseinanderdriften beider Lebensführungen verwandelt sich subjektiv in weibliche Appelle an männliche Bereitschaft, sich auf Familienarbeit einzustellen bzw. Geschlechterfragen ernst zu nehmen. Diese erzeugen jedoch v.a. Spannungen im privaten Verhältnis und bewirken, bei Zusammenschluß der Frauen, zwar Sensibilisierungen für Ungleichheitsfragen, belassen aber Frauen auf der Seite der ›trouble maker‹, so lange nicht die relationalen Beziehungen der Institutionen des Lebenslaufs untereinander wahrgenommen und politisch-strukturell angegangen werden.

4. Ausblick

Angesichts der im anglo-amerikanischen Raum sehr viel weniger verfestigten Lebenslaufmuster, ihrer sehr viel geringeren Institutionenstrukturiertheit, mag es nicht wundern, daß in der amerikanischen Frauenforschung die Gleichheitsproblematik v.a. unter Akzentuierung der Rechtslage, des normativen Konservativismus im männlichen Denken und der Problematik der Wertehierarchien diskutiert wird. In der Verknüpfung der sozialen Konstruktion »Geschlecht« mit Institutionen des Lebenslaufs zeigt sich, wie sehr letztere bei uns den geschlechtsdifferenten Masterstatus in die eigenen Organisationsprinzipien aufgenommen haben. Die Analyse verdeutlicht aber auch, wie sehr Bildungs-, Familien- und Arbeitsmarktdynamiken untereinander verschränkt sind und wie sehr die sich aneinanderreihenden Prinzipien v.a. für die weibliche Hälfte der Gesellschaft Probleme bringen.

In der Generalisierung des Männlichen versperren die bestehenden lebenslauftheoretischen Ansätze den Blick darauf, daß die institutionalisierten Lebenslaufprogramme nicht nur das tradierte Geschlechterverhältnis tendenziell aufrechterhalten, sondern zugleich Modernisierungskollisionen und -fallen hervorbringen. Obwohl als eine der wesentlichen Theorien zur Analyse gesellschaftlicher Verhältnisse der Moderne konzipiert, kranken sie an der Vernachlässigung von Geschlecht als Strukturkategorie zur Entschlüsselung sozialen Wandels. Diese Vernachlässigung setzt sich in der Ausblendung der daraus resultierenden Ungleichheit sowohl bezüglich der Erwerbsverläufe als auch der Gegenläufigkeit in der Modernisierung des Geschlechterverhältnisses selbst fort. Gefordert ist also eine Theorie, die Biographien als Resultat unterschiedlicher Positionierung im Geschlechterverhältnis *und* dessen gesellschaftliche Verfaßtheit über die lebenslaufrelevanten Institutionen hinaus thematisiert.

Fehler in der Analyse schleichen sich ein, wenn einzelne Segmente des Lebenslaufs oder einzelne Variablen bei seiner Gestaltung isoliert angesprochen werden: so etwa der Markt und nicht die Familie (Lebenslaufforschung); Bildung als Verteilungsinstanz auf unterschiedliche Arbeitsmarktniveaus und nicht auf die Institutionen Familie/Berufssystem (Bildungsforschung); die subjektiv-individuelle Seite in der Aushandlung von Geschlechterbeziehungen und nicht die Sozialstruktur des Geschlechterverhältnisses selbst (Frauenforschung). Doch der inzwischen erreichte moderne ›Grenzgängerinnen-Status‹ von Frauen sowohl durch die Gestaltung der Übergangswege in den Erwachsenenstatus als auch die dann folgende Verfaßtheit der Institutionen des Erwachsenenlebens macht es gerade für die Frauenforschung im deutschsprachigen Raum notwendig, das Verhältnis des Auseinanderdriftens der Lebensführungen zwischen den Geschlechtern einerseits und die (historisch fast statisch anmutende) Hierarchisierung zwischen Familie als einer Institution mit schwachen Strukturierungsmöglichkeiten und einem organisationsrigiden Arbeitsmarkt andererseits zu analysieren.

Angesichts der These, daß die normative und strukturelle Kraft der Institution Familie nicht ausreicht, diese Differenz zu kompensieren, stellt sich die Frage, wie weit sich der gender-gap noch vergrößern kann, ohne daß die Belastbarkeitsgrenzen dieser Institution überschritten werden. Mit dieser Frage ist ein zentrales Problem der Reproduktion der Gesellschaft insgesamt angesprochen. Strukturelle Voraussetzung für den

Erhalt der Familie wäre, daß die Institutionen des Arbeitsmarkts, der Familie und darüberhinaus die der Bildung und der Sozialpolitik zueinander in ein neues Verhältnis treten, so daß sich die Chance zur gleichberechtigten Partizipation und biographisch gleichwertigen Arbeitsverteilung für beide Geschlechter öffnet. Es hieße dieses, Geschlecht als Masterstatus des Lebenslaufs aufzuheben.

Diese Forderung rüttelt zugleich allerdings auch an Glaubenssätzen der Frauenforschung, die die Geschlechterdifferenz als biologisch begründbare, notwendige Konstruktion in sich aufnimmt. Die in diesem Beitrag vertretene Position unterstreicht aber ebenso, daß der Gedanke an Geschlechtergleichheit nicht durch die Übernahme des männlichen Prinzips durch das weibliche erreicht werden kann, sondern durch Auseinandersetzungen mit jenen Organisationen, die das Familienleben als Risiko für den weiblichen Lebenslauf definieren. Erst wenn sich die Doppelorientierung auf Familie und Beruf gesellschaftsstrukturell zum Entwurf eines Normallebenslaufs verdichtet und normalisiert, kommen Frauen und damit Familie und Weiblichkeit aus ihrer strukturschwachen Position gesamtgesellschaftlich heraus.

Erst unter diesen Bedingungen auch erscheint es angemessen und nicht gesellschaftliche Realitäten verschleiernd, die Institutionenstrukturiertheit des Lebenslaufs zum Lebenslauf als Institution zu verallgemeinern. *Kohli* ist zwar insofern zuzustimmen, als dessen Programm, seine Arbeitsmarktzentriertheit, über die vorgelagerten Bildungsinstitutionen bereits beide Geschlechter erfaßt hat. Aber Versprechungen von Planungssicherheit und -umsetzbarkeit unter Gesichtspunkten der Chancengleichheit in weiblicher und männlicher Lebensgestaltung in den Mittelpunkt zu rücken, verlangt nicht nur neue soziologische Einsichten, sondern innovatives Handeln. Davon ist jedoch nicht viel zu erkennen – eher im Gegenteil. Daß bisher nur die Frauen ihr Recht auf gleiche Chancen auf dem Arbeitsmarkt einfordern und man nicht die Männer auf die Straße gehen sieht, um ihr Recht auf gleiche Chancen an der Beteiligung der Familienarbeit zu erreichen, deutet insofern auf ein – über Verteilungs- und Anerkennungskonflikte zwischen Frauen und Männern hinausreichendes gesellschaftliches Krisenpotential: Moderne Industriegesellschaften sind auf den Wandel der Geschlechterbeziehungen angewiesen, wollen sie langfristig ihre Reproduktion sichern. Denn diese beruht auf zwei Säulen, der Familie *und* dem Arbeitsmarkt, aber nicht auf der Zuweisung dieser Säulen nach Geschlecht. Im Sinne von *Brown/Jordanova* (s.o.) hieße das: Wenn die Gesellschaft ihre Gender-Strukturierung verändert, verändert sich auch das, was Mannsein und Frausein in einer Gesellschaft heißt.

Literatur

ALLERBECK, Klaus R./Wendy J. HOAG, Jugend ohne Zukunft? München/Zürich 1985

BAETHGE, Martin/Brigitte HANTSCHE/Wolfgang PELULL/Ulrich VOSKAMP, Jugend: Arbeit und Identität. Lebensperspektiven und Interessenorientierungen von Jugendlichen, Opladen 1988

BECK, Ulrich, Risikogesellschaft. Auf dem Weg in eine andere Moderne, Frankfurt am Main 1986

BECK-GERNSHEIM, Elisabeth, Das halbierte Leben. Männerwelt Beruf. Frauenwelt Familie, Frankfurt am Main 1980

BECKER-SCHMIDT, Regina, Die doppelte Vergesellschaftung – die doppelte Unterdrückung: Besonderheiten der Frauenforschung in den Sozialwissenschaften, in: Lilo Unterkirch/Ina Wagner (Hg.), Die andere Hälfte der Gesellschaft. Österreichischer Soziologentag 1985, Wien 1987, S. 10-25

BEDNARZ-BRAUN, Iris, Arbeiterinnen in der Elektroindustrie, München 1983

BEER, Ursula, Theorien geschlechtlicher Arbeitsteilung, Frankfurt am Main/New York 1984

BORN, Claudia, Vereinbarkeit von Beruf und Familie. Ein Problem von Frauen – kein Frauenproblem. Werkstattbericht des Forschungsschwerpunkts Arbeit und Bildung, Bd. 4, Universität Bremen 1987

BORN, Claudia, Beruf und weiblicher Lebenslauf. Plädoyer für einen Perspektivenwechsel in der Betrachtung der Frauenerwerbsarbeit, in: Schwerpunktheft »Frauenerwerbstätigkeit« des IAB, Sonderband Heft 5 der MittAB, Nürnberg 1994

BRINKER-GABLER, Gisela (Hg.), Frauenarbeit und Beruf. Die Frau in der Gesellschaft. Frühe Texte, Frankfurt am Main 1979

BRINKMANN, Christian, Arbeitslosigkeit und Stille Reserve von Frauen, in: Karl-Ulrich Mayer/Jutta Allmendinger/Johannes Huinink (Hg.), Vom Regen in die Traufe. Frauen zwischen Beruf und Familie, Frankfurt am Main 1990, S. 233-261

BROWN, P./Ludmilla JORDANOVA, Oppressive dichotomies: The nature/culture debate, in: The Cambridge-Women's-Studies-Group (Ed.): Women in Society, London 1982, S. 224-241

CONNELL, Robert W., Gender and Power. Society, the Person and Sexual Politics, Cambridge/Oxford 1987

DOUGLAS, Mary, How Institutions think, New York 1986

ENGELBRECH, Gerhard, Berufsausbildung, Berufseinstieg und Berufsverlauf von Frauen. Empirische Befunde zur Erklärung beruflicher Segregation, in: MittAB, 3, 1991, S. 531-558

FRACKMANN, Margit/H. SCHILD, Schulische Berufsausbildung. Bilanz und Perspektiven, Gutachten im Auftrag der Max-Traeger-Stiftung, MTS-script 1, Frankfurt am Main 1988

GERSON, Judith M., Sex does not equal gender: Issues of conceptualization and measurement, in: Marlis Krüger (Hg.): Was heißt hier eigentlich feministisch? Zur theoretischen Diskussion in den Geistes- und Sozialwissenschaften, Bremen 1993, S. 121-138

HAGEMANN-WHITE, Carol, Sozialisation: weiblich-männlich? Reihe: Alltag und Biographie von Mädchen, Bd. 1, Opladen 1984

HEINZ, Walter R., Status Passages, Social Risks and the Life Course: A Conceptual Framework, in: Walter R. Heinz (Ed.), Theoretical Advances in Life Course Research, Status Passages and the Life Course, Jg. 1, Weinheim 1991, S. 9-22

HUGHES, Everett C., Dilemmas and Contradictions of Status, in: American Journal of Sociology 50, 1945, S. 353-359

JURCZYK, Karin/Maria S. RERRICH, Wie der Alltag Struktur erhält. Objektive und subjektive Einflußfaktoren der Lebensführung berufstätiger Mütter, in: Claudia Born/Helga Krüger (Hg.), Erwerbsverläufe von Ehepartnern und die Modernisierung weiblicher Lebensführung, Weinheim 1993, S. 173-190

KAUFMANN, Franz-Xaver, Zukunft der Familie, München 1990

KERSCHENSTEINER, Georg, Staatsbürgerliche Erziehung der deutschen Jugend. Gekrönte Preisschrift, 10. neu bearb. Aufl., Erfurt 1931, (Erscheinungsjahr der Originalschrift: 1901)

KERSCHENSTEINER, Georg, Die zeitgemäße Ausgestaltung der weiblichen Fortbildungsschule, in: Frauenbildung. Zeitschrift für die gesamten Interessen des weiblichen Unterrichtswesens 1, 10, 1902, S. 442-443

KLEMM, Klaus/Hans-G. ROLFF, Der heimliche Umbau der Sekundarschule, in: Hans-G. Rolff/Klaus Klemm/H. Pfeiffer/Ernst Rösner (Hg.), Jahrbuch der Schulentwicklung, Bd. 5. Weinheim 1988, S. 75-101

KOHLI, Martin, Die Institutionalisierung des Lebenslaufs, in: Kölner Zeitschrift für Soziologie und Sozialpsychologie, 37, 1985, S. 1-29

KOHLI, Martin, Institutionalisierung und Individualisierung der Erwerbsbiographie, in: Ditmar Brock u.a., Subjektivität im gesellschaftlichen Wandel, München (DJI) 1989, S. 249-278

KRECKEL, Reinhard, Politische Soziologie der sozialen Ungleichheit, Frankfurt am Main/New York 1992

KRÜGER, Helga /E. BODE/G. FRASCH/G. NAUNDORF/R. v. UNGERN, Verbesserung der Chancengleichheit von Mädchen in der Bundesrepublik, 6. Jugendbericht der Bundesregierung, Opladen 1984

KRÜGER, Helga, Geschlecht als Strukturkategorie im Bildungssystem. Alte und neue Konturen geschlechtsspezifischer Diskriminierung, in: Autorinnengemeinschaft (Hg.), Arbeitsmarkt und Frauenerwerbsarbeit, SAMF-Arbeitspapier 1989-16, Paderborn 1989, S. 63-101

KRÜGER, Helga (Hg.), Frauen und Bildung. Wege der Aneignung und Verwertung von Qualifikationen in weiblichen Erwerbsbiographien, Bielefeld 1992

KRÜGER, Helga/Claudia BORN, Unterbrochene Erwerbskarrieren und Berufsspezifik: Zum Arbeitsmarkt- und Familienpuzzle im weiblichen Lebenslauf, in: Karl Ulrich Mayer/Jutta Allmendinger/Johannes Huinink (Hg.), Vom Regen in die Traufe. Frauen zwischen Beruf und Familie, Frankfurt am Main/New York 1991, S. 142-161

LEMMERMÖHLE-THÜSING, Doris/Andrea DOKTER/Christiane HÖKE, Wir werden was wir wollen! Schulische Berufsorientierung (nicht nur) für Mädchen, Ministerium für die Gleichstellung von Frau und Mann des Landes Nordrhein-Westfalen (Hg.), Dokumente und Berichte 16, Bd. 6, 1993

LEVY, René, Der Lebenslauf als Statusbiographie. Die weibliche Normalbiographie in makro-soziologischer Perspektive, Stuttgart 1977

LEVY, René, Status Passages as Critical Life Course Transitions, in: Walter R. Heinz (Ed.), Status Passages and the Life Course, Jg. 1, Theoretival Advances in Life Course Research, Weinheim 1991, S. 87-114

LISCHNEWSKA, M., (1910), Die handwerksmäßige und fachgewerbliche Ausbildung der Frau, in: Gisela Brinker-Gabler (Hg.), Frauenarbeit und Beruf. Die Frau in der Gesellschaft. Frühe Texte, Frankfurt am Main 1979

MAYER, Christine, »... und daß die staatsbürgerliche Erziehung des Mädchens mit der Erziehung zum Weibe zusammenfällt« – Kerschensteiners Konzept einer Mädchenerziehung. In: Zeitschrift für Pädagogik, 38. Jg., Nr. 5, 1992, S. 771-791

MAYER, Karl Ulrich (Hg.), Lebensverläufe und sozialer Wandel, Kölner Zeitschrift für Soziologie und Sozialpsychologie, Sonderheft 31, 1990

MÜCKENBERGER, Ulrich, Die Krise des Normalarbeitsverhältnisses, in: Zeitschrift für Sozialreform, 1985, S. 415-457

NAEGELE, Gerhard, Frauen zwischen Arbeitsmarkt und Rente. Anmerkungen zur Arbeitsmarkt- und Verrentungssituation von Frauen im mittleren und höheren Lebensalter, in: Frauenforschung. Informationsdienst des Forschungsinstituts Frau und Gesellschaft Hannover, 2. Jg., H. 1/2, Bielefeld 1984

NAUNDORF, Gabriele/Carola WILDT, Der Streit und die Koedukation, in: Koedukation – Jugendschule auch für Mädchen? Reihe: Alltag und Biographie von Mädchen, Bd. 14, Opladen 1986

NIENHAUS, Ursula, Berufsstand weiblich. Die ersten weiblichen Angestellten, Berlin 1982

OFFE, Claus, Arbeitsgesellschaft. Strukturprobleme und Zukunftsperspektiven, Frankfurt am Main/New York 1984

OTT, Notburga, Zur Rationalität innerfamilialer Entscheidungen, in: Claudia Born/Helga Krüger (Hg.), Erwerbsverläufe von Ehepartnern und die Modernisierung weiblicher Lebensführung, Weinheim 1993, S. 25-52

PREISSING, Christa/Gisela NETZEBAND/Ursula WIGMANN, Mädchen in Erziehungseinrichtungen: Erziehung zur Unauffälligkeit, Reihe: Alltag und Biographie von Mädchen, Bd. 10, Opladen 1985

RABE-KLEBERG, Ursula/Helga KRÜGER/M.E. KARSTEN/T. BALS (Hg.), Dienstleitungsberufe in Krankenpflege, Altenpflege und Kindererziehung: Pro Person, Bielefeld 1991

SCHLÜTER, Anne, Neue Hüte – alte Hüte? Gewerbliche Berufsbildung für Mädchen zu Beginn des 20. Jahrhunderts. Zur Geschichte ihrer Institutionalisierung, Düsseldorf 1987

SCHÜLEIN, Johann August, Theorie der Institution. Eine dogmengeschichtliche und konzeptionelle Analyse, Opladen 1987

SEIDENSPINNER, Gerlinde/Angelika BURGER, Mädchen '82, München 1982

STRECKEISEN, Ursula, Statusübergänge im weiblichen Lebenslauf. Über Beruf, Familie und Macht in der Ehe, Frankfurt am Main 1991

STROHMEIER, Klaus-Peter, Pluralisierung und Polarisierung der Lebensformen in Deutschland, in: Aus Politik und Zeitgeschichte. Beilage zur Wochenzeitung Das Parlament. B17/93, 23. April 1993, S. 11-22

ULICH, Klaus, Schule und Familie, in: Zeitschrift für Sozialisationsforschung und Erziehungssoziologie 9, 1989, S. 179-195
WEST, Candace/DON ZIMMERMAN, Doing Gender, in: Gender and Society, Jg. 1, 1987, S. 125-151
WEYMANN, Ansgar (Hg.), Handlungsspielräume. Untersuchungen zur Individualisierung und Institutionalisierung von Lebensläufen in der Moderne, Stuttgart

Regina Becker-Schmidt

Von Jungen, die keine Mädchen und von Mädchen, die gerne Jungen sein wollten. Geschlechtsspezifische Umwege auf der Suche nach Identität

1. Einleitung

Bei der Lektüre von Interviews, in denen Sozialwissenschaftlerinnen und Sozialwissenschaftler auf ihre Kindheit zurückblicken,[1] fiel mir folgendes auf: Fast alle Soziologinnen berichten von einer Phase in ihrer Lebensgeschichte, wo sie es vorgezogen hätten, ein Junge zu sein. Keiner der Kollegen dagegen kann sich erinnern, je den Wunsch gehabt zu haben, in die Gestalt eines Mädchens zu schlüpfen. Im Gegenteil: hiernach befragt, reagieren sie abwehrend und irritiert, bestenfalls verblüfft. Sie können sich nicht erinnern, nahe weibliche Bezugspersonen oder andere Frauen als nachahmenswert empfunden zu haben. Ihnen ist nicht (mehr) bewußt, irgendwann einmal das schmerzhafte Gefühl gehabt zu haben, von Bedeutungszusammenhängen des anderen Geschlechts ausgeschlossen zu sein. Die Biographien der von uns befragten Wissenschaftler vermitteln den Eindruck, als hätten sie ihre Zugehörigkeit zum männlichen Geschlecht nie bedauern müssen.

Anders die interviewten Soziologinnen: Ihnen blieb in vielfältiger Weise im Gedächtnis, warum sie die Brüder und Spielgefährten beneideten, was ihnen an »der Welt« der Väter attraktiver erschien als am »Alltag« der Mütter. Die Wahrnehmung, daß Mädchen und Frauen weniger Prestige, Macht und Freiräume haben als Jungen und Männer, hat sich ihnen früh eingeprägt. In allen Phasen der eigenen Lebensgeschichte erhärteten sich diese Beobachtungen zu Selbsterfahrungen.

Andere Untersuchungen aus der Sozialisationsforschung werfen ebenfalls Licht auf frühe Brechungen in weiblichen Individuationsprozessen. Sie zeigen zunächst einmal, daß sich bei Kindern beiderlei Geschlechts bereits zwischen dem dritten und dem sechsten Lebensjahr ein

Bewußtsein davon ausbildet, daß in ihrer Umwelt zwischen Jungen und Mädchen, zwischen Frauen und Männern Unterschiede gemacht werden. Sie lernen beizeiten zu antizipieren, was später im Erwachsenenalter von ihnen als Angehörige einer der beiden Genus-Gruppen erwartet wird. (*Bilden*, 1980). Die Auseinandersetzungen mit Versagungen, die ihnen durch die Festlegung auf ein Geschlecht abverlangt werden, beginnen mit der Entdeckung der sexuellen Differenz, die von Anbeginn für sie auch eine soziale ist, also zwischen dem ersten und dem zweiten Lebensjahr. (*Fast*, 1992) Wir werden noch sehen, daß sich solche Verlusterfahrungen, die für Kinder, welche sich zunächst an Mutter und Vater zugleich orientieren, mit der Einteilung ihrer bisher geschlechtsübergreifenden Welt in Männer und Frauen einhergehen, in den Selbstdefinitionen von Jungen und Mädchen in unterschiedlicher Weise niederschlagen.

Es gibt viele Hinweise darauf, daß Mädchen Einschränkungen und Reglements, auf die sie in ihrer expliziten und impliziten Erziehung zur ›Weiblichkeit‹ stoßen, von kleinauf als Ungleichbehandlung gegenüber Jungen empfinden. Diese wiederum grenzen sich vom anderen Geschlecht ab, dessen Entfaltungsmöglichkeiten sie als eingeengter als die eigenen ansehen.

In einer Befragung dreijähriger Kinder, die Anfang der 60er Jahre von H.P. *Chombart de Lauwe* (1963) durchgeführt wurde, wollte nur ein Junge von hundert lieber ein Mädchen sein, aber elf Mädchen von hundert wären lieber als Jungen auf die Welt gekommen. Fast die Hälfte der Mädchen aus einer etwas älteren Befragungsgruppe fand männliche Akteure in ihren Kinderbüchern spannender als weibliche. Fast alle Jungen dieser Altersstufe (Kindergartenalter) bewunderten ausschließlich Helden. Heldinnen gab es in ihrem Wahrnehmungshorizont nicht. (Es ist allerdings anzunehmen, daß sie auch in den Kinderbüchern weniger zutage traten.) Mit Beginn des Schulalters begründen Kinder ihre Einschätzungen von männlichen oder weiblichen Rollenvorgaben. Angehörige beiderlei Geschlechts geben an: Mädchen müssen mehr im Haushalt helfen; für sie gibt es weniger Möglichkeiten, sich sportlich auszutoben; Frauen haben weniger Chancen im Beruf – viele Tätigkeiten sind ihnen verschlossen. Aber was bei den Mädchen eher auf Protest stößt, weil es für sie Benachteiligung bedeutet, gilt den Jungen als selbstverständlicher Vorteil, den sie unbefragt für sich verbuchen.(*Dannhauer*, 1973; *Krüger* u.a., 1985)

Hier deutet sich etwas an, was für spätere heterosexuelle Partnerschaften nicht ohne Folgen sein kann. Jungen wird nahegelegt, die Ungleichbehandlung der Geschlechter zu affirmieren, weil diese für sie in vielen sozialen Bereichen mit Gratifikationen verbunden ist. Von Kindheit an sehen sie sich in die bessere Position hineingeboren – und so können sie meinen, diese stünde ihnen von Natur aus zu. In ihren Beziehungen zu Frauen, die sie als Erwachsene eingehen, kann das die Konsequenz haben, eigene Statusinteressen gegenüber konkurrierenden Ansprüchen der Partnerin blind durchzusetzen. Früh eingeübte androzentrische Erwartungshaltungen können beibehalten werden, wenn im gesellschaftlichen Umfeld dichotomische und hierarchisierende Weiblichkeits- wie Männlichkeitsklischees fortbestehen, die diese legitimatorisch abstützen. (Vgl. hierzu: *Knapp* in diesem Band)

Realisieren Frauen, daß ihre soziale Diskriminierung qua Geschlechtszugehörigkeit bis in ihre privaten Verhältnisse hineinwirkt und daß umgekehrt patriarchale Abhängigkeitsverhältnisse im Intimbereich ihre Nachrangigkeit gegenüber dem männlichen Geschlecht auch in allen anderen gesellschaftlichen Sphären verstärken, dann geraten sie in eine Beziehungsfalle: Pochen sie auf Gleichwertigkeit und Gleichstellung, dann gibt es in der Regel Konflikte in der Partnerschaft. Passen sie sich den männlichen Wünschen an, unterwerfen sie sich männlichen Vorstellungen von der Geschlechterordnung, so geraten sie nicht nur in Widerstreit mit den eigenen Ansprüchen auf Achtung, Geltung und Reziprozität; sie nehmen damit auch Bedürfnisse zurück, die sich auf Anerkennungs- und Aneignungschancen jenseits der traditionellen Rollenzuweisungen richten.

Halten wir zunächst einmal fest: Während Jungen nach der Phase, in der sie die körperlich-soziale Geschlechterdifferenz zur Kenntnis genommen haben, sich mit ihrer Männlichkeit zu identifizieren beginnen, versuchen Mädchen in ihren Selbstdefinitionen der Geschlechterpolarisierung zu entgehen: sie erkennen an, daß sie der weiblichen Genus-Gruppe zuzurechnen sind und verleugnen dennoch nicht, daß sie aber auch der männlichen angehören möchten. Diese ambivalente Hinwendung zum einen und zum anderen Geschlecht wird in einer Sozialisation gefestigt, die Mädchen sowohl auf den späteren privaten Arbeitsbereich ›Haushalt‹ als sogenannter weiblicher Sphäre einzuschwören versucht, als sie auch über Ausbildungsangebote in einen Arbeitsmarkt einschleust, der sich als männerprivilegierend erweist. (Vgl. hierzu: *Gottschall*, *Krüger* in diesem Band)

Wir wissen, daß die doppelte Vergesellschaftung von Frauen für diese selbst nicht bruchlos gelingen kann: Die beiden Bereiche, in denen ihre Arbeitskraft sozial angeeignet wird, sind in ihren Anforderungen und Organisationsformen in sich und gegeneinander widersprüchlich strukturiert (*Becker-Schmidt*, 1982, 1987, 1993). Diskontinuitäten, Umwege und berufliche Abstiegserfahrungen in weiblichen Biographien sind Konsequenzen solcher Widersprüche. Wir wissen bisher wenig darüber, auf welche Kräfte und psychischen Potentiale Frauen zurückgreifen, wenn sie versuchen, für sich und von sich aus Kontinuität über die lebensgeschichtlichen Verwerfungen und Friktionen hinweg herzustellen.

Meine These ist, daß sich Frauen – im Gegensatz zu Männern – in allen Phasen ihrer Sozialisation an der Geschlechterhierarchie und den sie begleitenden Grenzziehungen reiben; daß sie in Konfrontation mit positiven wie negativen Aspekten des Frau- oder Mannseins herausgefordert werden, in ihrer Identitätssuche die Optionen zu wechseln. Indizien für einen solchen Optionswechsel sind für mich die Hin- und Herbewegungen zwischen gleich- und gegengeschlechtlichen Identifikationen, die – wie ich zeigen werde – für weibliche Biographien charakteristisch sind. Wechsel und Umbesetzungen in der Wahl weiblicher und männlicher Vorbilder verweisen nicht nur auf Konflikte, die wir so ausgeprägt in der Sozialisation von Jungen nicht finden; sie deuten auch daraufhin, daß Mädchen sich in der Bestimmung der eigenen Geschlechtsidentität weniger rigide festlegen als Jungen. So entsteht bei ihnen ein Handlungspotential, das auf die Vorgaben der Geschlechterordnung sowohl mit Anpassungs – als auch mit Unterlaufungsstrategien reagiert. In den Unterlaufungsstrategien wiederum stecken gesellschaftlich innovative Impulse, die jedoch für die Frauen selbst verdeckt bleiben. Dazu ein empirischer Beleg aus der Frauenforschung.

Helga *Krüger*, Claudia *Born* und Christian *Erzberger* führten von 1991 bis 1993 eine Untersuchung durch, die der Frage nachging, ob und wie bei Ehepartnern, die jetzt im Rentenalter sind, deren Erwerbsverläufe wechselseitig voneinander abhingen.[2] Diese Studie ist deswegen für meine Fragestellung von so großer Bedeutung, weil hier zum ersten Mal *beide* Geschlechter nach ihren Familien- *und* Berufsorientierungen gefragt wurden. So konnte rekonstruiert werden, was den Ausschlag dafür gibt, ob Frauen dieses Samples trotz Familienbindung und Kinderversorgung langfristig berufstätig bleiben oder die Erwerbssphäre verlassen: die Einstellung der Ehemänner zum eigenen Beruf und zur dem der Ehefrauen, ihr Einkommen, ihre Familienorientierung, die Familien- und Berufsorientierungen der befragten Ehefrauen, ihre Erstausbildung, ihre familialen Belastungen, ihre Marktchancen nach Wechsel(n) des Arbeitsplatzes aufgrund eingeschobener Familienphasen.[3]

Es zeigt sich, daß die befragten Ehemänner an einer traditionalistischen Familienorientierung festhalten, von der keine Impulse für eine Veränderung der häuslichen Arbeitsteilung ausgeht. Die Wünsche der Ehefrauen nach Berufstätigkeit werden eher geduldet als unterstützt. In der Familie verorten sie sich als Ernährer – ihre Aufgabe zur Aufrechterhaltung der Privatssphäre liegt in der finanziellen Absicherung der Familienmitglieder durch Erwerbsarbeit. Hausarbeit ist für sie nach wie vor Frauensache. Diese bei den interviewten Ehemännern verbreitete Verschränkung von Berufsorientierung und Familienernährerrolle ist unabhängig vom Einkommen. Frauen dagegen richten sich auf beides ein: um Berufstätigkeit bei ihren Partnern durchsetzen zu können, machen sie das Zugeständnis, weiterhin die Hausarbeit für alle Familienangehörige zu übernehmen. Es gelingt denjenigen Frauen am ehesten, nach familienbedingten Unterbrechungen wieder auf dem Arbeitsmarkt Fuß zu fassen, die aufgrund ihres Erstberufs relativ gute Arbeitsmarkchancen haben. Betrachtet man alle bereits genannten Faktoren, die mitentscheidend für eine Wiederaufnahme außerhäuslicher Arbeit im Wechsel zwischen Familie und Beruf sind, so wird das Erwerbsverhalten von Frauen, die eine qualifizierte Ausbildung vorzuweisen haben, in der Regel am stärksten durch den Arbeitsmarkt beeinflußt. Ohne die Hartnäckigkeit der Frauen jedoch, die mit den Kosten der Doppelbelastung an ihrem Wunsch nach beruflicher Tätigkeit festhalten, wäre die relative Eigenständigkeit weiblicher Berufsdynamiken nicht möglich. Schon die Frauen der Nachkriegszeit durchbrechen also die patriarchale Setzung, nach der die Familie ihr Lebenszentrum zu sein hat. Interesse an berufsförmiger Arbeit und Unausgefülltheit angesichts einer ausschließlichen Verwiesenheit auf Familienarbeit ohne gesellschaftliche Anerkennung führen dazu, daß Frauen ihre Selbstdefinitionen weiter fassen als Männer. Allerdings um den Preis, daß sie zwei Orientierungen, die in unserer Gesellschaft normativ und faktisch als gegensätzliche zu gelten haben, in ihren Lebenszusammenhang als kontroverse integrieren zu müssen.

Die enge kulturelle Verknüpfung von monetärer Familienversorgung und Erwerbstätigkeit erlaubt es den befragten Ehemännern dagegen, die beiden Institutionen Familie und Erwerbssphäre als gleichsinnige aufeinanderzubeziehen: in der bread-winner-Position läßt sich beides in einem gleichgerichteten Relevanzsystem zusammenschließen. (*Krüger*, 1993, S. 4) Die befragten Ehefrauen passen sich zwar den Dominanzvorstellungen an, die die Ehemänner von ihrem Leben haben: sie versuchen nicht, eine gerechte häusliche Arbeitsteilung durchzusetzen; gleichwohl gehen von ihnen – gleichsam hinter ihrem Rücken – Modernisierungsimpulse aus: die für uns selbstverständlich gewordene Haltung, private und berufliche Interessen gleichzeitig zu verfolgen, wurde von ihnen vorgelebt. *Krüger* geht in der Bestimmung des Innovationspotentials im Verhalten dieser Frauengeneration aus der Nachkriegszeit noch einen Schritt weiter: »Die normative familiale Rahmung der beruflichen Statuspassagen bringt eine neue Verbindung von Arbeitsmarkt und Familie hervor – den weiblichen Weg in die Teilzeitarbeit. Es entsteht ein neuer Weg von Karrieren auf dem Arbeitsmarkt, die man als familienabhängige weibliche Erwerbsarbeit bezeichnen kann, als Verknüpfungskompromiß zwischen Familien-und Erwerbsarbeit. Er muß allerdings zugleich aufgrund der Anfälligkeit der Erwerbsbeteiligung von familialen Ereignissen als Weg in erwerbliche ›Abstiegskarrieren‹ *(Engelbrech, Handl)* charakterisiert werden. Arbeitsmarkt-strukturell wirkt sich das dennoch innovativ aus, denn die Bereitschaft zur Übernahme von Teilzeitarbeit labilisiert durchaus das sonst übliche ›Normalarbeitsverhältnis‹ *(Mückenberger)*« *(Krüger*, ebenda, S. 17f.).

Zusammenfassend läßt sich sagen: die in diesem Projekt befragten Ehemänner setzen in ihrem Beharren auf der bread-winner-Position nicht nur für sich das Berufssystem als »ihr« primäres Handlungsfeld durch; sie beanspruchen auch gleichzeitig in der Familie die Herr-im-Haus-Stellung, indem sie sich als »Ernährer« definieren. Mit diesem doppelten Dominanzanspruch tragen sie sowohl zur Stabilisierung der Hierarchien im Geschlechterverhältnis bei, welche u.a. auf ungleichen Arbeitsmarktchancen sowie auf ungleicher Verteilung von häuslicher Arbeit, Macht und Autorität beruhen, als auch zur Aufrechterhaltung des gesellschaftlichen Statusgefälles zwischen Erwerbssphäre, Arbeitsmarkt und Familie, mit dem wiederum die nichtegalitäre Organisation des Geschlechterverhältnisses zusammenhängt. (Vgl. hierzu: *Wolde* in diesem Band)

Die befragten Frauen dagegen setzen keine Dominanzen – sie nehmen eher Prioritätenwechsel in Kauf, um ihre Lebensführung an Familie und Beruf ausrichten zu können. Dabei ergibt sich für sie allerdings weder die Chance, aufgrund ihrer sozialen Stellung als »Erhalterin der Familie« *(Krüger)* Druck auf eine familiengerechte Organisation der Erwerbstätigkeit auszuüben – was objektiv darin begründet ist, daß der Institution Familie keine gesellschaftliche Strukturierungsmacht zukommt; noch können sie von ihrer Stellung auf dem Arbeitsmarkt her die eingespielten Familienstrukturen grundlegend verändern. Die diesbezügliche Resistenz der Ehemänner wirkt – in ihrer Konformität mit der herkömmlichen Geschlechterordnung sowie der gesellschaftlichen Rangfolge von Erwerbssphäre, Arbeitsmarkt, Familie – als Innovationsbarriere. *(Krüger*, ebenda, S. 5)

Blicken wir an dieser Stelle auf den bisherigen Argumentationsverlauf zurück: von der kindlichen Wahrnehmung der Geschlechterdifferenz und deren Konsequenzen für die soziale Selbstverortung von Mädchen und Jungen sind wir unversehens beim Geschlechterverhältnis und seiner gesellschaftlichen Einbindung angekommen.

Dabei ist jedoch die Frage offen geblieben, wie es – aus einer sozialisationstheoretischen Perspektive gesehen – dazu kommt, daß Frauen über einen weiteren Orientierungshorizont verfügen als Männer. Ich will darum im folgenden den Weg zurückgehen und untersuchen, wie sich im Individuationsprozess von Mädchen und Jungen über die verschiedenen Entwicklungsphasen hinweg diese Differenz herauskristallisiert. Dabei konzentriere ich mich auf einen Mechanismus, der für die Subjektbildung konstitutiv ist. Es ist der Mechanismus der Identifizierung.

2. Zur Bedeutung der Identifizierung für die Ich-Bildung

Säuglinge sind noch lange nach ihrer Geburt auf Pflege- und Bezugspersonen angewiesen, die für sie als ›Hilfs-Ich‹ fungieren und zwischen kindlicher Innenwelt und der ihnen noch fremden Außenwelt vermitteln. Sie nehmen zwar differenziert und engagiert die Personen und Dinge um sich herum wahr; aber ihre Vorstellungen vom eigenen Selbst und der Selbstständigkeit anderer, wir können auch sagen: ihre psychischen Repräsentanzen von Ego und Alter-Ego, sind noch fließend und unausgewickelt. In diesem Sinne sind sie selbst-los. Wie füllen Kinder diese Leere, diesen Mangel aus? Wie kommen sie zu Selbstbildern?

Indem sie sich an Vor-Bilder halten, an denen sie sich in ihrer Ich-Bildung ausrichten können. Sie assimilieren Aspekte oder Attribute von Menschen, die ihnen nahe kommen. Diesen psychischen Mechanismus nennen wir ›Identifizierung‹. In einem unbewußten Aneignungsprozess werden Anteile von anderen verinnerlicht. Jedes selbständige, von seinen Mitmenschen abgegrenzte Individuum ist darum – ohne es wahrzuhaben – ein Intersubjekt. Die Antriebe zur Identifizierung sind vielfältig und ineinander gefügt. Mit der ersten Identifikation wird eine sinnliche Gefühlsbindung an eine Person aufgebaut; sie leitet eine erotisch-libidinöse Objektbeziehung ein. Gleichzeitig drückt sich in ihr eine andere Bewegung auf eine Person hin aus: Sie ist als Vorbild begehrenswert, wir können auch sagen: hochbesetzt, weil sie nachahmenswert ist. Diesen Drang zur Nachahmung nenne ich in Anlehnung an Mikkel *Borch-Jacobsen* (1988) »mimetisches Begehren«. Die Triebziele »Liebhaben« und »Geliebtwerden« verschränken sich also mit dem weiteren, ähnlich zu sein. Dieser Wunsch entspringt dem kindlichen Verlangen, groß zu werden, um zu können und zu dürfen, was den Erwachsenen zu tun erlaubt ist. (Vgl. hierzu *Freud*, 1908, S. 216)

Erotische und ambitiöse Regungen fließen in der Identifizierung ineinander. In die Matrix von mimetischem und sinnlich-körperlichem Begehren geht notwendigerweise auch Aggressivität ein. Ist dem Lieb-*haben*-wollen ein Bemächtigungsimpuls zugestellt, so dem *Sein*-wollen-wie eine Beseitigungstendenz: In dem Trachten, durch Angleichung an andere selbst zu werden, verbirgt sich unbewußt auch der Wunsch, an deren Stelle zu treten. *Freud* unterscheidet zwischen primärer und sekundärer Identifizierung. Damit will er nicht nur eine Stufenfolge in Individuationsprozessen festhalten. Ihm geht es ebenso darum, mit dieser Unterscheidung auf differente Beziehungsmodalitäten zwischen mimetisch Begehrenden und ihren Idolen hinzuweisen.

Ich möchte zunächst auf die primäre Identifizierung eingehen. Sie ist bei *Freud* doppelsinnig. Das Prädikat ›primär‹ hat zum einen eine zeitliche Bedeutung – es meint soviel wie ›zuerst‹. Es drückt aber auch eine Qualität, eine Prioritätensetzung aus. Das (männliche) Kind – so *Freud* – hat zum Vater eine primär, d.h. vorrangig identifikatorische, zur Mutter eine primär, d.h. vorrangig sexuell-libidinöse Beziehung. Auf die Problematik dieser Annahme gehe ich später ein.

Bleiben wir zunächst auf der zeitlichen Ebene: primär = zuerst. In diesem Sinne ist für *Freud* die primäre Identifizierung die früheste Bindung, die der Säugling eingeht. Sie bahnt sich in den Interaktionen zwischen Mutter und Kind, vor allem denen während des Stillens an. In dieser Berührung macht das Kind Erfahrungen mit sich und seinem Gegenüber, an denen entlang sich Vorstellungen vom eigenen Selbst und vom Alter-Ego herauskristallisieren. Während des Trinkaktes lädt das Kind seine Sinneswahrnehmungen, die sowohl die eigenen Körpersensationen umfassen als auch die Eindrücke vom mütterlichen Verhalten, mit Phantasien auf: in seinem Unbewußten lagern sich Imaginationen ab, die um Saugen und Milchfluß, Begierde und Sättigung, Bemächtigung und Überwältigung, Lust und Verlust, Körpernähe und Kontaktabbruch kreisen. In der Kontinuität der Beziehung, die durch die nährende mütterliche Zuwendung gegeben ist, entstehen innere Bilder vom Verschlingen und Verschlungenwerden, von Aufbewahrung und Zerstörung, von Macht und Ohnmacht. Diese Ein-Bildungen, die emotional mit Gefühlen der Körperlust und der Frustration, des Begehrens und des Zornes verbunden sind, verdichten sich im Laufe der Zeit zu psychischen Repräsentanzen von Selbst- und Fremdwahrnehmungen.

Die Lust und Nahrung spendende wie versagende, die liebevoll zugewandte wie die abwesende und sich entziehende, die anlehnend nahe, aber auch erdrückend erscheinende Mutter(brust) ist das erste Vorbild, das Orientierung in den anfänglichen Stadien der Subjekt- und Objektbildung stiftet. Die primäre Identifizierung hängt deshalb eng mit der »oralen Einverleibung« zusammen, d.h. mit den sich weitgehend in der Phantasie abspielenden Vorgängen, in denen das Kind für sich auslegt, wie es als aktiver Part ein Objekt (die Brust oder ihr Äquivalent) in sein Körperinneres eindringen läßt und es dort bewahrt oder zerstört. Aber auch: wie es sich vom Gegenpart angenommen oder abgelehnt fühlt. Auf dieser Stufe der Entwicklung, die in der Psychoanalyse die orale genannt wird, zieht der Säugling in seinen Gefühlsregungen und unbewußten Vorstellungen noch keine strikten Grenzen zwischen sich selbst und seinem Gegenüber. Die Mechanismen der Projektion und Introjektion halten die Grenzen fließend.

Die unbewußten Vorstellungen, die im Zuge der primären Identifikation entstehen, beziehen sich auf zweierlei: zum einen auf Triebregungen (z.B. Gier und Lust), die mit der Reizung der Mundhöhle und der Lippen verbunden sind, sowie auf Gefühle der Sättigung und des Hungers. In ihnen drücken sich jedoch gleichermaßen die Weisen aus, in denen das Kind seine Beziehung zum begehrten Objekt (Mutter-Brust) erlebt: Essen und Gegessenwerden, Zerstören und Zerstörtwerden, Spenden und Gespendetbekommen, Angenommensein und Ausgestoßenwerden. Da die erotischen Stimuli mit der Nahrungszufuhr, dem Verzehr, verschmolzen sind, beinhaltet die Erfahrung, sich Befriedigung verschaffen zu können, indem man etwas in sich hineinnimmt, gleichzeitig auch die andere, dieses Hineingenommene zum Verschwinden zu bringen, es zu zerstören. Das impliziert, daß auf der oralen Stufe »die Liebesbemächtigung noch mit der Vernichtung des Objektes zusammenfällt.« (*Freud*, 1920, S. 58) Die libidinöse Besetzung des Objektes, nach dem das Kind sich verzehrt, ist also ambivalent – es hat die Mutter-Brust »kannibalisch« »zum Fressen« lieb.

Zu den Modalitäten dieser frühkindlichen Subjekt-Objekt- Beziehung gehört als weitere Komponente ganz wesentlich das mimetische Begehren. Das Kleinkind möchte sich die Qualitäten des Objekts zueigen machen. Es will selber nahrungs- und lustspendend wie die mütterliche Brust sein. Diese nachahmende Vorstellung macht die Einverleibung zu einer frühen Form der Identifizierung. Im Wechselspiel von Introjektion und Projektion entsteht eine Beziehungsfolie, auf der das Kind Imaginationen von Innen und Außen, Ego und Alter-Ego entwirft. So stillt es in den Phantasien der Einverleibung sowie in den oralen Befriedigungserlebnissen nicht nur seinen Selbsterhaltungstrieb und sein Liebesverlangen; es beginnt auch, sich mit Selbstbildern auszustatten.

In der Regel ist die erste Person, an die sich das Kind gefühlsmäßig bindet, die Mutter. Erst spät hat *Freud* jedoch zugestanden, daß sie nicht nur das erste Liebesobjekt, sondern auch das erste Vorbild für Selbstaufladungen, also wichtiger Bezugspunkt für die Ich-Bildung ist.[4] 1938 schreibt er: »Haben und Sein beim Kind. Das Kind drückt die Objektbeziehung gerne durch die Identifizierung aus: ich bin das Objekt. Das Haben ist die spätere, fällt nach Objektverlust ins Sein zurück. Muster: Brust. Die Brust ist ein Stück von mir, ich bin die Brust. Später nur, ich habe sie, d.h. ich bin sie nicht...« (*Freud*, 1938, S. 151) Diese Passage ist nicht einfach zu verstehen. Ich will versuchen, sie zu interpretieren, indem ich einen anderen *Freud*-Text mit zu Rate ziehe. (1932, S. 69) In der kurzen Notiz von 1938 unterscheidet *Freud* zwischen zwei Formen der Objektbeziehung: der Identifizierung (Sein) und der Objektwahl (Haben), ohne die Bedeutung dieser Unterscheidung näher zu erläutern. In seinen Vorlesungen von 1932 finden wir eine Aufklärung. Die Identifizierung ist etwas anderes als die Objektwahl, weil ihr ein Effekt zugeschrieben werden muß, den letztere nicht zeitigt: bei der Identifizierung verändert sich das sich entwickelnde Ich – es modelliert sich nach dem Vorbild und differenziert sich aus.[5]

Kehren wir nach dieser Auskunft zur Notiz von 1938 zurück. *Freud* gibt hier zum einen eine zeitliche Ordnung vor. Die Identifizierung ist die ursprünglichere Objektbeziehung, sie geht dem Habenwollen voraus. D.h.: auf dieser Stufe ist die Objektbeziehung noch keine der Wahl, sondern Ausdruck eines Seinbegehrens.

Zum anderen zeichnet *Freud* auf zwei Ebenen einen Wechsel zwischen Identifizierung und Objektwahl nach, die mit der Entwicklung des Kindes einhergeht. Auf der ersten Stufe verwandelt das Kind eine Identifizierung (»Die Brust ist ein Stück von mir«) im Zuge einer Verneinung (»Ich bin sie nicht«) in eine Objektwahl: es will den aufgegebenen Selbst-Anteil haben. Diese Umbesetzung zeigt eine Veränderung im Individuationsprozess an. Durch die Identifizierung hat das Kind an Bestimmtheit gewonnen: »Ich bin...«. Die In-eins-Setzung »Brust: ein Stück von mir« ist ein Selbstbezug, der die Eigenständigkeit der Brust zwar negiert, innerhalb der Rahmung symbiotischer Verschmolzenheit jedoch gleichzeitig auch die Kristallisation eines egoistischen Kerns signalisiert.

Die Abgrenzung des Kindes von der Mutter wird durch die Auseinandersetzung mit der Wahrnehmung unterstützt, daß diese von Zeit zu Zeit nicht anwesend ist, also als von ihm getrennte existiert. Es erkennt im Umkehrschluß: »Ich bin sie nicht«. In diese Erkenntnis schreibt sich zweierlei ein: Selbstbestimmung, aber auch Verlust an Omnipotenzgefühlen. (»Für mich bin ich nicht so mächtig wie im Zustand der Zweieinheit.«)

Nach dieser Trennungserfahrung bezieht sich das Kind in einer neuen Weise auf die Mutter-Brust: Was ich nicht bin, weil es außerhalb meiner selbst ist, das will ich haben. Dieser Wechsel von der Identifikation zur Objektwahl zeigt an, daß die Andere als andere in Erscheinung getreten ist. Zum Ego kann sich jetzt das Alter-Ego gesellen – in der Liebe ebenso wie in der Rivalität.

Auf der zweiten Stufe der Umkehrung der beiden Beziehungsmodi wird eine bereits vollzogene Objektwahl zurückgenommen und durch eine nachträgliche Identifizierung ersetzt. Das meint *Freud*, wenn er sagt: »Das Haben fällt ins Sein zurück«. Das Kind hat bereits einer bestimmten Person in seinem Gefühlsleben einen festen Platz eingeräumt – sie ist bereits Liebes-und/oder Haßobjekt geworden. Wenn nun das Kind an einer sexuellen oder libidinös-aggressiven Gefühlsbindung aus inneren oder äußeren Gründen nicht festhalten kann, wenn es seine Objektwahl aufgeben muß, dann kann es sich dadurch entschädigen, daß es das verlorene Objekt in seinem Inneren wieder aufrichtet – als Ich-Ideal oder als Über-Ich. Was ich nicht haben darf, mache ich – auf einer höheren Entwicklungsstufe – erneut zu einem Teil von mir. Diese Form der Ersatzvornahme nennt *Freud* »sekundäre Identifizierung«.

Bis hierher habe ich davon abstrahiert, ob das sich identifizierende Kind ein Mädchen oder ein Junge ist. Im folgenden wird zu fragen sein, ob – und wenn ja, wie – sich in der Subjektkonstitution der Sachverhalt geltend macht, daß die Mutter als erstes Objekt der Gefühlsbindung und Identifizierung einmal die gleichgeschlechtliche, das andere Mal die gegengeschlechtliche Andere ist. Ich beginne mit der männlichen Sozialisation.

3. Vom Verschwinden der Differenz: Die Mutter als Identifikationsobjekt des Sohnes

Für Kinder beiderlei Geschlechts ist die Identifikation mit der primären Bezugsperson eine unbewußte Wunscherfüllung: sie wollen das sein, was sie ist. Beim Jungen jedoch führt die mimetische Beziehung zur Mutter zu Komplikationen besonderer Art. Zunächst erfährt der Junge wie das Mädchen, daß es zwischen dem Kind und der Mutter einen wesenlichen Unterschied gibt: sie ist groß, es selbst klein. Desweiteren: die Mutter steht dem Kind nicht permanent zur Verfügung. Sie ist eine eigenständige Person. Beide Erfahrungen – die Differenz im Sein und die Entbehrung im Nicht-Haben – führen zu der Einsicht: Ich bin die Mutter-Brust nicht.

Sobald dem Jungen der Unterschied zwischen der eigenen Geschlechtszugehörigkeit und der der Mutter bewußt wird, sobald er auf Selbstzuschreibungen (z.B. Nähr- und Gebärfähigkeit) verzichten muß, die durch Identifikation mit ihr zustande gekommen sind, gewinnt die

Erkenntnis »Ich bin sie nicht« eine spezifische Bedeutung, nämlich die: »Ich verfüge über die Attribute nicht, die ihrem Geschlecht angehören.« Das Nicht-Haben fällt ins Sein zurück und zwar als Seins-Mangel.

Die Erfahrung des Jungen, daß er nicht weiblich ist, hat nach Ansicht von Jessica *Benjamin* Konsequenzen für seine Suche nach geschlechtlicher Identität: »Während alle Kinder sich mit der ersten geliebten Person identifizieren, muß der Junge diese Identifikation abbrechen und sich als anderes Geschlecht definieren. Das männliche Kind erreicht seine Männlichkeit, indem er seine ursprüngliche Identifikation, sein Eins-Sein mit der Mutter verleugnet.« (1990, S. 75) *Benjamin* unterscheidet nicht zwischen Identifizierung und Objektwahl. So entgeht ihr, daß die Brechung des mimetischen Begehrens durch *zwei* schmerzhafte Verneinungen erfolgt: »Ich bin nicht eins mit der Mutter« und »Ich bin nicht wie sie.« Die Zerstörung der Einheit mit der Mutter kann durch eine Umwandlung der Beziehung kompensiert werden. Der kleine Junge wählt die Mutter zum Liebesobjekt. Die zweite Kränkung aber wird verdrängt werden müssen – und zwar anders als beim Mädchen – unwiderruflich. Ihm werden die Erwachsenen nicht versprechen, daß ihm die Brüste noch wachsen werden, daß er später einmal ein Kind gebären wird.[6] Der Junge muß seine Einverleibungsphantasien, so nutritiv, so lustspendend wie sein erstes Vorbild zu sein, zurücknehmen. Ich vermute, daß der Junge auf diese frühe Verlusterfahrung kompensatorisch mit einer narzißtischen Besetzung des Penis reagiert. Für J. *Benjamin* taugt die Mutter für den Jungen nicht als Vorbild, weil *sie* nicht *männlich* ist. In dieser einseitigen Sichtweise hält sich das gesellschaftliche Muster durch, das Männliche zum Bezugspunkt der Betrachtung zu nehmen. Die Verunsicherung des Jungen ist jedoch zunächst darin begründet, daß *er* nicht *weiblich* ist. Es geht bei seinem Versuch, sich als »männlich« zu bestimmen, nicht nur um die Verleugnung der frühen Bindung an die Mutter, die – wie *Benjamin* betont – seinen Autonomiebestrebungen entgegensteht und ihn immer aufs Neue zur Abwehr regressiver Verschmelzungswünsche zwingt. Verdrängt wird mit der Aufgabe der Symbiose vor allem eine Differenzerfahrung, weil an ihr das egozentrische Prinzip zerschellt, sich beim Sich-Identifizieren nach dem Ähnlichen auszurichten. Mit der Umwandlung der primären Identifikation in eine Liebesbeziehung konturiert sich die Objektwahl des Jungen als gegengeschlechtliche. Auch wenn er die Mutter später nicht wird heiraten dürfen – dieser Wunsch verstößt gegen das Inzesttabu – so wird er doch seine phallisch-heterosexuelle Ausrichtung bei der Suche nach anderen (Ersatz-)Liebesobjekten beibehalten können.

In seinem mimetischen Begehren wechselt der Junge die Spur: er nimmt den Vater zum Vorbild. Sich an seine Autorität anlehnend, kann er sagen: »Ich will sein wie er; dann brauche ich die Brust nicht«. (Vielleicht liegt hier der Ursprung der Fixierung der männlichen Familienposition auf die Ernährerrolle). In der ödipalen Phase löst der Sohn durch Identifizierung auch seine Rivalitätskonflikte mit dem Vater.[7] Mit der Ausblendung der frühen identifikatorischen Bindung an die Mutter macht sich der Junge wieder ein Stück weit selbst-los, indem er das, was ihm als weiblich gilt, als Eigenanteil ablehnt. Die Mutter ist ab jetzt Objekt sexuellen Begehrens. Wird er sich je wieder darauf einlassen, daß sie – stellvertretend für Frauen überhaupt – ein Subjekt, und zwar ein Subjekt mit Recht auf Andersheit und Eigenständigkeit ist?

In der ödipalen Phase muß der Junge die sexuellen Strebungen, die der Mutter gelten, sublimieren. Gibt es jetzt die Chance einer sekundären Identifizierung mit ihr? Einer solchen Wandlung stehen eine Reihe von Hemmnissen im Wege:

1. Eine identifikatorische Hinwendung zum Weiblichen berührt nicht nur die alten Verschmelzungsängste, die Autonomieverlust signalisieren. Aktualisiert würde auch die verdrängte Kränkung, etwas nicht zu vermögen, was das Mütterliche auszeichnet (Nähr- und Gebärneid des Jungen).

2. Die Vorstellung, wie die Mutter, also wie eine Frau zu sein, kann sich assoziieren mit der von Homosexualität, die in der Vaterbindung verdrängt werden mußte.

3. Die Ausrichtung des Jungen auf eine heterosexuelle Objektwahl, die mit der libidinösen Mutterbindung beginnt, kann in späteren Liebesbeziehungen beibehalten werden. Der Junge kann also das Weibliche weiterhin sexualisieren; es liegt nahe, daß er fortfährt, seine Beziehung zum anderen Geschlecht im Sinne des Habenwollens und nicht des Sein-wollens-wie zu gestalten.

4. Der Junge erfährt in seiner sozialen Umwelt eine Abwertung des Weiblichen gegenüber dem Männlichen. Ein Grund mehr, lieber wie der Vater als wie die Mutter werden zu wollen.

Die Psychoanalyse geht davon aus, daß die Adoleszens eine Lebensspanne ist, in der es zu psychischen Umstrukturierungen kommt. Obwohl immer wieder betont wird, daß hier auch neue Identifizierungen erfolgen – Jugendliche suchen sich jetzt vor allem Vorbilder außerhalb der Familie –, ist diese Entwicklungsphase doch vorrangig als eine der Reorganisation von Sexualität untersucht worden. Betont wird insbesondere die Stabilisierung einer eindeutigen (männlichen oder weiblichen) sexuellen Identität. Die damit einhergehende Polarisierung der Geschlechter, die in unserer Zivilisation mit Stereotypisierungen und Vereinseitigungen erkauft wird, stößt außerhalb feministischer Diskussionen kaum auf Kritik. *Erdheim* wertet sie in seinem Aufsatz »*Psychoanalyse, Adoleszenz und Nachträglichkeit*« sogar als Kulturfortschritt. (1993, S. 944) Dabei geht er – in diesem Punkte *Winnicott* folgend – wie selbstverständlich davon aus, daß der Orientierung an der sexuellen Zweigeschlechtlichkeit nicht nur bei der Objektwahl, sondern auch auf anderen sozialen Ebenen eine identifikatorische Ausrichtung an gleichgeschlechtlichen Vorbildern entspricht. Der Junge kann sich von archaischen Vaterbildern befreien und eine selbstbestimmte Männlichkeit entfalten, das Mädchen kann ebenso mit seinen mütterlichen Introjekten verfahren. Beide sollen offenbar in den herrschenden Normierungen von Männlichkeit und Weiblichkeit befangen bleiben.

Es wird sich zeigen, daß diese Eindimensionalität in der Gestaltung sozialer Kompetenzen zumindest für Mädchen nicht gilt. Sollte eine androzentrische Selbstbezogenheit für Jungen zutreffen, so wäre das eher als Unfähigkeit zur Überwindung von Geschlechterklischees anzusehen, denn als Kulturfortschritt zu bewerten. Gerade die Aufhebung starrer Trennlinien zwischen den Genus-Gruppen trägt zur Erweiterung von Subjektpotentialen bei. Es scheint aber immer noch für ein männliches Bewußtsein unzumutbar, sich an Frauen ein Beispiel zu nehmen. Sehr viel häufiger als offene Bewunderung beobachten wir daher versteckte Formen der Abgrenzung, Neidreaktionen und Abwertung – der Ehrgeiz von Frauen wird als unweibliche Attitüde diskriminiert.

Offensichtlich setzt sich die Sexualisierung des Weiblichen, die mit einem männlichen Dominanzanspruch im Liebesleben einhergeht, in den »Sphären des Seins« – der Arbeit und Kooperation, der sachbezogenen Interaktion und Kommunikation – von seiten des männlichen Geschlechts fort. Die phallokratische Ordnung macht an den Grenzen der Sexualität nicht halt, sondern verschafft sich auch in anderen sozialen Feldern, in denen die Geschlechter gesellschaftlich zueinander in Beziehung gesetzt werden, als Prinzip der Hierarchisierung Geltung. Das früh Verdrängte bleibt offenbar in den weiteren Lebensphasen ausgegrenzt.

4. Ähnlichkeit und Differenz: Identifikationsprozesse in der weiblichen Subjektkonstitution

Auch für das Mädchen ist die Mutter-Brust das primäre Identifikationsobjekt. Wie beim Jungen kreisen die Einverleibungsphantasien um Vereinnahmung und Vernichtung. Mimetisches und sexuelles Begehren mit den dazugehörigen aggressiven Komponenten kennzeichnen hier ebenfalls die früheste Beziehung zur nährenden und pflegenden Bezugsperson. Aber das Schicksal der Assimilationswünsche, die sich auf die Mutter mit dem Ziel der Selbstsetzung richten, nimmt beim Mädchen einen anderen Verlauf als beim Jungen. Desgleichen ist die Liebesbeziehung des weiblichen Kindes zur Mutter Konflikten ausgesetzt, die für das männliche nicht gelten.

Der erste gravierende Unterschied liegt in der nachträglichen Korrekturmöglichkeit der frühen Enttäuschung, nicht wie die Mutter zu sein. Auch das kleine Mädchen muß sich damit auseinandersetzen, daß es nicht mit den Attributen ausgestattet ist, die die Mutter als erwachsene Frau hat. So mag sich eine erste identifikatorische Hinwendung zum Vater daraus erklären, daß er dem weiblichen Kind in den Punkten, die in der oralen Phase wichtig sind, ähnlicher ist als die Mutter: auch er »hat die Brust nicht«. Er gibt von daher auch keinen Anlaß zum Neid. Was die Rivalität mit der Mutter angeht, über deren nutritive Fähigkeiten auch das Mädchen verfügen möchte, so kann dieses sich – anders als der Junge – vertrösten lassen: es hat zwar die Brust (noch) nicht, aber doch das gleiche Geschlecht wie das mütterliche Vorbild. Sie wird sie darum später haben. Die Entdeckung der Differenz zur Mutter, die im ersten Schritt etwas mit der Erfahrung des Getrenntseins und dem Kleinsein-Großsein-Unterschied zu tun hat, muß bei der Beschäftigung mit der Tatsache, daß es zwei Genus-Gruppen gibt, nicht – wie beim Jungen – nachverdrängt werden. Der aus Kränkung abgewehrte Wunsch nach Ähnlichkeit mit der Mutter läßt sich später reaktualisieren, weil er fortdauern kann in einer Garantie auf die Zukunft: Wenn das Mädchen groß ist, wird es wie die Mutter eine Frau sein. Bei ihm muß also die Wahrnehmung: »Ich bin sie nicht« keine grundsätzliche Verneinung des Mütterlichen als Aspekt des eigenen Selbst nach sich ziehen.

Irene *Fast* zufolge durchläuft das Mädchen wie der Junge eine Phase der geschlechtsübergreifenden Identifikation, d.h. es richtet sein mimetisches Begehren auch auf den Vater und seine Tätigkeitsfelder. Während der Junge jedoch in seiner Identifikation mit dem gegengeschlechtlichen Elternteil auf unhintergehbare Grenzen stößt, ist nicht unmittelbar einzusehen, warum das kleine Mädchen in seiner Phantasie den Wunsch aufgeben muß, wenn es groß ist, die Dinge zu tun, die jetzt der Vater macht. Die Aktivitäten des Vaters sind jenseits des Liebeslebens nicht an den Besitz eines Penis gebunden. Seine »Seins-Äußerungen« können dem weiblichen Kind deshalb ohne Verleugnung der sexuellen Differenz erstrebenswert erscheinen – auch wenn seine Ambitionen, es dem Vater gleichzutun zu wollen, aus gesellschaftlichen Gründen auf Widerstände stoßen. Es wird sich deshalb länger und nachhaltiger als der Junge an beiden Elternteilen orientieren.[8] Aber beide Identifikationsobjekte – Vater wie Mutter – sind ambivalent.

Beginnen wir mit dem identifikatorischen Dilemma, das aus der Gleichgeschlechtlichkeit der Tochter mit der Mutter erwächst. Einerseits erleichtert die Ähnlichkeit zwischen beiden Assimilationsprozesse. Andererseits hat es das Mädchen schwerer als der Junge, sich von seinem primären Vorbild abzugrenzen, um Authentizität zu gewinnen. Das gilt vor allem, wenn Mütter sich in ihren Töchtern narzißtisch spiegeln wollen und es ihnen somit schwer machen, eigenständig zu werden. (*Chodorow*, 1985, S. 149ff.) Der Satz vieler Mädchen: »Ich möchte lieber ein Junge sein...« kann angesichts des Widerstreits zwischen dem Wunsch nach Ähnlichkeit und dem nach Differenz die folgende Bedeutung haben: »Ich möchte von der Mutter in meiner Andersheit, d.h. in meiner Einzigartigkeit wahrgenommen werden.«

Es gibt eine andere Möglichkeit, mit diesem Konflikt umzugehen: das Mädchen verschiebt seine identifikatorischen Bedürfnisse auf den Vater. Das liegt besonders nahe, wenn es um Autonomiebestrebungen geht: Er lebt vor, daß man mit der Mutter verbunden und doch unabhängig von ihr sein kann. Spielt der Vater in der Familie zudem eine dominante Rolle, wird die Abgrenzung der Tochter von der Mutter möglicherweise mit deren Abwertung einhergehen. Das Mädchen schlägt sich auf die Seite des Stärkeren.

In der Tochter-Mutter-Beziehung gibt es eine zweite Quelle für ambivalente Gefühle. Wie beim Jungen entzündet sich auch beim Mädchen die erste erotische Leidenschaft an der Mutter – aber diese Liebesbeziehung ist eine homosexuelle. Das Mädchen will die Mutter haben – nicht als Ersatz für eine aufgelassene Identifizierung, sondern als primäres Liebesobjekt. Dieses Begehren verstößt nicht nur gegen das Inzesttabu, sondern auch gegen die gesellschaftliche Norm der Heterosexualität. Wenn die Mutter in heterosexuellen Bindungen lebt und sie zudem in der Beziehung zur Tochter eine Wiederbelebung verdrängt gehaltener, aus dem eigenen infantilen Sexualleben stammender homoerotischer Regungen fürchtet, dann wird sie die auf sie gerichteten libidinösen Triebwünsche der Tochter abwehren. Auf solche Regressionsängste könnte zurückzuführen sein, daß Mädchen in der Regel früher abgestillt werden als Jungen und daß bei ersteren auch die Reinlichkeitserziehung früher beginnt und rigider ausfällt. (*Scheu*, 1977, *Brunet/Lezine*, 1971)[9]

Das Mädchen, das sich in seinen leidenschaftlichen Liebesbedürfnissen von der Mutter abgewiesen fühlt, wird mit Aggressivität reagieren. Zorn und Enttäuschung verweisen es in der Regel auf den Vater, um dessen Gunst es nun mit der Mutter zu rivalisieren beginnt. In der Psychoanalyse wird daher – angesicht der ödipalen Konfliktkonstellation des weiblichen Kindes – von einem Wechsel in der Objektwahl gesprochen. Ungeklärt bleibt in dieser Konstruktion jedoch, wie es über den Wechsel in der Objektwahl hinaus auch zu einer Umgestaltung der sexuellen Körperbedürfnisse kommt. Die infantilen Lusterfahrungen des Mädchens entstanden im Kontakt mit einem weiblichen Körper – was macht den väterlichen begehrenswert? (*Becker-Schmidt*, 1989, S. 58ff.; 1992, S. 158f.) In der klassischen Psychoanalyse wird der Wechsel des Mädchens in der Objektwahl mit dem Penisneid begründet. Das erscheint mir problematisch: die beschriebenen Konflikte in der identifikatorischen Beziehung des Sohnes zur Mutter legen eher nahe, im Theorem vom Penisneid eine männliche Projektion zu sehen, durch die der erzwungene Verzicht auf einverleibte weibliche Attribute kompensiert werden muß – was nicht heißt, daß das Mädchen den Vater/Mann nicht um seine Machtposition beneidet und es sich darum den Phallus als Statussymbol wünscht.[10] Auf jeden Fall ist auch der Vater ambivalent besetzt – in der Rivalität mit der Mutter um seine Zuwendung vermischen sich Bemächtigungswünsche und Eifersucht, in der Nachahmung seiner Person Faszination und Irritation, wenn der Vater Frauen im Vergleich zu Männern als nachrangige behandelt.

Beide Konflikte in der Mutter-Tochter-Beziehung, der mimetische wie der libidinöse, provozieren Auseinandersetzungen. In ihnen liegt die Chance, sich wechselseitig loszulassen, ohne sich zu verlieren. Obwohl die homosexuelle Leidenschaft der Tochter unterdrückt und in die Latenz verbannt werden muß, wenn sie abgewiesen wird, bleibt die Mutter doch bis in die Phasen der Adoleszenz hinein weiterhin zentrale Bezugsperson – sowohl als Ansprechpartnerin in großen und kleinen Nöten als auch als Kristallisationspunkt im Kampf um Selbständigkeit.

Da das Mädchen die früheste Bindung an die Mutter nicht verleugnen mußte, kann es – nach Objektverlust – Aspekte von ihr ins eigene Ich integrieren. Eine sekundäre Identifikation ist auf zweierlei Weise möglich:

1. Das Mädchen bezieht sich über eine lustvolle Besetzung der in der Mutter-Kind-Interaktion gemachten Erfahrungen sowie über die dem weiblichen Körper zugeschriebenen generativen und nutritiven Potenzen positiv auf seine Zugehörigkeit zum Geschlecht der Mutter. Das kann sich z.B. darin ausdrücken, daß es in seiner Phantasie mit dem Kinderwunsch spielt.
2. Die Mutter wird – bewußt und unbewußt – in dem nachgeahmt, was sie in vielfältigen Praxisfeldern – Familie, Nachbarschaft, Beruf u.a. – nicht so sehr qua Geschlecht, sondern als Person leistet.

Die Alltagsrealität gibt dem Mädchen viele Anstöße, sich an der Mutter auszurichten. Töchter werden stärker als Söhne zur Mithilfe im Haushalt, zur Beaufsichtigung von Geschwistern und zu kleineren Dienstleistungen herangezogen. Solche Inanspruchnahmen werden einerseits als Kompetenzerweiterung erfahren. Andererseits bedeutet der mütterliche Zugriff auf die Zeit der Töchter auch Freiheitsentzug und Einschränkung. Neben der Anerkennung ihrer Selbständigkeit bekommen Mädchen also früh die Ungleichbehandlung der Geschlechter zu spüren. Sie erfahren in der Familie darüberhinaus, daß die Berufstätigkeit des Vaters mehr gilt als die der Mutter: er wird von zusätzlichen häuslichen Arbeitsbelastungen weitgehend freigestellt, während sie trotz Erwerbsarbeit hauptverantwortlich für den Haushalt bleibt. »Wie die Mutter wollte ich nicht leben...«, diese Einstellung bildet sich vor allem in der Auseinandersetzung mit Phänomenen der geschlechtshierarchischen Arbeitsteilung heraus. Dieser Satz, den wir aus vielen Frauenbiographien kennen, bedeutet jedoch nicht, daß Mädchen später ohne Mann oder ohne Kinder leben wollen. Er impliziert eher, daß sie – anders als ihre Müttergeneration – im Privaten wie im Beruflichen nicht gegenüber dem anderen Geschlecht benachteiligt werden wollen.

Daß in der Schulzeit und zu Beginn der Adoleszenz – neben Freundschaften – die Beschäftigung mit Wunschberufen, Reisen und Hobbies eine größere Rolle spielt als Entwürfe für spätere Formen des privaten Zusammenlebens, mag etwas damit zu tun haben, daß diese Zeit den Mädchen ein Moratorium gewährt, in dem Entscheidungen über Kontinuität in Partnerschaften, Heirat oder Kinderwunsch in der Regel noch eine Weile hinausgeschoben werden können. (*Dietzinger* u.a., 1979) In den Aktivitäten, in denen sich Mädchen über die Grenzen der Familie hinaus Freiräume und neue Erfahrungsfelder erschließen, orientieren sie sich an weiblichen und männlichen Vorbildern – sie wollen Entdecker und Schauspielerin, Stewardess und Maschinenbauer(in) werden.

Mit dem Beginn der weiblichen Adoleszenz erfahren Mädchen allerdings nicht nur einen Auftrieb in ihren Suchbewegungen nach außen; das Einsetzen der Menstruation kündigt auch einen Schub in der inneren, der psychosexuellen Entwicklung an. Die Ambivalenzkonflikte im Selbst- und Mutterbild, die jetzt bewältigt werden müssen, sind nicht – wie das diskurstheoretische Ansätze nahelegen – abstrakt auf Konfrontationen mit kulturellen Deutungen der Zweigeschlechtlichkeit (Konstruktionen von Weiblichkeit und Männlichkeit) zurückzuführen, sondern auf Körpererfahrungen und die Wiederbelebung des infantilen, auf mütterliche Repräsentanzen bezogenen Begehrens.

Die widerstreitenden Gefühle, die diese Phase weiblicher Entwicklung durchziehen, sind von E.S. *Poluda-Korte* eindrücklich beschrieben worden: »Durch die Menstruation mit Unsauberkeit und dem eigenen Geschlecht konfrontiert, beleben viele Mädchen wieder ihre ursprüngliche, zeitweise sauber verdrängte Wut, kein Junge zu sein, und fühlen sich verletzt, behindert und zurückgesetzt bzw. von der ›natürlichen Ordnung‹ gekränkt und unterworfen. Die unausweichliche Realität der immer wiederkehrenden Menstruation bietet dem Mädchen aber auch Möglichkeiten an, sich mit dem weiblichen Körper am eigenen Leib zu befassen und Mutter und Wickelkind, sowie Frau und Frau mit sich selbst zu spielen.« (1992, S. 154). Mädchen erleben die Menstruation nicht nur als Makel, worin sich die für unsere Kultur typische Tabuisierung und Mystifikation der Regelblutung ausdrückt. Diese ist auch verbunden mit sexueller Erregung und autoerotischen Sensationen, die lustvoll sind. Der Menstruationszyklus erweist sich in seiner Kontinuität als leibliche Bühne, die sich »sowohl zur Vergegenwärtigung von Phantasien [eignet], die Triebüberflutung und sexuelle Grenzüberschreitung betreffen, als auch von solchen, die mit schöpferischer Hervorbringung, Quelle und Geburt zusammenhängen, als auch mit gegenläufigen Selbstreinigungs- und Beschneidungsritualen, mit Bedürfnissen, etwas ungeschehen zu machen oder es in eine schmutzige Tabuzone abzuschieben, um es loszuwerden.« (*Poluda-Korte*, ebenda). Es liegt auf der Hand, daß die Menstruation auch homosexuelle Phantasien wiederbelebt, die um die Mutter kreisen. Hier kann der Vater eine wichtige Rolle spielen, nämlich die, die inzestuöse Gefahr abzuwenden. Dabei ist es allerdings problematisch, wenn er von der Mutter als Vertreter der heterosexuellen Ordnung eingesetzt wird, weil sie sich der Konfrontation mit den töchterlichen Triebäußerungen entziehen will. (*Haase*, 1992, S. 183)

Welchen Ausgang die in der Adoleszenz neu belebten Konflikte in der Tochter-Mutter-Beziehung nehmen, ist offen. Die unbewußt reaktivierte erotische Bindung läßt sich sicherlich in einer befriedigenderen Weise lösen, wenn die Mutter nicht rigide auf die bestehenden Normen in Geschlechterbeziehungen ausweicht, sondern die homosexuellen Regungen anerkennt, ohne das Inzesttabu zu brechen. Die identifikatorische Beziehung wird durch die notwendige Grenzziehung zwischen Mutter und Tochter um so eher eine neue Dimension gewinnen, je deutlicher etwas Drittes zwischen sie tritt; eine solche »dritte Sache« kann auch etwas Gemeinsames sein: Tätigkeiten, Arbeitsziele, soziales Engagement. (*Haase*, ebenda)

Der Ehrgeiz, etwas Großes werden zu wollen, richtet sich jetzt nicht mehr nur an Personen aus; es geht in der Adoleszenz auch um Interessen. In seinem Aphorismus »Die Leidenschaft für Sachen« schreibt F. *Nietzsche* (allerdings nur an Männer denkend): »Wer seine Leidenschaft auf Sachen (Wissenschaft, Staatswohl, Kulturinteressen, Künste) richtet, entzieht seiner Leidenschaft für Personen viel Feuer (selbst wenn sie Vertreter jener Sachen sind).« (1954, S. 321)

Für Mädchen werden Mutter und Vater, Frauen und Männer »VertreterInnen jener Sachen«. Dabei ist nicht in erster Linie Sublimation im Spiel: das mimetische Begehren ist eine Triebfeder sui generis. Es ist kein reiner Abkömmling der Sexualtriebe oder des Narzißmus, sondern den Ich-Trieben zugesellt, aus denen sich der Wirklichkeitssinn entwickelt. (*Laplanche*, 1974, S. 74ff.) Ich betone das an dieser Stelle, weil es Mädchen oft als unweibliche Attitüde oder als Egozentrismus ausgelegt wird, wenn sie – wie männliche Wesen – ehrgeizig sind. Ich komme darauf zurück. Soweit väterliche Bezugspersonen ein breiteres Spektrum an beruflichen Tätigkeitsfeldern repräsentieren, als es weiblichen Vorbildern aus gesellschaftlichen Gründen möglich ist, werden Mädchen, die sich nicht auf typische Frauenbereiche eingrenzen lassen wollen, ihre sozialen Partizipationswünsche auch an männlichen Domänen festmachen. Das bedeutet aber nicht, daß Mädchen nicht ebenso in die Fußstapfen der Mütter treten.[11]

Die Sozialisation von Mädchen ist durch eine Doppelspur gekennzeichnet: Sie werden in ihrer Erziehung sowohl auf die spätere Übernahme der privaten Reproduktionsarbeit gelenkt als auch zu einer beruflichen Ausbildung angehalten. Dieser doppelten Ausrichtung der Zukunftsperspektiven entspricht heute in der Regel auch die reale Vergesellschaftung von Frauen: in der Mehrzahl sind sie sowohl ins Erwerbsleben eingebunden als auch im Haushalt sozial verortet. In beiden Praxisbereichen ist ihre gesellschaftliche Position jedoch denen der Männer untergeordnet. Ihre Integration in die Berufswelt stößt da auf Widerstände, wo ihre Ansprüche mit Männerinteressen kollidieren. Die gesellschaftliche Einbeziehung der Frauen in die Sphären der marktvermittelten Arbeit geht darum einher mit Marginalisierung und Ungleichbehandlung. Der kategorische Imperativ in unserer Kultur, daß Hausarbeit, Kindererziehung und Regeneration privat zu organisieren seien, richtet sich vorrangig an das weibliche Geschlecht. Für Frauen ist deshalb die Familie die zweite Stätte gesellschaftlich notwendiger Arbeit, die von ihnen erledigt werden muß, ohne angemessen honoriert zu werden. Das Skandalon ihrer doppelten Vergesellschaftung liegt darin, daß ihre Arbeit beiden Bereichen der gesellschaftlichen Reproduktion – der privaten wie der marktvermittelten – einverleibt wird, diese aber im Vergleich zur männlichen, die sich in erster Linie für den Berufsbereich zur Verfügung hält, geringer bewertet wird.

Fassen wir zusammen: Weibliche Subjektkonstitution und die konfliktreiche Art und Weise, wie Frauen an den verschiedenen Formen gesellschaftlicher Arbeit partizipieren, verweisen aufeinander. Durch identifikatorische Umpolungen und Umbesetzungen von mütterlichen und väterlichen Introjekten halten Mädchen in ihrer Ich-Bildung eher an geschlechtsübergreifenden Suchbewegungen fest als Jungen. Auch wenn es ihnen in ihrem Lebenslauf nicht gelingt, alle Potentiale zu realisieren, weil sie z.B. aus bestimmten, Männern vorbehaltenen Bereichen herausgehalten werden, kann von einer defizitären Sozialisation – einer immer noch gängigen Vorstellung, wenn es um Mädchenerziehung geht – gerade nicht die Rede sein. Dagegen spricht die Ausdauer, mit welcher Frauen im Wechsel von männlichen und weiblichen Vorbildern, im Hin und Her zwischen Kindererziehungsphasen und Erwerbstätigkeit sowie im Auf und Ab von Marktchancen und Karriereanläufen die zwangsläufig auftauchenden Diskontinuitäten in ihren Biographien zu überbrücken suchen. Meine These ist, daß das etwas mit der früh eingeübten Flexibilität zu tun hat, die wir in weiblichen Identifikationsprozessen beobachten können. Männer sind unbeweglicher und passen sich im Verlaufe ihrer Ich-Bildung eher in die Muster ein, die ihnen durch die sozialen Konstrukte der Zweigeschlechtlichkeit vorgegeben werden. Auch wenn Frauen sich den männlichen Vorstellungen von der weiblichen Rolle in der Familie fügen, so liegt in ihrer Nachgiebigkeit doch so etwas wie »Gehorsam unter Protest« (*Ferenczi*). Sie lassen sich nicht ans Haus binden – Berufstätigkeit ist seit über zwei Generationen zum festen Bestandteil ihrer Existenz geworden. Das innovative Potential, gesellschaftlich gegensinnige Optionen in einem Lebensentwurf zu realisieren und so sozial voneinander Getrenntes – Privates und Öffentliches – im Sinne einer Integrationsleistung zusammenzuführen, liegt auf Seiten der weiblichen Genus-Gruppe.

5. Ausblick

Bei der theoretischen Konzeptualisierung dieses Beitrages fiel mir folgendes auf: Während im Zuge einer feministischen Reformulierung der Psychoanalyse viele wichtige Arbeiten zur psycho-sexuellen Entwicklung des Mädchens erschienen sind, blieb eine andere Dynamik in der weiblichen Subjektkonstitution fast völlig unbeachtet: die psychische Genese von Selbstansprüchen, die Bewegungen beim Erwerb sozialer Kompetenzen.

Freud hat mit seinen Hinweisen auf die Bedeutung von Identifikationsprozessen für die Ich-Bildung einen Ansatz für die Beschäftigung mit dieser Thematik geschaffen. Bisher ist jedoch sein begriffliches Instrumentarium für die Entwicklung einer geschlechtlich differenzierenden Subjekttheorie nicht genutzt worden, die dem mimetischen Begehren als Antrieb für soziale Ambitionen Rechung trägt. *Freud*, der diese Perspektive eröffnet hat, ist allerdings zugleich derjenige, der den Zugang zu der Frage versperrt, wie bei Mädchen ein gesellschaftliches Geltungsbedürfnis entsteht, das über persönliche Beziehungen hinaus will. In seiner Schrift »*Der Dichter und das Phantasieren*« formuliert Freud: »Das Spielen des Kindes [wird] von Wünschen dirigiert, eigentlich von dem einen Wunsch, der das Kind erziehen hilft, vom Wunsch: groß und erwachsen zu sein. Es spielt immer ›groß sein‹, imitiert im Spiele, was ihm vom Leben der Großen bekannt geworden ist.« (1908, S. 216). Neben den erotischen Phantasien sind es demnach vor allem Ehrgeizträume, die dem Kind eine unbefriedigende Wirklichkeit korrigieren helfen und die auch später »der Erhöhung der Persönlichkeit dienen sollen.« *Freud* fährt fort: »Die treibenden Wünsche sind verschieden je nach Geschlecht, Charakter und Lebensverhältnissen der phantasierenden Persönlichkeit. Beim jungen Weibe herrschen die erotischen Wünsche fast ausschließlich, denn sein Ehrgeiz wird in der Regel vom Liebesleben aufgezehrt; beim jungen Mann sind neben erotischen, die eigensüchtigen und ehrgeizigen Wünsche vordringlich genug.« (S. 217)

Es scheint, als sei das Begehren von Frauen nach gesellschaftlicher Bedeutung und Größe bis heute anstößig. In ihrem Aufsatz »*Berufsfindung und Lebensperspektive in der weiblichen Adoleszenz*« konstatiert C. *Hagemann-White* zurecht: »Die reichhaltige neue Literatur über weibliche Entwicklung ist bemerkenswert einseitig: Bei ihrer Beleuchtung des ›Selbst-seins-in-Beziehungen‹ richtet sie ihren Blick auf das Feld der Liebe, der Freundschaft, der privaten Nähe. Die Reifung zu selbstverantworteten neuen Beziehungen ist [aber] nur die eine Seite der Adoleszenz.«

(1992, S. 77) C. *Hagemann-White* fehlt in der feministischen Diskussion eine sozialisationstheoretische Beschäftigung mit der Frage, wie Frauen ihre sozialen Kompetenzen im Umgang mit gesellschaftlicher Objektivität erwerben.

Diese Herausforderung ernstzunehmen, hieße zunächst einmal, einen theoretischen Zugang zu den Antrieben zu suchen, die Selbstbestimmung und einen individuellen Zugriff auf Realität stimulieren. Es müßte darum gehen, eine Triebtheorie der Wißbegierde, der Neugierde und des Geltungsdrangs zu entwickeln, eine Triebtheorie, die ebenso wie die der sexuellen oder narzißtischen Libido unbewußte Dynamiken und Ambivalenzkonflikte berücksichtigt. Und doch müßte sie auch eine entschieden andere Perspektive einnehmen: das erotische Begehren wie das narzißtische richtet sich in erster Linie auf Personen. Auch der Wunsch, etwas Großes zu werden, entzündet sich zunächst an persönlichen Vorbildern – aber sobald sich das mimetische Verlangen nach Geltung einer Aufgabe zuwendet, sich in gegenstands- und problembezogenen Aktivitäten entlädt, versachlicht es sich auch. Wißbegierde und Erkenntnistriebe sind Fermente der Selbsterweiterung – aber sie drängen das Ich über sich selbst hinaus; es wendet sich nach außen. Sachbezogene Problemlösungen fordern Objektivation, Praxis ein. Und hinter dem Rücken der Einzelnen kann deren soziales Handeln zu einer neuen gesellschaftlichen Realität führen.

In unserer Gesellschaft, in welcher das Geschlechterverhältnis auf all seinen Ebenen hierarchisch organisiert ist, in der Frauen und Männer aufgrund ihrer Genus-Zugehörigkeit ungleiche soziale Positionen zugewiesen bekommen, wird auch Praxis geschlechtsspezifisch ausgestaltet sein. Ich habe in meinen Ausführungen zu zeigen versucht, wie früh Handlungsorientierungen mit der Geschlechterdifferenz in ihren körperlichen, psychischen und sozialen Aspekten konfrontiert, welche Weichen schon bei den ersten Selbstsetzungen im Medium von Identifikationsprozessen gestellt werden. Damit wollte ich einen Beitrag zu einer psychoanalytisch orientierten Subjekttheorie leisten, die über eine bloße Reformulierung der psycho-sexuellen Entwicklung bei Jungen und Mädchen hinausweist.

Anmerkungen

1 Es handelt sich um jeweils 10 Biographien, die im qualitativen Teil der von Ayla *Neusel*, Angelika *Wetterer* und mir durchgeführten »Soziologinnen-Enquête« erhoben wurde.(*Wetterer*, 1990, S. 127).
2 Es handelt sich um das Projekt an der Bremer Universität: »Erwerbsverläufe als Innovationsprozeß für Familienrollen. Zur Interdependenz von Passagengestaltungen und Verarbeitungsmustern von Ehepartnern« (Projektleitung: H. *Krüger*). Zur Samplebildung und Interviewmethode siehe: *Krüger/Born*, 1993.
3 Aus einer größeren vorgängigen Untersuchung, in der die Probandinnen nach ihrer Familien- und Berufsbiographie gefragt worden waren, lagen bereits Ergebnisse über die Bedeutung der Erstausbildung (kaufm. Lehre, Verkauf, Schneiderin, Friseurin, Kinderpflege) vor. Vgl. hierzu: *Born* 1992, *Krüger* 1991.
4 *Freud*, der sich in erster Linie mit dem männlichen Kind beschäftigt, schreibt in seiner Schrift »Das Ich und das Es« (1923), der Vater sei der erste, primäre Bezugspunkt des Jungen. Die Beziehung zu ihm stifte »eine direkte und unmittelbare Identifizierung, frühzeitiger als jede Objektbeziehung« (S. 259). In »Massenpsychologie und Ich-Analyse« (1921) wird »primär« viel stärker im Sinne von »vorrangig« bestimmt: das mimetische Begehren richtet sich beim (männlichen) Kind im wesentlichen auf den Vater – die Gefühlsbindung an die Mutter ist eine rein sexuelle (S. 115). Offensichtlich ist für *Freud* hier der Akt des Sich-Identifizierens im Sinne des Sein-Wollens-Wie an das Prinzip der Ähnlichkeit gebunden – also an die Gleichgeschlechtlichkeit. Die Konsequenzen dieser Prämisse werden ich an späterer Stelle aufzeigen.
5 Es liegt jetzt auf der Hand, warum *Freud* – auch in diesem Text – für den Knaben nur den Vater als Identifikationsfigur zulassen möchte: für die Ich-Bildung soll das männliche Prinzip konstitutiv sein. Der Vater ist für die Entwicklung des Kindes zum Kulturwesen zuständig, die Mutter für die erste soziale Bindung durch Liebe. Sie hat als Sexualobjekt keinen Einfluß auf das männliche Ich. Dabei kann es durchaus vorkommen, daß ein Sexualobjekt zum Vorbild für eine Identifizierung genommen wird. Aber das gilt nach Freud in erster Linie für Frauen, »ist für das Weibliche charakteristisch.« (ebenda)
6 Die Vermutung liegt nahe, daß es sich bei dem den Mädchen nachgesagten Penisneid um eine männliche Projektion handelt: die Kränkung, nicht über wichtige mütterliche Attribute zu verfügen, wird im männlichen Unbewußtsein auf die angeblich mangelhafte Ausstattung des Mädchens verschoben.
7 I. *Fast* geht davon aus, daß der Junge die aufgegebene Identifikation mit der Mutter auf den Vater verschieben kann, wenn dieser sich als versorgende Bezugsperson ausweist und er darüberhinaus den Gebärneid des Sohnes mit dem Hinweis auf die männliche generative Potenz außer Kraft setzen kann. Ich denke, daß die erste Möglichkeit durch die geschlechtliche Arbeitsteilung verstellt ist. In der Regel übernimmt der Vater nicht die versorgenden Aufgaben in der Kindererziehung. *Fast* abstrahiert bei ihrem Versuch, nachträgliche Verarbeitungsmuster für die Verlusterfahrungen in der Differenzierungsphase aufzuzeigen, von der gesellschaftlichen Organisation des Geschlechterverhältnisses und dessen Asymmetrien. Eher ist anzunehmen, daß hinter der Identifi-

zierung mit dem Vater die Umwandlung der homoerotischen Beziehung zu ihm steckt.
8   Die Vorstellung von *Fast*, daß »das Mädchen berufliches Engagement oder sachliches und objektives Denken (nach der Differenzierungsphase) als genuin männliche Merkmale betrachtet, die der eigenen Weiblichkeit fremd sind« (S. 88), kann ich nicht nachvollziehen. Diese Argumentation ist umso unstimmiger, als sie wenig später bemerkt, »daß beruflich engagierte Mütter den Mädchen die Möglichkeit geben, Karrierewünsche als Bestandteil ihres weiblichen Selbst zu betrachten.« (ebenda) Warum nicht auch Väter? Gibt es in mütterlichen Berufen kein sachliches und objektives Denken? Auch hier zeigt sich, daß I. *Fast* in ihrem Differenzierungsmodell, das Gewinne und Verluste angesichts der Konfrontation mit der Geschlechterdifferenz auf Mädchen und Jungen symmetrisch zu verteilen trachtet, in Stereotypen von Männlichkeit und Weiblichkeit befangen bleibt, weil sie die Asymmetrien und Hierarchien im Geschlechterverhältnis nicht beachtet.
9   Den Komplikationen, die in der weiblichen Entwicklung auf die homosexuelle Tochter-Mutter-Beziehung zurückzuführen sind, ist in der feministischen Reinterpretation der Psychoanalyse viel Aufmerksamkeit gezollt worden. Vgl. hierzu: *Poluda-Korte*, 1992; *Heigl-Evers/Weidenhammer*, 1988; *Kaplan*, 1988; *Becker-Schmidt*, 1987, 1992).
10 Auch der Wunsch, vom Vater ein Baby zu bekommen, muß nicht – wie die traditionelle Psychoanalyse das tut – mit dem Penisneid erklärt werden. (Der Mangel in der körperlichen Ausstattung durch die Mutter wird angeblich wettgemacht, indem das Mädchen in der Phantasie einen Ersatzpenis – das Baby – in sich selbst hat oder in unbewußten Vorstellungen den väterlichen Penis beim Koitus genießt.) Angesichts des Liebeskonfliktes mit der Mutter könnte sich die kleine Tochter auch das Folgende wünschen: »Wenn ich beim Vater an die Stelle der Mutter trete, dann werde ich nicht nur von ihm geliebt (wie sie). Ich bekomme von ihm auch ein Kind. Dann bin ich nicht nur selbst eine (die) Mutter. Ich kann dann dieses Kind auch so lieben, wie ich von der Mutter geliebt werden wollte.«
11 Für *Freud* war dies noch unvorstellbar. Seiner Meinung nach verhält sich die Mutter, bei der »das alte Moment des Penismangels seine Kraft immer noch nicht eingebüßt hat«, gegenüber Sohn und Tochter unterschiedlich. Nur »auf den Sohn kann die Mutter den Ehrgeiz übertragen, den sie bei sich unterdrücken mußte, nur von ihm kann sie die Befriedigung all dessen erwarten, was ihr von ihrem Männlichkeitskomplex verblieben ist.« (1942, GW XV, S. 143)

Literatur

BECKER-SCHMIDT, Regina u.a., Arbeitsleben – Lebensarbeit. Konflikte und Erfahrungen von Fabrikarbeiterinnen, Bonn 1982
BECKER-SCHMIDT, Regina, Schichten sozialen Lernens, in: Regina Becker-Schmidt/Gudrun-Axeli Knapp, Geschlechtertrennung – Geschlechterdifferenz. Suchbewegungen sozialen Lernens, Bonn 1987, S. 13-93

BECKER-SCHMIDT, Regina, Defizite in psychoanalytischen Konzepten weiblicher Entwicklung, in: Hans-Georg Trescher u.a. (Hg.), Jahrbuch für psychoanalytische Pädagogik 4, Hildesheim 1992, S. 149-162

BECKER-SCHMIDT, Regina, Ambivalenz und Nachträglichkeit. Perspektiven einer feministischen Biographieforschung, in: Marlis Krüger (Hg.), Was heißt eigentlich feministisch? Zur theoretischen Diskussion in den Geistes- und Naturwissenschaften, Bremen 1993

BECKER-SCHMIDT, Regina, Geschlechterdifferenz – Geschlechterverhältnis: soziale Dimensionen des Begriffs »Geschlecht«, in: Zeitschrift für Frauenforschung, 11. Jg., Heft 1 und 2, 1993a, S. 37-46

BENJAMIN, Jessica, Die Fesseln der Liebe, Frankfurt am Main 1990

BILDEN, Helga, Geschlechtsspezifische Sozialisation, in: Klaus Hurrelmann/Dieter Ulich (Hg.), Handbuch der Sozialisationsforschung, Weinheim 1980, S. 777-810

BORCH-JACOBSEN, Mikkel, The Freudian Subject, Stanford California 1988

BORN, Claudia, Zur Bedeutung der beruflichen Erstausbildung bei der Verschränkung von Familien- und Erwerbsarbeit im Lebenslauf von Frauen, in: Claudia Gather u.a. (Hg.), Frauen – Alterssicherung. Lebensläufe von Frauen und ihre Benachteiligung im Alter, Berlin 1992, S. 19-31

BRUNET, O./I. LEZINE, Le développement psychologique de la première enfance, Paris 1976

CHODOROW, Nancy, Das Erbe der Mütter. Psychoanalyse und Soziologie der Geschlechter, München 1985

CHOMBART DE LAUWE, P.H. u.a., La Femme dans la sociéte, son imgage dans differents milieux sociaux, Centre national de la recherche scientifique, Paris 1963

DANNHAUER, Heinz, Geschlecht und Persönlichkeit: eine Untersuchung zur psychischen Geschlechtsdifferenzierung in der Ontogenese, Berlin 1973

DIETZINGER, Angelika u.a., Junge Frauen zwischen Beruf und Familie, Frankfurt am Main/New York 1982

ERDHEIM, Mario, Psychoanalyse, Adoleszenz und Nachträglichkeit, in: Psyche 10, 47. Jg., Oktober 1993, S. 934-990

FAST, Irene, Von der Einheit zur Differenz, Berlin u.a. 1992

FERENCZI, Sándor, Die Entwicklungsstufen des Wirklichkeitssinns, in: Schriften zur Psychoanalyse I, Frankfurt am Main 1970, S. 148ff.

FLAAKE, Karin/Vera KING, Psychosexuelle Entwicklung, Lebenssitation und Lebensentwürfe junger Frauen. Zur weiblichen Adoleszenz in soziologischen und psychoanalytischen Theorien, in: Karin Flaake/Vera King (Hg.), Weibliche Adoleszenz. Zur Sozialisation junger Frauen, Frankfurt am Main/New York 1992

FLAAKE, Karin/Vera KING (Hg.), Weibliche Adoleszenz. Zur Sozialisation junger Frauen, Frankfurt am Main/New York 1992

FREUD, Sigmund, Der Dichter und das Phantasieren, in: GW Bd. VII, Frankfurt am Main 1966 (1908), S. 213-223

FREUD, Sigmund, Jenseits des Lustprinzips, in: GW Bd. XIII, Frankfurt am Main 1966 (1920), S. 3-69

FREUD, Sigmund, Massenpsychologie und Ich-Analyse, in: GW Bd. XIII, Frankfurt am Main 1966 (1921), S. 73-161

FREUD, Sigmund, Das Ich und das Es, in: GW Bd. XIII, Frankfurt am Main 1966 (1923), S. 237-289

FREUD, Sigmund, Neue Folgen der Vorlesungen zur Einführung in die Psychoanalyse, in: GW Bd. XV, Frankfurt am Main 1966 (1932), S. 1-197

FREUD, Sigmund, Ergebnisse, Ideen, Probleme, in: GW Bd. XVII, Frankfurt am Main 1966 (1938), S. 151-152

HAASE, H., Die Preisgabe: Überlegungen zur Bearbeitung der Menstruation in der Mutter-Tochter-Beziehung, in: Karin Flaake/Vera King (Hg.), Weibliche Adoleszenz. Zur Sozialisation junger Frauen, Frankfurt am Main/New York 1992

HAGEMANN-WHITE, Carol, Berufsfindung und Lebensperspektive in der weiblichen Adoleszenz, in: Karin Flaake/Vera King (Hg.), Weibliche Adoleszenz. Zur Sozialisation junger Frauen, Frankfurt am Main/New York 1992

HEIGL-EVERS, Anneliese/WEIDENHAMMER, Brigitte, Der Körper als Bedeutungslandschaft. Die unbewußte Organisation des weiblichen Geschlechtsidentität, Bern 1988

KAPLAN, Louise J., Abschied von der Kindheit, Stuttgart 1988

KING, Vera, Geburtswehen der Weiblichkeit – Verkehrte Entbindungen. Zur Konflikthaftigkeit der psychischen Aneignung der Innergenitalität in der Adoleszenz, in: Karin Flaake/Vera King (Hg.), Weibliche Adoleszenz. Zur Sozialisation junger Frauen, Frankfurt am Main/New York 1992

KRÜGER, Helga u.a. (Hg.), Alltag und Biographie von Mädchen, 6. Jugendbericht, Opladen 1985

KRÜGER, Helga, Erstausbildung. Frauen planen Beruf, in: Ursula Rabe-Kleberg u.a. (Hg.), Dienstleistungsberufe, Pro Person, Bielefeld 1991

KRÜGER, Helga/Claudia BORN, Erwerbsverläufe von Ehepartnern und die Modernisierung weiblicher Lebensführung, Weinheim 1993

KRÜGER, Helga, Bilanz und Lebenslauf: Zwischen sozialer Strukturiertheit und biographischer Selbstdeutung, in: Soziale Welt, Heft 3, 1993, Göttingen, S. 375-420

KRÜGER, Helga, Normative Interpretationen biographischer Prozesse, Beitrag zum 3. Internationalen Symposion »Biography and Society«, Bremen, 31.3.-2.4.1993, Vortragsmanuskript 1993a

LAPLANCHE, Jean, Leben und Tod in der Psychoanalyse, Freiburg im Breisgau 1974

NIETZSCHE, Friedrich, Menschliches, Allzumenschliches, Gesamtausgabe Bd. 72, Stuttgart 1954

POLUDA-KORTE, Eva S., Identität im Fluß. Zur Psychoanalyse weiblicher Adoleszenz im Spiegel des Menstruationserlebens, in: Karin Flaake/Vera King (Hg.), Weibliche Adoleszenz. Zur Sozialisation junger Frauen, Frankfurt am Main/New York 1992

SCHEU, Ursula, Wir werden nicht als Mädchen geboren – wir werden dazu gemacht, Frankfurt am Main 1977

WETTERER, Angelika, »Frauenthemen« und Themen von Frauen in der Soziologielehre, in: Ingrid N. Sommerkorn, Lehren und Lernen in der Soziologie heute, Berlin 1990, S. 127-147

Ute Gerhard
Die »langen Wellen« der Frauenbewegung – Traditionslinien und unerledigte Anliegen*

Vorbemerkung

Es gibt neben der gleichen Vorgeschichte bis 1945 einen gemeinsamen Bezugspunkt für Feministinnen oder die Frauenbewegung in Ost- und Westdeutschland: Die DDR- Frauenliteratur, der sog. »literarische Feminismus« (*Lemke*, 1991, S. 250f.), vertreten durch Autorinnen wie Maxie *Wander*, Irmtraud *Morgner* oder Christa *Wolf*. In ihren Schriften manifestierte sich ein feministisches Bewußtsein, das schon sehr früh über die Forderung nach Nur-Gleichberechtigung hinaus und gegenüber der staatlich organisierten und verordneten ›Emanzipation der Frau‹ einen spezifisch weiblichen Anspruch auf Individualität anmeldete und gesellschaftliche Widersprüche offenlegte. Wie immer minoritär die Lektüre dieser Literatur in der DDR blieb, in Westdeutschland hat ihre breite Rezeption den feministischen Bewußtwerdungsprozeß gestützt und gerade auch vor dem Hintergrund der Enttäuschungen mit ›linken Genossen‹ dem Streben nach Autonomie, persönlicher und ökonomischer Unabhängigkeit, einem widerständigen Lebensgefühl sowie utopischen Potentialen Ausdruck verliehen. In meinen Exzerpten aus jener Zeit steht der folgende Abschnitt aus dem Vorwort zu Maxie *Wanders* »Guten Morgen, Du Schöne« von Christa *Wolf*, der mir die entscheidende Erfahrung und Zielsetzung des neuen Feminismus zu definieren schien:

»Ja: Ökonomisch und juristisch sind wir den Männern gleichgestellt, durch gleiche Ausbildungschancen und die Freiheit, über Schwangerschaft und Geburt selbst zu entscheiden, weitgehend unabhängig, nicht mehr durch Standes- oder Klassenschranken von dem Mann unserer Wahl getrennt; und nun erfahren wir (wenn es wirklich Liebe ist, was wir meinen, nicht Besitz und Dienstleistung auf Gegenseitigkeit), bis zu welchem Grad die Geschichte der Klassengesellschaft, das Patriarchat, ihre Objekte deformiert hat und welche Zeiträume das Subjektwerden des Menschen – Mann und Frau – erfordern wird [...]

Erst wenn Mann und Frau sich nicht mehr um den Wochenlohn streiten, [...] darum, ob die Frau ›arbeiten gehn‹ darf und wer dann die Kinder versorgt; erst wenn die Frau für ihre Arbeit genauso bezahlt wird wie der Mann [...]: erst dann beginnt sie, belangvolle Erfahrungen zu machen, die sie nicht allgemein, als menschliches Wesen weiblichen Geschlechts, sondern persönlich, als Individuum betreffen.« (1978, S. 14)

Um aber die Dinge nicht zu verwirren, bleibt mir keine andere Wahl, als die neue und alte Frauenbewegung in Deutschland vorerst nur aus westdeutscher Perspektive zu behandeln. Hinzu kommt, daß diese westdeutsche neue Frauenbewegung tatsächlich mit der Vereinigung der beiden deutschen Staaten nur noch für westliche Erfahrungen steht und schon allein deshalb, in die politische Geschichte eingeschlossen, inzwischen als eine historische zu betrachten ist.

1. Zum Begriff ›Frauenbewegung‹

Im Kürzel lexikalischer Definition ist die Frauenbewegung die Zusammenfassung aller Bestrebungen, den Frauen in allen Lebensbereichen, in Staat, Gesellschaft und Kultur, gleichen gesellschaftlichen Einfluß und eine dem Manne gleichberechtigte Stellung zu verschaffen. Als Teil und eigener Anlaß für die Demokratie- und Emanzipationsbewegungen des 19./20. Jahrhunderts ging es gerade auch der ›alten‹ Frauenbewegung nicht nur um gleichberechtigte Teilhabe und Zugang, auch nicht nur um soziale Reform, sondern – wie es in der Satzung des 1865 gegründeten Allgemeinen Deutschen Frauenvereins etwas altmodisch hieß, darum, »den Kultureinfluß der Frau zu voller innerer Entfaltung und freier sozialer Wirksamkeit zu bringen« (*Lange*, 1908a, S. 122). D.h. die Frauenbewegung war Rechts- und Kulturbewegung und kämpfte von Anbeginn, wenn auch oft untereinander in der Schwerpunktsetzung nicht einig, sowohl für Rechtsgleichheit wie für die Anerkennung gerade der Differenz der Geschlechter.

Der Begriff ›Feminismus‹ wird im Deutschen in der Regel nur für die neue Frauenbewegung verwendet, obwohl er bereits vor der Jahrhundertwende, zum erstenmal 1896 auf dem »Internationalen Kongreß für Frauenwerke und Frauenbestrebungen« in Berlin von der französischen Delegierten verwendet und, wie sie selbst erstaunt feststellte, von der Presse »à la mode« aufgegriffen wurde (*Potonié-Pierre*, 1897, S. 40). Von da an blieb dieser Begriff, im Englischen und Französischen zunächst gleichbedeutend mit der Bezeichnung Frauenbewegung, eng verknüpft mit den politischen Erfolgen und der Aufmerksamkeit für die Frauenbewegungen dieser Länder.[1] Bezeichnenderweise wurde er jedoch in der alten deutschen Frauenbewegung vorwiegend von den Gegnern der Frauenemanzipation oder im abwertenden Sinne benutzt.[2] Die heute geläufigere Verwendung verdankt sich der Ausrichtung am angelsächsischen und französischen Sprachgebrauch (feminism, féminisme), dient aber im Deutschen nach wie vor eher der Abgrenzung oder zur Bezeichnung für mehr Radikalität.

Die *neue* Frauenbewegung ist in der BRD wie auch in anderen Ländern der westlichen Welt im Zusammenhang mit neuen Bürgerrechts- und Alternativbewegungen entstanden, für die nicht so sehr Verteilungs- und Eigentumsfragen – also Gleichheit – sondern die ›Lebensweise‹, Selbstbestimmung und die kontraproduktiven Folgen industriellen Wachstums im Zentrum der Mobilisierung und des Protestes stehen. Im Vergleich zu den anderen neuen sozialen Bewegungen zeichnet sich die Frauenbewegung dadurch aus, daß sie auch eine alte Bewegung ist, deren Anliegen zum großen Teil noch unerledigt sind. Hinzukommt, daß in Anbetracht neuer Lebensformen und Partizipationschancen die Ordnung der Geschlechterverhältnisse um so problematischer, die Widersprüche im weiblichen Lebenszusammenhang noch deutlicher geworden sind. Die Frage, in welchem Zusammenhang die neue Frauenbewegung mit der sog. alten steht, welche Kontinuitätslinien oder Brüche bzw. welche uneingelösten Anliegen die Situation der Frau in der Gegenwartsgesellschaft bestimmen, stellt sich gerade im Vergleich etwa zu den angelsächsischen Frauenbewegungen, die ohne Schwierigkeiten von einer »ersten« und »zweiten Welle« (wave) der einen Frauenbewegung sprechen. Offenbar ist der historische Bruch, der Geschichtsverlust größer, dauerte die Pause in der Geschichte der deutschen Frauenbewegung wesentlich länger als die Zeit nationalsozialistischer Herrschaft. Bisher sind daher alte und neue Frauenbewegung in Deutschland kaum im Zusammenhang oder gar als *eine* soziale Bewegung untersucht worden. Ich will im Folgenden versuchen, gerade diesen möglichen Zusammenhang, die Gemeinsamkeiten, aber auch die Unterschiede im systematisierenden Vergleich und in historischer Perspektive herauszuarbeiten, um die Studien über die Frauenbewegung aus der Begrenzung und Aufteilung in verschiedene Disziplinen zu lösen und ihre Bedeutung als soziale Bewegung und ihren Anteil am sozialen Wandel diskutieren zu können.

2. Die Frauenbewegung als Motor sozialen Wandels

Daß die Frauenemanzipation als Gradmesser demokratischer Verhältnisse, der allgemein ›menschlichen Emanzipation‹, zu gelten habe, diese frühe Fourier'sche Einsicht, war auch das Leitmotiv des demokratischen Aufbruchs zur »Theilnahme der weiblichen Welt am Staatsleben« im deutschen Vormärz. Doch die Stellung der Frauen als »Barometer der Staaten« (*Otto*, 1843) und ihre allzu späte Anerkennung als Staatsbürgerinnen im Jahr 1918 war niemals nur Ergebnis veränderter Verhältnisse, Gewährung und endliches Zugeständnis, vielmehr waren die Frauen selbst Akteurinnen im verändernden Prozeß, Agentinnen des sozialen Wandels.

Die alte wie auch die neue Frauenbewegung sind bisher in ihrer Bedeutung als »Produkt und Produzent sozialen Wandels« (*Raschke*, 1985, S. 11) gerade im Vergleich zu anderen sozialen Bewegungen immer wieder unterschätzt oder allenfalls am Rande behandelt worden. So zählt beispielsweise Raschke die alte Frauenbewegung zu den »thematisch begrenzten Bewegungen« im Unterschied zu den »›großen‹ historischen Bewegungen« wie der Arbeiterbewegung: »Neben den ideologischen Blöcken der um Eigentums- und Herrschaftsfragen kreisenden Großbewegungen entstehen Bewegungen, die sich um begrenztere Bedürfnisse und Interessenlagen konstituieren.« (*Raschke*, 1985, S. 38f.) Zu letzteren gehöre in eine Reihe mit der Friedens-, Lebensreform- und Jugendbewegung um die Jahrhundertwende die Frauenbewegung – eine Fehleinschätzung, die etwa dem Vorwurf des »eigentümlichen Konkretismus« bzw. nur »Partikulären« in *Habermas'* »Stichworten« oder Randbemerkungen zur neuen Frauenbewegung entspricht (*Habermas*, 1979, S. 28; 1982, S. 578f.).

Doch solche Ausgrenzung bei der Bestimmung dessen, was von allgemeinem Interesse ist und deshalb als politisch zu gelten hat, hat Tradition, ja, sie ist zugleich der Anlaß für eine Protestbewegung der Frauen im Kampf um Anerkennung und Emanzipation. Wenn die Geschichts- und die Gesellschaftswissenschaften in Deutschland etwa seit den 1840er Jahren den Begriff der sozialen Bewegung mit der Arbeiterbewegung als der treibenden Kraft in der Geschichte und als Prototyp einer sozialen Bewegung gleichsetzen (vgl. v. *Stein*, 1921), so ignorieren sie damit die sich gleichzeitig mit dem Aufkommen der Arbeiterbewegung organisierende Bewegung der Frauen. Das galt schon im Frankreich der Französischen Revolution und seit der Mitte des vorigen Jahrhunderts in fast allen westlichen, von der industriellen Revolution betroffenen Staaten. Dabei knüpften die Frauenbewegungen wie die Arbeiterbewegungen oder z.B.

die Bürgerrechtsbewegungen im Kampf um die Sklavenbefreiung, den Abolitionismus in den USA, mit ihrer Forderung nach Gleichheit ebenfalls an dem neuzeitlichen Versprechen der Menschenrechte an und verkörperten damit den Widerspruch, der bei *von Stein* als »allgemeinster Grund« für eine soziale Bewegung gilt: der »fortwährende Widerspruch«, den »eine Gesellschaft der Ungleichen [...] mit dem Begriffe des Menschen« bildet (v. *Stein*, 1974, S. 3).

Andererseits belegen die Quellen des 19. Jahrhunderts, daß sich die Zeitgenossen durchaus der Bedrohung bewußt waren, die die emanzipatorischen Bestrebungen von Frauen für die bürgerliche Gesellschaftsordnung bedeutete. Nicht von ungefähr wurde die Frauenfrage als gesellschaftliche Krise thematisiert und wegen der Gefahren für die bürgerliche Ordnung der Familie als »verrufene Emanzipation« abgewehrt und bekämpft (*Riehl*, 1889). Oft genug wurden daher Arbeiter- und Frauenbewegung im gleichen Atemzug als soziale Probleme und politische Herausforderung bezeichnet (vgl. *Bussemer*, 1985, S. 11f.). Beweise für die von Staatswegen befürchtete Gefahr sind schließlich die nachhaltigen staatlichen Reaktionen und Repressionen, z.B. schon das Verbot der Frauenclubs in Frankreich 1793, für Deutschland die nach dem Scheitern der 1848er Revolution erlassenen Presse- und Vereinsgesetze, wobei die letzteren in verschiedenen Teilen des Deutschen Reichs, vor allem in Preußen, bis 1908 rechtskräftig waren. Das Verbot jeglicher politischer Betätigung von Frauen war ein Ausschluß, der immerhin mehr als ein halbes Jahrhundert lang mit allgegenwärtiger Polizeigewalt in allen Frauenversammlungen oder gar mit Hilfe höchstrichterlicher Entscheidungen darüber, was als »politisch« zu gelten hatte (vgl. RGSt, 1888, Bd. 16, S. 383f.), durchgesetzt wurde.

Die Ausschlußmechanismen sowohl in der Politik wie im wissenschaftlichen Diskurs sind heute subtiler, schon als Folge jenes sozialen Wandels, den die Frauenbewegung angestoßen hat; auf der Basis eines anderen Rechts, aber auch veränderter gesellschaftlicher und kultureller Bedingungen sind vielfältiger Veränderungen und Verunsicherungen gerade auch im Geschlechterverhältnis eingetreten. Doch auch in den Theorien neuer sozialer Bewegungen wird die »doppelte Sprengkraft« der Frauenbewegung (*Wiener*, 1992, S. 35), ihre politische Radikalität wie die theoretische Bedeutung ihrer Infragestellungen für das, was Politik ist, weitgehend verkannt. Die Beurteilungen der Frauenbewegung schwanken daher zwischen Idealisierung und Denunziation, zwischen Über- und Unterschätzung oder zwischen Nichtbeachtung und Vereinnahmung. Da wird von einigen die besondere politische Bedeutung der Frauenbewegung in einem gesellschaftlichen Transformationsprozeß betont, ihre Rolle als

»treibende Kraft, [...] Avantgarde der nachindustriellen Revolution« (*Gorz*, 1984, S. 78f.). Doch neben der Idealisierung von Weiblichkeit, ihrer die Zukunft jenseits des Sozialismus heilenden Kontrasttugenden wie »Gegenseitigkeit, Zärtlichkeit, Uneigennützigkeit und Gewaltlosigkeit« (*Marcuse*, 1975, S. 9ff.), werden von anderer Seite immer wieder die »Entpolitisierungstendenzen« (*Brand* u.a., 1984, S. 137), fundamentalistische Positionen sowie die angebliche »Selbstisolierung der feministischen Theorie« vorgeführt (v. *Beyme*, 1991), so als ob die Bewegung als »kollektiver Akteur« zu ontologisieren (*Melucci*, 1988), als ob die eine Hälfte der Menschheit auf die Identität ihrer Interessen zu verpflichten wäre. Vorbehalte und Kritik belegen, was zu beweisen war: Strittig und Anlaß für den Protest sind ja gerade jene Zuordnungen, die gesellschaftliche Machtverhältnisse und Ungerechtigkeit widerspiegeln.

Das die unterschiedlichen Zielsetzungen der neuen Frauenbewegung bündelnde Motto »Das Private ist politisch« bezeichnet somit immer noch die Spitze der Herausforderung, mit der die neue Frauenbewegung die herkömmlichen Formen des Politischen als Verkehrsform öffentlicher Angelegenheiten in Frage gestellt und zu beeinflussen versucht hat. Die Umkehrung der Prioritäten oder auch nur die Neudefinition des Politischen rührt an die Grundfesten der bürgerlichen Gesellschaft und der bestehenden politischen Ordnung, die auf einem Gesellschaftsvertrag mit doppeltem Boden beruht: dem Staatsvertrag zwischen den – historisch und idealtypisch gesehen – männlichen Bürgern als Staatsbürgern und dem privaten Ehevertrag (dem »sexual contract« bei *Patemann*, 1988; *Gerhard* 1990a, S. 30f.), der in diesem Modell von bürgerlicher Gesellschaft an die Stelle des Gesellschaftsvertrages tritt und ihn zugleich privat absichert. Die Privatsphäre als der vom Politischen ausgegrenzte Raum, bewahrt und verwahrt die Frau in der Familie, bzw. in ihrer weiblichen Rolle mit der entsprechenden, für das Gesellschaftssystem funktionalen Arbeitsteilung, faktisch auch über die formale Gleichstellung hinaus.

Alle politischen Aktionen, Thematisierungen und Skandale der Feministinnen zielten auf diesen Angelpunkt der Frauenbefreiung, auf die Verschiebung der geschlechtsspezifisch gezogenen Grenzen zwischen Privatheit und dem nur Männern zugestandenen Bereich der Öffentlichkeit: der Kampf um Zugang zu Bildung und Erwerb, um Stimmrecht und politische Partizipation sowie gegen eine ›doppelte‹, nach Geschlechtern getrennte Moral und Justiz im 19. Jahrhundert. Auch die Kampagnen der neuen Frauenbewegung stellten die hierarchische ›Ordnung‹ im Geschlechterverhältnis, vor allem aber die Form der Herrschaftssicherung im Privaten in Frage: die Debatte um Hausarbeit, in der die geschlechtsspezifische Arbeitsteilung als wichtigster Anlaß für soziale Benachteiligung zur Sprache kam; der Protest gegen die Kontrolle weiblicher Sexualität und Gebärfähigkeit, beispielhaft und symbolisch umkämpft in der Auseinandersetzung um § 218 StGB; schließlich die Aufdeckung der Gewalt/Vergewaltigung in der Ehe und in den privaten Beziehungen. Theoretiker und Bewegungsforscher, die diese Konfliktlinien ihrem Konzept von Politik zu- oder unterordnen, »umstandslos subsumieren« (*Kontos*, 1986), reproduzieren somit lediglich die Trennlinie zwischen den Geschlechtern in gleicher Weise, wie sie die abendländische politische Theorie gezogen hat.

Gerade weil die bundesrepublikanische Bewegungsforschung anders als die eher mikrosoziologischen Analysen in den USA ihren Gegenstand bisher im gesamtgesellschaftlichen Kontext, in ihrem Verhältnis zu Staat, Institutionen und Parteien untersucht hat, ist sie jeweils eingebunden in eine Gesellschaftsanalyse und deren gesellschaftstheoretischen Prämissen wie blinden Flecken. Soweit in diesen Theorien aber das Geschlechterverhältnis kein Thema, geschweige denn ein Strukturmerkmal ist, werden auch die Besonderheit und die unerledigten Anliegen der Frauenbewegungen, die dieses Verhältnis als problematisch und eben patriarchalisch kritisieren, systematisch verkannt, ausgeblendet oder kleingearbeitet. Bemerkenswert sind dennoch die unauffälligen und uneingestandenen Korrekturen, die sich neuerdings bei einigen Autoren finden.[3] So ist auch erst im neuen Vorwort des Sammelbandes über »*Neue soziale Bewegungen in der Bundesrepublik Deutschland*« der anscheinend selbstverständliche Satz zu lesen: »Zunächst war es in erster Linie die neue Frauenbewegung, die wohl aufgrund ihrer Themenbreite und ihrer langen Geschichte unwidersprochen (sic!) als soziale Bewegung firmierte.« (*Roth/Rucht*, 1991, S. 13) Gleichwohl ändern diese Zugeständnisse ganz und gar nichts an den Inhalten und der Reichweite der betreffenden Theorien.[4] Schließlich greifen auch Modernisierungstheorien zu kurz, wenn die Herrschaftsdimension im Geschlechterverhältnis ausgeblendet wird. Obwohl da – wie etwa bei Ulrich *Beck* – mit Rücksicht auf die Geschlechterbeziehungen von einer nur »halbierten Moderne« gesprochen wird, deren »ständische Grundlage« nicht nur als »traditionales Relikt, sondern industriegesellschaftliches *Produkt und Fundament*« begriffen wird, gibt es kein theoretisches Konzept für die »doppelte Vergesellschaftung« (*Becker-Schmidt*, 1987) der Frauen in dieser Moderne als den Rückgriff auf eine von der gesellschaftlichen Entwicklung überholte Terminologie. (*Beck*, 1986, S. 176f.) Kurz und prägnant gesagt, ist es offenbar nach wie vor »der fehlende Patriarchatsbegriff, der die Theorien neuer sozialer Bewegungen an der Frauenbewegung scheitern läßt«. (*Kontos*, 1986, S. 35)

Bleibt zu fragen, was die Frauenforschung bisher selbst zur Analyse der Geschlechterverhältnisse, zur Selbstverständigung über das Verhältnis von Frauenforschung und -bewegung und insbesondere zur Aufklärung über die Geschichte und Theorie der alten und neuen Frauenbewegung beigetragen hat. Doch schon die Formulierung dieser Fragestellung zeigt, daß sie nicht in einem Aufsatz zu beantworten ist. Ich versuche daher im folgenden nur einige Markierungen und Schnittlinien zu zeichnen: Zunächst möchte ich die Frauenbewegung in historischer Perspektive betrachten und dabei die These von den »langen Wellen« zwischen alter und neuer Frauenbewegung begründen. In einem zweiten Schritt sollen aus der Gegenüberstellung der gemeinsamen wie unterschiedlichen Anliegen die Wegmarken und wichtigsten Konzepte der Frauenbewegung diskutiert werden. Stichworte hierbei sind: Gleichheit, ein neuer Arbeitsbegriff, Gewalt gegen Frauen, Kritik der Weiblichkeit und Geschlechterdifferenz.

3. Die »langen Wellen« der Frauenbewegung

Wer die Geschichte der deutschen Frauenbewegung in der Zusammenschau ihrer verschiedenen Phasen, im Auf und Ab von Mobilisierung, Rückschlägen und Widerstand, aber auch die Zeiten des Stillstandes und der ›Flauten‹ überblicken wollte, müßte mit den ersten Initiativen, der Frauenbewegung um die 1848er Revolution beginnen und nicht erst, wie es üblicherweise geschieht, mit ihrer Organisationsgeschichte ab 1865. Ausführlich behandelt sind bisher die Zeiten des Neubeginns, die durchaus nicht mit den üblichen Periodisierungen der Geschichte korrespondieren müssen, etwa der Aufschwung und die breite Mobilisierung vor der Jahrhundertwende oder eben der deutliche Aufbruch nach 1968. Weil dieser Überblick den vorgegebenen Rahmen sprengen würde, weil vor allem im Hinblick auf die neue Frauenbewegung und all die Zwischen- und Übergangszeiten die historische und empirische Analyse der Bewegung wie ihrer Rahmenbedingungen noch sehr unvollständig ist, versuche ich die Traditionslinien aus dem Selbstverständnis der Beteiligten, und das heißt vorläufig, aus der Frauenbewegungsliteratur zu rekonstruieren. Aus der Gegenwartsperspektive beginne ich deshalb mit der Literatur zur neuen Frauenbewegung.

Daß es bisher keine Gesamtdarstellung, auch keine »groß angelegte Monographie über die neue Frauenbewegung« (*Rucht*, 1989, S. 166) gibt, ist schon zu Recht moniert worden. Der Grund liegt nicht nur darin, daß der sich erst sehr allmählich etablierenden Frauenforschung die Ressourcen für »groß angelegte« Forschungsvorhaben fehlen, tatsächlich ist es auch für in die Politik der Bewegung Involvierte schwierig, Distanz zu gewinnen, die Unterscheidung zwischen politischen Optionen und wissenschaftlicher Analyse auszuhalten, ja, zu wollen (vgl. *Clemens*, 1988a, S. 12f.) Eine gewisse Einseitigkeit bzw. Voreingenommenheit wird zum Beispiel darin deutlich, daß sich die feministische Forschung bisher fast ausschließlich mit der sog. autonomen Frauenbewegung befaßt, die traditionellen Frauenorganisationen (auch z.B. in den Gewerkschaften) hingegen kaum als Teil oder Gegenüber der Bewegung berücksichtigt hat. Hinzu kommt, daß in der Bewegungsforschung der BRD mit ihren in makrostrukturellen oder gesellschaftstheoretischen Ansätzen (z.B. Postfordismus oder Handlungstheorien, im Hinblick auf die Frauenbewegung die Patriarchatskritik) immer erst die Gesellschaftsanalyse zu leisten oder zurückzuweisen war, ehe der Weg zur Untersuchung der sozialen Bewegungen, der Frauenbewegung im Besonderen, frei wurde. Der eher pragmatische Zugang, insbesondere aber die Dominanz mikrostruktureller, auf die Akteure zentrierter Ansätze wie die Ressourcen-Mobilisierungstheorien (vgl. *Mayer*, 1991; zum Überblick *McClurg Mueller*, 1992) haben es hingegen in den USA eher ermöglicht, die Mobilisierungsprozesse, die unterschiedlichen Phasen, ihre Träger, Anhänger, Aktionsformen, vorher existierende Netzwerke und auch Organisationen im einzelnen zu untersuchen, wobei als Ressourcen nicht nur ökonomische Mittel, Güter oder Geld, sondern auch neue Zugangsvoraussetzungen, motivierte Akteure, Medien und Sachverstand zählen (vgl. *Hess/Ferree*, 1985; *Buechler*, 1990).

Die Literatur[5] zur neuen Frauenbewegung in Westdeutschland ist zunächst durch eine Vielfalt von Erfahrungsberichten und Verständigungstexten gekennzeichnet, ein Genre, das einer »Politik der Subjektivität« (*Krechel*, 1975; *Wunderle*, 1977) und der Übung in Selbsterfahrung als politischer Praxis entsprach (z.B. *Schwarzer*, 1973; *Stefan*, 1975; *Runge*, 1987). Daneben gibt es eine verstreute Fülle sog. grauer Literatur, Dokumentationen, verschiedene Frauenjahrbücher (1975f.) mit Erfahrungsberichten aus der Arbeit in Frauengruppen, Aufrufen, Informationen und Ansätzen zu einer Theorie des Feminismus, sowie einige Bestseller, die es verstanden, die spezifischen Unrechtserfahrungen von Frauen zu thematisieren und als Folge von Sexismus, von Herrschaft, zu pointieren (dazu gehören im deutschen Kontext neben de *Beauvoir*, 1968, gewiß *Schwarzer*, 1975; *Janssen-Jurreit*, 1979; *Rossanda*, 1980; *Thürmer-Rohr*, 1987; auch *Libreria delle donne di Milano*, 1988). Alle diese Veröffentlichungen dokumentieren die Anlässe, Bewußtwerdungsprozesse, neue Formen der politischen Einmischung und ein feministisches Verständnis von Politik.

Sie sind Teil der Geschichte selbst und bieten der sozialwissenschaftlichen Forschung heute das Material.

Erst seit dem Ende der 1970er Jahre sind die ersten Bilanzierungen, analytischen Einschätzungen und Darstellungen enstanden, die die neue Frauenbewegung als eigenständige im Kontext der neuen sozialen Bewegungen beschreiben (*Doormann*, 1979; *Wiggershaus*, 1979; *Schenk*, 1980; *Knäpper*, 1984; *Bock*, 1988). Besonders hervorzuheben ist die Monographie von Herrad *Schenk*, weil ihr eine kompetente Innendarstellung und mit Blick auf die historischen Vorläuferinnen eine Kennzeichnung der Bewegung, ihrer Ziele und besonderen Streitpunkte gelingt. Ihre Charakterisierung der verschiedenen Phasen der Bewegung wird zu einem Muster der Beschreibung der Themenkonjunkturen und Schwerpunktsetzungen, das auch in der Folge in verschiedenen Varianten übernommen und weitergeführt wird, ohne doch je im einzelnen empirisch überprüft oder belegt zu werden (vgl. *Brand* u.a., 1984; *Knafla/Kulke*, 1991; vgl. auch *Riedmüller*, 1988, S. 27; *Kontos*, 1989). Nach diesem Verlaufsmuster folgt der Aufbruchphase am Beginn der 1970er Jahre, die mit der Kampagne gegen den Paragraphen 218 beginnt und damit beispielhaft das Private als Politikum bezeichnet, Mitte der 1970er Jahre der Ausbau der Frauenprojekte, Frauenzentren, Frauenbuchläden, Frauenpresse und Frauenhäuser usf. Einerseits wird diese Phase, weil spektakuläre Aktionen ausbleiben, als »Rückzug nach innen« (*Schenk*, 1980, S. 88; *Brand* u.a. 1984, S. 131f.), andererseits wohl treffender als Aufbau einer feministischen Gegenkultur mit einer sich ständig vergrößernden Bandbreite beschrieben. Von fast allen Autorinnen wird seit dem Beginn der 1980er Jahre ein qualitativer Kurswechsel konstatiert, der politische Einmischung signalisiert (*Meyer*, 1991, S. 227), und doch unterschiedlich bewertet wird. Eng und sich selbst beschränkend ist m.E. eine Einschätzung, die einem starren Ablaufschema zur Kennzeichnung sozialer Bewegungen folgt (vgl. *Rammstedt*, 1978, S. 167f.) und folglich die Schritte zur Institutionalisierung und zur Beteiligung von Frauen an »formalen Organisationen« und am politischen System, etwa in der Partei der GRÜNEN, als das Ende der Autonomie und damit der Bewegung versteht (vgl. 4. Berliner *Sommeruniversität* unter dem Motto »Autonomie oder Institution«, 1979). Offensichtlich ist, daß die Verbreiterung und Ausdifferenzierung der Ziele und Trägergruppen, der teils pragmatischere, teils opportunistische oder professionellere Umgang mit Frauenproblemen und der Alibi-Charakter vieler Frauenförderungsmaßnahmen die Gefahr der Vereinnahmung, aber auch die »Eingemeindung autonomer Frauenpolitik« (*Kontos*, 1989, S. 64) in konservative Familienpolitik (z.B. die CDA-Offensive zugunsten der »sanften Macht der Familie«, 1981) und der Stillegung des Protestes in sich bergen. Dennoch bleibt eine nur negative Diagnose allzu sehr einer Binnenperspektive verhaftet, weil sie nur die »autonome Frauenbewegung« im Blick hat, hingegen die zur gleichen Zeit einsetzenden Lernprozesse, Anstöße und Auswirkungen oder Reaktionen auf die Frauenbewegung außerhalb der feministischen Alternativ-Szene, z.B. von Frauen in den Gewerkschaften (*Roth* u.a., 1984; *IG-Metall*, 1991) und Parteien oder in den Kirchen überhaupt nicht wahrgenommen werden (*Merck*, 1986; *Leitz*, 1992). Aber auch das Verhältnis autonomer Politik zu den traditionellen Frauenverbänden, wie zum Bereich sog. Frauenpolitik (vgl. *Weg/Stein*, 1988) ist bisher kaum in die Bewegungsanalyse einbezogen worden (vgl. aber *Meyer*, 1991).

Erst verhältnismäßig spät hat sich die neue Frauenbewegung selbst in die Traditionslinien der ›alten‹ Frauenbewegung gestellt. Abgesehen von einer frühen Anknüpfung an die proletarische Frauenbewegung und die Zielsetzungen der sozialistischen Frauenemanzipationstheorie im Linksfeminismus (vgl. *Menschik*, 1971), war ja dieser Neuanfang der neuen Frauenbewegung vor allem durch die Abgrenzung von den etablierten, bürgerlich und »gemäßigten« Frauenorganisationen bestimmt, als deren Nachfolgeorganisation sich der Deutsche Frauenring (seit 1949) bzw. der Deutsche Frauenrat (seit 1969) verstand. Erst die Beschäftigung mit dem politischen Erbe der sog. Radikalen (*Gerhard/Schlüpmann*, 1984), die zum größten Teil als radikale Demokratinnen, Pazifistinnen und Jüdinnen seit 1933 politisch verfolgt, bezeichnenderweise auch im Nachkriegsdeutschland nicht erinnert wurden bzw. keine Nachfolge fanden (eine der Ausnahmen ist die Fortsetzung der Internationalen Frauenliga für Frieden und Freiheit z.B. in Hamburg), erlaubte nicht nur eine Wiederaneignung einer identitätsstiftenden historischen Frauentradition. Sie brachte vielmehr eine politische Praxis zum Vorschein, die unerhört provokant bereits zentrale Themen und Streitpunkte auch des neuen Feminismus auf die politische Tagesordnung gesetzt hatte, etwa die Probleme der Sexualmoral und Sexualpolitik, und für eine »neue Ethik« und für eine internationale Orientierung und Friedensarbeit eintrat. Bei alledem gingen die Radikalen davon aus, daß die politische Partizipation von Frauen eine grundlegende Veränderung der gesellschaftlichen Verhältnisse und ihrer politischen Verfaßtheit bedeutete.

Obwohl die Frauengeschichte als wichtigster Zweig der neuen Frauenforschung noch vor den Sozialwissenschaften ein breites Spektrum insbesondere aus der Sozialgeschichte entwickelter Fragestellungen erarbeitet und eine Fülle neuen Wissens und historischer Dokumente veröffentlicht hat, ist doch die Beschäftigung mit der Frauenbewegung in historischer Perspektive vorwiegend eine Angelegenheit historischer Expertinnen geblieben. Denn in der Bewegung stieß die Matriarchatsforschung zeitweise auf größeres Interesse, war offenbar mehr dazu angetan, Sinn und Identität zu stiften, als die der eigenen Erfahrungen sehr viel näheren Richtungskämpfe der Vorläuferinnen. Die historische Analyse aber verfolgte zunächst traditionelle Fragestellungen, d.h. richtete ihr Augenmerk in Anbetracht der Lücken und des großen Nachholbedarfs einseitig auf die ›alte‹ Form der Politik. Dabei wurde die Geschichte der Frauenbewegung entweder politikwissenschaftlich, im Sinne einer Organisations- und Vereinsgeschichte, mit besonderer Berücksichtigung einzelner Personen, oder sozialgeschichtlich im Hinblick auf die Lebens- und Arbeitsbedingungen der Frauen untersucht (z.B. *Twellmann*, 1972; *Evans*, 1976 und 1979; *Greven-Aschoff*, 1981; *Niggemann*, 1981; *Richebächer*, 1982; *Thalmann*, 1984; *Bussemer*, 1985; *Frevert*, 1986; *Clemens*, 1988b; *Wobbe*, 1989).

Aus der Sicht der neuen Frauenbewegung ermöglichte das neue Wissen über die Vorläuferinnen immerhin im »Déjà-vu« den theoretischen »Vergleich der Emanzipationsstrategien der ersten und zweiten Frauenbewegung« (*Klinger*, 1986) und eignete sich inbesondere dazu, das Neue an der neuen Frauenbewegung zu profilieren. So wurde aus der Gegenüberstellung gefolgert, daß die neue Frauenbewegung, wie die anderen neuen sozialen Bewegungen in ihrer Frontstellung gegen den Staat, die hergebrachten Formen politischer Partizipation, gegen sog. Interessenvertretung in Vereinen oder Parteien (vgl. *Brand*, 1991, S. 42), in alternative Formen politischer Einmischung umgewandelt hat. D.h. gegenüber der alten Frauenbewegung war die neue typischerweise nicht in Vereinen organisiert, hatte kein institutionelles Zentrum und keine ›Führerinnen‹. Vielmehr bezog sie ihre Stärke (oder auch Schwäche) aus einem Flechtwerk von Frauengruppen, -initiativen und -projekten, lockeren Zusammenschlüssen, Veranstaltungen und Ereignissen, die über persönliche Bekanntschaften/Freundschaften, Szenen und Lebenszusammenhänge, aber auch Medien, Filme, Bücher und Zeitschriften weitergetragen und vermittelt wurden (vgl. *Gerhard*, 1989). Dagegen schien die feste Organisationsstruktur und das nachgerade rigide Vereinswesen, die politischen Richtungskämpfe in der Frauenbewegung der Jahrhundertwende und ihre parteipolitische Zuordnung Fragestellungen zu verbieten, die heute im Hinblick auf die neuen sozialen Bewegungen selbstverständlich gestellt werden und ihren Verlauf, die sozialen Problemlagen und Voraussetzungen für den Protest, Phasen der Mobilisierung und Institutionalisierung, die Trägerinnen, Kommunikationsstrukturen und Artikulationsformen beschreiben. Erst in den Detailstudien, die bewußt die traditionellen politischen Konzepte und Abgrenzungen hinter sich ließen, sich für die

Grenzgängerinnen zwischen den Fronten und für Frauenpolitik jenseits der sog. Richtungen (bürgerliche oder proletarische Frauenbewegung) interessierten, sind persönliche Beziehungen, die intellektuellen und sozialen Netzwerke und eine Bewegungskultur zutage getreten, die die notwendige praktische und theoretische Grundlage für eine Mobilisierung und den notwendigen Rückhalt für die politischen Auseinandersetzungen bildeten (vgl. *Bussemer*, 1985; *Lipp*, 1986; *Hacker*, 1987; *Meyer-Renschhausen*, 1990; *Paletschek*, 1990; *Gerhard*, 1990b).

Anregung zur Vertiefung dieser Sichtweise als Ansatz für eine Bewegungsforschung boten zudem inzwischen vielfältige anglo-amerikanische und niederländische Studien, die die Unterstützungsnetze (»female support networks«), die Kultur einer separaten weiblichen Sphäre sowie Frauenfreundschaften und Frauenbeziehungen sogar auf internationaler Ebene explizit zum Ausgangspunkt ihrer Forschungen über Frauenbewegungen im 19./20. Jahrhundert gemacht hatten (vgl. *Smith-Rosenberg*, 1975; *Cott*, 1977; *Wiesen-Cook*, 1979; *Faderman*, 1981; *Levine*, 1990; *Bosch/Kloosterman*, 1990). Um Mißverständnissen vorzubeugen, sei hinzugefügt, daß mit der besonderen Aufmerksamkeit für »die Beziehungen (auch) innerhalb der Geschlechter« als Kriterium einer Geschlechtergeschichte (*Bock*, 1988, S. 379) nicht nur positive Beziehungen, Frauenfreundschaften, gemeint sind, sondern gerade auch die persönlichen Auseinandersetzungen und politischen Differenzen eine Rolle spielen. Zusammenzufassen ist dieser Ansatz in einer Hypothese[6]: Auch unterhalb der traditionellen Form des Politischen, der Organisation in Vereinen, hat auch schon in der Frauenbewegung des 19. Jahrhunderts ein Netzwerk von Frauenbeziehungen und Frauenfreundschaften die Voraussetzung für ein neues Selbstbewußtsein, für »Selbsterfahrung« geschaffen und die politische Praxis der Bewegung, ihre Erfolge, Auseinandersetzungen und ihr Scheitern bestimmt. Dieses Netzwerk bildet die Grundlage für eine differenzierte Gegen- und Bewegungskultur mit bestimmten Kommunikations- und Verkehrsformen, eigenen Frauenräumen und Ritualen, die die Frauenbewegung erst politisch handlungsfähig machen und ihr auch über Rückschläge und Stillstand hinweg möglicherweise Wirksamkeit und Kontinuität verleihen (*Gerhard* u.a., 1993).

Wenn aber die Perspektive der Bewegungsanalyse erst einmal über die Mobilisierungsphase und die verschiedenen Formen der Institutionalisierung und Organisation hinaus erweitert ist, auf die latenten Ursachen, Bewegungsnetze der Akteure, gegenkulturelle Milieus und Protestzyklen (vgl. *McClurg Mueller/Morris*, 1992), ist es auch möglich, die »langen Wellen« der Bewegungen zwischen den Hoch-Zeiten der Massenmobilisierung und dem »Überleben in der Flaute« (*Rupp/Taylor*, 1990) zu erkennen. Ein wichtiges Verbindungsstück zwischen alter und neuer Frauenbewegung – das haben Leila *Rupp* und Verta *Taylor* auch für die amerikanische Frauenbewegung deutlich gemacht – liefert die historische Untersuchung der Nachkriegszeit. Im besiegten und geteilten Deutschland aber steht diese Zeit für ein spezifisch »deutsches Problem«, das Hannah *Arendt* als »Flucht vor der Wirklichkeit« (1986, S. 23f.), andere als die »Unfähigkeit zu trauern« (*Mitscherlich/Mitscherlich-Nielsen*, 1984) oder auch zu erinnern, gekennzeichnet haben. Spezifisch ist danach nicht nur der im Nationalsozialismus vollzogene Bruch mit allen kulturellen und demokratischen Traditionen, spezifisch ist auch der bis in die Gegenwart transportierte Geschichtsverlust. Auch die Frauenbewegung und ihre Vertreterinnen (vgl. *Bäumer*, 1946) sind in diese Geschichte involviert, als Beteiligte und Betroffene, und es fragt sich, warum der Bruch und Geschichtsverlust gerade auch in der deutschen Frauenbewegungsgeschichte so einschneidend und nachhaltig war, warum die Frauenmehrheit der Nachkriegszeit den demokratischen Neubeginn, ihre unentbehrliche »Überlebensarbeit« so wenig für eine emanzipatorische Frauenpolitik zu nutzen verstand. Neuere Arbeiten der Frauengeschichtsforschung sprechen zwar von einem »frauenpolitischen Aufbruch«, der »Stunde der Frauen« (*Möding*, 1988; *Kuhn*, 1986), doch es fällt schwer, diese Phase der Frauenpolitik so ohne weiteres in die Geschichte der Frauenbewegung einzuordnen – es sei denn indirekt in der Wirkung auf die Töchter (vgl. *Metz-Göckel*, 1987).

Tatsächlich haben die Frauen, die 1945 die Initiative zu frauenpolitischer Einmischung ergriffen, in ihrer Selbstbeschreibung den Begriff »Bewegung«, der von der nationalsozialistischen »Bewegung« benutzt und diskreditiert war, möglichst vermieden. Die genaueren Analysen der frauenpolitischen Initiativen und Weichenstellungen für die Geschichte der Bundesrepublik zeichnen dennoch ein differenziertes, aber auch widersprüchliches Bild (vgl. *Wischermann* u.a., 1993; vgl. auch *Hoecker/Meyer-Braun*, 1988). Resümierend ist festzuhalten, daß diese Zeit für die Emanzipationsgeschichte der Frauen nicht nur negativ zu Buche schlägt, sondern die »Frauenfrage« oder auch nur einzelne »Frauenfragen« (*Strecker*, 1965) als noch nicht beantwortet aufbewahrt blieben. Die Protagonistinnen der »ersten Stunde«, die Wachablösung der »alten Garde« durch die neuen Funktionsträgerinnen, die ersten Frauenausschüsse und -vereine, der 1949 gegründete Deutsche Frauenring, der Informationsdienst für Frauenfragen e.V., seit 1969 Deutscher Frauenrat, bildeten zumindest eine »Brücke« und ein überschaubares Verbindungsnetz von Personen, Expertinnen, Ausnahme- und Alibifrauen in Wissenschaft, Wirtschaft und Politik, das über Veranstaltungen und Veröffentlichungen, sowie insbesondere das Verbandsorgan »*Informationen für die Frau*« mobilisierbar war. Der Erfolg bei der Verankerung der Gleichberechtigung im Grundgesetz der Bundesrepublik – eine Ernte, die nicht nur dem »Stürmlein« der Frauenverbände und Gewerkschaften anläßlich der Verhandlungen im Parlamentarischen Rat 1948/49, sondern eben auch der Vorarbeit und den Frauenrechtskämpfen vor 1933 zu verdanken war – erwies sich, wie wir im Nachhinein wissen, als durchaus zweischneidig und ungesichert. Wie immer angepaßt und machtlos die Frauenverbände im vorparlamentarischen Raum, in ihrem Selbstverständnis als »Lobby für Fraueninteressen« agierten, zumindest als Rechtsfrage blieben die Anliegen der Frauenbewegung präsent und ließen mit der allmählichen Verbesserung der Lebensbedingungen und Gleichheitschancen die Diskrepanz zwischen Gleichberechtigungsversprechen und ungleicher Wirklichkeit immer deutlicher hervortreten. Nicht nur weil die Frauenverbände in ihrem Selbstverständnis an die Forderungen der alten Frauenbewegung anknüpften, ihre Organisationen, Medien und Akteurinnen stellten im Mobilisierungsprozeß auch eine Ressource dar, da sie der neuen Frauenbewegung quasi den Nährboden bereiteten, auf dem ihr neues Verständnis von Politik und ihre Opposition zu begründen und eine alternative Form der politischen Aktion und Einmischung zu praktizieren war.

Die Perspektive auf die verschiedenen Phasen der Frauenbewegung in »langen Wellen« und der internationale und historische Vergleich schärfen den Blick für die Problematik der Organisierung und Durchsetzung von Fraueninteressen, eröffnen auch neue politische Fragestellungen. So wäre nicht nur danach zu fragen, woran die Frauenbewegung immer wieder scheitert, als vielmehr zu bedenken, welche besonderen Ausgangsbedingungen, Widersprüche und günstigen Voraussetzungen zusammenkommen müssen, um Frauen aus überaus disparaten Lebenslagen über soziale, politische und ethnische Unterschiede hinweg, unter der Gemeinsamkeit Geschlecht zu mobilisieren, zumal sie aufgrund unterschiedlicher sozialer Lebenslagen auch von patriarchaler Herrschaft profitieren bzw. sich als Mittäterinnen arrangieren oder der Unterdrückung fügen können. Gerade weil Frauen keine Minderheit oder in gemeinsamer Lebenslage zusammengewachsene Gruppe sind, vielmehr mit denen, gegen die sie sich wehren und aufbegehren, eng, alltäglich, abhängig und intim oder auch ›Schulter an Schulter‹ zusammenleben, ist ihr Zusammenschluß auf der Basis gleicher Erfahrungen eher bemerkenswert als selbstverständlich (vgl. *Buechler*, 1990, S. 9ff.).

4. Die Anliegen und Streitpunkte der Frauenbewegung

Die Zusammenschau und der Überblick über die verschiedenen Phasen der Frauenbewegung, über die Höhepunkte, aber auch über die Rückschläge hinaus, reden nicht der Vereinheitlichung ihrer Bestrebungen das Wort, wollen die Frauenbewegung auch nicht zu einem monolithischen Block oder einem politischen Subjekt stilisieren. Der Vergleich zwischen alter und neuer Frauenbewegung, oder erster und zweiter »Welle«, läßt vielmehr die unerledigten Anliegen, die Gemeinsamkeiten, aber auch die Differenzen deutlicher werden. Unter den verschiedenen möglichen Ebenen der Analyse wähle ich im folgenden, kurz resümierend, die m.E. wichtigsten »issues« oder Streitpunkte aus, in der Absicht, hiermit die veränderte Stellung der Frauen in der Gesellschaft und den bereits erreichten gesellschaftlichen und kulturellen Wandel anzudeuten. Nicht zufällig entsprechen diesen Streitpunkten auch Konzepte, mit denen sich die aus der Frauenbewegung hervorgegangene Frauenforschung am meisten beschäftigt hat.

Rechtsgleichheit und Autonomie

Der Ausgangspunkt aller neuzeitlichen Frauenbewegungen und der Emanzipation aus traditionellen Bindungen seit der Französischen Revolution war die Forderung nach gleichen Rechten, die Inanspruchnahme der Menschenrechte auch für Frauen. »Zum Volke gehören auch die Frauen«, lautete der Wahlspruch der Achtundvierzigerinnen, die damit die Verwirklichung einer auch zwischen Männern und Frauen »unteilbaren Freiheit« und ihre »Teilnahme am Staatsleben« einklagten. Zum Auftakt der Stimmrechtsbewegung im Jahr 1895, d.h. des von da an gezielten und organisierten Kampfes um gleiche Wahl- und Bürgerrechte als Grundvoraussetzung aller weiteren Rechtsforderungen, faßte Lily *Braun* die Zielsetzung emphatisch so zusammen: »So verlangen wir denn freie Bahn für unsere Entwicklung um unserer selbst und der leidenden Menschheit willen [...]. Wir verlangen Anwendung der Prinzipien des modernen Staates – der allgemeinen Menschenrechte – auch auf die andere Hälfte der Menschheit, die Frauen« (*Braun*, 1895, S. 23). Bemerkenswert ist, daß sich die Rednerin ausdrücklich auf Olympe *de Gouges* bezog, die schon 100 Jahre früher mit der Formulierung einer »Erklärung der Rechte der Frau und Bürgerin« von 1791 die Anwendung der Freiheits- und Gleichheitsrechte auch für die Frauen gefordert und mit der Einbeziehung der Frauen erst den Gedanken der Demokratie zuende geführt hatte. Hier zeigen sich also wichtige Traditionslinien und ein nur unterhalb des ›allgemeinen‹ Rechtsdiskurses überliefertes Wissen, das den Umschlag der vielen individuellen Unrechtserfahrungen in ein kollektives Unrechtsbewußtsein ermöglichte und der Bewegung Ziel und Richtung gab.

Der Kampf um Rechte hatte viele Facetten, berührte alle Lebensbereiche und traf auf unerbittliche Widerstände. Vorrangige Ziele waren das Recht auf Bildung, Ausbildung und Erwerb, auf Zugang zu öffentlichen Ämtern (z.B. in der Wohlfahrtspflege), qualifizierten Berufen und Universitäten, eine Rechtsgleichheit, die insbesondere für die bürgerliche Seite existentiell war, während für die Proletarierinnen, deren Recht auf Arbeit aus Not kaum in Frage stand, der Schutz vor unmenschlichen Arbeitsbedingungen, soziale Rechte als Kompensation für die sozialen Probleme Priorität hatten.

Die Abwertung all dieser Grundforderungen für ein menschenwürdiges Leben als Nur-Rechte-Bewegung (vgl. *Lerner* für die amerikanische Frauenbewegung 1979, S. 48f.) würde der Tragweite und Bedeutung dieser Kämpfe auch für die Gegenwart nicht gerecht. Denn es ging nicht ›nur‹ um Gleichberechtigung im Sinne einer gerechteren Verteilung der Güter und Lebenschancen oder gar um »Angleichung an die Mannesstellung« (vgl. *Gerhard*, 1990b und c), sondern vor allem um Befreiung aus persönlicher Abhängigkeit, um Selbstbestimmung in jeder, in politischer und privater Hinsicht. Dennoch hat die Uneinigkeit über Maß und Ziel der Gleichberechtigung zu anscheinend unüberbrückbaren Meinungsverschieden zwischen den verschiedenen Richtungen der alten Frauenbewegung geführt, vertraten doch die Bürgerlich-Gemäßigten mit der »Kultur weiblicher Eigenart« und dem politischen Programm »organisierter Mütterlichkeit« – im heutigen Jargon – eine Differenzposition, die politisch in einer Sackgasse endete, während die Radikalen, Demokratinnen, Vertreterinnen eines unabdingbaren Rechts auf Gleichheit, gerade auch nach dem Erringen des Stimmrechts in der Weimarer Republik eine Minderheit blieben, weder als Feministinnen, Sexualreformerinnen noch als Pazifistinnen eine maßgebliche politische Kraft bilden konnten.

Charakteristisch speziell für die neue Frauenbewegung in der BRD (vgl. *Ferree*, 1990) ist die Tatsache, daß nicht der Kampf um gleiche Rechte, Gleichberechtigung, sondern *Selbstbestimmung* oder *Autonomie* die ersten politischen Zielbestimmungen des Aufbruchs zu einer neuen Frauenbewegung waren. Autonomie meinte dabei ein Doppeltes: Individuelle Selbstbestimmung und institutionelle Unabhängigkeit von den bisherigen

Formen und Institutionen des Politischen. D.h. sie bedeutete individuell Befreiung aus männlicher Bevormundung und aus ökonomischer Abhängigkeit sowie politisch Selbstorganisation, Separation und Ausschluß von Männern aus der neuen Frauenöffentlichkeit. Das anfängliche Desinteresse der neuen Frauenbewegung an Rechtsfragen entsprach ihrer Total-Opposition gegen Recht, Staat und traditionelle Frauenpolitik. Doch die Ablehnung jeglicher Gleichberechtigungspolitik enthielt eine verquere Frontstellung, weil die etablierten Frauenverbände eine eher gemäßigte und insofern Differenzposition einnahmen. Hingegen hatten die Radikalen, die Vertreterinnen eines transformativen, uneingeschränkten Prinzips der Gleichheit ohnehin im Nachkriegsdeutschland keine Nachfolge gefunden. Abgesehen davon sind die Positionen über die Zeit aber auch nicht ohne weiteres vergleichbar, weil sich die Frauen nach 1949 auf eine prinzipiell bessere Ausgangsposition, die in der Verfassung verankerte Zusicherung der Rechtsgleichheit, stützen konnten, die jedoch weder ›vor dem Gesetz‹ noch rechtstatsächlich eingelöst war, sondern von der Wirklichkeit alltäglich konterkariert wurde. Aufgrund so vielfältiger enttäuschender Erfahrungen war die Kritik an der Nur-Gleichberechtigung daher nur zu berechtigt und zeigte: Solange die Definitionsmacht in der Zuständigkeit der Nutznießer der Ungleichheit und Gegner der Gleichberechtigung liegt, ist der Weg der Rechtsreform versperrt und damit die Legitimität des geltenden Rechts überhaupt problematisch geworden. Diese Erkenntnis sowie die ansteckende Verständigung über frauenspezifische Unrechtserfahrungen wurde durch die Selbstbezichtigungskampagne gegen den § 218 beispielhaft verdeutlicht, die daher, wenn auch nicht ausschließlich, als Rechtsbewegung zu kennzeichnen ist.

Arbeit

Die deutlichsten Veränderungen im Leben der Frauen seit dem 19. Jahrhundert scheinen sich allein äußerlich in den Arbeitsverhältnissen abzuzeichnen. Arbeit, die Verteilung der Arbeit und ihre gesellschaftliche Anerkennung bzw. Wertigkeit und Entlohnung in Geld sind in einer »Arbeitsgesellschaft«, deren gesellschaftlicher Reichtum auf eben dieser Arbeit beruht, Schlüssel für gesellschaftliche Differenzierungen und Machtverhältnisse. Die Veränderungen der Frauenarbeit, die Trennung von Haushalt und Betrieb und die Frauenarbeit in den Fabriken samt ihrer verheerenden Folgen waren auch für die Frauenbewegungen im 19. Jahrhundert die einschneidendsten und deutlichsten Kennzeichen der industriellen Revolution, die Bewußtsein und Verhältnisse prägte und die

Frauenfrage auch als Brotfrage und soziale Frage von großer Tragweite auf die Tagesordnung setzte. § 1 der Gründungssatzung des Allgemeinen Deutschen Frauenvereins von 1865 erklärte daher »die Arbeit, welche die Grundlage der ganzen neuen Gesellschaft sei, für eine Pflicht und Ehre des weiblichen Geschlechts« (*Otto-Peters*, 1890, S. 10). Mit dieser Forderung war eindeutig der ungehinderte Zugang zum Erwerb als liberales, aber auch sozialistisches Programm der Frauenbefreiung gemeint. Doch die geschlechtsspezifische Arbeitsteilung als solche stand bis zum Ende der ersten Frauenbewegung praktisch nicht zur Debatte. Die Vereinbarkeit von Mutterschaft und Beruf schien, solange es für die Bürgerlichen Dienstboten gab, ein klassenspezifisches Problem zu sein. Aus der Sicht der bürgerlichen Frauenbewegung war die Frauenerwerbstätigkeit der Proletarierinnen daher ein gesellschaftliches Übel, das möglichst zu vermeiden war, denn Mutterschaft hatte in jedem Fall Vorrang (vgl. *Lange*, 1908a). ›Mütterlichkeit‹ war in dieser Sichtweise nicht nur ein spezifisches Arbeitsvermögen, sondern ein weiblicher Gegenentwurf, der – so die Vorsitzende des Bundes Deutscher Frauenvereinen 1928 – die Frauen »nicht nur in die Krippen, Kindergärten und Schulen sendet, sondern auch in die Ministerien und Parlamente.« (v. *Zahn-Harnack*, 1928, S. 77)

Heute, nachdem Mutterschaft mit den Mitteln zur Empfängnisverhütung nicht mehr unbedingt Schicksal, sondern mögliche Entscheidung ist, nachdem aber auch die »arbeitsgesellschaftliche Utopie« an die ›Grenzen des Wachstums‹ gestoßen ist, ist die geschlechtsspezifische und -hierarchische Arbeitsteilung als die entscheidende Ursache weltweiter Benachteiligung und Ausbeutung von Frauen in der Frauenbewegung und der von ihr angestoßenen Frauenforschung zu einem Drehpunkt der Debatten und Analysen geworden. Ohne als praktikable Strategie zu überzeugen, hat doch die international geführte Kampagne um ›Lohn für Hausarbeit‹ in den siebziger Jahren wesentlich zur Verdeutlichung der Ungerechtigkeit und damit zur Mobilisierung in dieser Frage beigetragen. Hausarbeit, private Alltagsarbeit, ›Beziehungsarbeit‹ wurden als die unbezahlte, unsichtbare und zugleich unentbehrliche Grundlage der Erwerbsarbeit und gesellschaftlicher Reproduktion überhaupt diskutiert, wissenschaftlich belegt und analysiert, ohne doch an der Arbeits- und damit auch Machtverteilung zwischen den Geschlechtern bisher viel zu ändern. Dennoch hat dieser Streitpunkt im Bewußtsein vieler Frauen, auch derer, die sich nicht selbst als Feministinnen definieren würden, viele Selbstverständlichkeiten grundsätzlich in Frage gestellt und ihre Alltagspraxis verändert. Auch in den Parteien oder Gewerkschaften geht es nun nicht mehr nur um Vereinbarkeit von Familie und Beruf, sondern um »Gegenmodelle zum männlichen Arbeitsverständnis« (*IG-Metall*, 1991,

S. 78f.) und um einen Ausweg aus der »Krise des Normalarbeitsverhältnisses«, indem Männer gerade auch an der Alltags- und Familienarbeit zu beteiligen sind (vgl. *Kurz-Scherf/Breil*, 1987). Deshalb sind die Widersprüche in diesem Streitpunkt besonders eklatant: selbst die inzwischen wesentlich erweiterten Ressourcen der Frauen, höhere Qualifikationen, eindeutigere Erwerbsorientierungen, Geburtenrückgang und veränderte Lebensstile, haben die über die Arbeitsteilung befestigten Herrschaftsverhältnisse in ihrem Kern nicht berührt. Gleichzeitig haben Frauen inzwischen aus indidviduellen und historischen Erfahrungen gelernt, daß der Weg zur Emanzipation der Frau ganz und gar nicht allein über ihre Integration in den Arbeitsmarkt führt.

Gewalt

»Sexualität bedeutet für den Feminismus, was Arbeit für den Marxismus ist: dasjenige, was am meisten Teil an der eigenen Identität hat und einem doch am häufigsten genommen wird,« heißt es bei einer Theoretikerin des Feminismus (*MacKinnon*, 1989, S. 122). Die Gegenüberstellung ist theoretisch überspitzt, aber sie verweist auf die andere Dimension gesellschaftlicher Herrschaftssicherung, die sie als patriarchale kennzeichnet: Den auch für die Gegenwartsgesellschaft noch konstitutiven Zusammenhang zwischen Sexualität und Gewalt oder Liebe und Macht.

Unter dem anscheinend altmodischen Begriff »Sittlichkeitsfragen« verbirgt sich schon in der Frauenbewegung der Jahrhundertwende ein ganzes Spektrum moderner Frauenfragen und explizit feministischer Anliegen, die die Unterdrückung der Frau als Geschlechtswesen, die spezifisch patriarchalische Form der Verquickung von Liebe und Gewalt im Geschlechterverhältnis, in den Geschlechterbeziehungen betreffen. Der Aufruhr und das Aufsehen waren beträchtlich, auch wenn anscheinend eine nur kleine Gruppe von Radikalen die Fragen der Sexualpolitik und Sexualreform ins Zentrum des Kampfes um Frauenbefreiung rückten, eine »neue Ethik« und die Umkehrung der Werte forderte. Den Ausgangspunkt bildete der Kampf gegen die staatlich konzessionierte Prostitution, der weltweit zur Mobilisierung für ihre Abschaffung, der abolitionistischen Bewegung führte. Doch es ging ebenfalls bereits um bis heute nicht erledigte Forderungen: um die Abschaffung des § 218 (vgl. *Jellinek*, 1909), um Eheboykott und die Kritik des Eherechts, um Urteilsschelte bei üblichen Freisprüchen in Vergewaltigungsprozessen, die zu breiter Mobilisierung und Propaganda führte, um die Gleichberechtigung nichtehelicher Kinder und die Anerkennung alternativer Lebensformen (vgl. *Gerhard*,

1990b, S. 243ff.); alles in allem, um Selbstbestimmung gerade auch in der Liebe als wesentliche Voraussetzung für die Anerkennung der Frau als Gleiche und die Achtung ihrer Würde.

Die Frage drängt sich auf, warum dies alles nur eine Generation später völlig vergessen war, warum auch nach der Zeit nationalsozialistischer Herrschaft, nach den Katastrophen zweier Weltkriege im Hinblick auf Ehe und Sexualität eine restaurative Sexualmoral die Frauen erneut in ihre Geschlechtsrolle zwängen konnte mit allen negativen, materiellen und praktischen Konsequenzen. Die neue Frauenbewegung hat deshalb das Skandalon sexueller Gewalt, der Ausbeutung der Frau als Geschlechtswesen gerade auch in einer Zeit sog. sexueller Liberalisierung anscheinend ganz neu zur Sprache bringen müssen. Die Einrichtung von Frauenhäusern als Zufluchtstätten für geschlagene Frauen und ihre Kinder offenbarte das ganze Ausmaß alltäglicher, bisher im Verborgenen geduldeter Gewaltsamkeit gegen Frauen und war der Anstoß für eine ganze Kette entsprechender Selbsthilfeprojekte, wie der Organisierung von Notrufen für vergewaltigte Frauen, der Forderung nach einem Straftatbestand für Vergewaltigung in der Ehe, des Schutzes vor sexuellem Mißbrauch und Belästigung. Die Aufdeckung des Zusammenhangs von »*Sexus und Herrschaft*« (*Millet*, 1974) oder des »*Kleinen Unterschiedes und seinen großen Folgen*« (*Schwarzer*, 1975) hat aber nicht nur über den Buchmarkt Tabus durchbrochen und Breitenwirkung erzielt, sondern war Ergebnis von Selbsterfahrungsprozessen, eines kollektiven Lernprozesses, der in Frauengruppen und Frauenzentren geübt wurde. Die Verständigung über bisher anscheinend vereinzelte oder individuelle Unrechtserfahrungen gerade auch im Raum der Intimität, über eigene und andere sexuelle Bedürfnisse (z.B. der Mythos vom vaginalen Orgasmus, vgl. *Koedt*, 1970/1988), die Rede von der Zwangsheterosexualität und das Bekenntnis zu lesbischer Liebe ermöglichten es nun, Lebensformen und Sexualität sehr viel selbstbestimmter zu leben, als normativ und politisch vorgegeben. Die in der praktischen Arbeit in Projekten und Frauengruppen gewonnenen Erkenntnisse zu alltäglicher direkter Gewalt haben die gesellschaftlichen Gewaltstrukturen offengelegt, aber auch die Verstrickung der Frauen in den Liebesbeziehungen, ihre traditionelle »Weiblichkeit« und »Fügsamkeit«, die wesentliche Bedingungen für die Aufrechterhaltung patriarchalischer Verhältnisse sind (vgl. *Brückner*, 1983). In diesen Thematisierungen ist Privates für eine kurze Zeit zu einem Politikum geworden, sind die geschlechtsspezifischen Schranken zwischen der Privatsphäre als »rechtsfreiem Raum« und Gewaltverhältnis und öffentlichen Angelegenheiten nachhaltig verschoben worden, deuten sich in den vielfältigen Formen der Verweigerung der Frauen, weiblichen Rollen zu entsprechen, veränderte Lebensweisen aber auch neue Konflikte und Probleme zwischen den Geschlechtern an.

Geschlechterdifferenz

Einerseits die Rollen tradierter Weiblichkeit zu kritisieren, verändern zu wollen, und doch andererseits gerade »Frau-Sein« zum ausschlaggebenden Bezugspunkt einer Befreiungsbewegung, der Frauenbewegung zu machen, scheint ein Widerspruch zu sein, der die Frauenbewegung von ihren Anfängen an begleitet und immer wieder zu Mißverständnissen geführt hat. Schon die Frauenrechtlerinnen des 19. Jahrhunderts haben sich gegen den Verdacht verteidigt, die Hände nach Männerrechten auszustrecken (*Salomon*, 1908) und ihr »Frauentum zu verleugnen« (*Juchacz*, 1920). »Nein! Nein! Nicht Mann sein wollen, oder wie ein Mann sein wollen, oder mit ihm verwechselt werden können: was sollte uns das helfen!« (*Stöcker*, 1906, S. 14) war eine Antwort, die gewiß dem Selbstverständnis aller beteiligten Frauen entsprach. Auf der anderen Seite wissen wir um die grundsätzlichen Meinungsverschiedenheiten über die Frage, inwieweit die Andersartigkeit, d.h. die Geschlechterdifferenz, oder die Betonung des »Menschtums«, also des Rechts auf Gleichheit, Richtung und Ziel der Emanzipationsbewegung angab. Dabei waren die Ansichten über »Wesen« und Rolle der Frau auch innerhalb der Fraktionen und Richtungen durchaus geteilt.[7] Fest steht, daß im Ergebnis die Anerkennung der »intellektuellen Grenzlinien zwischen Mann und Frau« (*Lange*, 1897) als Ausdruck einer geistigen Differenz, der »kulturellen Eigenart« und eine Politik der »harmonischen Ergänzung« (*Bäumer*, 1911) beider Geschlechter mehrheitsfähig wurde und auch von den Gegnern zu vereinnahmen war.

Die besondere Übung in Autonomie, einer Kultur der »Subjektivität« und Politik der ersten Person hat die Widersprüche in der neuen Frauenbewegung noch schärfer konturiert. Auch die neue Frauenbewegung hat zum Aufbegehren gegen die Opferrolle, zur Entdeckung des eigenen und anderen Selbst-Bewußtseins die Besinnung auf weibliche Stärke, die Befreiung aus der Definition als Mindere, Andere (vgl. *Beauvoir*, 1968) gebraucht. Stationen lebhaftester Auseinandersetzung waren die Mütterbewegung (vgl. *Frohnhaus*, 1994) und die Diskussion um das Müttermanifest (*Pass-Weingartz/Erler*, 1989), die als »Politik des Unterschiedes« verteidigt wurde (*Erler*, 1985). Anzeichen des Wertewandels, der Fragwürdigkeit überkommener Standards und der Aufwertung weiblicher Erfahrungen kommen auch in der keineswegs nur im universitären Rahmen geführten Kontroverse um eine »weibliche Moral« zum Ausdruck (im Anschluß an *Gilligan*, 1982). Doch die Bezugnahme auf Frau-Sein als historische und moralische Chance und politisches Potential wird da problematisch, wo sie die Differenzen unter Frauen und die Widersprüche im weiblichen Lebenszusammenhang negiert, die Frauenbewegung auf eine Identitätspolitik verpflichtet wird (*Knapp*, 1988) und über einer Kultur des Separatismus die »Einmischung« (*Rossanda*, 1980) versäumt.

Um eine Klärung dieser Widersprüche geht es auch in den philosophischen Theorien zu Geschlechterdifferenz, Weiblichkeit, Geschlechtsidentität und ihrer Dekonstruktion. Denn mit der Decodierung der Geschlechterrollen, der Debatte um eine andere Moral, um neue Maßstäbe und Formen des Rechts, um den Androzentrismus unserer Sprache, Kultur und Erkenntnis, ist »der politische Wortschatz in toto verdächtig« (*Cavarero*, 1990, S. 96f.), hat die feministische Theorie zu einer Fundamentalkritik angesetzt, durch die sich – wie Seyla *Benhabib* betont – der Feminismus neben dem postmodernen Denken »zu den beiden führenden Gedankenströmungen unserer Zeit entwickelt hat« (1993, S. 9). Die Frage ist allerdings, ob sich die feministische Theorie damit inzwischen so weit von der sozialen Wirklichkeit, der Not, der Erfahrung und dem Alltag der Frauen entfernt hat, daß sie zwar reputierlicher und akademischer geworden ist, jedoch kaum noch für politische Praxis tauglich erscheint.

Doch ich meine, daß der Aufbruch zu neuem Selbstbewußtsein und Autonomie, die politischen Erfahrungen in den Bewegungen sowie die Radikalisierung der Kritik an den Konzepten von Recht und Politik auch das Verständnis von Gleichheit, Gleichberechtigung präzisiert haben und juristisch nicht ohne Einfluß geblieben sind.[8] Denn in der politischen Debatte um Gleichheit und Differenz als Problem von Frauenrechten ist noch einmal deutlich geworden, daß es weder um »Angleichung an die Mannesstellung« (*Maunz-Dürig*, 1983) noch nur um ein Absehen von oder die Nichtberücksichtigung der Differenz, sondern gerade auch um Anerkennung der Geschlechterdifferenz und der Differenzen auch unter Frauen geht. D.h. Maß und Hinsicht der Gleichberechtigung sind von den Frauen selbst zu bestimmen und müssen – wie die Geschichte der Frauenbewegung lehrt – keineswegs »erst in öffentlichen Diskussionen geklärt werden« (so *Habermas*, 1992, S. 513), allenfalls ist nach wie vor die gleichberechtigte Teilhabe der Frauen an diesem politischen Prozeß der Selbstbestimmung und Selbst-Gesetzgebung nicht selbstverständlich. Bisher unerledigtes Ziel einer Bewegung der Frauen bleibt es daher, Vorherrschaft und Vorteile im Geschlechterverhältnisse aufzubrechen, für den Prozeß wechselseitiger Anerkennung zu mobilisieren und in politischen Auseinandersetzungen und Kämpfen immer wieder um neue Maßstäbe für Gleichheit und unaufgebbare Differenzen im Verhältnis der Geschlechter zu ringen, aber auch zu Lasten bzw. gegen die Interessen der Bevorrechteten durchzusetzen. Solche Verwirklichung der Gleichberechtigung ist nur auf der Basis von größtmöglicher Freiheit und Autonomie, vor dem Hintergrund selbstbestimmter Entscheidungen und Lebensentwürfe denkbar. Die in der neuen Frauenbewegung geübte Autonomie, im Sinne nicht nur von persönlicher, sondern auch von politischer Selbstbestimmung, sowie eine Frauen- und Gleichstellungspolitik, die sich des Rechts und der Institutionen bedient, schließen sich daher nicht aus, sondern sind im Gegenteil aufeinander angewiesen.

5. Ausblick

Die Vereinigung der beiden deutschen Staaten nun hat die politischen und gesellschaftlichen Rahmenbedingungen für die Frauenbewegung grundlegend verändert. Dabei sind die bisher nicht gelösten sozialen und ökonomischen Probleme in diesem staatlichen Angleichungs- und Ausgleichsprozeß für Frauenanliegen keineswegs günstig, ganz im Gegenteil. Aber auch eine Vereinigung der Fraueninteressen oder eine gemeinsame Frauenbewegung ist nicht einfach zu organisieren, da die Erfahrungen, Lebenslagen, Bedürfnisse und Wünsche von Frauen in Ost und West sehr unterschiedlich sind. Diese Unterschiede haben in den ersten Zusammenkünften zwischen Frauen aus Ost- und Westdeutschland zu mancherlei Mißverständnissen und Enttäuschungen geführt, die nicht als politisches Versagen *der* westdeutschen Frauenbewegung, ebenso wenig aus dem angeblichen Defizit an feministischem Bewußtsein unter den ostdeutschen Frauen zu erklären sind. Vielmehr wäre die Achtung und Berücksichtigung auch dieser Differenzen notwendiger Inhalt eines politischen Lernprozesses, der dem Feminismus in Ost und West neue Schubkraft verleihen könnte. In der Schaffung von Räumen für kollektive Lernprozesse und der Entwicklung von neuen Netzwerken gegenseitiger Unterstützung und politischer bzw. wissenschaftlicher Diskussion liegt m.E. gerade in Anbetracht krisenhafter Verhältnisse auch die Chance und die Notwendigkeit für eine neue Bewegung und »Welle« des Feminismus.

Nach wie vor ist die Stellung der Frauen in einer Gesellschaft ein »Barometer der Staaten«, d.h. die Anerkennung von Gleichheit und Differenz im Geschlechterverhältnis gibt Auskunft über den Grad gesellschaftlicher Entwicklung bzw. ihrer Veränderungen. Im Zuge der zunehmenden Ausdifferenzierung der Lebenslagen und Lebensformen, der sog. Individualisierung der Lebensweise beider Geschlechter, und angesichts einer begründeten Skepsis gegenüber ›großen Theorien‹, bleibt die Bewegungsanalyse und der Focus ›Geschlechterverhältnisse‹ ein Zugang zur Thematisierung des gesellschaftlichen Gesamtzusammenhangs und seiner Widerspruchsstruktur. Die Widersprüche zeigen sich im Verhältnis von Produktion und Reproduktion, System und Lebenswelt, Politischem und Privatem und ihrer jeweils geschlechtsspezifischen Zuordnung und in einem neu Ins-Verhältnis-Setzen von strukturellen Bedingungen und subjektiven Handlungsmöglichkeiten. Die strukturell verankerten Problemlagen und konflikthaften Lebensverhältnisse von Frauen, die sie – über sonstige Unterschiedlichkeiten hinweg – als Gruppe eines Geschlechts betreffen, nötigen Frauen immer wieder zur Verständigung über gemeinsame Interessen und Problemlagen. In der Thematisierung dieser Konfliktlinien, in der Aufarbeitung historisch getrennter Erfahrungen, nicht zuletzt im Erinnern und in der kulturellen Überlieferung früherer Kämpfe steckt noch viel Unerledigtes, ein unverzichtbares Potential für Bewegung und Veränderung, das auch die gegenwärtige Flaute überdauern kann. Wenigstens hierzu können die Inseln der Frauenforschung einen wichtigen Beitrag leisten.

Abkürzungen

BVerfG: Bundesverfassungsgericht
BVerfGE: Sammlung der Entscheidungen des BVerfG
CDA: Christlich Demokratische Arbeitnehmerschaft
RGSt: Amtliche Sammlung der Entscheidungen des Reichsgerichts in Strafsachen

Anmerkungen

*) Der Aufsatz ist auf der Grundlage der Zusammenarbeit und vielfältigen Diskussionen in meinem Forschungskolloquium entstanden, in dem Forschungsfragen und Projekte zu den verschiedenen Phasen der Frauenbewegung behandelt werden. Für wichtige Anregungen, Kritik und Ermutigung danke ich daher vor allem Beatrix Geisel, Margit Göttert, Christina Klausmann, Marion Matthes, Reinhild Schäfer, Elke Schüller und – nicht zuletzt – Ulla Wischermann.
1 Vgl. die Nachweise bei *Offen,* 1993; die von ihr genannten Titel deutscher Autorinnen (z.B. von Käthe *Schirmacher*) sind bezeichnenderweise in Französisch,

Englisch oder Spanisch erschienen, kein entsprechender in deutscher Sprache; vgl. die Bibliographie von *Sveistrup*/v. *Zahn-Harnack*, 1934.

2 Vgl. die Beispiele bei *Dohm*, 1902; nur abwertend auch bei *Lange*, 1908b; vgl. dagegen die spezifische Bedeutung des Konzepts bei *Cott*, 1987.

3 Beispielhaft hierfür ist die sehr versteckte Karriere, die der Frauenbewegung im Rahmen der Theorie kommmunikativen Handelns bei *Habermas* zugestanden wird, von der bereits erwähnten Fußnote (1979, S. 28), sowie 1982, S. 578 f.; 1985, S. 159 zum neuen Vorwort zu »*Strukturwandel der Öffentlichkeit*«, 1990, S. 19.

4 *Habermas* veröffentlicht seinen Klassiker »*Strukturwandel der Öffentlichkeit*« mit unveränderten Ausführungen über »bürgerliche Familie« und »publikumsbezogene Privatheit«, wie auch *Roth* und *Rucht* auf den nachfolgenden Seiten »die neuen sozialen Bewegungen – ungeachtet ihrer internen Heterogenität – der Arbeiterbewegung (als der sozialen Bewegung) samt ihren Nachfolgeorganisationen gegenüberstellen.« (*Roth/Rucht*, 1991, S. 19)

5 Ich beschränke mich im folgenden auf eine recht grobe Auswahl, weil eine Bibliographie den Rahmen sprengen würde, ausführlicher vgl. *Gerhard*, 1992, S. 35f.

6 Es ist die Forschungshypothese eines von der DFG geförderten Forschungsprojekts an der Universität Frankfurt zum Thema »Sittlichkeit und Stimmrecht – Zur Politik und Kultur der Frauenbewegung um die Jahrhundertwende«, in dem ich zusammen mit Christina *Klausmann* und Ulla *Wischermann* arbeite.

7 Vgl. etwa die unterschiedlichen Ansichten über »weiblichen Pazifismus« bei *Augspurg* und *Stöcker*, in: *Brinker-Gabler*, 1980, vgl. auch die differenzierte »Kritik der Weiblichkeit« bei *Mayreder*, 1905/1982.

8 Vgl. *Gemeinsame Verfassungskommission* 1993, sowie die Entscheidung des BVerfG zum Nachtarbeitsverbot, BverfGE 85, S. 191-213.

Literatur

ARENDT, Hannah, Zur Zeit. Politische Essays, hg. v. M.-L. Knott, Berlin 1986

BÄUMER, Gertrud, Die Frau und das geistige Leben, Leipzig 1911

BÄUMER, Gertrud, Der neue Weg der deutschen Frau, Stuttgart 1946

BEAUVOIR, Simone de, Das andere Geschlecht. Sitte und Sexus der Frau, Reinbek 1968 (franz. 1949)

BECK, Ulrich, Risikogesellschaft. Auf dem Weg in eine andere Moderne, Frankfurt am Main 1986

BECKER-SCHMIDT, Regina, Die doppelte Vergesellschaftung – die doppelte Unterdrückung: Besonderheiten der Frauenforschung in den Sozialwissenschaften, in: Lilo Unterkircher/Ina Wagner (Hg.), Die andere Hälfte der Gesellschaft, Wien 1987, S. 10-25

BENHABIB, Seyla, Feminismus und Postmoderne – Ein prekäres Bündnis, in: Seyla Benhabib u.a. (Hg.), Der Streit um Differenz. Feminismus und Postmoderne in der Gegenwart, Frankfurt am Main 1993, S. 9-31

BEYME, Klaus v., Feministische Theorie der Politik zwischen Moderne und Postmoderne, in: Leviathan 2, 1991, S. 208-228

BOCK, Ulla, Androgynie und Feminismus. Frauenbewegung zwischen Institution und Utopie, Weinheim/Basel 1988

BOSCH, Mineke/Annemarie KLOOSTERMAN (Hg.), Politics and Friendship. Letters from the International Woman Suffrage Alliance, 1902-1942, Ohio 1990

BRAND, Karl-Werner u.a., Aufbruch in eine andere Gesellschaft. Neue soziale Bewegungen in der Bundesrepublik, Frankfurt am Main/New York 1984

BRAND, Karl-Werner, Kontinuität und Diskontinuität in den neuen sozialen Bewegungen, in: Roland Roth/Dieter Rucht (Hg.), Neue soziale Bewegungen in der Bundesrepublik Deutschland, Bonn 1987, 2. Aufl. 1991, S. 40-53

BRAUN, Lily, Die Bürgerpflicht der Frau, Berlin 1895

BRINKER-GABLER, Gisela, Frauen gegen den Krieg, Frankfurt 1980

BRÜCKNER, Margit, Die Liebe der Frauen. Über Weiblichkeit und Mißbrauch, Frankfurt am Main 1983

BUECHLER, Steven M., Women's Movement in the United States: Women Suffrage, Equal Rights, and Beyond, New Brunswick/London 1990

BUSSEMER, Herrad-Ulrike, Frauenemanzipation und Bildungsbürgertum. Sozialgeschichte der Frauenbewegung in der Reichsgründungszeit, Weinheim 1985

CAVARERO, Adriana, Die Perspektive der Geschlechterdifferenz, in: Ute Gerhard u.a. (Hg.), Differenz und Gleichheit. Menschenrechte haben (k)ein Geschlecht, Frankfurt am Main 1990, S. 95-112

CLEMENS, Bärbel, Die Frauenbewegung, das Geschlechterverhältnis und die Theorien zu »Neuen sozialen Bewegungen«, in: Forschungsjournal Neue Soziale Bewegungen 3, 1988a, S. 5-15

CLEMENS, Bärbel, »Menschenrechte haben kein Geschlecht!« Zum Politikverständnis der bürgerlichen Frauenbewegung, Pfaffenweiler 1988b

COTT, Nancy F., The Bonds of Womanhood: Women's Sphere in New England 1780-1835, New Haven 1977

COTT, Nancy F., The Grounding of Modern Feminism, New Haven/London 1987

DOHM, Hedwig, Die Antifeministen. Ein Buch der Verteidigung (1902), Frankfurt am Main o.J.

DOORMANN, Lottemi (Hg.), Keiner schiebt uns weg. Zwischenbilanz der Frauenbewegung in der Bundesrepublik, Weinheim/Basel 1979

ERLER, Gisela, Frauenzimmer. Für eine Politik des Unterschieds, Berlin 1985

EVANS, Richard J., The Feminist Movement in Germany 1894-1933, London 1976

EVANS, Richard J., Sozialdemokratie und Frauenemanzipation im deutschen Kaiserreich, Berlin/Bonn 1979

FADERMAN, Lillian, Surpassing the Love of Men. Romantic Love and Friendship Between Women from the Renaissance to the Present, New York 1981

FERREE, Myra Marx, Gleichheit und Autonomie: Probleme feministischer Politik, in: Ute Gerhard u.a. (Hg.), Differenz und Gleichheit. Menschenrechte haben (k)ein Geschlecht, Frankfurt am Main 1990, S. 283-299

FRAUENJAHRBUCH '75, hg. v. Frankfurter Frauen, Frankfurt am Main 1975

FRAUENJAHRBUCH '76, hg. v. der Jahrbuchgruppe des Münchener Frauenzentrums, München 1976

FREVERT, Ute, Frauen-Geschichte: zwischen bürgerlicher Verbesserung und neuer Weiblichkeit, Frankfurt am Main 1986
FROHNHAUS, Gabriele, Feminismus und Mutterschaft. Eine Analyse theoretischer Konzepte und der Mütterbewegung in Deutschland, Weinheim 1994
GEMEINSAME VERFASSUNGSKOMMISSION, Bericht gemäß Beschluß des Deutschen Bundestages (Hg.), Bonn 1993
GERHARD, Ute/Heide SCHLÜPMANN, Die Radikalen in der alten Frauenbewegung. Feministische Studien 1, 1984
GERHARD, Ute, Alte und neue Frauenbewegung. Vergleich und Perspektiven, in: U. Wasmuth (Hg.), Alternativen zur alten Politik. Neue soziale Bewegungen in der Diskussion, Darmstadt 1989, S. 64-81
GERHARD, Ute, Gleichheit ohne Angleichung. Frauen im Recht, München 1990a
GERHARD, Ute, Unerhört. Die Geschichte der Frauenbewegung, Reinbek 1990b
GERHARD, Ute, Bürgerliches Recht und Patriarchat, in: Ute Gerhard u.a. (Hg.), Differenz und Gleichheit. Menschrechte haben (k)ein Geschlecht, Frankfurt am Main 1990c, S. 188-205
GERHARD, Ute, Maßstäbe eines anderen Rechts: Über Freiheit, Gleichheit und die Würde der Frauen, in: Leviathan 2, 1991, S. 175-191
GERHARD, Ute, Westdeutsche Frauenbewegung: Zwischen Autonomie und dem Recht auf Gleichheit, in: Feministische Studien 2, 1992, S. 35-55
GERHARD, Ute u.a., Frauenfreundschaften – ihre Bedeutung für Politik und Kultur der alten Frauenbewegung, in: Feministische Studien 1, 1993, S. 21-37
GILLIGAN, Carol, Die andere Stimme. Lebenskonflikte und Moral der Frau, München 1984
GORZ, André, Abschied vom Proletariat, Hamburg 1984
GREVEN-ASCHOFF, Barbara, Die bürgerliche Frauenbewegung in Deutschland 1894-1933, Göttingen 1981
HABERMAS, Jürgen, Stichworte zur »geistigen Situation der Zeit«, Bd. 1, Frankfurt am Main u.a. 1979
HABERMAS, Jürgen, Theorie des Kommunikativen Handelns, Bd. 2, Frankfurt am Main 1982
HABERMAS, Jürgen, Strukturwandel der Öffentlichkeit, Frankfurt am Main 1990 (Neuauflage)
HACKER, Hanna, Frauen und Freundinnen. Studien zur »weiblichen Homosexualität«, Weinheim/Basel 1987
HESS, Beth B./Myra Marx FERREE, Controversy and Coalition: The New Feminist Movement, Boston 1985
HOECKER, Beate/Renate MEYER-BRAUN (Hg.), Bremerinnen bewältigen die Nachkriegszeit: Frauenarbeit, Frauenalltag, Frauenpolitik. Frauen in Bremen, Bremen 1988
IG-METALL Vorstand, Abteilung Frauen (Hg.), Die Frauenarbeit der IG-Metall. Arbeitsmaterialien zur Erstellung eines frauenpolitischen Programms der IG-Metall, Frankfurt am Main 1991
JANSSEN-JURREIT, Marieluise, Sexismus. Über die Abtreibung der Frauenfrage, Frankfurt am Main 1979

JELLINEK, C., Die Strafrechtsreform und die §§ 218 u. 219 StGB, in: Monatsschrift für Kriminalpsychologie und Staatsrechtsreform, Heidelberg 1909

JUCHACZ, J., Rede vor der deutschen Nationalversammlung, in: Verhandlungen der verfassungsgebenden deutschen Nationalversammlung, Bd. 328, Stenogr. Berichte, Berlin 1920, S. 1560ff.

KLINGER, Cornelia, Déjà-vu oder die Frage nach den Emanzipationsstrategien im Vergleich zwischen der ersten und der zweiten Frauenbewegung, in: Kommune. Forum für Politik, Ökonomie, Kultur 12, 1986, S. 57-72

KNÄPPER, Marie-Theres, Feminismus, Autonomie, Subjektivität. Tendenzen und Widersprüche in der neuen Frauenbewegung, Bochum 1984

KNAFLA, Leonore/Christine KULKE, 15 Jahre neue Frauenbewegung. Und sie bewegt sich noch! – Ein Rückblick nach vorne, in: Roland Roth/Dieter Rucht (Hg.), Neue soziale Bewegungen in der Bundesrepublik Deutschland, Bonn 1987, 2. Aufl. 1991, S. 91-115

KNAPP, Gudrun-Axeli, Die vergessene Differenz, in: Feministische Studien 1, 1988, S. 12-31

KOEDT, Anne, Der Mythos vom vaginalen Orgasmus (1970), in: Ann Anders (Hg.), Autonome Frauen. Schlüsseltexte der Neuen Frauenbewegung seit 1968, Frankfurt am Main 1988, S. 76-89

KONTOS, Silvia, Modernisierung der Subsumtionspolitik? Die Frauenbewegung in den Theorien neuer sozialer Bewegungen, in: Feministische Studien 2, 1986, S. 34-49

KONTOS, Silvia, »Von heute an gibt's mein Programm« – Zum Verhältnis von Partizipation und Autonomie in der Politik der neuen Frauenbewegung, in: Forschungsjournal Neue Soziale Bewegungen, Sonderheft 1989, S. 52-65

KRECHEL, Ursula, Selbsterfahrung und Fremdbestimmung, Neuwied 1975

KUHN, Annette, Frauen suchen neue Wege der Politik, in: Annette Kuhn (Hg.), Frauen in der deutschen Nachkriegszeit, Bd. 2: Frauenpolitik 1945-1949, Düsseldorf 1986, S. 12-38

KURZ-SCHERF, Ingrid (Hg.), Wem gehört die Zeit? Ein Lesebuch zum 6-Stunden-Tag, Hamburg 1987

LANGE, Helene, Intellektuelle Grenzlinien zwischen Mann und Frau (1897), in: Helene Lange, Kampfzeiten. Aufsätze und Reden aus vier Jahrzehnten, Berlin 1928, Bd. 1, S. 197-217

LANGE, Helene, Die Frauenbewegung in ihren modernen Problemen, Leipzig 1908a

LANGE, Helene, Feministische Gedankenanarchie (1908b), in: Helene Lange, Kampfzeiten. Aufsätze und Reden aus vier Jahrzehnten, Berlin 1928, Bd. 2, S. 1-8

LEITZ, Ingeborg (Hg.), Frauen Stimmen. Eine Bestandsaufnahme evangelischer Frauenarbeit, Stuttgart 1992

LEMKE, Christiane, Die Ursachen des Umbruchs 1989. Politische Sozialisation in der ehemaligen DDR, Opladen 1991

LERNER, Gerda, The Majority Finds its Past, Oxford u.a. 1979

LEVINE, Philippa, Love, friendship and feminism in later 19th-century England, in: Women's Studies International Forum, 1-2, 1990, S. 63-79

LIBRERIA DELLE DONNE DI MILANO, Wie weibliche Freiheit entsteht. Eine neue politische Praxis, Berlin 1988

LIPP, Carola (Hg.), Schimpfende Weiber und patriotische Jungfrauen. Frauen im Vormärz und in der Revolution von 1848/49, Bühl/Moos 1986

MACKINNON, Catherine A., Feminismus, Marxismus, Methode und der Staat. Ein Theorieprogramm, in: Elisabeth List/Herlinde Studer (Hg.), Denkverhältnisse. Feminismus und Kritik, Frankfurt am Main 1989, S. 86-132

MARCUSE, Herbert, Marxismus und Feminismus, in: Herbert Marcuse, Zeitmessungen, Frankfurt am Main 1975, S. 9-20

MAUNZ-DÜRIG, Theodor u.a. (Hg.), Grundgesetz Kommentar, München 1983, 6. Aufl.

MAYER, Karl U. u.a. (Hg.), Vom Regen in die Traufe. Frauen zwischen Beruf und Familie, Frankfurt am Main/New York 1991

MAYREDER, Rosa, Zur Kritik der Weiblichkeit. Essays (1905), zusammengestellt und eingeleitet von Hanna Schnedl, München 1982

MCCLURG MUELLER, Carol/Aldon D. MORRIS (Hg.), Frontiers in social movement theory, New Haven u.a. 1992

MELUCCI, Alberto, Nomads of the present. Social movements and individual needs in contemporary society, London 1988

MENSCHIK, Jutta, Gleichberechtigung oder Emanzipation? Die Frau im Erwerbsleben der Bundesrepublik, Frankfurt am Main 1971

MERCK, U.-A., Die Südafrika-Boykottaktion der evangelischen Frauenarbeit in Deutschland, in: Feministische Studien 2, 1986, S. 127-131

METZ-GÖCKEL, Sigrid, Die zwei (un)geliebten Schwestern. Zum Verhältnis von Frauenbewegung und Frauenforschung im Diskurs der neuen sozialen Bewegungen, in: Ursula Beer (Hg.), Klasse Geschlecht. Feministische Gesellschaftsanalyse und Wissenschaftskritik, Bielefeld 1987, S. 28-66

MEYER, B., Frauenbewegung und politische Kultur in den 80er Jahren, in: Werner Süß (Hg.), Die Bundesrepublik in den Achtziger Jahren, Opladen 1991, S. 219-234

MEYER-RENSCHHAUSEN, Elisbeth, Weibliche Kultur und soziale Arbeit. Eine Geschichte der Frauenbewegung am Beispiel Bremens 1810-1927, Köln/Wien 1990

MILLET, Kate, Sexus und Herrschaft. Die Tyrannei des Mannes in unserer Gesellschaft, München 1974

MITSCHERLICH, Alexander/Margarete MITSCHERLICH-NIELSEN, Die Unfähigkeit zu trauern. Grundlagen kollektiven Verhaltens, München/Zürich 1984

MÖDING, N., Die Stunde der Frauen? Frauen und Frauenorganisationen des bürgerlichen Lagers, in: Martin Broszat (Hg.), Von Stalingrad zur Währungsreform. Zur Sozialgeschichte des Umbruchs in Deutschland, München 1988, S. 619-647

NIGGEMANN, Heinz, Emanzipation zwischen Sozialismus und Feminismus. Die sozialdemokratische Frauenbewegung im Kaiserreich, Wuppertal 1981

OFFEN, Karen, Feminismus in den Vereinigten Staaten und in Europa. Ein historischer Vergleich, in: Hanna Schissler (Hg.), Geschlechterverhältnisse im historischen Wandel, Frankfurt am Main/New York 1993, S. 97-138

OTTO, Louise, Die Theilnahme der weiblichen Welt am Staatsleben, in: Sächsische Vaterlandsblätter 3. Jg., 1843, S. 633ff.

OTTO-PETERS, Louise, Das erste Vierteljahrhundert des Allgemeinen deutschen Frauenvereins, Leipzig 1890

PALETSCHEK, Sylvia, Frauen und Dissens. Frauen im Deutschkatholizismus und in den freien Gemeinden 1841-1852, Göttingen 1990
PASS-WEINGARTZ, Dorothee/Gisela ERLER (Hg.), Mütter an die Macht: die neue Frauen-Bewegung, Reinbek 1989
PATEMAN, Carole, The Sexual Contract, Stanford 1988
POTONIÉ-PIERRE, M. E., Bericht, in: R. Schoenflies u.a. (Hg.), Der Internationale Kongreß für Frauenwerke und Frauenbestrebungen in Berlin, Berlin 1897, S. 39-41
RAMMSTEDT, Otthein, Soziale Bewegung, Frankfurt am Main 1978
RASCHKE, Joachim, Soziale Bewegungen. Ein historisch-systematischer Grundriß, Frankfurt am Main 1985
RICHEBÄCHER, Sabine, Uns fehlt nur eine Kleinigkeit. Deutsche proletarische Frauenbewegung 1890-1914, Frankfurt am Main 1982
RIEDMÜLLER, Barbara, Das Neue an der Frauenbewegung. Versuch einer Wirkungsanalyse, in: Ute Gerhardt (Hg.): Frauensituation, Frankfurt am Main 1988, S. 15-41
RIEHL, Wilhelm H. v., Die Familie, Stuttgart 1889 (Erstaufl. 1854)
ROSSANDA, Rossanna, Einmischung. Gespräche mit Frauen über ihr Verhältnis zu Politik, Freiheit, Gleichheit, Brüderlichkeit, Demokratie, Faschismus, Widerstand, Staat, Partei, Revolution, Feminismus, Frankfurt am Main 1980
ROTH, Karin u.a. (Hg.), Träumen verboten: gewerkschaftliche Frauenpolitik für die 90er Jahre, Hamburg 1984
ROTH, Roland/Dieter RUCHT (Hg.), Neue soziale Bewegungen in der Bundesrepublik Deutschland, Bonn 1987, 2. Aufl. 1991
RUCHT, Dieter, Die Analyse der neuen sozialen Bewegungen in der Bundesrepublik. Eine Zwischenbilanz, in: Forschungsjournal Neue Soziale Bewegungen, Sonderheft, 1989, S. 158-169
RUNGE, Erika, Frauen. Versuche zur Emanzipation, Frankfurt am Main 1970, 7. Aufl. 1987
RUPP, Leila/Verta TAYLOR, Survival in the Doldrums. The American Women's Rights Movement, 1945 to the 1960s, New York 1990
SALOMON, Alice, Literatur. Literatur zur Frauenfrage. Die Entwicklung der Theorie der Frauenbewegung, in: Archiv für Sozialwissenschaft und Sozialpolitik, 26. Bd., 1908, S. 451-500
SCHENK, Herrad, Die feministische Herausforderung, München 1980
SCHWARZER, Alice, Frauenarbeit – Frauenbefreiung. Praxis, Beispiele und Analysen, Frankfurt am Main 1973
SCHWARZER, Alice, Der »kleine Unterschied« und seine großen Folgen, Frankfurt am Main 1975
SMITH-ROSENBERG, Carroll, The Female World of Love and Ritual: Relations Between Women in Nineteenth-Century America, in: Signs 1, 1975, S. 1-29; dt., in: Claudia Honegger/Bettina Heintz (Hg.), Listen der Ohnmacht. Zur Sozialgeschichte weiblicher Widerstandsformen, Frankfurt am Main 1981, S. 242-278
SOMMERUNIVERSITÄT, Autonomie oder Institution: über die Leidenschaft und Macht von Frauen. Beiträge zur 4. Sommeruniversität der Frauen in Berlin 1979, Berlin 1981

SOZIALAUSSCHÜSSE DER CHRISTLICH-DEMOKRATISCHEN ARBEITNEHMERSCHAFT, Die sanfte Macht der Familie, Mannheim 1981
STEFAN, Verena, Häutungen, München 1975
STEIN, Lorenz v., Geschichte der sozialen Bewegung in Frankreich von 1789 bis auf unsere Tage (1850), hg. v. G. Salomon, München 1921
STEIN, Lorenz v., Schriften zum Sozialismus 1848, 1852, 1854, hg. v. E. Pankoke. Darmstadt 1974
STÖCKER, Helene, Die Liebe und die Frauen, München 1906
STRECKER, Gabriele, Frausein – heute, Weilheim 1965
SVEISTRUP, Hans/Agnes von ZAHN-HARNACK (Hg.), Die Frauenfrage in Deutschland, Strömungen und Gegenströmungen 1790-1930. Sachlich geordnete und erläuterte Quellenkunde, Burg 1934
THALMANN, Rita, Frausein im Dritten Reich, München/Wien 1984
THÜRMER-ROHR, Christina, Vagabundinnen. Feministische Essays, Berlin 1987
TWELLMANN, Margrit, Die deutsche Frauenbewegung. Ihre Anfänge und erste Entwicklung. Quellen 1843-1889, 2 Bände, Meisenheim 1972
VESTER, Michael, Proletariat und neue soziale Bewegungen. Der Mythos der Arbeiter als Blockade für das Verständnis neuer sozialer Bewegungen, in: Peter Grottian/Wilfried Nelles (Hg.), Großstadt und neue soziale Bewegungen, Basel 1983, S. 1-21
WEG, Marianne/Otti STEIN (Hg.), Macht macht Frauen stark. Frauenpolitik für die 90er Jahre, Hamburg 1988
WIENER, Antje, Wider den theoretischen »Kessel«. Ideen zur Sprengung der binären Logik in der Neue Soziale Bewegungen-Forschung, in: Forschungsjournal Neue Soziale Bewegungen 2, 1992, S. 34-43
WIESEN-COOK, Blanche, Female Support Networks and Political Activism: Lilian Wald, Crystal Eastman and Emma Goldman, in: Blanche Wiesen-Cook, Women and Support Networks, New York 1979, S. 13-41
WIGGERSHAUS, Renate, Geschichte der Frauen und der Frauenbewegung: In der Bundesrepublik Deutschland und in der Deutschen Demokratischen Republik nach 1945, Wuppertal 1979
WISCHERMANN, Ulla u.a. (Hg.), Staatsbürgerinnen zwischen Partei und Bewegung. Frauenpolitik in Hessen 1945 bis 1955, Frankfurt am Main 1993
WOBBE, Theresa, Gleichheit und Differenz. Politische Strategien von Frauenrechtlerinnen um die Jahrhundertwende, Frankfurt am Main 1989
WOLF, Christa, Vorwort zu Maxie Wander: »Guten Morgen, du Schöne«. Frauen in der DDR. Protokolle, Darmstadt/Neuwied 1978
WUNDERLE, Michaela, Politik der Subjektivität. Texte der italienischen Frauenbewegung, Frankfurt am Main 1977
ZAHN-HARNACK, Agnes v., Die Frauenbewegung. Geschichte, Probleme, Ziele, Berlin 1928

Anja Wolde
Geschlechterverhältnis und gesellschaftliche Transformationsprozesse

1. Einleitung

Die Beiträge dieses Bandes gruppieren sich um zwei zentrale Problemfelder sozialwissenschaftlicher Frauenforschung: um die Frage nach der sozialen Konstruktion von Geschlecht und um die Analyse des Geschlechterverhältnisses als gesellschaftlichem Strukturzusammenhang. Hier sollen verschiedene Ansätze vorgestellt werden, die der letztgenannten Forschungsperspektive zuzurechnen sind. Es geht um die Arbeiten von Ursula *Beer,* Ute *Gerhard* und Regina *Becker-Schmidt.* Die Aufmerksamkeit dieser Autorinnen richtet sich auf die Untersuchung der Wechselwirkungen zwischen gesellschaftlichen Transformationsprozessen und Veränderungen im Geschlechterverhältnis. Sie gehen davon aus, daß die Hierarchie der Geschlechter als soziale Ungleichheit nur im Zusammenhang mit übergreifenden gesellschaftlichen Verhältnissen zu verstehen ist. Mit dieser gesellschaftstheoretischen Bezugnahme stehen alle drei Wissenschaftlerinnen in der Tradition der marxistischen und Kritischen Theorie. So knüpfen U. *Beer* und R. *Becker-Schmidt* an die marxistische Theorie insofern an, als sie in der Bestimmung geschlechtlicher Ungleichheiten klassenspezifische Disparitäten berücksichtigen. Ihrer Meinung nach ist die Marx'sche Untersuchung der industriell-kapitalistischen Vergesellschaftungsformen für eine Analyse des Geschlechterverhältnisses in methodischer und herrschaftstheoretischer Perspektive durchaus relevant. »Es handelt sich um die einzige Theorietradition«, so U. *Beer,* »die den Anspruch erhebt, gesellschaftliche Strukturen und Prozesse in ihrem *inneren Zusammenhang* erfassen zu können. Als krisentheoretischer Entwurf hebt sie weiterhin auf die Analyse und Erfassung gesellschaftlicher *Ungleichheit* ab [...]. Und ein dritter wichtiger Punkt: das Modell müßte es erlauben, *demographischen Wandel* in die Betrachtung einzubeziehen. [...] Ein weiterer Vorzug gegenüber anderen ökonomischen, letztlich auch soziologischen Sichtweisen: dieses Theoriemodell nimmt in Anspruch, gesellschaftliche Sachverhalte in ihrem *historischen Gewordensein* erklären zu können.« (*Beer,* 1990, S. 19; Hervorh. im Orig.) Dabei haben jedoch die Theoriekonzepte beider Autorinnen eine unterschiedliche Reichweite: wie noch zu zeigen sein wird, nimmt R. *Becker-Schmidt* Gesellschaft als Strukturzusammenhang anders in den Blick als U. *Beer.* Die Arbeiten von U. *Gerhard* wiederum unterscheiden sich, indem sie sich auf Theorien sozialer Bewegungen – insbesondere der Frauenbewegungen – konzentriert. Dabei greift sie zum einen auf die rechtssoziologischen Positionen der Kritischen Justiz zurück, die sich mit der Marx'schen Ideologiekritik auseinandergesetzt hat. Zum anderen bezieht sie sich auf die herrschaftssoziologischen Arbeiten Max *Webers.* Trotz der Gemeinsamkeiten in der Ausgangsposition, nämlich gesellschaftstheoretisch zu argumentieren, gibt es also Unterschiede in den Zugangsweisen und Fragestellungen.

U. *Beer* befaßt sich in ihrer Studie »Geschlecht, Struktur, Geschichte« (1990) vorrangig mit dem sozio-ökonomischen Zusammenhang zwischen materieller und generativer gesellschaftlicher Reproduktion. Beide Dimensionen, so ihre These, die produktive wie die generativ-reproduktive, müssen berücksichtigt werden, um Aussagen über die Organisation des Geschlechterverhältnisses treffen zu können. Sie fragt daher, wie Wirtschaftsweise und Bevölkerungserhalt in die Gesellschaft eingelassen sind und welchen Formwandel diese im Übergang von der feudal-ständischen zur bürgerlich-kapitalistischen Gesellschaft erfahren. Das ist der Focus ihrer historisch-empirischen Untersuchung, die sich vor allem mit dem Verhältnis von Tradierung und Veränderung in Rechtsverhältnissen befaßt.

Auch U. *Gerhard* konzentriert sich in ihren Untersuchungen auf die Rechtsverhältnisse im Zeitraum des Umbruchs von der ständischen zur bürgerlich-kapitalistischen Gesellschaft. Anders als U. *Beer* hebt sie den Widerspruch im Recht hervor, einerseits Gleichheit zu garantieren, andererseits bestimmte Populationen – vor allem Frauen – davon auszuschließen. Dieser im Recht enthaltene Antagonismus, so ihre These, ist Herausforderung und Bezugspunkt sozialer Bewegungen. Indem sie das Auseinanderklaffen zwischen allgemeiner Rechtsentwicklung und der Rechtsungleichheit von Frauen herausarbeitet, lenkt sie gleichzeitig die Aufmerksamkeit auf die historischen Kämpfe der Frauenbewegung, auf die Konflikte und politischen Aushandlungsprozesse, die die Rechtssetzung mitbestimmten.

R. *Becker-Schmidt* nimmt in ihren Arbeiten gegenüber U. *Beer* eine gesellschaftstheoretische, gegenüber U. *Gerhard* eine subjekttheoretische Erweiterung vor. In gesellschaftstheoretischer Perspektive fragt sie danach, wie sich die historische Formbestimmtheit westlicher Industrienationen in der Organisation des Geschlechterverhältnisses niederschlägt und umgekehrt, in welcher Weise die Formationen im Geschlechterverhältnis als gesellschaftliches Gliederungsprinzip wirken. Unter subjekttheoretischen Fragestellungen beschäftigt sie sich mit der psychosozialen Genese von Handlungspotentialen. In kritischer Auseinandersetzung mit der Psychoanalyse kristallisiert sie geschlechtsspezifische Individuationsprozesse heraus und zeigt, wie diese sich in weiblichen und männlichen Biographiezusammenhängen ausdrücken (siehe hierzu ihren Beitrag in diesem Band).

Im folgenden sollen diese drei Ansätze ausführlicher betrachtet und hinsichtlich ihrer unterschiedlichen Reichweite, aber auch ihrer jeweiligen Anschlußstellen für weiterführende Fragen diskutiert werden. Im Zentrum steht die Untersuchung von U. *Beer*. Sie hat mit ihrem erweiterten Verständnis sozialer Reproduktion einen neuen gesellschaftstheoretischen Zugang zur Analyse der Geschlechterungleichheit hervorgebracht.

2. Geschlecht als sozialer Strukturzusammenhang[1]

In ihrer Studie »Geschlecht, Struktur, Geschichte« (1990) entfaltet Ursula *Beer* ein Konzept, mit dem sie theoretisch und historisch-empirisch aufzeigen will, daß Ungleichheiten im Geschlechterverhältnis auf einen komplexen Strukturzusammenhang zurückzuführen sind: auf die Art und Weise, wie die Organisation der materiellen und die der generativen Reproduktion innerhalb bestimmter Eigentumsverhältnisse aufeinander abgestimmt sind.[2] Dabei knüpft sie an eine Einsicht des historischen Materialismus an, die in späteren marxistischen Positionen verloren geht. Bei *Engels* heißt es: »Nach der materialistischen Auffassung ist das in letzter Instanz bestimmende Moment in der Geschichte: die Produktion und Reproduktion des unmittelbaren Lebens. Diese ist aber selbst wieder doppelter Art. Einerseits die Erzeugung von Lebensmitteln, von Gegenständen der Nahrung, Kleidung, Wohnung und den dazu erforderlichen Werkzeugen; andererseits die Erzeugung der Menschen selbst, die Fortpflanzung der Gattung. Die gesellschaftlichen Einrichtungen, unter denen die Menschen einer bestimmten Geschichtsepoche und eines bestimmten Landes leben, werden bedingt durch beide Arten der Produktion: durch die Entwicklungsstufe einerseits der Arbeit, andererseits der Familie.« (*Engels*, 1884, S. 8) In den Hauptwerken der Politischen Ökonomie rückt jedoch die Produktionssphäre als Sphäre der Kapitalakkumulation in den Mittelpunkt der Gesellschaftsanalyse. Nichtmarktvermittelte Arbeit, Generativität und Bevölkerungserhalt fallen aus der Konzeption gesellschaftlicher Reproduktion heraus. Diese unterschlagene Dimension führt U. *Beer* wieder in die Gesellschaftstheorie ein. Im Anschluß an die Marx-Interpretationen von Louis *Althusser* und Maurice *Godelier* entwickelt sie ein Strukturkonzept, mit dem sie die historische Transformation der Vergesellschaftung von Arbeit und Generativität im Geschlechterverhältnis analytisch miteinbeziehen kann. In diesem Kontext wird von ihr auch der Marx'sche Begriff der Produktivkraft subjekttheoretisch erweitert: die Fähigkeit neues Leben zu erzeugen und zu erhalten, gehört zu den menschlichen Potentialen, von denen das Weiterbestehen sozialer Gebilde abhängt. Zudem haben die Individuen mit ihren je spezifischen Fähigkeiten ein Geschlecht – sie sind Männer und Frauen.

Fassen wir zusammen, um welche Elemente U. *Beer* mit ihrer Annahme, daß die soziale Reproduktion von zwei Arbeits- und Produktionsbereichen abhängt, die sozio-ökonomische Analyse der Gesellschaft erweitert und damit das Geschlechterverhältnis in das Zentrum rückt:

- die Differenzierung zwischen markt- und nicht-marktvermittelter Arbeit, eine Unterscheidung, die zugleich eine geschlechtsspezifische Trennungslinie darstellt (vgl. *Beer,* 1990, S. 22);

- Produktionen in der Bedeutung des generativen gesellschaftlichen Bestandserhalts;

- die Frage nach dem Zusammenwirken von Ungleichzeitigkeiten im Geschlechter- und Klassenverhältnis, sobald industriekapitalistische Gesellschaften analysiert werden.

Im Rahmen dieses Konzepts entwickelt U. *Beer* folgende Forschungsfragen:

- »Kann vom *Verhältnis* der Geschlechter als einem *strukturell* in diese Gesellschaft eingelassenen, sozialen Verhältnis gesprochen werden?

- Wie kam es in seiner gegenwärtigen Verfaßheit zustande, in welcher Relation steht es zur Sozialstruktur warenproduzierender Gesellschaften?

- Kann dieses soziale Verhältnis als grundlegend für geschlechtsspezifische Ressourcenzuweisungen wie ›Arbeit‹ und ›Einkommen‹ betrachtet werden, indem es Frauen und Männern *ungleiche* Lebens- und Erwerbschancen zuweist?« (*Beer,* 1990, S. 21, Hervorh. im Orig.)

Wie erfaßt nun U. *Beer* kategorial die Strukturzusammenhänge, die sie aufdecken will?

In Anlehnung an ein marxistisches Totalitätsverständnis nimmt sie an, daß alles Gesellschaftliche zueinander in einem inneren Konnex steht. Gesellschaftliche Zusammenhänge sind vieldimensional. Für den Zusammenhang von Gesamtgesellschaft und Geschlechterverhältnis bedeutet das: »Menschliche Subjekte erfahren eine (geschlechtsspezifische) Vergesellschaftung ihres Arbeits- und ihres generativen Vermögens: sie figurieren als Lohn- oder Familienarbeitskraft, auf historisch-besondere Art und Weise als Mütter oder Väter, sind menschliche Produktivkraft aber auch als ›Kapitalist‹ oder patriarchaler Nutznießer von Familienarbeitskraft.« (*Beer*, 1990, S. 147) U. *Beer* setzt also folgende Strukturen zueinander in Beziehung: Strukturen der Arbeitsteilung, Strukturen der Bevölkerungsweise und Autoritätsstrukturen. Diese Elemente sind auf einer übergeordneten Ebene durch zwei gesellschaftliche Verhältnisse miteinander verbunden, durch die Eigentums- sowie durch die Rechtsverhältnisse. Die Frage nach Konstanz und Wandel gesellschaftlicher Strukturen zielt auf diese Komplexität ab.

Im Übergang von agrarisch-handwerklich-ständischen Verhältnissen zu kapitalistisch-industriellen kristallisieren sich zwei Gliederungsprinzipien der Sozialstruktur heraus: die Geschlechtertrennung und die Klassentrennung. Der Nachweis, daß Geschlecht ein zentrales Strukturprinzip der modernen Gesellschaft ist, erfordert forschungslogisch eine Erweiterung des begrifflichen Rasters. Es wird von U. *Beer* »am Beispiel der historischen Wirtschafts- und Familieneinheit konzipiert, die sich im Laufe der Industrialisierung in verschiedene gesellschaftliche Institutionen ausdifferenziert: das kapitalistische Wirtschaftsunternehmen, die Kleinfamilie bürgerlicher und proletarischer Prägung und in die Systeme der sozialen Sicherung. Diese drei Institutionen übernehmen die Aufgaben, die einstmals den agrarisch-handwerklichen Wirtschafts- und Familienverbänden zufielen: die gesellschaftliche Organisation von Arbeit, die Erwirtschaftung eines Mehrprodukts, die generative Reproduktion und subsidiäre Existenzsicherung vermittels staatlicher Transfers. Der Akzent der Darstellung liegt auf den beiden erstgenannten Dimensionen. Aussagen über die generative Reproduktion [...] beziehen sich auf damit verbundene Arbeitsteilungen und suchen einen Bezug herzustellen zu bestimmten Eigentums- und Besitzformen. Analoges gilt für die Dimension ›soziale Sicherungssysteme‹. Sie werden in dem Maße in die Betrachtung einbezogen, wie sich in ihnen der Wandel von einer Natural- zu einer Geld- und Warenwirtschaft artikuliert.« (*Beer*, 1990, S. 147f.) Was U. *Beer* anstrebt, ist also eine Analyse des Formwandels von der historischen

Wirtschafts- und Familieneinheit im Feudalismus zu der Ausdifferenzierung gesellschaftlicher Sphären im industriellen Kapitalismus. Der Formwandel, den sie im Auge hat, betrifft in erster Linie Rechtsverhältnisse, in denen sich allerdings auch veränderte Eigentums- und Familienstrukturen ausdrücken.

Wenn U. *Beer* fragt, ob das Verhältnis der Geschlechter als ein soziales Verhältnis verstanden werden kann, auf welche Verhältnisbestimmungen zielt sie dann ab? Einmal geht es um die Art und Weise wie die beiden Genus-Gruppen unter dem Aspekt der Verfügung über Einkommen, Arbeitsleistungen und Generativität zueinander in Relation gesetzt sind. Hier konstatiert sie – wie wir noch sehen werden – nicht nur ein Verhältnis der Über- und Unterordnung, sondern eines der doppelten Kontrolle, die in der patriarchalen Geschlechterordnung Männer über Frauen haben. Diese Relationierung wird eingebettet in gesellschaftliche Verhältnisse, die für die Organisation der Geschlechterordnung die Rahmenbedingungen abgeben: materielle und generative Produktionsverhältnisse, Eigentumsverhältnisse, Rechtsverhältnisse.

U. *Beer* geht davon aus, daß gesellschaftlicher Wandel sich in der Veränderung der Vergesellschaftungsformen niederschlägt. Der Begriff »Vergesellschaftungsform« bezieht sich dabei vor allem auf die unterschiedliche Integration der beiden Genus-Gruppen in die Gesellschaft, aber auch auf die veränderten Organisationsweisen in den einzelnen sozialen Sphären: Familie, Erwerbssphäre, politische Sphäre. Wie diese Sphären nun wiederum in der Formation der Gesellschaft als Ganzer zueinander in Beziehung treten, das bleibt unbestimmt.

Anhand dieser ausdifferenzierten Begrifflichkeit wird das Geschlechterverhältnis – seine Genese in Arbeitsteilung und Existenzsicherung – an historisch-empirischem Material aus Geschichtsforschung, Rechtsgeschichte und Frauenarbeitsforschung untersucht.

3. Agrarisch-feudalistische Gesellschaft und ständischer Patriarchalismus: Codifizierung der Geschlechterungleichheit im Familien-, Dienst- und Gesinderecht

Als Rechtsgrundlage der agrarisch-ständischen Gesellschaft untersucht U. *Beer* exemplarisch das 1794 in Kraft getretene Allgemeine Preußische Landrecht (ALR), welches immerhin für 42,6% der Deutschen Gültigkeit hatte und das eine wesentliche Grundlage für das 1900 eingeführte Bürgerliche Gesetzbuch (BGB) bildete. Zusätzlich analysiert sie die seit 1810 vom ALR abgekoppelte Gesindeordnung sowie das im Untersuchungszeitraum geltende Dienstvertragsrecht. Das Familienrecht des ALR, so hält sie fest, definiert das Geschlechterverhältnis nach strikt patriarchalischen Grundsätzen. Die Rechtsstellung des Mannes als »Haupt der häuslichen Gesellschaft« zeichnet sich durch umfassende Entscheidungsbefugnisse hinsichtlich der Lebensgestaltung aller Familienmitglieder aus (*Beer*, 1990, S. 168). Dies betraf vor allem die Verfügung über die Arbeitskraft der Ehefrau, über deren Vermögen und ihr Einkommen, sofern sie einer außerhäuslichen Arbeit nachgehen durfte bzw. sofern die Verfügungsmacht über Einkommen aus Grund und Boden von dem Vater der Ehefrau auf den Ehemann übertragen war.[3] Das patriarchalische Familienoberhaupt verfügte zudem über das Recht der Heiratsbeschränkung, das gegenüber den ehelichen Kindern und dem Dienstpersonal geltend gemacht werden konnte. Die Bestimmungen des ALR über die Heiratserlaubnis untersagten zudem allen besitzlosen Personen die Eheschließung. Neben den Ehebeschränkungen, die das Familienoberhaupt verhängen konnte, gab es auch politische Begrenzungen, die sich im Bürger-, Heimat- und Niederlassungsrecht, sowie in den Armengesetzen niederschlugen. Ergänzend zu U. *Beer* weist K. *Braun* (1993) auf die zünftischen Heiratskontrollen hin. Die Möglichkeit der Heirat war bis zur Einführung der vollen Gewerbefreiheit (1868) qua Zunftrecht an den Meisterstatus und an die Gründung eines eigenen Hausstandes, also an Besitz, gekoppelt. Die Versuche einer bevölkerungspolitischen Kontrolle der Besitz- und Landlosen durch Heiratsverbote hatten U. *Beer* zufolge die Funktion, die Vermehrung einer mittellosen Bevölkerung zu begrenzen und damit die generative gesellschaftliche Reproduktion zu sichern, sowie das Arbeitsverhalten und die Lebensführung des Gesindes und der Dienstabhängigen zu kontrollieren. Letztlich dienten sie dem Zweck, die Eigentums- und Verteilungsrelationen der feudalen Gesellschaft aufrechtzuerhalten (vgl. *Beer*, 1990, S. 237).

Auch die Gesindeordnung und das Dienstvertragsrecht ermöglichten dem Dienstherrn, die Generativität zu kontrollieren. Ledigen schwangeren Dienstabhängigen wurde mit Arbeitsplatzverlust und Strafverfolgung gedroht. Ansonsten waren beide Rechtsordnungen in ihren Bestimmungen eher geschlechtsneutral. Eine Geschlechtsspezifik bestand allerdings bezüglich des Umfangs, in dem beide Ordnungen für Frauen und Männer galten. Die sehr restriktiven Bestimmungen der Gesindeordnung betrafen zu Ende des 19. Jahrhunderts in hohem Maße Frauen, deren prozentualer Anteil am Gesinde mit der Industrialisierung beständig stieg. Das Dienstvertragsrecht hatte vergleichsweise freizügige Regelungen. Unter seine Bestimmung fielen Beschäftigte qualifizierter Berufe und Aufgabenbereiche in Handwerk, Industrie und Handel. Die qualifizierteren Tätigkeitsfelder waren zunächst eher Domänen von Männern, allerdings gab es im Laufe der Zeit geschlechtliche Verschiebungen. Hier zeichneten sich bereits Schließungsprozesse auf dem Arbeitsmarkt gegenüber weiblicher Arbeitskraft ab, die die Entstehung einer veränderten geschlechtlichen Arbeitsteilung mitbestimmten. Beiden Rechtsordnungen war gemein, daß der Dienstherr über weitreichende Kontroll- und Machtbefugnisse gegenüber den Dienstabhängigen und dem Gesinde verfügte.

U. *Beer* betrachtet die Teilgebiete des Rechts nicht additiv, sondern nimmt die Überschneidungen und die untergründige wechselseitige Bezogenheit der einzelnen Rechtssphären in den Blick. Sie zeigt auf, daß sich in der Überlappung scheinbar getrennter Rechtssphären zu einem Rechtskomplex Vergesellschaftungsmodi ausdrücken, die auf einer grundsätzlich an Eigentum von Grund und Boden gebundenen Verfügungsgewalt über Arbeitskraft und Generativität beruhen, die dem männlichen Familienoberhaupt und Eigentümer in ›Personalunion‹ zufällt. Daher läßt sich die ständische Gesellschaft als ›patriarchale‹ bezeichnen. Sowohl die Vergesellschaftung von Arbeit als auch von Generativität verläuft geschlechtsdifferent. Die Kontrolle der Arbeitskraft der ledigen, eigentumslosen Frau oblag dem Dienstherren. Sobald sie heiratete, verlor der Dienstherr zwar die Verfügung über sie, aber sie wurde abhängig von ihrem Ehemann, der nun von ihrer Arbeitskraft profitieren konnte. Die familienrechtlichen Bestimmungen machten zur Norm, daß sich die Frau dem Willen des Ehemannes unterzuordnen hatte. Dies hatte zugleich Auswirkungen auf die Inhalte und die soziale Bewertung der den Frauen zugewiesenen Arbeit. Die Koppelung familienrechtlicher Bestimmungen mit gesinde- und dienstvertraglichen Regelungen bedeutete für die Frauen »eine Verdoppelung patriarchaler Kontrollen« (*Beer*, 1990, S. 188f.). Diese Rechtsordnungen, so U. *Beer,* bilden in ihrem inneren Zusammenhang einen wichtigen Stabilitätsfaktor im Übergang von der alten zur neuen Wirtschafts- und Bevölkerungsweise.

Zusammenfassend läßt sich festhalten: Die Organisation des Geschlechterverhältnisses in der feudalen Gesellschaft ist also bereits wesentlich durch im Recht codifizierte Formen der Arbeitsteilung und der Kontrolle der Generativität institutionalisiert. Durch die enge Verbindung von Eigentum und Kontrollbefugnissen über Arbeitskraft und Generativität sicherte der ständische Patriarchalismus die bestehenden Besitzverhältnisse ab. Er ist daher keinesfalls nur Ausdruck von persönlicher Herrschaft, sondern strukturell verankert.

4. Konstanz und Wandel des Geschlechterverhältnisses im Umbruch von der feudalen zur industriekapitalistischen Gesellschaft

Mit der Transformation von der agrarischen zur industriellen Produktionsweise löste sich die ständische Gesellschaft auf. Obgleich sich auch das Geschlechterverhältnis im Übergang zur bürgerlichen, kapitalistisch-industriellen Gesellschaft veränderte, blieben wesentliche Bestimmungsmomente der sozialen Ungleichheit zwischen den Geschlechtern bestehen. Warum, so fragt U. *Beer*, führt die Herausbildung der kapitalistischen Wirtschaftsweise nicht dazu, daß Frauen von der männlichen Kontrolle und Verfügungsgewalt über ihr Arbeitsvermögen und ihre Generativität befreit werden? Gibt es eine objektive gesellschaftliche Notwendigkeit für die spezifische Form geschlechtsdifferenter Vergesellschaftung von Arbeitskraft und Generativität in der modernen Gesellschaft?

Im Zuge der Aufhebung der Erbuntertänigkeit, der Einführung der Gewerbefreiheit sowie der Ablösung des Heimatprinzips in der Armenfürsorge löste sich die Bindung der Individuen an die traditionellen sozialen Verbände. Die alte Wirtschafts- und Familieneinheit zerfiel. Mit der Trennung von Familie und Erwerb verlor die bisherige bevölkerungspolitische Kontrolle der Dienstabhängigen vermittels Heiratsbeschränkungen für die neuen Unternehmer ihren Sinn. Das »Prinzip der Bevölkerungsbegrenzung in Anpassung an Existenzmöglichkeiten« wurde als gesellschaftliches obsolet (*Braun*, 1993, S. 49). Für die kapitalistische Produktionsweise erwies sich eine generative Beschränkung der arbeitsfähigen Bevölkerung sogar als dysfunktional. Funktional war vielmehr eine »relative Überbevölkerung« (*Marx*), da sie Lohn- und Disziplinierungsdruck ausübte und die Flexibilität des Kapitals steigern konnte.

Das mit der Auflösung traditioneller Lebensformen im 18. und in der ersten Hälfte des 19. Jahrhunderts einhergehende enorme Wachstum vor allem der besitzlosen Bevölkerung erzeugte einen starken sozialen Druck. Auf der einen Seite konnte die kapitalistische Produktionsweise hier Erwerbs- und damit Existenzmöglichkeiten zur Verfügung stellen. Auf der anderen Seite wurden jedoch von den kapitalistischen Wirtschaftsunternehmen, die in ihren Interessen einseitig auf die Produktion eines Mehrwertes ausgerichtet waren und von der Konkurrenz auf dem Arbeitsmarkt profitierten, die Erfordernisse der generativen und der individuellen Reproduktion der Arbeitskraft nicht berücksichtigt. Der Unterhalt der Arbeitskräfte und der nachfolgenden Generation, der zuvor durch Ehebeschränkungen sowie durch die normativen Verpflichtungen der Dienstherren zu Fürsorgeleistungen zumindest einigermaßen gewährleistet war, wurde prekär. Da die Absicherung der generativen und individuellen Reproduktion nicht mit den Verwertungsinteressen des Kapitals übereinstimmt, gleichwohl aber zentral für die gesamtgesellschaftliche Reproduktion ist, entsteht eine »objektive Problemlage« (*Braun*). Die Instanz, die allein Formen zur Lösung dieser Reproduktionsprobleme einrichten kann, ist der Staat. Dessen charakteristisches Organisationsmittel ist das Recht.[4]

In den Rechtskodifikationen der bürgerlich-kapitalistischen Gesellschaft blieben die in der ständischen Rechtsordnung verankerten Kontroll- und Machtbefugnisse der Ehemänner über die unentgeltliche familiale Arbeit, die Generativität und die Erwerbsarbeit der Ehefrauen erhalten. Das Entscheidungsrecht des Ehemannes »in allen das gemeinschaftliche eheliche Leben betreffenden Angelegenheiten« z.B. fand als § 1354 Eingang in das 1896 im Reichstag verabschiedete BGB und war bis 1953 geltendes Recht (*Gerhard,* 1990, S. 118). Die Aufhebung der Heiratsbeschränkungen – bei gleichzeitiger Konstanz der ehe- und familienrechtlichen Bestimmungen – ermöglichte die Ausdehnung des ständischen Familienrechtsmodells auf die besitzlose Bevölkerung. Sie bildete die Voraussetzung für die Verallgemeinerung der ehelich-familialen Lebensweise und damit auch für die Verallgemeinerung der Hausarbeit als familienvermittelter-unentgeltlicher Arbeitsform (vgl. *Beer,* 1990, S. 244). Die rechtlich codifizierte individuell-familiale Verfügung über die Reproduktionsleistungen der Ehefrau verringerte zugleich die Erwerbschancen von Frauen und vergrößerte die von Männern, denen nunmehr die Rolle des »Familienernährers« zukommt. In diesem Zusammenhang konstatiert U. *Beer* eine Kumulation von Benachteilungen, die Frauen aufgrund ihres Geschlechts und ihrer Klassenzugehörigkeit erfahren. »Die quantitative Ausdehnung des Umfangs, in dem weibliche Arbeitskraft über Eheschließung und Familiengründung vom einzelnen Mann als Familienvorstand genutzt werden kann, entzieht gerade denjenigen Frauen die Möglichkeit einer Verberuflichung ihrer Arbeitskraft, die als Besitzlose auf Erwerb(sarbeit) zur Existenzsicherung angewiesen sind.« (*Beer,* 1990, S. 235)

Die patriarchale Familienform stellt U. *Beer* zufolge die Grundlage für einen »familialen Sekundärpatriarchalismus«[5] dar: Die notwendigen generativen Versorgungsleistungen wurden den Ehefrauen übertragen. Sie gerieten damit zugleich in eine ökonomische Abhängigkeit von ihren Ehemännern. Mit der Durchsetzung der patriarchalen Familienform als normatives Modell in allen sozialen Schichten konnten die wesentlichen

Bedingungen zur Sicherung der individuell-familialen und generativen Reproduktion geschaffen werden.

Neben der familialen Ausformung hat der Sekundärpatriarchalismus auch eine marktvermittelte Dimension. Der von U. *Beer* zur Kennzeichnung des Patriarchalismus in der bürgerlich-kapitalistischen Gesellschaft verwandte Begriff eines »doppelten Sekundärpatriarchalismus« verweist in diesem Sinn auf die Übernahme vorkapitalistischer Strukturen der Männerherrschaft, die mit der Ausdifferenzierung in unterschiedliche soziale Sphären im Kapitalismus als neu belebte Patriarchalismen in den einzelnen gesellschaftlichen Bereichen jeweils gesondert funktionalisiert werden konnten. Der Patriarchalismus, der sich mit der neuen Wirtschafts- und Bevölkerungsweise vereinbar zeigt, besaß jedoch deutlich andere Merkmale als der der ständischen Gesellschaft. Der Sekundär-Patriarchalismus erhält sich nicht mehr in erster Linie über das Eigentum an Grund und Boden. Die zuvor an die Verfügung über Eigentum gebundenen Kontroll- und Verfügungsrechte gehen nun über auf die Inhaber verschiedener gesellschaftlicher Positionen: die Eigentümer an den Produktionsmitteln, die Inhaber von Leitungsfunktionen, die politischen Funktionsträger, aber auch auf die Eigentümer der Ware Arbeitskraft. Die »Transformation des alten zu einem neuen Patriarchalismus« so *Beer*, »war [...] vor allem eine quantitative und über Geld vermittelte Erscheinung« (*Beer*, 1990, S. 252). Der geldvermittelte Sekundärpatriarchalismus industrialisierter Gesellschaften bildete »einen zentralen Transmissionsriemen für die Funktionsfähigkeit der Marktwirtschaft« (*Beer*, 1990, S. 263). Nach wie vor sichert er die Eigentumsverfassung der Gesellschaft ab (vgl. *Beer*, 1990, S. 236).

Die familiale Arbeitsteilung ließ sich also nur durchsetzen, indem Männer auch außerhalb des Hauses Machtpositionen einnehmen und monopolisieren konnten. Neben der Benachteiligung durch familienrechtliche Bindungen sind im Prozeß der Konstituierung von Berufen Schließungsprozesse gegenüber Frauen wirksam gewesen, die die weibliche Arbeitskraft aus privilegierten Bereichen ausgrenzten und in die unteren Ränge, auf randständige Arbeiten mit geringem Einkommen und niedrigem gesellschaftlichen Status, verwiesen. Unter Rückgriff auf statistische Untersuchungen von Angelika *Willms-Herget* (1985) zeichnet U. *Beer* folgendes Bild der geschlechtsspezifischen Kanalisierung von Arbeitskraft: Mit der Expansion vorhandener Erwerbszweige und der Entstehung neuer verließen Männer zunehmend Erwerbsbereiche mit rückständigen Technologien und besetzten die »modernen Segmente« des Arbeitsmarktes. Verblieben die Männer in den »alten« Arbeitsfeldern, besetzten sie eher die oberen Ränge dieser Bereiche. Vor allem junge und ledige Frauen rückten in die von Männern verlassenen Branchen und Positionen nach, oder nahmen in neuen Erwerbsbereichen die unteren Positionen ein. Mit der Eröffnung neuer und besserer Erwerbschancen wanderten diese wiederum ab und boten damit Platz für verheiratete und ältere Frauen. Unterstützt wurde dieser Prozeß, indem Frauen vielfach von dem Erwerb neuer Qualifikationen ausgeschlossen wurden. Diese Feminisierung von Arbeitsformen in den unteren Bereichen der Erwerbsarbeit sowie in den unentgeltlichen Arbeitsfeldern gilt U. *Beer* als Indiz dafür, daß die kapitalistische Produktionsweise bestehende Geschlechterungleichheit transformierte und zugleich adaptierte (vgl. *Beer* 1990, S. 226). Als treibende soziale Kraft, die die Geschlechterungleichheit fortschreibt, benennt sie neben dem Bürgertum die Vertretung der Industriearbeiterschaft. An den normativen Regelungen über Zugangsmöglichkeiten zu Berufen waren Institutionen wie Gewerkschaften, Berufsverbände, Parteien aktiv beteiligt. Männerbündische Interessen konnten sich im Zusammenhang sozialer Schließungsprozesse unter den spezifischen Bedingungen eines von Konkurrenz geprägten Arbeitsmarktes formieren. Klassenungleichheit und Geschlechterungleichheit verschränkten sich im Kapitalismus.

U. *Beer* weist für die von ihr untersuchte Umbruchphase nach, daß die rechtlichen Regulierungen, durch welche die Arbeitskraft von Frauen an die Familie gebunden wurde, dazu führten, Männer aller Schichten in der Familie und auf dem Markt zu privilegieren. Durch den Ausschluß von Frauen aus existenzsichernden Arbeitsverhältnissen konnten Männer sich bessere Erwerbschancen und Machtpositionen im Lohnarbeitsverhältnis sichern; Ehemännern blieb die Vormachtsstellung in der Familie bewahrt.

Seinen Nachdruck erhielt der Prozeß der geschlechtlichen Arbeitsteilung durch die gesellschaftliche Notwendigkeit, neue gesellschaftliche Lösungen zur Regelung der generativen Reproduktion zu finden. In dem Maße, wie sich die patriarchale Eheform verallgemeinerte, wurde weibliche Arbeitskraft für unentgeltliche Versorgungsarbeiten rekrutiert. Das stellte die Form der Lösung der Reproduktionsprobleme dar. Mit der von Frauen erbrachten familienvermittelt-unentgeltlichen Versorgungsarbeit, rechtlich abgesichert über das Ehe- und Unterhaltsrecht, haben sich naturalwirtschaftliche Elemente unter warenwirtschaftlichen Bedingungen erhalten können, derer die kapitalistische Gesellschaft bedarf, um sich reproduzieren zu können (vgl. *Beer*, 1990, S. 246).

Historisch eingeleitet wurde diese Entwicklung durch den inneren Zusammenhang dreier scheinbar voneinander unabhängiger Rechtssysteme: dem Familien-, Eigentums- und Arbeitsrecht. In allen drei Rechtsordnungen wurde die Verfügungsgewalt über das Arbeitsvermögen und die Generativität von Frauen nach einer einheitlichen patriarchalen Logik codifiziert. Diese rechtliche Formierung von Herrschaft fand Eingang in alle soziale Bereiche, die sich im Prozeß der Industrialisierung herausbildeten: Familie, Erwerbssphäre und Systeme sozialer Sicherung. Über die Rechtsverhältnisse konnten sich also Strukturen männlicher Vormacht über alle gesellschaftlichen Sektoren hinweg zusammenschließen und für die neue Eigentumsordnung nutzbar machen lassen. Bezogen auf geschlechtsspezifische Vergesellschaftungsprozesse bedeutet dies nicht nur, daß sich Formen struktureller Benachteiligung von Frauen quer durch alle sozialen Bereiche ziehen, sondern daß sie sich jeweils auch wechselseitig bedingen und aufschichten. Die Vergesellschaftung des Arbeits- und des Fortpflanzungsvermögens von Frauen unterliegt dabei zwei verschiedenen, ungleichzeitigen Herrschaftbestimmungen: einer (sekundär-)patriarchalischen und einer kapitalistischen. Zusammenhangstiftendes Prinzip zwischen Kapitalismus und Sekundärpatriarchalismus, zwischen Markt- und Versorgungsökonomie, ist die geschlechtsdifferente Vergesellschaftung von Lohnarbeitskraft, über die in kapitalistischen Gesellschaften Geschlechterungleichheit Eingang in die Marktökonomie findet und sich zugleich reproduziert. Die vermeintliche Geschlechtsneutralität der kapitalistischen Produktionsweise wiederum bringt es mit sich, daß die Durchgängigkeit geschlechtshierarchischer Arbeitsteilung verdeckt bleibt (vgl. *Aulenbacher*/Siegel, 1993, S. 67ff.).

U. *Beer* bestimmt also zwei Vergesellschaftungsmodi, die grundlegend sind für die Aufrechterhaltung von Geschlechterungleichheit in der bürgerlich-kapitalistischen Gesellschaft: das Klassen- und das Geschlechterverhältnis. Beide Herrschaftsverhältnisse sind eng aufeinander bezogen und gehen eine sich gegenseitig stabilisierende Verbindung ein. Sie faßt zusammen: »Im Klassenverhältnis wird die Ungleichheit der Geschlechter über ihre Zugehörigkeit zu einer der beiden Klassen gestiftet [...]. Geschlechter*ungleichheit* wird mit diesem Argument noch nicht begründet; gesagt wird lediglich, daß Klassen aus Geschlechtern bestehen. Sie resultiert im Lohnarbeitsverhältnis aus den beiden Merkmalen sekundärpatriarchalischer Vergesellschaftung: Ungleichheit im Zugang zu Erwerbschancen als solchen und diese noch einmal verdoppelt durch Ungleichheit im Zugang zu ›Verfügungsgewalt‹, zu Macht- und Einflußmöglichkeiten. Diese spezifische Form von Ungleichheit korrespondiert mit einem außermarktlichen Sekundärpatriarchalismus, primär über die Familienform vermittel, der das eine Geschlecht vom anderen ökonomisch abhängig macht und allein dem einen Geschlecht generative Versorgungsleistungen abverlangt. Diese strukturtheoretische Begründung einer Doppelung von Ungleichheit in der Verfügung über und in der Aneignung des Sozialprodukts stellt die Warenwirtschaft einer Naturalwirtschaft gegenüber und verbindet beide miteinander: keine kann ohne die andere überleben; beide sind in ihrer Funktionsfähigkeit aufeinander angewiesen.« (*Beer*, 1990, S. 267)

U. *Beers* eingangs skizzierten kategorialen Überlegungen lassen sich nun anhand ihrer historisch-empirischen Analyse verifizieren. Sie weist nach, daß mit der Transformation der Wirtschaftsweise auch die Bevölkerungsweise einem Formwandel unterliegt. Dabei arbeitet sie einen zentralen Widerspruch heraus, der im Zuge des gesellschaftlichen Wandels aufbricht: Mit der Herausbildung der kapitalistischen Produktionsweise und der damit einhergehenden Ausdifferenzierung der sozialen Sphären wird die bisherige Form der Regulierung des Bevölkerungserhalts – durch Ehebeschränkungen und ständische Sicherungssysteme – gesellschaftlich obsolet; gleichzeitig haben die neuen kapitalistischen Wirtschaftsunternehmen objektiv kein Interesse, die Absicherung der generativen und individuellen Reproduktion zu gewährleisten. Die Lösung dieses Widerspruchs besteht darin, so konstatiert U. *Beer*, daß der Staat vermittels rechtlicher Normierungen die Erbringung dieser gesellschaftlich notwendigen Reproduktionsleistungen garantiert. Sie zeigt auf, daß die Rechtsverhältnisse, insbesondere die familienrechtlichen Bestimmungen, sich in dieser Umbruchphase im wesentlichen als konstant erweisen. Im Zusammenhang mit der Aufhebung bevölkerungspolitischer Kontrollen konnte sich so die ehelich-familiale Lebensform auf alle sozialen Schichten ausdehnen. Beides, die Transformation der Wirtschafts- und der Bevölkerungsweise, bei gleichzeitiger Konstanz rechtlicher Bestimmungen, führte auch zu Veränderungen im Geschlechterverhältnis: der Patriarchalismus konnte sich verallgemeinern und fand in neuer Gestalt Eingang in alle sozialen Bereiche.

Rein kapitalismusimmanent ist U. *Beer* zufolge allerdings nicht zu erklären, warum es Frauen sind, die für die generative Reproduktion der Gesellschaft zuständig gemacht werden. Für die Aufrechterhaltung der kapitalistischen Produktionsweise ist es *formal* gleichgültig, welches Geschlecht seine Ware Arbeitskraft anbietet. Ebenso spielt für die kapitalistische Produktion das Geschlecht der (Haus-)Arbeitskraft keine Rolle, solang die generative und tägliche Reproduktion der Ware Arbeitskraft geleistet wird. Die nicht-marktvermittelte Versorgungsarbeit hätte also aus dieser Perspektive auch von Männern und Frauen gemeinsam erbracht werden können. Daß es Frauen sind, die die unbezahlte generative Versorgungsarbeit übernehmen müssen, begründet *Beer* folgendermaßen: »Doch die Arbeit von Frauen galt von Alters her als minderbedeutend im Vergleich mit der von Männern; sie unterlagen, wenn lohnabhängig, bereits seit Jahrhunderten einer Lohndiskriminierung, ihre Person verkörperte schon immer das mindere – besondere – andere Geschlecht (*Knapp*) – im Vergleich mit Männern. Frauen besaßen weder wirtschaftlichen noch politischen Einfluß, waren vielmehr Objekt solcher Einflußnahmen. Aus allen diesen Gründen boten sie sich geradezu als diejenige gesellschaftliche Gruppe an, die unter kapitalistischen Bedingungen für Aufgaben vorgesehen werden konnte, für die eine Warenwirtschaft keine Anwendung hatte, die deren Rationalitätskriterien zuwiderlief, mit denen aber gleichzeitig gesellschaftlicher Bestandserhalt gewährleistet werden konnte.« (*Beer*, 1990, S. 247) Tradierte Formen der Minderbewertung von Frauen und der von ihnen ausgeführten Tätigkeiten sind demnach für die Reproduktion und Erneuerung geschlechtshierarchischer Arbeitsteilung zentral und tragen zugleich dazu bei, die Funktionsfähigkeit der kapitalistischen Marktwirtschaft aufrechtzuerhalten. Dieser Zusammenhang selbst müßte allerdings noch historisch präzisiert werden. In gesellschaftstheoretischer Perspektive läge ein Weg in diese Richtung in der Frage, inwieweit eine Beziehung besteht zwischen der gesellschaftlichen Abwertung von Frauen und dem unterschiedlichen Wert, der in industriell-kapitalistischen Gesellschaften den einzelnen sozialen Sphären beigemessen wird, in denen die Geschlechter auf unterschiedliche Weise positioniert sind. Zudem müßte die Analyse auch zur Seite der symbolisch-kulturellen Vermittlung von Herrschaftsinteressen geöffnet werden (vgl. *Becker-Schmidt*, 1992, S. 235). Hier sind noch viel Fragen offen.

5. Herrschaft und Widerstand

Während U. *Beer* Rechtsveränderungen in erster Linie als Resultat strukturellen Wandels betrachtet, treten in den Analysen von Ute *Gerhard* die Konflikte und Aushandlungsprozesse in den Vordergrund, die in den Prozeß der Rechtssetzung eingehen, und die ihrerseits gesellschaftliche Strukturen mitbestimmen.

Recht steht, wie U. *Gerhard* in nahezu allen ihren Arbeiten hervorhebt, »janusköpfig zwischen Gewalt und Emanzipation. Da es bis in die Gegenwart hinein immer wieder der Verfestigung oder auch Reorganisation des Patriarchats gedient hat, ist die Analyse des Rechts ein unerläßlicher Bestandteil bei der Untersuchung des Formwandels des Patriarchats. Gleichzeitig und dennoch greifen die konstituierenden Prinzipien bürgerlichen Rechts – Freiheit, Gleichheit und die Allgemeinheit der Gesetze – das Patriarchat als Gewaltverhältnis und als Vorrang eines Einzelnen an.« (*Gerhard* u.a., 1983, S. 60) Diese Zweischneidigkeit des Rechts als Herrschaftsinstrument einerseits, als Mittel zur Begrenzung von Gewalt andererseits, macht es möglich, daß Recht zugleich Bezugspunkt für Emanzipationspolitik – auch für Frauen – sein kann. Für die Geschichte patriarchaler Rechtsverhältnisse ist aus dieser Perspektive das historische Kräfteverhältnis zwischen männlichen Herrschaftsinteressen und dem Widerstand von Frauen zentral. Wichtig wird damit aber auch die Frage der Mitwirkung von Frauen an der Aufrechterhaltung männlicher Dominanz. Die Beteiligung von Frauen lenkt den Blick zugleich auf die »Veränderbarkeit patriarchalischer Verhältnisse« (*Gerhard*, 1990b, S. 75).[6]

Für den Zeitraum des ausgehenden 18. und den ersten Jahrzehnten des 19. Jahrhunderts konstatiert U. *Gerhard* eine ›Legitimationskrise‹ patriarchaler Herrschaft. Diese ist nicht nur auf die mit dem Wandel der Produktionsweise einhergehenden strukturellen Veränderungen zurückzuführen, sondern auch darauf, daß die aus der Aufklärung entspringenden Ideen von Gleichheit, Freiheit und Gerechtigkeit als soziale und politische Forderungen eine eigene Dynamik gewannen und Ansatzpunkte für Frauen boten, ein Recht auf Gleichheit einzuklagen. Die auf Gewohnheit beruhenden Legitimationen der Ungleichbehandlung und Unterordnung von Frauen trugen nicht mehr und mußten durch neue Legitimationsmuster ersetzt werden.

Der Übergang vom ständischen zu einem bürgerlichen Patriarchalismus ist also nicht reibungslos vor sich gegangen, sondern war ein langwieriger Prozeß voller Konflikte und Kämpfe um die Aufrechterhaltung von Geschlechterprivilegien. Frauen schlossen sich im Vormärz zum erstenmal in Deutschland zur Organisation ihrer Interessen in Frauenvereinen zusammen. Sie nahmen teil an der sozialen Bewegung des Vormärz und kämpften für die Erringung bürgerlicher Freiheiten sowie für die Demokratisierung und Einigung Deutschlands (vgl. *Gerhard*, 1990, S. 75f.). Erst die 1848 gescheiterte bürgerliche Revolution markierte die Wende zu einem neuen, bürgerlichen und reaktionären Patriarchalismus, der sich mit Hilfe des Rechts, insbesondere des bürgerlichen Familienrechts konsolidierte (vgl. *Gerhard*, 1978, S. 154; *Gerhard* u.a., 1983, S. 62). »Dieses Patriarchat war bürgerlich, weil sein wichtigster Ort, Herrschaft über Frauen auszuüben, die bürgerliche Familie war. [...] Das Patriarchat war reaktionär, weil es als Reaktion, ›im Gegenstoß‹ (*König*, 1974) auf die mit der Umwälzung der Produktionsverhältnisse und der Entwicklung der Produktivkräfte mögliche und befürchtete ›bürgerliche Verbesserung der Weiber‹ (Th.G. v. Hippel) entstanden ist.« (*Gerhard* u.a., 1983, S. 62) Nach U. *Gerhard* liegt der Grund der »Reaktion« der Männer vor allem in der Angst vor dem Verlust von Geschlechtsprivilegien.

Die vernunftrechtlichen ideologischen Konstruktionen der Geschlechterdifferenz trugen entscheidend zur Unterstützung und Legitimation der geschlechtsspezifischen Zuordnung der Arbeits- und Wirkungsbereiche, der Festlegung der Frau auf eine abhängige, dem Mann untergeordnete Rolle und der Herrschaftsbefugnis des Mannes über Frau und Familie, und damit zu einer Etablierung eines »neuen, spezifisch bürgerlich Patriarchalismus« (*Gerhard*) bei. Auch Frauen hatten ihren Anteil daran, daß diese Diskurse eine große gesellschaftliche Relevanz erlangen konnten: Die Konzepte »polarer Geschlechtscharaktere« (*Hausen*, 1978), in denen die Aufgabenzuweisung an die Geschlechter durch die komplementären Eigenschaften von Männern und Frauen bestimmt wurden, wurden von vielen Frauen übernommen und zum positiven Bezugspunkt eigener Ortsbestimmung gemacht. Der die Aufklärungsdiskurse durchziehende Widerspruch zwischen Gleichheitsversprechen und dem Ausschluß von Frauen aus diesen Gleichheitsvorstellungen blieb jedoch von nun an für Frauen virulent, bot Anknüpfungsmöglichkeiten für Egalitätsforderungen und Bestrebungen nach Autonomiegewinn. U. *Gerhard* macht dies in ihren Untersuchungen der frühen deutschen Frauenbewegung immer wieder deutlich.

Als wichtigste Stütze des bürgerlichen Patriarchalismus bezeichnet U. *Gerhard* die Restitution der väterlichen und ehemännlichen Gewalt durch die »Geschlechtsvormundschaft«. Die Geschlechtsvormundschaft gilt für sie »als Paradigma einer Patriarchatsanalyse« (*Gerhard*, 1990, S. 166). »Die Geschlechtsvormundschaft oder (altdeutsch) Munt-Gewalt bezeichnet ein Rechts-, richtiger ein Gewaltverhältnis deutsch-rechtlicher Tradition, sie ist eine besondere Form der Geschäftsunfähigkeit, der alle Frauen, auch die unverheirateten unterliegen. [...] Trotz der Vielfalt der Ausprägungen beinhaltet ›Geschlechtsvormundschaft‹ in der Regel, daß Frauen bestimmte, eigentlich fast alle Rechtshandlungen nicht ohne männlichen Beistand vornehmen konnten.« (*Gerhard*, 1990, S. 151) Sie besaßen keine Prozeßvollmacht, benötigten zur Ehe- und zum Verlöbnis die Einwilligung des Vormunds, bei Vermögensregelungen, testamentarischen Verfügungen etc. waren ihre eigenständigen Rechtshandlungen ungültig. 1886 entschied das deutsche Reichsgericht, daß »auch da, wo die Geschlechtsvormundschaft gesetzlich beseitigt war, die eheliche Vormundschaft aufrechterhalten wurde.« (Entscheidungen des Reichsgerichts in Zivilsachen, Leipzig 1887, zit.n. *Gerhard*, 1990, S. 153) Damit wurde die hausherrliche Gewalt erneut institutionalisiert. U. *Gerhard* sieht in der neuen Form männlicher Vormachtstellung im Hause »das Strukturprinzip patriarchaler Herrschaft« (*Gerhard*, 1990, S. 163), dessen wesentliches Merkmal – zumindest bis zum Ende des zweiten Weltkrieges bzw. in rechtlicher Hinsicht bis zur Eherechtsreform 1977 – die »sehr persönliche, direkte Herrschaft von Männern als einzelne über einzelne Frauen« ist (*Gerhard*, 1990b, S. 74). Die bürgerlich-patriarchalen Familienverhältnisse wirkten sich, wie sie beschreibt, auch auf die allgemeine Rechtsfähigkeit von Frauen aus. Sie geht davon aus, daß »die bürgerliche Eheform vorzüglich dazu geeignet war, die Frauen durch die Unterwerfung unter ein ›privatrechtliches Gewaltverhältnis‹ von der allgemeinen Rechtsentwicklung auszuschließen« (*Gerhard*, 1978, S. 186). So richteten sich denn auch die Rechtskämpfe von Frauen am Ende des 19. Jahrhunderts vor allem gegen die restriktiven Bestimmungen im Ehe- und Vormundschaftsgesetz.

Neben der zentralen Funktion, die U. *Gerhard* der rechtlich codifizierten Form persönlicher Herrschaft von Ehemännern für die Restitution von Geschlechterungleichheit zumißt, nimmt sie einen weiteren wichtigen Aspekt für eine gesellschaftstheoretische Bestimmung des Patriarchats in ihre Analyse auf: männliche Koalitionen zwischen Angehörigen der verschiedenen Klassen, die zur Folge haben, daß die Benachteiligung von Frauen vermittels rechtlicher Bestimmungen auch in der Erwerbssphäre, der Politik und den Systemen sozialer Sicherheit institutionalisiert werden konnte. Ein innerer Zusammenhang beider Herrschaftsformen, so U. *Gerhard*, besteht darin, daß es vor allem die Interessen der Familienväter an der Sicherung ihrer persönlichen Vorrechte sind, die in den Zusammenschlüssen von Männern zum Ausdruck kommen. Ihr zufolge steht auch am Anfang des Sozialstaats, »ein Männerbündnis, ein patriarchalischer und klassenübergreifender Kompromiß auf Kosten aller Frauen, nämlich das Bündnis zwischen den Vertretern von Kapital und Arbeit« (*Gerhard*, 1990b, S. 76). Sie bezeichnet die bisherige Sozialpolitik als ein »Instrument patriarchaler Herrschaft« (*Gerhard*, 1988, S. 33), das zur Aufrechterhaltung der geschlechtshierarchischen Arbeitsteilung beiträgt, wovon Männer sowohl in der Familie, als auch auf dem Arbeitsmarkt und in den Systemen sozialer Sicherung profitieren. Ursache der Ungleichheit der Geschlechter im Sozialstaat ist die unter ökonomischen Gesichtspunkten erfolgende Minderbewertung und Nichtbeachtung der Arbeit von Frauen, sowohl auf dem Markt, als auch in der Sozialstaatspolitik. Durch die fast durchgängige Anbindung sozialstaatlicher Leistungen an Erwerbseinkommen und die sozialrechtliche Privilegierung der Hausfrauenehe, wird auch über die Systeme sozialer Sicherheit die Hierarchie im Geschlechterverhältnis aufrechterhalten und reproduziert.

Mit der Bezugnahme auf klassenübergreifende männliche Koalitionen im Rahmen staatlicher Tätigkeit bleibt die Aufmerksamkeit von *Gerhard* auf die Politik- und Aushandlungsprozesse bezogen, deren Resultate für die Ausgestaltung der Geschlechterbeziehungen und für die institutionelle Verankerung eines hierarchischen Geschlechterverhältnisses richtungsweisend sind. Stärker als U. *Beer* nimmt sie hierbei die Mechanismen und Instrumente der Ausgrenzung und Unterordnung von Frauen in den Blick. Indem sie die Gleichzeitigkeit von Gleichheit und Differenzen zwischen Männern hervorhebt, eröffnet sie zudem die Möglichkeit zu fragen, welche Interessen Arbeitnehmer sowie Eigentümer der Produktionsmittel an der gesellschaftlichen Benachteiligung von Frauen haben und welche, vielleicht differierenden Motive, diesen Interessen unterlegt sind. Hier wäre zugleich ein Ansatzpunkt gefunden, beide Herrschaftsformen – der auf die Familie bezogene Patriarchalismus und männliche Allianzen in der Erwerbssphäre und Politik – zueinander in Beziehung zu setzen. Der Verweis, daß Männer ihre Vormachtstellung in der Familie nicht aufgeben wollen, reicht allein nicht aus, um die Durchgängigkeit der Diskriminierung von Frauen zu begründen. U. *Gerhard* geht der Frage nach dem Zusammenhang dieser beiden Herrschaftsformen jedoch nicht weiter nach. Um diesen systematisch zu erschließen, müßte sie wie U. *Beer* die spezifischen Bedingungen des von Konkurrenz geprägten Arbeitsmarktes – Konkurrenzen zwischen Männern, zwischen Frauen aber auch zwischen den Geschlechtern – in die Analyse einbeziehen. Aus diesem Blickwinkel zeigt sich z.B., daß die Trennung und Hierarchie zwischen den Genus-Gruppen durchaus auch im Interesse der kapitalistischen Wirtschaftsunternehmen liegt: die Konkurrenz zwischen den Geschlechtern ermöglicht es den Arbeitgebern, die Klassensolidarität zu schwächen und sich die Arbeitskraft von Frauen billig anzueignen.

Allerdings kann U. *Gerhard* nachweisen, welchen wichtigen Stellenwert das Familienrecht für die Organisation des Geschlechterverhältnisses einnimmt. In ihrer Analyse kommt – stärker noch als bei U. *Beer* – zum Ausdruck, daß in dem Prozeß gesellschaftlichen Wandels ›alte‹ Patriarchalismen in den differenten gesellschaftlichen Bereichen mit jeweils unterschiedlicher Gewichtung tradiert und neu institutionalisiert werden konnten: im größerem Maße als die Erwerbssphäre und andere öffentliche Sphären unterliegt die Familie einer patriarchalen Form der Vergesellschaftung. Hier deutet sich an, wie sich der eher handlungstheoretische, an der Geschichte der Frauenbewegung orientierte Ansatz von U. *Gerhard* in eine soziostrukturelle Analyse gesellschaftlicher Handlungsbedingungen überführen ließe. Die Familie wird nicht in gleicher Weise der gesellschaftlichen Rationalisierung ausgesetzt, wie das in den direkt marktvermittelten sozialen Bereichen der Fall ist. Diese Ungleichzeitigkeit, die die gesellschaftliche Stellung der Frauen in der Rangordnung der

Sphären bestimmt, und die sich in einem patriarchalem Ehe- und Familienrecht ausdrückt, macht sich im Geschlechterverhältnis insgesamt geltend (vgl. *Becker-Schmidt,* 1991).

Mit der Analyse von Rechtsverhältnissen, die selbst Bestandteil der Strukturen gesellschaftlicher Produktion und Reproduktion sind, haben sowohl U. *Beer* als auch U. *Gerhard* Erklärungsansätze für die gesellschaftliche Unterordnung von Frauen in der bürgerlich-kapitalistischen Gesellschaft gefunden. Rechtsverhältnisse, so hält U. *Gerhard* fest, sind jedoch nur ein Aspekt eines Komplexes von Herrschaftsbeziehungen. Sie greift dabei zurück auf eine von *Manheim* vorgenommene Konzeptualisierung des Patriarchalismus, der diesen »als einen variablen Komplex typischer Herrschaftsbeziehungen« (*Manheim,* 1936, S. 527) bestimmt. Dabei handele es sich »um drei oft zusammenfallende, aber nicht identische Überordnungsverhältnisse: den Geschlechts-, den Alters- und Dienstpatriarchalismus« (*Manheim,* 1936, S. 527). U. *Gerhard* knüpft an *Manheims* Begriffsbestimmung an, die sich ihr zufolge auch auf die Analyse eines Patriarchalismus in der gegenwärtigen Gesellschaft übertragen lasse. Inhaltlich gewinnt dieser Begriff bei ihr jedoch eine neue Richtung: »Patriarchalismus«, so folgert sie, ist »sowohl historisch veränderbar als auch auf sehr unterschiedlichen Ebenen der Vergesellschaftung im einzelnen zu diagnostizieren [...], also nicht nur auf der Ebene der Ökonomie, des Eigentums oder der Arbeitsbeziehungen, sondern eben auch im Bereich der gesamten Kultur, der Sprache, in der Familie, in der Intimität, insbesondere Sexualität« (*Gerhard,* 1990b, S. 73f.). Eine Untersuchung dieser verschiedenen Dimensionen von Herrschaft in ihrem inneren gesellschaftlichen Zusammenhang steht bislang noch aus.

Hier, wie auch bei den Arbeitsergebnissen von U. *Beer,* werden Anknüpfungspunkte sichtbar für die Überlegungen zum Zusammenhang von gesellschaftlichen Verhältnissen und der sozialen Organisation von Geschlechterbeziehungen. Bei U. *Beer* wurde deutlich, daß die scheinbar getrennten Rechtssphären (Eigentums-, Familien- und Arbeitsrecht), in denen die patriarchalische Verfügungsmacht über die Generativität und das Arbeitsvermögen von Frauen codifiziert wurde, dennoch als gleichsinnige zusammengehören und gerade in ihrem Zusammenspiel die gesellschaftlich untergeordnete Stellung des weiblichen Geschlechts bestimmen. Dieses Resultat läßt sich in die Frage überführen, ob es ein ähnliches Strukturphänomen – die Gleichzeitigkeit von Trennung und unterschwelliger Bezogenheit – auch in der Organisation der gesamtgesellschaftlichen Reproduktion gibt, welche in der Moderne auf die Ausdifferenzierung arbeitsteilig funktionierender sozialer Teilbereiche angewiesen ist. Und weiter: gibt es eine gesellschaftliche Rangordnung zwischen den ausdifferenzierten gesellschaftlichen Bereichen? Bei U. *Gerhard* zeichnete sich ab, daß die Familie als Sphäre der privaten Regeneration und Reproduktion im Zuge bürgerlicher Emanzipationsbewegungen nicht in gleicher Weise von Patriarchalismen befreit wurde wie die marktvermittelten Sphären. Die Bevormundung von Frauen, die faktische Ungleichstellung des weiblichen Geschlechts hat mit dieser Ungleichzeitigkeit offensichtlich etwas zu tun. Gibt es also einen Zusammenhang zwischen einer gesellschaftlichen Hierarchisierung der sozialen Sphären, auf denen die gesamtgesellschaftliche Reproduktion beruht, und den Hierarchien im Geschlechterverhältnis?

Ich gehe auf die Antworten, die R. *Becker-Schmidt* auf diese Fragen zu geben versucht, hier nur kurz ein, da sie bereits in der Einleitung zu diesem Band behandelt werden. Sie bezieht sich in ihren Überlegungen nicht direkt auf die Arbeiten von U. *Beer* und U. *Gerhard*. Ihr gesellschaftstheoretischer Ansatz hat sich Schritt für Schritt aus den Forschungszusammenhängen entwickelt, die sie mit anderen Sozialwissenschaftlerinnen in Hannover organisierte. Diese Entwicklungslinien sollen im Folgenden skizziert werden.

6. Gesellschaftliche Formbestimmtheit und die Organisation des Geschlechterverhältnisses

Regina *Becker-Schmidt* knüpft in ihren gesellschaftstheoretischen Perspektiven an die Kritische Theorie *Horkheimers* und *Adornos* an. Sie tut dies auf dreierlei Weise.

Wie die frühe Frankfurter Schule hält *Becker-Schmidt* daran fest, daß Gesellschaft als ein Funktionszusammenhang zu denken ist, der sich – durch dynamische, auch krisenhafte Prozesse hindurch – arbeitsteilig reproduziert (vgl. *Becker-Schmidt*, 1991, S. 383ff.). Auch für *Becker-Schmidt* impliziert fortschreitende Vergesellschaftung, daß es keine sozialen Verhältnisse gibt, die nicht durch gesamtgesellschaftliche Konstellationen vermittelt sind (vgl. *Adorno*, 1972, S. 10ff.). Desweiteren übernimmt sie von *Horkheimer* und *Adorno* die Orientierung, daß gesellschaftliche Zusammenhänge solange Widerspruchsanalysen sein müssen, wie menschliche Belange und sich verselbständigende institutionelle Zielsetzungen divergieren (vgl. *Becker-Schmidt*, 1991b, S. 213).

Gleichzeitig grenzt sie sich als Feministin von *Horkheimer* und *Adorno* ab, indem sie fragt, woran es liegt, daß das Geschlechterverhältnis als struktureller Zusammenhang in der Gesellschaftstheorie der Frankfurter

Schule keinen Stellenwert hat. Sie beantwortet die Frage folgendermaßen: »Ich denke, dafür gibt es vor allem drei Gründe. Zum einen ist der zentrale Begriff, der hierarchische gesellschaftliche Verhältnisse charakterisiert, für *Adorno* und *Horkheimer* der der Klasse. Er verdeckt den des Geschlechts als Strukturkategorie. Sie fragen nach der Veränderung von Klassenverhältnissen und bleiben so auf die industrielle Produktionssphäre und die politischen Machtmonopole fixiert. [...] Ein weiteres Herrschaftsgefüge, das des Patriarchats, wird von ihnen nicht weiter untersucht.

Zum anderen übersehen *Adorno* und *Horkheimer,* daß die Geschlechtertrennung nicht nur durch Grenzziehungen zwischen Privatheit und Öffentlichkeit markiert ist. Die geschlechtshierarchische Arbeitsteilung, über die ganz wesentlich materielle Gratifikationen, soziale Anerkennung und zeitliche Ressourcen distribuiert werden, strukturiert alle wesentlichen gesellschaftlichen Bereiche: Familie, Erwerbssphäre, Arbeitsmarkt und Kultur.

Zum dritten nehmen *Adorno* und *Horkheimer* in ihre Überlegungen nicht auf, daß Frauen schon seit langem Grenzgängerinnen zwischen privaten und öffentlichen Bereichen sind. Erwerbs- und Familienarbeit austarieren zu müssen, ist für das weibliche Geschlecht kein neues Phänomen; es zu können, keine neue Erfahrung.

Frauen sind doppelt vergesellschaftet: in der familialen Reproduktionssphäre und in der außerhäuslichen Arbeitswelt. Das schließt auch ein, daß ihre Sozialisation eine doppelte Orientierung hat: berufliche Qualifizierung und Vorbereitung auf die Aufgaben, die im Privatleben anfallen.

Da *Adorno* und *Horkheimer* diese Mehrdimensionalität nicht sehen, können sie auch keinen differenzierten Bezug zum weiblichen Lebenszusammenhang als eine widersprüchlichen Einheit von Integration und Ausgrenzung, Vielseitigkeit und Vereinseitigung herstellen.« (*Becker-Schmidt,* 1991a, S. 747f.).

Dazu kommt eine weitere Kritik an *Adorno.* In dem Interview mit J. *Früchtl* und M. *Calloni* bemerkt R. *Becker-Schmidt:* »Ich habe immer den Satz von *Adorno* akzeptieren können, daß Theorie und empirische Forschung sich nicht auf einem Kontinuum abbilden lassen. Aber ich habe nicht akzeptieren können, daß sich Theorie nicht soweit konkretisieren läßt, daß sie in der Lage ist, die vitalen Lebensprozesse und Erfahrungen von Menschen zu erfassen.« (*Becker-Schmidt,* 1991b, S. 213).

Diese Doppelbewegung – Orientierung an und Distanzierung von der frühen Frankfurter Schule – markiert den theoretischen Ansatz, mit dem R. *Becker-Schmidt* das Geschlechterverhältnis zu erfassen versucht. Ihre gesellschaftstheoretische Bestimmung des Geschlechterverhältnisses entstand im Wechselspiel von empirischer und begrifflicher Arbeit. Wesentlicher Anstoß für die These, daß der weibliche Lebenszusammenhang in konturierterer und vehementerer Weise von Widersprüchen durchzogen ist als der von Männern, waren Ergebnisse des in den 80er Jahren realisierten Projektes »Probleme lohnabhängig arbeitender Mütter« (Projektleitung: R. *Becker-Schmidt;* wissenschaftliche Mitarbeiterinnen: Mechthild *Rumpf,* Ute *Brandes-Erlhoff,* Beate *Schmidt*). Wichtigster Befund dieser Studie war die Einsicht, daß Arbeiterinnen – wie Frauen aus anderen sozialen Schichten heute – nicht mehr zwischen Familie oder Beruf entscheiden wollen, sondern Anspruch auf beides erheben. Sie sehen sich von Isolation, mangelnden Aneignungschancen und finanzieller Abhängigkeit vom Ehemann bedroht, wenn sie auf eine marktvermittelte Tätigkeit verzichten; und sie sind nicht bereit, um einer Erwerbstätigkeit willen Kinder und Privatleben hintanzustellen. Diese Doppelorientierung bringt ihnen vielfältige Belastungen ein, die sich sozialpsychologisch vor allem als Zwang charakterisieren lassen, sowohl im Wechsel zwischen den Bereichen ›Familie‹ und ›Fabrik‹, als auch in jedem der beiden Praxisfelder immanent widersprüchliche Verhaltensanforderungen austarieren zu müssen.

Die Kategorie ›Widerspruch‹ zielte auf eine umfassende Strukturanalyse der objektiven Realität ab, mit der Arbeiterinnen konfrontontiert sind. ›Fabrik‹ und ›Familie‹ wurden sowohl als voneinander gesonderte und differente gesellschaftliche Teilbereiche untersucht, die den weiblichen Lebenszusammenhang bestimmen, als auch zueinander ins Verhältnis gesetzt (*Becker-Schmidt*, 1983, S. 15ff.). Hier zeichnet sich bereits ab, in welche Richtung R. *Becker-Schmidt* weiterarbeiten wird. 1983 schreibt sie: »In der zweiwertigen Beanspruchung weiblichen Arbeitsvermögens – in der Familie, in der außerhäuslichen Arbeitswelt – liegt eine doppelte Problematik: eine objektive und eine subjektive.

Objektiv dilemmatisch ist die gesellschaftliche Organisation des Produktions- und Reproduktionszusammenhangs: obwohl beide sozialen Bereiche wechselseitig voneinander abhängig sind, ist weder die industrielle Arbeitswelt noch die Privatsphäre so eingerichtet, daß sie dieser Interdependenz Rechnung tragen. In dieser ›Rücksichtslosigkeit‹ drückt sich zum einen der politisch-ökonomische Primat der Produktionssphäre aus, zum anderen das Fortbestehen geschlechtsspezifischer häuslicher Arbeitsteilung, auch wenn Frauen berufstätig sind.

Die Abhängigkeit der Gesellschaft von beiden Arbeitsformen – der privaten wie der marktvermittelten – ist eindeutig: die Erwerbssphäre braucht die familialen Arbeitsleistungen: Sozialisation und Regeneration, weil diese die Arbeitskräfte für den Produktionsprozeß lebendig halten. Eine auf Wachstum angelegte Wirtschaft ist außerdem auf ein Arbeitskräftereservoir angewiesen, das die Frauen tendenziell einbezieht.

Die Organisation der außerhäuslichen Arbeitswelt ist wenig bekümmert darum, daß nach dem Acht-Stunden-Tag die Reproduktionsarbeit für die gesamte Familie geleistet werden muß. [...] Die Mehrzahl der Arbeiterfamilien ist auf die Erwerbsarbeit der Frauen angewiesen. Dennoch läßt sich eine annähernd gleichmäßige Verteilung der Hausarbeit, der Kinderversorgung und Erziehung gegen tradierte Autoritätsstrukturen und Formen der Arbeitsteilung nicht durchsetzen.

Diese geschlechtsspezifische Arbeitsteilung, die sich historisch mit der Herausbildung der isolierten Privatfamilie verschärft, steht dem beruflichen Engagement von Frauen entgegen.« (*Becker-Schmidt*, 1983, S. 24f.)

Zwei Motive klingen in dem Zitat bereits an: die Tatsache der doppelten Vergesellschaftung von Frauen und die Hypothese, daß die gesellschaftliche Stellung der weiblichen Genus-Gruppe etwas mit Hierarchien zwischen den sozialen Sphären (hier: materielle Produktion, familiale Privatsphäre) zu tun hat.

Die Frage, welche Bedeutung der doppelten Vergesellschaftung von Frauen zukommt, hat viele Dimensionen. Zum einen verweist sie – wie schon gezeigt – auf die Widerspruchsstrukturen im weiblichen Lebenszusammenhang. Zum anderen berührt sie die Formen, in der Frauen in häusliche und marktvermittelte Sphären integriert sind – einmal nach dem Prinzip der fast ungeteilten Inanspruchnahme ohne Entgeld, das andere Mal nach dem Prinzip des Einsatzes in segmentierte, minderbewertete Arbeitsfelder, der Marginalisierung und der Ausschließung (vgl. *Becker-Schmidt*, 1982, S. 412ff.) Desweiteren steht zur Debatte, daß die doppelte Vergesellschaftung von Frauen sich unter klassen- und ethniespezifischen Bedingungen vollzieht. Und – last but not least – gilt es zu bedenken, daß Geschlechterordnungen sowohl persönliche als auch sachliche Austauschprozesse regeln. Vor dem Hintergrund einer solchermaßen komplexen Strukturierung entwirft R. *Becker-Schmidt* ein multidimensionales Konzept von Geschlechterverhältnissen: »Im Geschlechterverhältnis sind die Austauschprozesse komplexer und deren Bedingungen vielschichtiger. Es werden nicht nur Arbeit und Existenzmittel zwischen den Geschlechtern ausgetauscht, sondern auch wechselseitig sexuelle und emotionale Ansprüche geltend gemacht. Auch hier gibt es Ausbeutungsverhältnisse, in denen der Mann mehr nimmt als er der Frau gibt. Aber das Tauschprinzip ist in den Privatverhältnissen der Paare nicht in allen Dimensionen in gleicher Weise rationalisiert und verregelt, wie wir das durchgängig in den Verträgen der Erwerbssphäre und des öffentlichen

Kommerzes vorfinden. Wir haben es im Geschlechterverhältnis mit Austauschprozessen auf zwei verschiedenen Ebenen zu tun: der häuslichen, in welche die öffentlich-rechtliche Stellung von Frauen und Männern hineinregiert und der außerhäuslichen, auf welche auch die familiale geschlechtliche Arbeitsteilung und Autoritätsstruktur Einfluß nimmt.

Das Geschlechterverhältnis beruht also nicht nur auf versachlichten gesellschaftlichen Ordnungsprinzipien (Gesetz, Brauch, Sitte, Verfügungsrechte über Eigentum und Arbeit, Geburtenkontrolle, Formen der Herrschaftssicherung), sondern auch auf persönlichen Beziehungen der Abhängigkeit und Anhänglichkeit. Die Hierarchien im Geschlechterverhältnis sind nicht auf ein Regulativ (Arbeitsteilung) oder eine Logik (ökonomische Verwertung) zurückzuführen. Zur Geschlechterrivalität gehört wesentlich der Kampf um die Kontrolle der generativen Reproduktion, einem Bereich, in dem Frauen Selbstbestimmung verlangen. In der Geschlechterrivalität stecken daher Konflikte sozialer Anerkennung, die über die Herrschafts-Knechtschafts-Problematik, wie sie sich unter Männern abspielt, weit hinausgehen. Die Erforschung der Geschlechterverhältnisse verfolgt darum viele Quellen der Herrschaft und ist auf Interdisziplinarität verwiesen, um der Verflochtenheit von anthropologischen, kulturellen, geschichtlichen, politischen, soziologischen und psychologischen Implikationen auf die Spur zu kommen.« (*Becker-Schmidt*, 1993, S. 45)

Kommen wir zurück zu einem Ausgangspunkt, mit dem R. *Becker-Schmidts* Anknüpfung an die Kritische Theorie bestimmt wurde: ihre von Adorno übernommene These, daß es kein soziales Verhältnis außerhalb gesellschaftlicher Vermittlung gibt. Konsequent untersucht sie unter diesem Aspekt, wie die Organisation des Geschlechterverhältnisses mit der Formation der Gesellschaft als Ganzer zusammenhängt.

Auf dem 25. Soziologentag, 1989 in Frankfurt am Main, formulierte R. *Becker-Schmidt* hierauf eine erste vorläufige Antwort. Die kapitalistische Industriegesellschaft ist – darüber herrscht in der Soziologie Einigkeit – ein komplexes Gebilde, in dem sich soziale Bereiche ausdifferenziert haben, die arbeitsteilig den Erhalt des Ganzen bewirken. Staat, Wirtschaft, Arbeitsmarkt, Familie – um hier nur einige zu nennen – sind voneinander getrennte soziale Sphären. Wie sind diese Einzelbereiche zueinander gesellschaftlich in Beziehung gesetzt? R. *Becker-Schmidt* arbeitet zwei in sich widersprüchliche Organisationsprinzipien heraus, die den Zusammenschluß der Einzelsegmente zum gesellschaftlichen Ganzen bestimmen. Zum einen sind zwar die einzelnen Sphären gegeneinander separiert und erfüllen in relativer Autonomie ihre Aufgaben für den »Systemerhalt«; dennoch müssen sie gegeneinander durchlässig sein, damit den wechselseitigen Abhängigkeiten im arbeitsteiligen Funktionszusammenhang Rechnung getragen werden kann. Zum zweiten sind zwar alle interdependenten Segmente für die gesellschaftliche Reproduktion gleichermaßen wichtig; dennoch gibt es aber eine eindeutige Rangordnung der sozialen Sphären. Die gesellschaftliche Formbestimmtheit moderner Industrienationen impliziert also das doppelte Paradox: Zusammenschluß ausdifferenzierter Sphären unter den Organisationsprinzipien von Trennung und Durchlässigkeit, von Interdependenz und Hierarchisierung und relative Selbstständigkeit der einzelnen Teilbereiche bei gleichzeitiger Hegemonie einzelner Segmente (Wirtschaft, Staat, Militär) (vgl. *Becker-Schmidt*, 1991).[7]

Die Formbestimmtheit der gesellschaftlichen Reproduktion, so *Becker-Schmidts* These, schlägt sich in der Geschlechterordnung nieder. Die Dominanz einzelner gesellschaftlicher Sphären gegenüber anderen – der Erwerbssphäre gegenüber der Familie – geht einher mit der Hierarchisierung der Geschlechter. Die Vorrangstellung der Produktion in Industrie und Dienstleistungsgewerbe gegenüber der Reproduktion in der Privatsphäre, die besteht, obwohl beides aufeinander verwiesen ist, spiegelt sich in der Vorrangstellung männlicher Erwerbstätigkeit: Marktvermittelter Arbeit von Männern wird mehr Wert (Geldwert und soziale Bewertung) zugemessen als den vorrangig von Frauen erbrachten unentgeltlichen Versorgungsleistungen. Deren marktvermittelte Arbeit wiederum wird geringer bewertet als die der Männer: zum einen, weil Frauen in der Erwerbssphäre durch horizontale und vertikale Schließungsprozesse faktisch auf die unteren Positionen mit geringem Einkommen verwiesen sind, zum anderen, weil normativ noch immer die Erwerbsarbeit von Frauen ihrer Familienarbeit nachgeordnet wird. Durch diese Rangordnung der Arbeitsformen wird auch – vermittelt über die Ernährerrolle – die männliche Vormachtstellung in der Familie gesichert (vgl. hierzu H. *Krüger* in diesem Band).

Die Gliederung der Gesellschaft in getrennte Sphären hat nach R. *Becker-Schmidt* für die Aufrechterhaltung geschlechtlicher Ungleichheit zudem die spezifische Funktion, »die Durchgängigkeit geschlechtshierarchischer Arbeitsteilung unsichtbar zu machen und damit auch die kumulativen Effekte der Vielschichtigkeit von Frauendiskriminierung der unmittelbaren Wahrnehmung zu entziehen« (1991, S. 393). Dadurch entsteht der Anschein, als seien die Benachteiligungen, die Frauen in allen Teilbereichen erfahren, in den jeweils einzelnen Bereichen verursacht und zu verorten, sichtbar werden sie nicht in ihrer Verflechtung. Es deutet sich an: Strukturen der geschlechtshierarchischen Arbeitsteilung und Machtverteilung sind an gesellschaftliche Herrschaftsformen zurückgekoppelt, wie umgekehrt hierarchische Geschlechterverhältnisse gesellschaftliche Arbeitsteilung und hegemoniale Differenzierung abstützen.

Gesellschaftliche Formbestimmtheit, die soziale Organisation des Geschlechterverhältnisses und geschlechtsdifferente Vergesellschaftung, so zeigte sich, stehen in einem engen Zusammenhang zueinander. Eine genauere Analyse dieses Zusammenhangs steht noch aus. Aufgabe weiterer feministischer Forschung zum Geschlechterverhältnis wäre es zu untersuchen, auf welche Weise die Dialektik von Zusammenschluß und Separierung, Trennung und Durchlässigkeit, Vereinheitlichung und Differenzierung die Lebens- und Praxiszusammenhänge von Frauen durchzieht. Eine solche gesellschaftstheoretisch fundierte Analyse würde auch Licht werfen auf strukturelle Konfliktkonstellationen, unter denen Frauen und Männer leben. Von hier aus ließen sich die Problemstellungen zu den Erfahrungen und Handlungsimpulsen der Subjekte öffnen.

Anmerkungen

1 Dieser Abschnitt ist in Anlehnung an die Vorlesung »Geschlecht als soziales Konstrukt – Geschlechterverhältnis als sozialer Strukturzusammenhang« entstanden, die R. *Becker-Schmidt* im Wintersemester 1994/95 in Wien gehalten hat.
2 Im Vordergrund steht also die sozio-ökonomische Dimension von Geschlechterungleichheit. Eine Vernachlässigung dieser Dimension hätte U. *Beer* zufolge zur Konsequenz, daß zur Erklärung von Benachteiligungen defizittheoretische Ansätze herangezogen werden: »Lassen sich keine strukturellen Barrieren nachweisen, die Frauen und Männer sozio-ökonomisch so plazieren, daß für Frauen mindere Erwerbs- und Lebenschancen hieraus resultieren, kann es nur am Verhalten, an den Einstellungen der Frauen liegen, wenn sie sich, als soziale Gruppe, in einer im Vergleich mit Männern benachteiligenden Lebenssituation befinden, die sich in einer prekären Existenzsicherung artikuliert.« (*Beer*, 1990, S. 12)
3 Die Patriarchalismen der familienrechtlichen Bestimmungen des ALR sind bereits ausführlich in verschiedenen anderen Untersuchungen diskutiert worden (vgl. u.a. *Gerhard*, 1978, 1990a; *Kroj*, 1988; *Alder*, 1989; *Weber-Will*, 1983).
4 Eine genauere Analyse staatlicher Tätigkeit nimmt U. *Beer* allerdings im Weiteren nicht vor. Eine eingehendere Bestimmung der Rolle, die Staat und Politik bei der Tradierung und der Transformation der Hierarchie im Geschlechterverhältnis einnehmen, unternimmt K. *Braun* in ihrer Studie »Gewerbeordnung und Geschlechtertrennung« (1993) am Beispiel der politischen Durchsetzung der Gewerbeverordnungsnovellen.
5 Den Begriff »Sekundärpatriarchalismus« entlehnt U. *Beer* bei *Mitterauer/Sieder*, die mit ihm die »Zählebigkeit familialer Verhaltensstrukturen« bezeichnen, mit

denen in Familien unselbständiger Erwerbstätiger »überkommenen Autoritätsverhältnisse ungebrochen« fortgesetzt werden (*Mitterauer/Sieder* 1977, S. 92). *Mitterauer/Sieder* beziehen sich damit auf R. *König* (1974), der diesen Begriff geprägt hat. U. *Beer* gibt ihm eine andere Wendung: »Der Rekurs auf einen solchen Sekundärpatriarchalismus besitzt eine sehr viel weitreichendere Bedeutung, die sich nicht auf innerfamiliale Autoritätsbeziehungen beschränkt.« (*Beer*, 1990, S. 249)

6 U. *Gerhard* bezieht sich bei diesen Überlegungen auf Max *Webers* Herrschaftssoziologie. M. *Weber* zufolge stiftet sich die Legitimität von Herrschaft durch den spezifischen Glauben der »Gewaltunterworfenen« (*Weber*) an die Legitimität. Sowohl die traditionale als auch die bürokratische Herrschaftsform findet »ihre inneren Stützen letztlich in der Fügsamkeit der Gewaltunterworfenen gegenüber ›Normen‹« (*Weber*, 1976, S. 580).

7 Dieser Ansatz wird in späteren Schriften weiterentwickelt (vgl. *Becker-Schmidt/Dölling*, 1994; *Becker-Schmidt*, 1994).

Literatur

ADORNO, Theodor W., Gesellschaft, in: Theodor W. Adorno, Gesammelte Schriften 8, Soziologische Schriften 1, Frankfurt am Main 1972

ALDER, Doris, Im »wahren Paradies der Weiber«? Naturrecht und rechtliche Wirklichkeit der Frauen im preußischen Landrecht, in: Schmidt-Linsenhoff, Viktoria (Hg.), Sklavin oder Bürgerin? Marburg 1989, S. 206-222

AULENBACHER, Brigitte/Tilla SIEGEL, Industrielle Entwicklung, soziale Differenzierung, Reorganisation des Geschlechterverhältnisses, in: Petra Frerichs/Margareta Steinrücke, Soziale Ungleichheit und Geschlechterverhältnis, Opladen 1993, S. 65-98

BECKER-SCHMIDT, Regina, Entfremdete Aneignung, gestörte Anerkennung, Lernprozesse: Über die Bedeutung von Erwerbsarbeit von Frauen, in: Joachim Matthes (Hg.), Krise der Arbeitsgesellschaft, Verhandlungen des 21. Deutschen Soziologentags in Bamberg 1982, Frankfurt am Main/New York 1982

BECKER-SCHMIDT, Regina, Widerspruch und Ambivalenz: Theoretische Überlegungen, methodische Umsetzungen, erste Ergebnisse zum Projekt:»Probleme lohnabhängig arbeitender Mütter«, in: Regina Becker-Schmidt/Uta Brandes-Erlhoff/Mechthild Rumpf/Beate Schmidt, Arbeitsleben – Lebensarbeit. Konflikte und Erfahrungen von Fabrikarbeiterinnen, Bonn-Bad Godesberg 1983

BECKER-SCHMIDT, Regina, Individuum, Klasse und Geschlecht aus der Perspektive der Kritischen Theorie, in: Wolfgang Zapf (Hg.), Verhandlungen des 25. Deutschen Soziologentages in Frankfurt am Main 1990, Frankfurt am Main/New York 1991, S. 383-394

BECKER-SCHMIDT, Regina, Identitätslogik und Gewalt, Zum Verhältnis von Kritischer Theorie und Feminismus, in: Joachim Müller-Warden/Harald Welzer, Fragmente kritischer Theorie, Tübingen 1991a

BECKER-SCHMIDT, Regina, Wenn die Frauen erst einmal Frauen sein könnten. in: Joseph Früchtl/ Maria Calloni (Hg.), Geist gegen den Zeitgeist, Frankfurt am Main 1991b

BECKER-SCHMIDT, Regina, Geschlechterverhältnis als Herrschaftsgefüge. Frauenpolitische Strategien, in: Christine Kulke/Heidi Kopp-Degethoff/Ulrike Ramming (Hg.), Wider das schlichte Vergessen. Der deutsch-deutsche Einigungsprozeß: Frauen im Dialog, Berlin 1992, S. 216-236

BECKER-SCHMIDT, Regina, Geschlechterdifferenz – Geschlechterverhältnis: soziale Dimensionen des Begriffs Geschlecht, in: Institut Frau und Gesellschaft (Hg.), Zeitschrift für Frauenforschung, 11. Jg., Heft 1 + 2, Bielefeld 1993

BECKER-SCHMIDT, Regina, Diskontinuität und Nachträglichkeit, Theoretische und methodische Überlegungen zur Erforschung weiblicher Lebensläufe, in: Angelika Dietzinger u.a. (Hg.), Methoden der Frauenforschung, Schriftenreihe der Sektion Frauenforschung, Band 7, Freiburg 1994

BECKER-SCHMIDT, Regina/Irene DÖLLING, Geschlechterverhältnis und Frauenpolitik, in: Oskar Negt (Hg.), Die zweite Gesellschaftsreform, Göttingen 1994

BEER, Ursula, Geschlecht, Struktur, Geschichte. Soziale Konstituierung des Geschlechterverhältnisses, Frankfurt am Main/New York 1990

BRAUN, Kathrin, Gewerbeordnung und Geschlechtertrennung. Klasse, Geschlecht und Staat in der frühen Arbeitsschutzgesetzgebung, Baden-Baden 1993

ENGELS, Friedrich, Der Ursprung der Familie, des Privateigentums und des Staats, Berlin 1884, 13. Aufl. 1977

GERHARD, Ute, Verhältnisse und Verhinderungen. Frauenarbeit, Familie und Rechte der Frauen im 19. Jahrhundert, Frankfurt an Main 1978

GERHARD, Ute/Doris JANSHEN/Hiltraud SCHMIDT-WALDHERR/Christine WOESLER DE PANAFIEU, Herrschaft und Widerstand: Entwurf zu einer historischen und theoretischen Kritik des Patriarchats in der bürgerlichen Gesellschaft, in: Friedrich Heckmann/Peter Winter (Hg.), 21. Deutscher Soziologentag, Bamberg 1982. Beiträge der Diskussions- und Ad-hoc Gruppen, Opladen 1983, S. 60-74

GERHARD, Ute, Sozialstaat auf Kosten von Frauen, in: Ute Gerhard/Alice Schwarzer/Vera Slupik (Hg.), Auf Kosten der Frauen. Frauenrechte im Sozialstaat, Weinheim/Basel 1988, S. 11-38

GERHARD, Ute, Gleichheit ohne Angleichung. Frauen im Recht, München 1990

GERHARD, Ute, Bürgerliches Recht und Patriarchat, in: Ute Gerhard u.a. (Hg.), Differenz und Gleichheit, Frankfurt am Main 1990a, S. 188-204

GERHARD, Ute, Patriarchatskritik als Gesellschaftsanalyse. Ein nicht erledigtes Projekt, in: Arbeitsgemeinschaft Interdisziplinärer Frauenforschung und -studien (Hg.), Feministische Erneuerung von Wissenschaft und Kunst, Pfaffenweiler 1990b

HAUSEN, Karin, Die Polarisierung der »Geschlechtscharaktere« – Eine Spiegelung der Dissoziation von Erwerbs- und Familienleben, in: Heidi Rosenbaum (Hg.), Seminar: Familie und Gesellschaftsstruktur, Frankfurt am Main 1978, S. 161-191

KÖNIG, René, Familie und Autorität: Der deutsche Vater im Jahre 1955, in: René König, Materialien zur Soziologie der Familie, Köln 1974, S. 214-237

KROJ, Katharina, Die Abhängigkeit der Frau in Eherechtsnormen des Mittelalters und der Neuzeit als Ausdruck eines gesellschaftlichen Leitbilds von Ehe und Familie, Frankfurt am Main 1988

MANHEIM, Ernst, Beiträge zu einer Geschichte der autoritären Familie, in: Institut für Sozialforschung (Hg.), Studien über Autorität und Familie, Paris 1936, S. 523-574
MITTERAUER, Michael/Reinhard SIEDER, Vom Patriarchat zur Partnerschaft. Zum Strukturwandel der Familie, München 1977
WEBER, Max, Wirtschaft und Gesellschaft. Grundriß der verstehenden Soziologie, Bd. 1/2, Tübingen 1976
WEBER-WILL, Susanne, Die rechtliche Stellung der Frau im Privatrecht des Preußischen Allgemeinen Landrechts von 1794, Frankfurt am Main, 1983
WILLMS-HERGET, Angelika, Frauenarbeit. Zur Integration der Frauen in den Arbeitsmarkt, Frankfurt am Main/New York 1985